卓越工程师教育培养计划配套教材
ZHUOYUEGONGCHENGSHIJIAOYUPEIYANGJIHUAPEITAOJIAOCAI

公路工程机械液压系统

Hydraulic Systems of Highway Construction Machinery

曹源文 马丽英 归少雄 主编
焦生杰 主审

人民交通出版社股份有限公司
China Communications Press Co.,Ltd.

内 容 提 要

本书系统介绍了液压传动油液的静力学和动力学等基本理论，关键液压元件的基本结构和原理，基本液压回路的组成和特点，典型公路工程机械液压系统及其设计与计算。全书共分9章，内容包括：液压传动基本理论、液压元件、液压基本回路、工程机械液压系统的要求及性能指标、土石方工程机械液压系统、路面施工机械液压系统、起重机液压系统、养护机械液压系统、液压系统设计等。此外，本书紧跟液压技术发展，将新的技术成果注入公路工程机械液压系统当中。

本书可作为机械制造及其自动化、交通运输工程、车辆工程、农业机械化工程、道路与铁道工程等相关专业的本科教材或教学参考书，也可供从事工程机械、动力工程以及公路、铁路、港口码头施工等工作的技术人员参考。

图书在版编目(CIP)数据

公路工程机械液压系统/曹源文，马丽英，归少雄主编.—北京：人民交通出版社股份有限公司，2015.1

ISBN 978-7-114-11952-1

Ⅰ.①公… Ⅱ.①曹… ②马… ③归… Ⅲ.①道路工程—工程机械—液压系统 Ⅳ.①U415.5

中国版本图书馆CIP数据核字(2015)第003574号

书　　名：公路工程机械液压系统
著 作 者：曹源文　马丽英　归少雄
责任编辑：刘永芬　郭红蕊
出版发行：人民交通出版社股份有限公司
地　　址：(100011)北京市朝阳区安定门外外馆斜街3号
网　　址：http://www.ccpress.com.cn
销售电话：(010)59757973
总 经 销：人民交通出版社股份有限公司发行部
经　　销：各地新华书店
印　　刷：北京鑫正大印刷有限公司
开　　本：787×1092　1/16
印　　张：20
字　　数：445千
版　　次：2015年1月　第1版
印　　次：2015年1月　第1次印刷
书　　号：ISBN 978-7-114-11952-1
印　　数：0001~3000册
定　　价：39.00元

前　言 Foreword

随着我国经济的持续快速发展,公路工程机械在经济建设中发挥着越来越重要的作用。液压系统具有体积小、输出力大且易调整、调速范围广,易于实现无级调速、能有效防止过载及自动化程度高等特点,在公路工程机械中得到了广泛的应用。工程机械液压系统的性能直接影响到工程施工的质量和效率,因此,熟悉液压系统的工作原理和典型应用,对于提高公路工程机械的技术性能和工程施工质量有着十分重要的意义。

本教材是为国家"卓越工程师教育培养计划"的机械设计制造及其自动化专业工程机械方向以及交通建设与装备等相关专业人员而编写。

编者对有关液压传动及工程机械液压系统的主要论著和研究成果进行了汇总、分析及整理,并加入国内外典型工程机械的液压系统。全书共9章。主要讲述液压技术的基本理论,各种液压元件的结构、工作原理、特点及应用,液压基本回路,工程机械液压系统要求及性能指标,土石方工程机械、路面施工机械、起重机械和养护机械的液压系统及其设计计算等内容。

各章首页均给出了学习目的和要求、学习指南和章节要点,以及导入案例,增强学生学习的针对性和对所学知识的感性认识,激发学习兴趣并促进思考。同时,各章末给出了相当数量的习题。

本书在编写过程中,贯彻了理论分析与实际应用相结合的原则。既进行理论分析,阐述结构及其原理,又与相关的实际应用相联系,以培养学生创新思维能力;通过应用案例,培养其分析和解决实际问题的能力,提高学生运用液压技术、分析液压系统、设计和应用工程机械液压系统的能力。

本书可作为机械设计制造及其自动化、交通建设与装备、农业机械、军用车辆、汽车拖拉机、土木工程、道路与铁道工程等相关专业的本科教材或教学参考书,也可供从事工程机械、车辆工程以及公路、铁路、港口码头施工等技术人员参考。

本书由重庆交通大学曹源文、马丽英、归少雄主编,各章分工为:第1、4、8章由曹源文教授编写;第3、5、6章由马丽英编写;第2、7、9章由归少雄编写;全书由曹源文统稿。

在本书的编写过程中,主审长安大学焦生杰教授提出了许多宝贵意见,在此表示衷心感谢。

当今,我国工程机械液压技术飞速发展,新技术、新方法不断涌现;由于我们掌握的资料有限,书中缺点与疏漏在所难免,希望同行专家和使用本书的单位与个人提出宝贵意见,径寄重庆交通大学机电学院(邮政编码400074),以利适时修订。

编者

2014年7月

目 录 Contents

第1章 液压传动基本理论

Basic Theories of Hydraulic Transmission

学习目的和要求

(1)掌握液压传动的工作原理及系统组成;

(2)了解液压油黏度的物理意义、表示方法以及液压油的选用;

(3)理解静止液体的力学性质和静力学基本方程;

(4)掌握流动液体的基本方程,即连续性方程、能量方程和动量方程;

(5)了解液体流动时的节流压力损失,即局部和沿程节流压力损失的分析和计算;

(6)掌握液体流经各类小孔及缝隙的流量计算方法;

(7)了解液压冲击、气穴现象及其危害。

学习指南

(1)主要内容:液压传动的工作原理;液压工作介质的物理和化学性质及其选用原则;液体静力学、流体动力学理论基础知识;管路中液体流动时流动状态、压力损失;液体流经小孔和缝隙时的流量;气穴现象和液压冲击。

(2)重点:熟练掌握与运用“系统压力取决于外负载”和“外负载的运动速度取决于流量”这两个重要特征;液体静力学和流体动力学的基础知识及避免气穴现象和液压冲击的有效方法。

(3)难点:正确理解液压系统两个重要特征之间相互独立的特点;实际液体的伯努利方程、动量方程及压力损失的公式推导与计算。

(4)关键术语:流体传动;液压系统;物理特性;黏度;压力;流量;连续性方程;动量方程;伯努利方程;沿程压力损失;局部压力损失;液压冲击;气穴现象。

本章要点

(1)系统压力取决于外负载,外负载的运动速度取决于流量。

The pressure of system is dependent on the external load, while the speed, at which the external load moves, is dependent on the flow which is fed to the actuator components.

(2)流量连续性方程说明恒定流动中流过各截面的不可压缩流体的流量是不变的,因而流速和流通截面的面积呈反比。

The equation of continuity states that the flow rate is invariable when incompressible fluid flows through any across-section area. So the fluid velocity changes inversely to the flow across-section area.

(3)伯努利方程:在管内作稳定流动的理想流体具有压力能、势能和动能三种形式的能量,在任一截面上这三种能量可以相互转换,但其总和不变,即能量守恒。

Bernoulli's Equation: It states that ideal fluid flow in a tube includes three forms of energy: pressure energy, potential energy, and kinetic energy. These three forms of energy can be transferred each other, but the sam of them is constant, i.e., conservation of energy.

【导入案例】

液压千斤顶的使用

图 1-1 所示为广泛使用的液压千斤顶,它可以支撑起很重的物体。液压千斤顶是应用最早的液压系统,其结构示意图如图 1-2 所示。

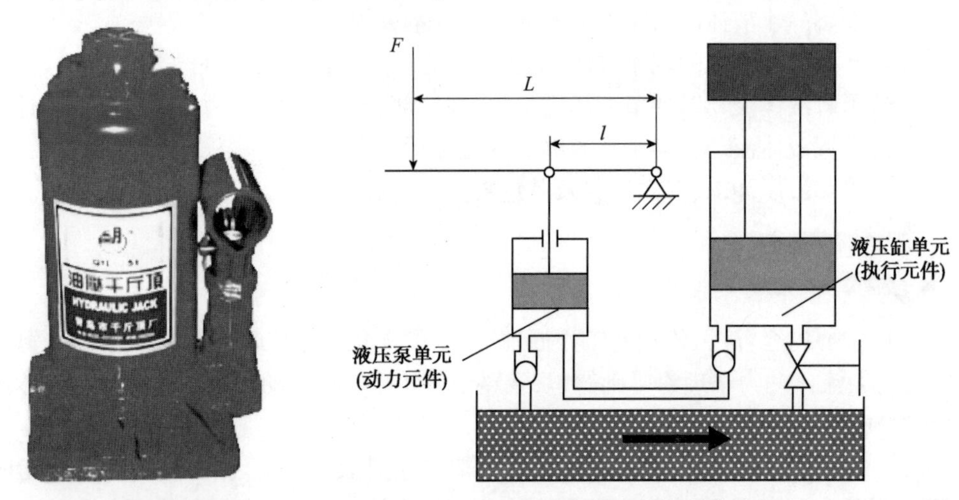

图 1-1 液压千斤顶　　图 1-2 液压千斤顶结构示意图

千斤顶的工作原理如图 1-3 所示。通过液压千斤顶的杠杆手柄 9 带动小活塞上、下运动,将油箱中的液压油通过吸油管吸入小液压缸 1,然后通过油管 7 压入到大液压缸 6,并推动活塞举起重物 8。

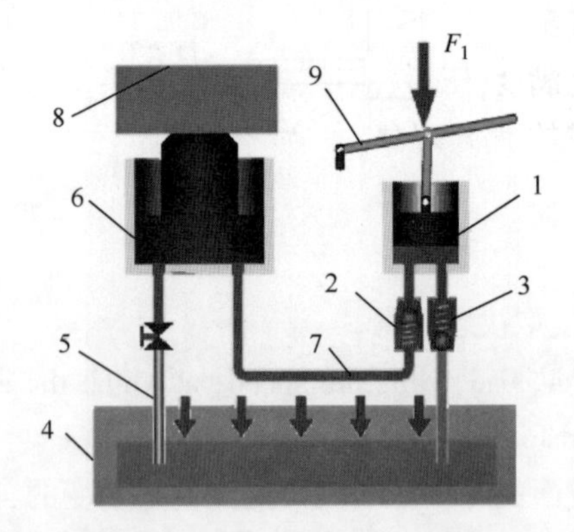

图 1-3 液压千斤顶工作原理图

1-小液压缸;2、3-单向阀;4-油箱;5-截止阀;6-大液压缸;7-油管;8-重物;9-杠杆手柄

千斤顶的小活塞、小液压缸 1 和两个单向阀 2、3 组成液压系统的液压泵单元,用于将低压油液转换为压力油液,而大活塞、大液压缸则相当于液压系统的液压缸单元,通过液压泵输出压力油液推动大活塞及重物运动。

由上述分析可知,千斤顶的液压传动过程是能量转换的过程,即靠液体的压力和流量来传递能量,即它将原动机的机械能转化为一定压力和流量的液压能,然后再将液压能转化为所需要的机械能,来满足驱动要求。

问 题：

(1)试分析千斤顶的工作过程中单向阀的启闭状态和油液流动路径。

(2)如果千斤顶顶起的物体重量为 W，大、小缸体的面积分别为 A_2 和 A_1，试分析它们的压力 p_2 和 p_1 分别是多少？需要施加在杠杆端部的力 F 是多少？

(3)如果小活塞向下的速度为 v_1，请分析重物向上移动的速度 v_2 是多少？

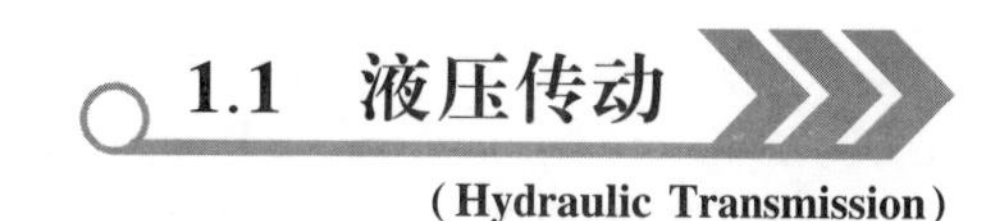

1.1 液压传动

(Hydraulic Transmission)

1.1.1 定义(Definition)

液压传动是以液体为工作介质，通过驱动装置将原动机的机械能转换为液压的压力能，通过管道、液压控制及调节系统等并借助执行装置，将液体的压力能转换为机械能，驱动负载实现直线或回转运动的传动方式。

液压系统由一些功能不同的液压元件组成，是在密闭的回路中依靠运动的液体进行能量传递，通过对液体的压力、流量等相关参数的调节和控制，来实现工作装置输出力或扭矩、速度或转速的一种传动系统。

1.1.2 工作原理(Operating Principle)

1.1.2.1 液压传动模型(Model of Hydraulic Transmission)

在机械传动中，人们利用各种机械构件来传递力和运动，如杠杆、凸轮、轴、齿轮和皮带等。在液压传动中，则利用没有固定形状但具有确定体积的液体来传递力和运动。图1-4为简化的液压传动模型。图中有两个直径不同的液压缸2和4，缸内各有一个与内壁紧密配合的活塞1和5。假设活塞能在缸内作无摩擦力的自由滑动，且液体不会通过配合面产生泄漏。缸2、4下腔用管道3连通，其中充满液体。这些液体是密封在缸内壁、活塞和管道组成的容积中的。如果活塞5上有重力为 W 的重物，则当在活塞1上施加的力 F 达到一定大小时，就能阻止重物下降，这就是说可以利用密封容积中的液体传递力。当活塞1在力 F 作用下向下运动时，重物将随之上升，这说明密封容积中的液体不但可传递力，还可传递运动。所以，液体是一种传动介质，但必须强调指出，液体必须在封闭的容器中才能起到传动的作用。根据帕斯卡定律：加在密闭液体上的压强，能够大小不变地向液体的各个方向传递。

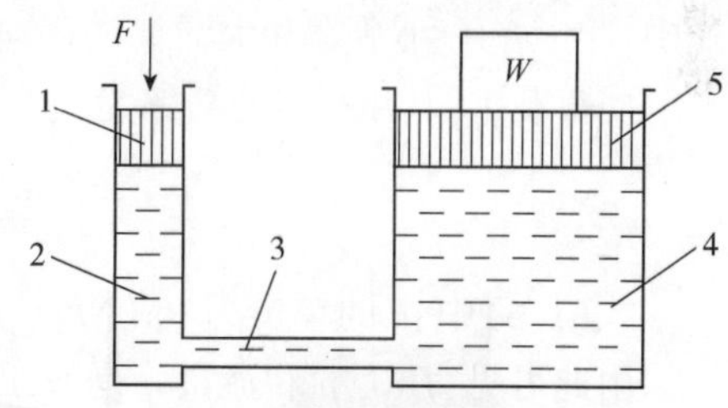

图1-4 简化液压传动模型图
1-小活塞；2-小液压缸；3-管道；4-大液压缸；5-大活塞

1.1.2.2 力比、速比及功率的关系(Relationship between Force Ratio, Speed Ratio and Power)

设图1-4中活塞1、5的面积分别为 A_1、A_2，当作用在大活塞5的负载为 W、作用在小活塞1的作用力为 F 时，根据帕斯卡原理，即"在密闭容器内，施加于静止液体上的压力将同时

以等值传递到液体内各点”。设缸内压力为 p,运动摩擦力忽略不计,则有:

$$p = \frac{F}{A_1} = \frac{W}{A_2} \tag{1-1}$$

或

$$\frac{W}{F} = \frac{A_2}{A_1} \tag{1-2}$$

式中:A_1、A_2——小活塞和大活塞的作用面积(m^2);

F——作用在小活塞上的力(N);

W——作用在大活塞上的负载(N)。

如果不考虑液体的可压缩性、泄漏损失和缸体、油管的变形,设 h_1 为小活塞 1 的下降距离,h_2 为大活塞 5 的上升距离,则被小活塞压出的液体的体积必然等于大活塞向上升起后大缸扩大的体积,即:

$$A_1 \cdot h_1 = A_2 \cdot h_2 \tag{1-3}$$

将式(1-3)两端同除以活塞移动的时间 t,得:

$$A_1 \frac{h_1}{t} = A_2 \frac{h_2}{t}$$

$A \dfrac{h}{t}$的物理意义是单位时间内,液体流过截面积为 A 的体积,称为流量 q,即:

$$q = A \cdot v \quad 或 \quad v = \frac{q}{A} \tag{1-4}$$

因此,得 $q=A_1 \cdot v_1=A_2 \cdot v_2$,即:

$$\frac{v_1}{v_2} = \frac{A_2}{A_1} \tag{1-5}$$

式中:v_1、v_2——小活塞和大活塞的运动速度。

使负载 W 上升所需的功率为:

$$P = W \cdot v_1 = p \cdot A_2 \cdot \frac{q}{A_2} = pq \tag{1-6}$$

式(1-6)中,p 的单位为 Pa(N/m^2);q 的单位为 m^3/s;P 的单位为 W(Nm/s)。

由此可见,压力 p 和流量 q 是液压传动中最基本、最重要的两个参数,它们相当于机械传动中的力和速度,它们的乘积即为功率,可称为液压功率。

由于计算时功率 P 的常用单位为 kW,而压力 p 的常用单位为 MPa,流量 q 的常用单位为 L/min,所以还必须进行单位换算。经换算可得:

$$P(\mathrm{kW}) = \frac{p(\mathrm{MPa})q(\mathrm{L/min})}{60} \tag{1-7}$$

从以上分析可知,液压传动是以液体的压力能来传递动力的。

液体的压力是指液体在单位面积上所受的作用力,确切地说应该是压力强度或称压强,工程上习惯称为压力,单位为 Pa(N/m^2)。

1.1.2.3 压力与负载的关系(Relationship between Pressure and Load)

在如图 1-4 所示的液压传动模型中,只有大活塞上有了负载 W,小活塞上才能施加上作

用力 F，而有了负载和作用力，才产生液体压力 p。有了负载，液体才会有压力，并且压力大小取决于负载，而与流入的流体多少无关。这是一个很重要的关系。这在后面分析液压系统中元件和系统的工作原理时经常要用到它。实际上，液压传动中液体的压力相当于机械传动中机械构件的应力。机械构件的应力是取决于负载的。同样液体的压力也是取决于负载的。机械构件在传动时可以承受拉、压、弯、剪等各种应力，而液压传动中液体只能承受压力，这是二者的重要区别。

1.1.2.4 速度与流量的关系(Relationship between Speed and Flow)

同样在如图 1-4 所示的模型中，调节进入缸体的流量 q，即可调节活塞的运动速度 v，这就是液压传动能实现无级调速的基本原理，即活塞的运动速度或马达的转速取决于进入液压缸或马达的流量，而与液体压力大小无关。

压力与负载的关系及速度与流量的关系将在本门课程的学习和应用中贯穿始终，必须熟练掌握运用。

通过图 1-5 所示的工程机械上常见的一种举升机构(如液压起重机的变幅机构、液压挖掘机动臂的升降机构等)来简述液压系统的工作原理。当换向阀处于图 1-5a)所示位置形态时，原动机带动液压泵 8 从油箱 10 经单向阀 1 吸油，并将有压力的油经单向阀 2 排至管路，压力油沿管路经过节流阀 4 进入换向阀 5，经过换向阀 5 阀芯左边的环槽，经管路进入液压缸 7 的下腔。液压缸 7 的缸体铰接在机座上，在压力油的推动下，活塞向上运动，通过活塞杆带动工作机构 6 产生举升运动。同时，液压缸 7 上腔中的油液被排出，经管路、换向阀 5 阀芯右边的环槽和管路流回油箱 10。

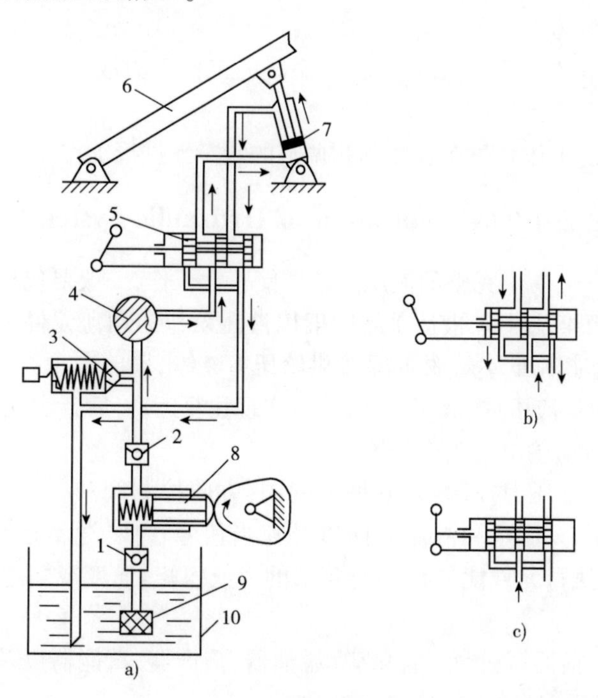

图 1-5 液压举升机构原理图

1、2-单向阀；3-溢流阀；4-节流阀；5-换向阀；6-工作机构；7-液压缸；8-液压泵；9-滤油器；10-油箱如果扳动换向阀5的手柄使其阀芯移到左边位置，如图1-5b）所示，此时压力油经过阀芯右边的环槽，经管路进入液压缸7的上腔，使举升机构降落。同时，从液压缸7下腔排出的油液，经阀芯左边的环槽流回油箱。

从图中可以看出，液压泵输出的压力油流经单向阀2后分为两路：一路通向溢流阀3，另一路通向节流阀4。改变节流阀4的开口大小，就能改变通过节流阀的油液流量，以控制举升速度。而从定量液压泵输出的油液除进到液压缸外，其余部分通过溢流阀3返回油箱。

这里溢流阀3起着过载安全保护和配合节流阀改变进到液压缸的油液流量的双重作用。当溢流阀3中的钢球在弹簧力的作用下将阀口堵住时，压力油不能通过溢流阀3；如果油液的压力增高到使作用在钢球上的液压作用力能够克服弹簧的作用力而将钢球顶开时，压力油就通过溢流阀3和管路直接流回油箱，油液的压力就不会继续升高。因此，只要调定溢流阀3中弹簧的压紧力大小，就可改变压力油顶开溢流阀钢球时压力的大小，这样也就控制了液压泵输出油液的最高压力，使系统具有过载安全保护作用。通过改变节流阀4的开口大小改变通过节流阀的油液流量，就可调节举升机构的运动速度，同时改变了通过溢流阀3的分油流量。

此系统中换向阀5用来控制运动的方向，使举升机构既能举升又能降落；节流阀4控制举升的速度；由溢流阀3来控制液压泵的输出压力。图中9为网式滤油器，液压泵从油箱吸入的油液先经过滤油器，以滤清油液，保护整个系统不受污染。

从上面这个简单的例子可以看出：

（1）液压传动以液体为工作介质传递动力；

（2）液压传动用液体的压力能传递动力，系统的工作压力取决于负载，运动速度取决于流量；

（3）液压传动中的工作介质在受控制和调节的状态下进行工作。

1.1.3 液压系统组成（Composition of Hydraulic System）

通过上述分析可知，一个完整的液压系统要能正常工作，一般要包括五个组成部分。

（1）动力元件：即能源装置，液压系统一般以液压泵作为动力元件。其作用是将原动机输出的机械能转换成液体压力能，并向系统供给压力液体。

（2）执行元件：包括液压缸、液压马达，前者实现往复运动，后者实现旋转运动，其作用是将液压能转化成机械能，输出给工作装置。

（3）控制元件：包括压力控制阀、流量控制阀、方向控制阀和行程阀等，其作用是控制和调节流体系统的压力、流量和液流方向以及充当信号转换、逻辑运算、放大等功能的信号控制元件，以保证执行元件能够得到所要求的力或扭矩、速度或转速和运动方向或旋转方向。

（4）辅助元件：包括油箱、管路、管接头、滤油器、消声器、蓄能器以及各种仪表等。这些元件也是流体系统必不可少的。

（5）工作介质：用以传递能量，同时还起散热和润滑作用。液压系统的工作介质为液压油。

1.1.4 液压系统职能符号图(Functional Symbol Diagram of Hydraulic System)

由图1-5可以看出,液压举升机构原理图近似于实物的截面图,虽然直观性强,比较容易理解,并且在液压系统出现故障时,根据此原理图进行检查、分析也比较方便,但是绘制麻烦,当系统中元件较多时尤其如此;并且这种原理图反映不出元件的职能作用,必须根据元件的结构进行分析才能了解其作用。另一种职能符号液压系统原理图,能极大地简化液压系统原理图的绘制。在这种原理图中,各液压元件都用符号表示。这些符号只表示元件的功能,不表示元件的具体结构和参数;只反映各元件在油路连接上的相互关系,不反映其空间安装位置;只反映静止位置或初始位置的工作状态,不反映其过渡过程。我国制定的液压与气动系统图形符号标准《流体传动系统及元件图形符号和回路图 第1部分:用于常规用途和数据处理的图形符号》(GB/T 786.1—2009)就是采用职能符号,其中规定符号都以元件的静止位置或零位置表示。所以,图1-5所示的液压系统结构式原理图,可用职能符号表示成图1-6所示。

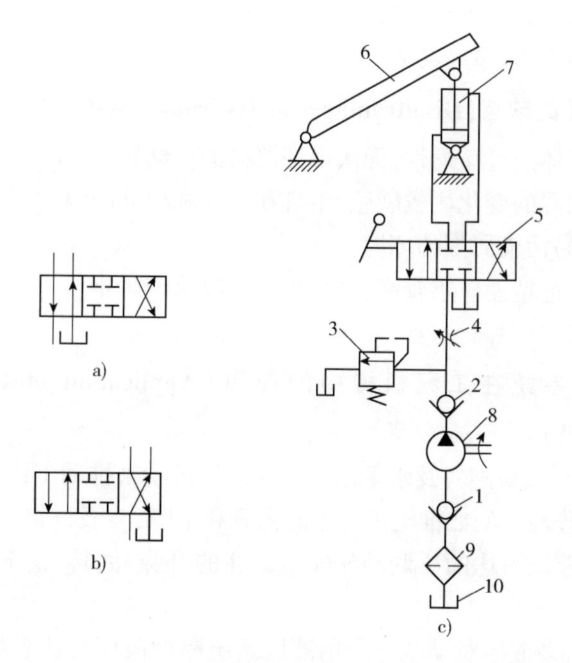

图1-6 液压系统职能符号图

1、2-单向阀;3-溢流阀;4-节流阀;5-换向阀;6-工作机构;7-液压缸;8-液压泵;9-滤油器;10-油箱

在图1-6c)中,换向阀5处于中间位置,其压力油口、通液压缸的两个油口以及回油口,均被阀芯堵住。这时液压泵输出的油液全部通过溢流阀3流回油箱,工作机构6不动。如操纵手柄将换向阀5阀芯向右推,回路连通情况就如图1-6a)所示,这时液压缸7下腔通压力油,上腔通油箱,液压缸活塞带动工作机构向上举升。如将换向阀5阀芯向左推,回路就如图1-6b)所示,工作机构向下降落。溢流阀3上的虚线代表控制油路,控制油路中油液的压力即为液压泵的输出油压,当该压力油的作用力能够克服弹簧力时,即下压溢流阀的阀芯使液压泵出口与回油管构成通路,产生溢流起保护作用。

1.1.5 液压系统的特点、应用及发展趋势(Characteristics, Application and Development Trend of Hydraulic System)

1.1.5.1 液压系统的优点(Advantages of Hydraulic System)

液压传动与其他传动相比,具有以下优点:

(1)液压传动能方便地实现无级调速,调速范围大。

(2)在相同功率情况下,液压传动能量转换元件比其他传动元件的体积要小,质量要轻。

(3)液压传动工作平稳,反应速度快,冲击小,能高速起动、制动和换向。

(4)液压传动能自动实现过载保护。

(5)液压系统操作简单,便于实现自动化。

(6)液压传动的元件易于实现系列化、标准化和通用化,便于设计和制造。

(7)液压元件能自行润滑,因此使用寿命较长。

(8)液压装置比机械装置更容易实现直线运动。

(9)液压系统结构简化、布局灵活。

1.1.5.2 液压系统的缺点(Disadvantages of Hydraulic System)

(1)由于泄漏及液体的可压缩性,无法保证严格的传动比。

(2)液压传动对油温的变化比较敏感,不宜在很高和很低的温度下工作。

(3)由于泄漏,容易污染周围的环境。

(4)液压元件的制造精度要求较高,系统发生故障检修困难。

(5)效率较低、不宜远距离输送。

1.1.5.3 液压系统在工程机械中的应用(Application of Hydraulic System in Engineering Machinery)

(1)液压举升吊装、倾斜翻转及水平回转。用液压传动来推动工作装置完成各种简单或复杂的动作已越来越普遍。例如推土机铲刀的提升和下降,装载机铲斗的翻转举升,挖掘机则采用多个液压缸和液压马达的协调动作完成铲斗的升降、回转、挖土、卸土等各种复杂的运动工序。

(2)液压驱动。所谓液压驱动就是利用液压系统驱动液压马达直接带动行走机械或其他旋转工作部件做旋转运动。如在挖掘机、沥青混凝土摊铺机和铲土运输机械上采用液压传动代替机械传动,可以部分或全部省去离合器、变速器、传动轴、差速器等部件,从而便于在总体设计上实现最优化。目前,大部分液压挖掘机、摊铺机的行走部分都采用了液压驱动,使底盘结构大大简化,质量大大减轻,易于改型和发展新品种。

(3)液压助力转向。在一些大功率的行走式工程机械上,普遍采用全液压转向机或液压助力器来实现转向,使操纵机械大大简化,操纵轻巧、灵便。加之采用液压换挡变速,使各类机械的操作手柄大为减少,从而减轻了驾驶员的劳动强度,提高了作业效率。

(4)液压支承。起重机、挖掘机等固定作业位置的机械采用液压支腿,从而大大缩短了作业准备时间;同时液压支腿采用液压锁锁紧,提高了机械作业时的稳定性。

1.1.5.4 液压技术的发展趋势(Development Trend of Hydraulic Technology)

(1)减少能耗,充分利用能量

减少元件和系统的内部压力损失,以减少功率损失,采用集成化回路,减少管道损失、漏油损失和节流损失,尽量不采用节流系统来调节流量和压力。同时采用静压技术、新型密封材料,减少摩擦损失。

(2)泄漏控制

泄漏控制是提高液压传动竞争能力的一个重要课题,主要包括两个方面:一是防止液体泄漏到外部造成环境污染,同时防止外部环境对系统的侵害;二是发展无泄漏、集成化、复合化的元件和系统,实现无管连接,研制新型密封和无泄漏管接头、电机和泵的组合装置即电机转子中间装有泵,减少泵轴封的漏油等。无泄漏将是液压界今后努力的重要方向之一。

(3)污染控制

发展封闭式密封系统,防止灰尘、污染物、空气、化学物品侵入系统。建立有关保证元件清洁度的技术规范和研究经济有效的清洗方法;改进元件设计,使之具有更好的耐污染能力;发展耐污染能力强的高效过滤材料和过滤器,开发油水分离净化装置、排湿装置以及清除油液中气泡的滤油器,以清除油中所含的气体和水分;发展新的污染检测方法,对污染进行在线检测。

(4)机电一体化

机电一体化可实现液压系统柔性化、智能化,充分发挥其输出力大、惯性小、响应快等优点。液压系统将由过去的电液开环系统和开环比例控制系统转向闭环比例伺服系统,同时对压力、流量、位置、温度、速度等传感器实现标准化;使液压元件在性能、可靠性、智能化等方面更适应机电一体化需求,发展与计算机直接接口的高频、低功耗的电磁电控元件;液压系统的流量、压力、温度、污染度等数值实现自动测量和诊断,广泛采用电子直接控制元件,如可实现液压泵的各种调节方式,实现软启动、合理分配功率、自动保护等的电控液压泵;借助现场总线,实现高水平信息系统,简化液压系统的调节、维护。

(5)继续提高可靠性和稳定性

新材料、新工艺、新结构的不断引入,诸如工程塑料、复合材料、精细陶瓷、低阻耐磨材料、高强度轻合金以及记忆合金等新一代材料将逐步进入实用阶段。普遍减少由于黏附擦伤、气蚀而引起的损伤。合理地进行元器件选择匹配,尽可能对可以预见的诸因素进行全面分析,最大限度地消除诱发故障的潜在因素。

(6)高度集成化,提高元器件的功能密度

单功能元件的组合向多功能元件发展已成为发展趋势,使结构高度紧凑,如用于工程机械闭式泵—马达系统的多功能阀,能够完成单向补油、溢流、旁路和压力释放四种功能。

综合上述,为适应机械产品向高性能、高精度和自动化方向发展的需要,液压产品主要发展方向是:节省能耗,提高效率;提高控制性能,以适应机电一体化的发展;提高可靠性、寿命、安全性和维修性;利于环境保护,如降低噪声和振动、无泄漏等。

1.2 工作介质-液压油

(Working Medium of Hydraulic System-Hydraulic Cil)

在液压系统中,工作介质是液压能传动的载体,其基本功能除了进行能量的转换和传递外,还对系统中的液压元件和系统进行润滑、冷却、清洁去污、密封等作用。液压系统中,工作介质的物理化学性质对系统的工作性能影响较大,液压系统能否有效、可靠地工作,在很大程度上也取决于液压油的性质。

1.2.1 液体性质(Character of the Liquid)

液压油的物理性质主要包括密度、可压缩性、黏性等,它们和液体的力学特性有着密切的关系。

1.2.1.1 密度和重度(Density and Specific Weight)

密度是指单位体积的液体所具有的质量,通常用ρ表示,即:

$$\rho = \frac{m}{V}(\mathrm{kg/m^3}) \tag{1-8}$$

液体的密度会随着温度的增加而略有减小,随着压力的增加而略有增大。从工程使用角度看,可以认为液压工作液体不受温度和压力变化的影响。通常在计算时,矿物型液压油的密度一般取为900kg/m^3。

对于均质液体,其重度γ是指其单位体积内所含液体重力,即:

$$\gamma = \rho g \tag{1-9}$$

1.2.1.2 压缩性(Compressibility)

在温度不变的条件下,液体在压力改变时其体积将发生变化,这种性质称为液体的可压缩性。液体可压缩性的大小可用体积压缩系数β表示,即单位压力的变化引起的体积相对变化率,其表达式为:

$$\beta = -\frac{1}{\Delta p}\frac{\Delta V}{V} \tag{1-10}$$

由于压力增加时液体体积是减小的,因此,为了使压缩系数β为正值,式(1-10)中等号右端加一负号。在工程应用中通常用压缩系数的倒数K来表示液体的压缩性,其表达式为:

$$K = \frac{1}{\beta} = -\frac{\Delta p V}{\Delta V} \tag{1-11}$$

K又称液体的体积弹性模量,其值的大小表明液体抵抗压缩能力的大小,K值越大的液体越不易压缩。在常温下,纯净液压油的体积弹性模量$K=(1.2\sim2)\times10^9\mathrm{Pa}$,数值较大。因此,在工程实际中常常将液压油视为不可压缩液体,不考虑其压缩性。只有在高压液压系统、考虑液压系统的动态特性或设计液压伺服系统时,才考虑液体的压缩性。另外,需要注意,当有空气混入液压系统时,液压油的压缩性明显增加,体积弹性模量显著减小,这将严重影响液压系统的工作性能。液压系统实际工作时难免会有空气混入,所以在工程计算中通常对矿物油用等效体积弹性模量K'表示,$K'=(0.7\sim1.4)\times10^9\mathrm{Pa}$。

1.2.1.3 黏性(Viscosity)

液体在外力作用下流动时,由于液体分子间的内聚力会阻碍液体分子的相对运动,这时会产生一定的内摩擦力,液体的这种特性称为黏性,当液体静止时不呈现黏性。液体的黏性是其物理性质中最重要的性质,也是选择液压油的主要依据之一。

1)牛顿内摩擦定律

如图1-7所示,上、下两块互相平行的平板间充满液体,设下板固定不动,而上板以速度u_0向右平移。由于液体黏性的作用,紧贴上板的液体层将以相同的速度u_0随之移动,紧靠下板的液体层则静止不动,速度为零。中间各层液体的速度随着距上板的距离不同而变化,当上下两板之间的距离较小时,可以认为两板之间液体的速度分布按线性规律变化。由于液体的黏性,流速较快的液体层对相邻流速较慢的液体层有一个加速作用,流速较慢的液体层对相邻流速较快的液体层有一个减速的作用,液体的黏性产生的内摩擦力,使得层与层之间互相影响,产生相对滑动。在流速不同的液体层之间,黏性引起的内摩擦力是成对出现的,且大小相等、方向相反地作用在相邻的液体层上。

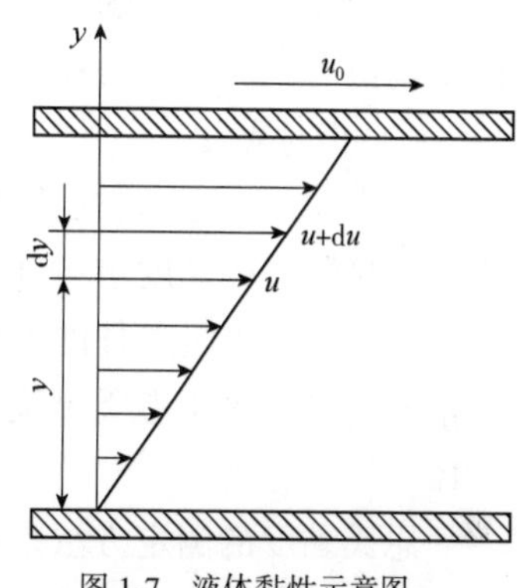

图1-7 液体黏性示意图

实验结果表明,液体流动时相邻液层之间的内摩擦力F_f与液层之间的接触面积A、液层之间的速度梯度du/dy成正比,即:

$$F_f = \pm \mu A \frac{du}{dy} \tag{1-12}$$

若用单位面积上的内摩擦力τ即切应力来表示,则式(1-12)可写成:

$$\tau = \mu \frac{du}{dy} \tag{1-13}$$

式中:F_f——相邻液层之间的摩擦力(N);

A——液层之间的接触面积(m^2);

μ——比例系数,称为液体的动力黏度($N \cdot s/m^2$或$Pa \cdot s$);

du/dy——液层之间的速度梯度(s^{-1})。

式(1-12)即为牛顿内摩擦定律,由牛顿液体内摩擦定律可知,静止液体不呈现黏性,液体只有在流动时才呈现黏性。满足牛顿内摩擦定律的流体称为牛顿流体,一般的石油基液压油都是牛顿流体。

2)黏度的表示方法

(1)动力黏度

动力黏度μ也称绝对黏度,它代表着液体本身的一种物理性质:黏性。其物理意义为:两层相距1m,具有相对速度1m/s的相对滑动的液体,在其$1m^2$的接触面积上所产生的内摩擦力的大小,其单位为$N \cdot s/m^2$或$Pa \cdot s$。

(2)运动黏度

在实际应用中,经常使用动力黏度与密度的比值,即运动黏度来表示液体黏度的大小,运动黏度用υ表示,其单位是m^2/s,表达式为:

$$\upsilon = \frac{\mu}{\rho} \tag{1-14}$$

运动黏度的单位换算：运动黏度的法定计量单位为 m^2/s，由于该单位偏大，工程上常用 cm^2/s、mm^2/s，它们之间的换算关系是 $1m^2/s = 10^4 cm^2/s = 10^4 St$（斯）$= 10^6 mm^2/s = 10^6 cSt$（厘斯）。

运动黏度没有明确的物理意义，但在工程中常常用到，液压油的牌号是用它在某一温度下的运动黏度厘斯值的平均值来表示的，如 32 号液压油就是指这种油在 40℃时的运动黏度的平均值为 $32mm^2/s$（cSt）。

（3）相对黏度

动力黏度和运动黏度虽然在理论分析中经常用到，但是很难直接测量，因此，工程上采用能直接测量的黏度单位，即相对黏度。它是采用特定的黏度计在规定的条件下测得的液体黏度。按照测量条件的不同，世界各国采用的相对黏度的单位也不同。例如，我国、德国及俄罗斯等国采用恩氏黏度（°E），而美国则采用国际赛氏黏度（SSU），英国采用雷氏黏度（°R）等。

恩氏黏度的测定方法是利用恩氏黏度计测量。在一定温度下，将 200mL 的被测液体装入恩氏黏度计，测出液体流出黏度计所需时间 t_1，与同体积 20℃下的蒸馏水从该恩氏黏度计中流出所需时间 t_2 之比，通常 $t_2 = 52s$，称为恩氏黏度，用符号 $°E_t$ 表示该液体在 t℃时的恩氏黏度。表达式为：

$$°E_t = \frac{t_1}{t_2} \tag{1-15}$$

恩氏黏度和运动黏度之间的换算关系是：

$$\nu = \left(7.31°E_t - \frac{6.31}{°E_t}\right) \times 10^{-6}\ (m^2/s) \tag{1-16}$$

（4）调和油的黏度

选择合适黏度的液压油，对液压系统的工作性能起着重要的作用。但有时能得到的油液产品的黏度不合要求，在此种情况下可把同一型号两种不同黏度的液压油按适当的比例混合起来使用，混合后的油液称为调和油。调和油的黏度可用经验公式计算：

$$°E_t = \frac{a°E_1 + b°E_2 - c(°E_1 - °E_2)}{100} \tag{1-17}$$

式中：$°E_1$、$°E_2$——混合前两种油液的恩氏黏度，取 $°E_1 > °E_2$；

a、b——参与调和的两种油液各占的百分数（$a+b=100\%$）；

c——实验系数，如表 1-1 所示。

调和油实验系数 表 1-1

a(%)	10	20	30	40	50	60	70	80	90
b(%)	90	80	70	60	50	40	30	20	10
c	6.7	13.1	17.9	22.1	25.5	27.9	28.2	25	17

3)黏度与压力、温度的关系

液体所受的压力增加时,其分子间的距离减小,于是内聚力增大,内摩擦力增大,即黏度也略随之增大。当压力在20MPa以下时,压力对液体的黏度影响不大,可以忽略不计。在实际应用中,当液压系统使用的液压油压力在20~500MPa范围内时,可按下面的关系式计算其运动黏度:

$$\nu_p = \nu_0 e^{bp} \approx \nu_0(1 + 0.003p) \tag{1-18}$$

式中:ν_p——压力为p时液体的运动黏度($10^{-6}m^2/s$);

ν_0——相对压力为0时液体的运动黏度($10^{-6}m^2/s$);

b——黏度压力系数,对一般液压油$b=0.02\sim0.03$;

p——液体所受的相对压力(MPa)。

由上式可知,对于液压油在中低压液压系统内,压力变化很小,对黏度影响较小,可以忽略不计。当压力较高(大于20MPa)或压力变化较大时,则需考虑压力对黏度的影响。

油液黏度对温度十分敏感,当油液温度升高时,黏度将显著下降。油液的黏度随温度变化的性质称为油液的黏温特性。油液黏度的变化直接影响液压系统的性能和泄漏量,因此黏度随温度的变化越小越好。黏度随温度变化的程度可用黏度指数*VI*来表示,它表示被测油和标准油黏度随温度变化程度比较的相对值。*VI*数值大表示黏温特性平缓,即油的黏度受温度影响小,因而性能好,反之则差。一般的液压油要求*VI*数在90以上。

对于黏度不超过15°E的液压油,油温在30~150℃范围内,液压油的黏度和温度之间的关系可近似表示为:

$$\nu_t = \nu_{50}\left(\frac{50}{t}\right)^n \tag{1-19}$$

式中:ν_t——温度为t时液体的运动黏度($10^{-6}m^2/s$);

ν_{50}——温度为50℃时液体的运动黏度($10^{-6}m^2/s$);

n——与油液黏度有关的特性指数,如表1-2所示。

特性指数 *n* 的数值表 表1-2

$°E_{50}$	1.2	1.5	1.8	2.0	3.0	4.0	5.0	6.0	7.0	8.0	9.0	10.0	15.0
ν_{50}($10^{-6}m^2/s$)	2.5	6.5	9.5	12	21	30	38	45	52	60	68	76	113
n	1.39	1.59	1.72	1.79	1.99	2.13	2.24	2.32	2.42	2.49	2.52	2.56	2.75

1.2.1.4 其他性质(Other Properties)

(1)闪点

闪点是油液由加热到蒸发的油气与空气混合后,接触明火能发生闪光时油液的最低温度。闪点测量方法有开环法和闭环法两种。液压油多用开环法测量。闪点是油液防火性能的重要指标。闪点高,表明低沸点馏分少,油液在高温下的安全性好。因而,闪点低的液压油不宜在高温下使用。

(2)凝点

凝点是油液在试验条件下,冷却到失去流动性时的最高温度。液压油的凝点影响液压油的低温流动性。凝点越高,低温流动性越差,一般认为,在凝点以上10℃时的液压油的流动性是较好的。

(3)化学稳定性

化学稳定性是指油液抵抗与含氧物质特别是与空气起化学反应的能力。油液与空气或其他氧化剂接触会发生氧化反应生成酸性物质,使油质变坏。此外,油液还可能与其他物质发生反应。例如,溶解于橡胶密封圈中的某些增塑剂使橡胶膨胀失去弹性,使密封失效;或与油漆作用产生悬浮物堵塞液压元件小孔,影响系统正常工作。如果油与混入的水起反应,则可能生成油水乳浊液,使油的润滑性能降低,并加速金属表面生锈和其他腐蚀过程。

(4)热稳定性

热稳定性是指油液在高温时抵抗化学反应的能力。温度升高时,油液的化学反应将加快,油分子裂化,并且可能产生沥青焦油等树脂状物质,这些杂质黏附在回路各处,堵塞液压元件小孔并卡住阀芯,影响系统正常工作。

(5)酸值

酸值是中和液压油中的全部酸性物质所需氢氧化钾的毫克数。酸值是控制液压油使用性能的重要指标之一。酸值大的油液容易造成机件腐蚀,并加快油液变质增加机械磨损。因此,根据设备的使用条件,规定了可用的最高酸值。

(6)腐蚀

腐蚀是液压油在规定条件下对规定金属试片的腐蚀作用。选用液压油一般要求腐蚀试验合格。

1.2.2 液压油的选择(Choice of Hydraulic Oil)

(1)液压油性能要求

液压油在工作中既是传递能量的介质,又是液压元件的润滑剂,还是液压系统的冷却剂。要保证液压系统正常工作,液压油必须满足以下必要的性能要求。

①具有适当的黏度和较好的黏温特性。

②具有良好的润滑性能和足够的油膜强度。

③具有良好的化学稳定性和热稳定性。

④具有热膨胀系数低、凝点低、闪点和燃点高。

⑤要质地纯净,含杂质少。

⑥要有良好的抗泡沫性和抗乳化性。

⑦要有良好的防锈蚀性、防锈性、相容性。

⑧要有良好的使用特性,无毒、无害,成本低。

(2)液压油选择的原则

正确合理地选用液压油,对于保证液压系统的工作性能、提高系统的可靠性和使用寿命是极其重要的。选择液压油就是根据液压系统的工作环境、工作压力、运动速度大小和液压元件的种类以及对液压系统工作条件的特殊要求(如抗燃性、抗凝性)等来确定系统所用液压油的种类和黏度。在选择时应遵循以下原则:

①根据环境条件正确选择液压油的类型

在了解各类液压油的性能和适用范围的基础上，根据液压系统的工作环境如室内、室外、高温等和载荷条件，正确选择液压油的类型，例如，对于高温、热源或用火的工作环境，应选择抗燃性好的液压油；对于寒冷地区露天作业的设备，比如北方的汽车、铲雪车等应选择低温性好的工作介质；对于高压、高速的重载设备、大吨位的载重车、挖掘机等应选择抗磨液压油。

②正确选择工作介质的黏度

在液压系统中，油液的黏度对液压系统的稳定性、可靠性、效率和磨损都有显著的影响，因此选用液压油时，油液的黏度是一个极其重要的参数。液压系统的最佳工作黏度一般由试验决定，此外还要考虑系统工作压力、环境温度和工作部件的运动速度。当系统工作压力较高时，宜选用黏度较大的液压油，以便于密封，减少泄漏，反之应选择黏度较小的液压油；当环境温度较高时，宜选用黏度较大的液压油，因为较高的环境温度会使油的黏度下降；当工作部件的运动速度较高时，为了减小液流的摩擦损失，宜选用黏度较小的液压油。

③综合经济评价

应综合考虑液压系统的成本和液压油的价格、使用寿命、维护及安全周期等。例如，对于液压伺服系统，必须选择高清洁度的液压油，并采取必要的措施加以保证。

(3)使用液压油的注意事项

①保证液压油的清洁，防止杂物进入油中。

②换油时要彻底清洗油箱，注油时必须过滤。油箱内壁不要涂刷油漆，防止在油中产生沉淀物质。

③防止空气进入液压系统，回油管口应在油箱液面以下，并将管口切成斜面，液压泵和吸油管路应该严格密封，吸油高度尽量低，减小吸油阻力。

④定期检查油面高度和油液质量。

⑤保证油箱温度不超过液压油允许的范围，一般液压系统的油箱温度最好控制在65℃以下，否则应进行冷却。

1.2.3 液压油的污染与控制(Pollution and Control of Hydraulic Oil)

在实际应用中，液压油是否清洁对系统的工作性能、使用寿命和可靠性等有很大影响。据统计，液压系统发生的故障，大约有70%是由液压油污染造成的。由于液压系统工作介质被污染，液压元件的实际使用寿命往往比设计寿命低得多。因此，液压系统工作介质的正确使用、管理以及污染控制是提高液压系统可靠性及延长元件使用寿命的重要手段。

(1)污染的危害

液压油被污染是指液压油中含有水分、空气、微小固体物、橡胶黏状物等杂质。液压油被污染后，对液压系统产生的不良后果，主要有以下两种。

①固体颗粒和胶状生成物：堵塞滤油器使液压泵吸油困难，产生噪声，堵塞阀件的小孔和缝隙使阀的性能下降和动作失灵，擦伤密封件会产生泄漏。

②水分和空气的混入：会降低液压油的润滑性能，并使其氧化变质；产生气蚀，加速元件腐蚀，还使液压系统出现振动、爬行等现象。

(2)污染的原因

①残留污染物

液压系统内的杂质如金属切屑、磨料、焊渣等,在安装、使用系统前没有冲洗干净,这些污染物进入液压油中,造成液压系统的污染。

②侵入物污染

周围环境中的灰尘通过外露的运动部件或者注油孔等部位进入系统造成污染。

③生成污染物

液压系统本身不断地产生污垢如金属微粒、磨损颗粒等以及液压油物理化学性能变化时产生的污染物造成液压油污染。

(3)污染的控制

为延长液压元件的寿命,保证液压系统可靠地工作,一方面必须防止外界污染物侵入液压系统,另一方面应及时清除系统中残留的污染物。这两方面的工作要贯穿整个液压系统的设计、制造、安装、使用和维护的全过程。但要彻底解决很困难,只能在某一限度内控制液压油的污染程度。

为了减少液压油的污染,常采取如下措施:

①在液压系统组装前,对元件和系统进行清洗,清除在加工和组装过程中残留的污染物,油箱和管道也必须清洗。

②防止污染物从外界侵入。液压油在工作过程中会受到环境污染,因此可在油箱通大气的孔上安装高效的空气滤清器,或采用密封油箱,防止尘土、磨料等污染物的侵入。液压油在运输和保管过程中会受到污染,"新油"并不是清洁的油,因此,应通过滤油器过滤之后再注入液压系统中。另外,对活塞杆端应安装防尘密封,经常检查并定期更换。

③采用合适的过滤器。这是控制液压油污染的重要手段,应根据液压系统的不同情况选用不同过滤精度、不同结构的过滤器,并定期检查和清洗。

④控制液压油的温度。液压油的工作温度过高对液压装置不利,液压油本身也会加速氧化变质,产生各种生成物,缩短它的使用期限。一般液压系统的工作温度最好控制在65℃以下。

⑤定期检查和更换液压油。每隔一定时间对液压系统的液压油进行抽样检查,分析其污染度是否还在该系统容许的使用范围之内。如果已经不合要求,必须立即更换。在更换新液压油前,整个液压系统必须清洗一次,不应等到工作介质污染使液压系统出现故障时才更换。

1.3 液体静力学

(Hydrostatic)

液体静力学研究静止液体的平衡规律及其应用,主要内容包括:液体静压力的概念、特性、分布及液体和固体壁面之间的作用力。所谓"静止液体"是指液体内部流体质点之间没有相对运动,液体处于相对平衡状态下,此时液体不呈现黏性,不存在切应力,只有法向的压应力,即静压力。

1.3.1 静压力(Static Pressure)

1.3.1.1 静压力定义及特征(Definition and Characteristics of Static Pressure)

静止液体在单位面积上所受的法向压力称为静压力,在物理学中简称压强,在液压传动中习惯称为压力。通常在液体内表面法向压力分布不均匀,设某点处微小面积 ΔA 上作用有法向压力 ΔF,则该点的压力 p 定义为:

$$p = \lim_{\Delta A \to 0} \frac{\Delta F}{\Delta A} \tag{1-20}$$

若在液体的面积 A 上,所受的压力分布均匀,则压力可表示为:

$$p = \frac{F}{A} \tag{1-21}$$

液体静压力有如下两个特征:

①静止液体表面的液体静压力的方向与作用面的内法线方向重合,只有法向压力;

②静止液体内任一点处所受的静压力在各个方向上都相等。

1.3.1.2 静压力表示及单位(Expression and Unit of Static Pressure)

根据压力度量的基准不同,液体静压力有绝对压力和相对压力之分,当压力以绝对真空为基准度量时,称为绝对压力;以大气压力为基准度量时称为相对压力;绝对压力超过大气压力的那部分就是相对压力或表压力。在液压技术中所提到的压力,如不特别指明,一般均为相对压力。若绝对压力低于大气压力时,将绝对压力低于大气压力的那部分压力值称为真空度,此时相对压力为负值。如图 1-8 所示,以大气压为基准计算压力时,基准以上的正值是表压力,基准以下的负值就是真空度。

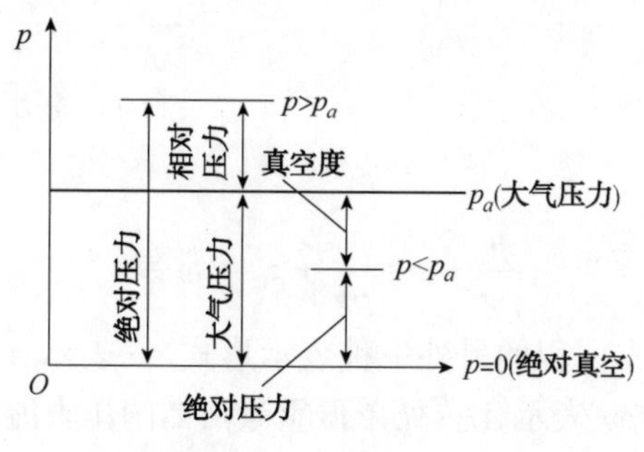

图 1-8 压力表示

压力的常用单位为 Pa(N/m^2)—帕、MPa—兆帕,在工程上常用工程大气压 kgf/cm^2,有时也用非法定计量单位 bar—巴。常用压力单位之间的换算关系为:

$$1MPa = 10^6 Pa, 1kgf/cm^2 = 9.8 \times 10^4 Pa, 1bar = 10^5 Pa。$$

1.3.2 静压力传递原理(Transmission Principle of Static Pressure)

(1)静压力传递原理

帕斯卡原理:在密闭容器内,施加在静止液体上的压力等值地传递到液体内部的任意一点;液压系统中静压力的传递可以等值地向液体中各个点传递。

(2)静力学基本方程及物理意义

如图1-9所示,密度为ρ的液体在容器内处于静止状态,作用在液面上的压力为p_0,若要计算离液面深度为h处某点的压力p,则可以假想从液面往下切取高度为h,底面积为ΔA的一个微小液柱为研究对象。这个微小液柱在重力及周围液体的压力作用下,处于平衡状态,所以有:

$$p\Delta A = p_0\Delta A + \rho gh\Delta A$$

整理得:

$$p = p_0 + \rho gh \tag{1-22}$$

式(1-22)为液体静力学基本方程。

对于盛有液体的密封容器,任意选择一水平基准面Ox,如图1-10所示。液面压力仍为p_0,A点的压力由静力学基本方程求得,代入坐标值,有:

$$p = p_0 + \rho gh = p_0 + \rho g(z_0 - z) \tag{1-23}$$

式中:z_0——液面与水平基准面的距离(m);

z——液体中A点与水平基准面的距离(m)。

g——重力加速度(m/s²),下同。

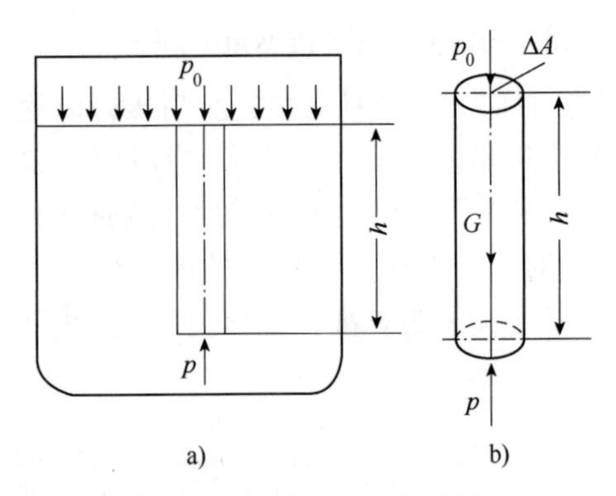

图1-9 重力作用下的静止液体

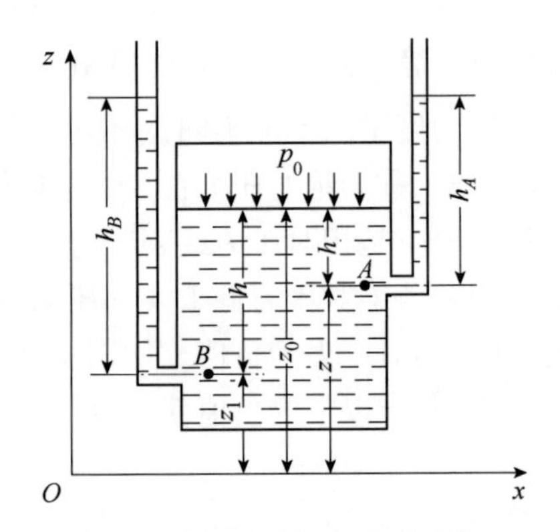

图1-10 静力学基本方程的物理意义

整理式(1-23)得:

$$\frac{p}{\rho g} + z = \frac{p_0}{\rho g} + z_0 = 常数 \tag{1-24}$$

式(1-24)为静力学基本方程的另外一种表示形式。z表示A点处单位重量液体的位置势能,又称为位置水头。$p/\rho g$表示A点处单位重量液体的压力能,又称为压力水头。

液体静力学基本方程的物理意义:

①静止液体中单位重量的液体其压力能和位能的总和为常数。位能与压力能可以相互转化,但各点的总能量保持不变,即能量守恒。

②液体被封闭在密闭容器内,当外部作用力F发生变化时,引起外加压力p_0发生变化,只要液体仍保持原来的静止状态不变,则液体内部任意一点的压力将发生同样大小的变化,外力作用在液面上的压力能等值地传递到液体内部的所有各点。通常由外力产生的压力要比由液体重量产生的压力ρgh大得多,故认为系统中相对静止液体内各点压力均相等。由此可得,液体内部的压力是由外界负载作用所形成的,即液压系统中的工作压力取决于负载。

(3)液体静压力对壁面的作用力

在静止液体中,如不考虑油液自重产生的压力,压力是均匀分布的,且垂直作用于承压面上。

①作用在平面上的静压力。当液体静压力作用的固体表面是一平面,如图1-11所示的液压缸活塞的承压面,其作用面积为 A,平面上各点的静压力不仅大小相等,方向也相同。很明显,静压力在平面上的总作用力等于液体的静压力 p 与承压面积 A 的乘积,即:

$$F=pA \tag{1-25}$$

静压力的作用方向为承压面的法线方向。

②作用在曲面上的静压力。当液体静压力作用的固体表面是一曲面,如图1-12所示的球阀、锥阀表面,作用在曲面上各点液体的静压力虽然大小相等,但方向并不相同。可以证明,静压力作用在曲面上的总作用力 F 等于压力 p 与曲面在该方向投影面积 A 的乘积,即:

$$F = p\frac{\pi d^2}{4} \tag{1-26}$$

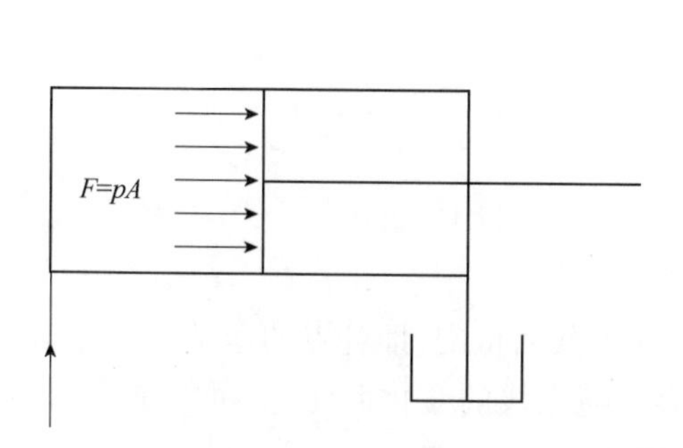

图1-11 作用在平面壁上的力

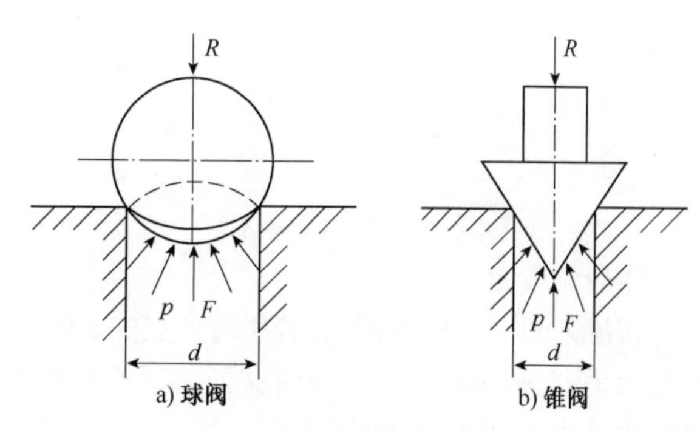

图1-12 作用在曲面壁上的力

1.4 液体动力学

(Hydrodynamics)

在液压系统中,液压油在不断流动,液体流动时,内部各点的运动状态不同,因此要研究液体在外力作用下的运动规律及作用在流体上的力及这些力和流体运动特性之间的关系。对液压流体力学我们只关心和研究平均作用力和运动之间的关系。

1.4.1 基本概念(Basic Concepts)

(1)理想液体、恒定流动

所谓理想液体是指一种假想的既没有黏性,又不可压缩的液体。而事实上存在的具有黏性和可压缩的液体,称为实际液体。由于理想液体没有黏性,流动时不存在内摩擦力,没有摩擦损失,这样对研究问题带来很大方便。实际液体具有黏性,研究液体流动时必须考虑黏性的影响,但由于这个问题非常复杂,所以开始分析时可以假设液体没有黏性,然后再考虑黏性的作用并通过实验验证等办法对理想化的结论进行补充和修正。这种方法同样可以用来处理液体的可压缩性问题。

液体流动时,如液体中任何一点处的压力、速度和密度都不随时间变化,便称液体在作恒定流动；反之，只要压力、速度或密度中有一个参数随时间变化，则液体的流动称为非恒定流动。

(2)流线、流束、通流截面

①流线

流线是表示某一瞬时液流中液体各点流动趋势的曲线，如图 1-13 所示，曲线上任一点的切线方向与该点的瞬时速度方向重合。因为液体中每一点在某一瞬时只有一个速度，所以流线不能折转，也不能相交。在稳定流动中流线的形状不随时间的变化而变化。

②流束

如果通过某截面 A 上的所有点画出流线，这些流线群就构成流束，如图 1-14 所示。根据流线不能相交的性质可知，流束内外的流线不能穿过流束表面。当流束面积很小时，这个流束称为微小流束，可以认为曲面上各点处的速度相等。

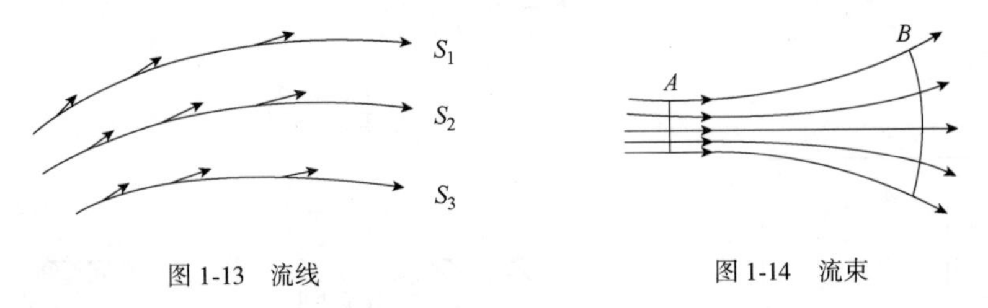

图 1-13 流线　　　图 1-14 流束

③通流截面

在流束的一个横截面上，若所有各点的流线均与这个截面正交，即各点的运动速度均与该截面垂直，则称此截面为通流截面。通流截面的形状随流线的变化而变化，可能是平面，也可能是曲面，如图 1-14 所示的 A 和 B 均为通流截面。

(3)流量与平均流速

①流量

单位时间内通过通流截面的液体量称为流量。液体量可以用体积和质量来表示，其相应的流量分别是体积流量 q_v 和质量流量 q_m。工程上常用体积流量，故简写为 q，单位为 m^3/s 或 L/min。

设在液体中取一微元通流截面 dA，如图 1-15a）所示，可以认为液体在该截面上各点流速 u 相等，则流过该微元通流截面 dA 的流量为：$dq = u dA$

流过整个通流截面 A 的流量为：

$$q = \int_A u \mathrm{d}A \tag{1-27}$$

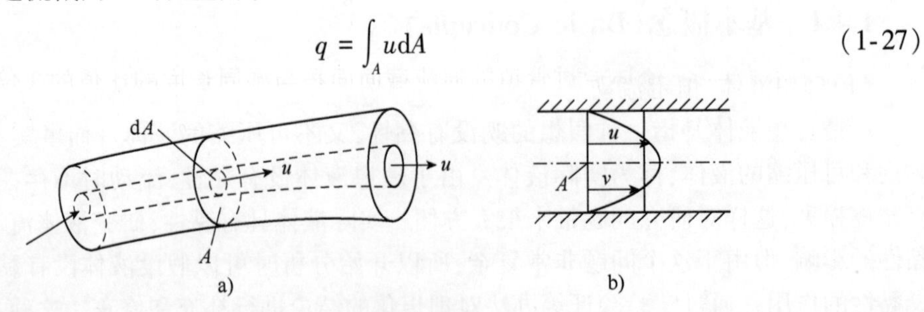

图 1-15 流量和平均流速

②平均流速

由式(1-27)可知,为求出通过某一通流截面的流量,必须先知道实际流速 u 在整个通流截面上的分布规律。而实际液体的流动速度在某一通流截面上的分布规律比较复杂,因此,按式(1-27)计算流量很不方便。若假设通流截面上各点的流速均匀分布,如图1-15b)所示,而如果按此流速计算的流量等于实际流量,则此流速称为截面的平均流速,用 v 表示。若已知通流截面的流量,也可以计算平均流速。

由于 $q = \int_A u\mathrm{d}A = vA$,所以:

$$v = \frac{q}{A} \tag{1-28}$$

在工程实际中,平均流速具有较大应用价值。例如,液压缸工作时,活塞的运动速度就等于缸内液体的平均流速,因此,可以根据式(1-28)建立起活塞运动速度 v 与液压缸有效面积 A 和流量 q 之间的关系。当液压缸活塞的有效面积一定时,活塞运动速度决定于供入液压缸内的液体流量。

(4)流态与雷诺数

液体的流动有两种状态:层流和紊流。

雷诺实验装置如图1-16所示,水箱6由进水管2不断供水,多余的液体从水箱6上的溢流管1溢走,从而保持水位恒定。水箱6下部装有玻璃管7,出口处用阀门8控制玻璃管7内液体的流速。水杯3内盛有红颜色的水,将开关4打开后红色水经细导管5流入水平玻璃管7中,打开阀门8,开始时液体流速较小,红色水在玻璃管7中呈一条明显的直线,与玻璃管7中清水流互不混杂。这说明管中的水是分层的,层和层之间互不干扰,液体的这种流动状态为层流[图1-16b)]。当逐步开大阀门8,使玻璃管7中的流速逐渐增大,到一定流速时,可以看到红线开始呈波纹状,此时为过渡阶段[图1-16c)]。阀门8再开大时,流速进一步加大,红色水流和清水完全混合,红线便完全消失,这种流动状态称为紊流[图1-16d)]。在紊流状态下,若将阀门8逐步关小,当流速减小至一定值时,红线又出现,水流又重新恢复为层流。液体流态呈现出是层流还是紊流,可利用雷诺数来判定。

实验证明,液体在管中的流动状态不仅与管内液体的平均流速 v 有关,还与管道水力直径 d_H 及液体的运动黏度 ν 有关,而上述这三个因数所组成的一个无量纲数就是雷诺数,用 R_e 表示,即:

$$R_e = \frac{2vd_H}{\nu} \tag{1-29}$$

式中:d_H——水力直径,流体通过管道的通流截面面积与湿周长度的比值的2倍称为水力直径,$d_H = d/2$。

水力直径的大小对通流能力的影响很大,水力直径大,意味着液流和管壁的接触周长短管壁对液流的阻力小,通流能力大。

通过实验得出:液体从层流变为紊流时的雷诺数大于由紊流变为层流时的雷诺数,前者称上临界雷诺数,后者称下临界雷诺数。工程中是以下临界雷诺数 R_{ec} 作为液流状态判断依据,若 $R_e < R_{ec}$,则液流为层流;若 $R_e \geqslant R_{ec}$,则液流为紊流。常见管道的液流的临界雷诺数如表1-3所示。

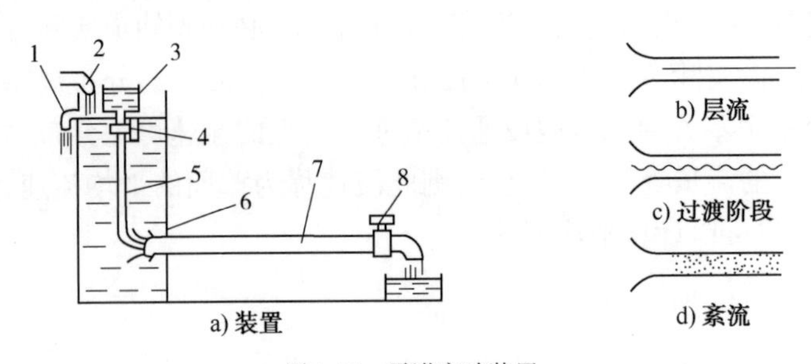

图 1-16　雷诺实验装置

1-溢流管;2-进水管;3-水杯;4-开关;5-细导管;6-水箱;7-玻璃管;8-阀门

常见管道的临界雷诺数　　表 1-3

管 道 形 状	临界雷诺数 R_{ec}	管 道 形 状	临界雷诺数 R_{ec}
锥阀阀口	20~100	光滑的偏心环状缝隙	1000
圆柱形滑阀阀口	260	光滑的同心环状缝隙	1100
带沉割槽的偏心环状缝隙	400	橡胶软管	1600~2000
带沉割槽的同心环状缝隙	700	光滑的金属圆管	2300

1.4.2　流体动力学基本方程(Basic Equations of Hydrodynamics)

1.4.2.1　流量连续方程(Continuity Equation)

当理想液体在管中做稳定流动时,假定液体是不可压缩的,从宏观上说液体是连续均布的。因此在稳定流动时,根据质量守恒定律,液体在管内无泄漏时,既不能增多,也不能减少,因此在单位时间内流过管道任一截面的液体质量一定是相等的,这就是液流的流量连续原理。

流量连续方程是质量守恒定律在液体力学中的一种表达形式。流量连续方程适用的条件是:液体不可压缩;液体稳定流动;与黏度无关。

设液体在图 1-17 所示的管道中作稳定流动,若任取两个通流截面 1、2,面积分别为 A_1 和 A_2,假定液体不可压缩、无泄漏,根据质量守恒定律,在同一时间内流过两个截面的液体质量相等,即:

$$v_1A_1 = v_2A_2 = 常数,或\quad q = vA = 常数 \tag{1-30}$$

式(1-30)表明液体在管中流动时流过各个通流截面的流量是相等的,因而流速和通流截面面积成反比,管粗流速低,管细流速高。

流量连续方程应用很广,上面的情况是无分支管道的情况,在有分支管道和汇合管中则有类似关系,如图 1-18 所示的有分支管道中,则应具有下列关系:

$$v_1A_1 = v_2A_2 + v_3A_3,或\quad q_1 = q_2 + q_3 \tag{1-31}$$

1.4.2.2　伯努利方程(Bernoulli's Equation)

流动液体的能量方程是能量守恒定律在液体力学中的一种表达形式,是 17 世纪意大利科学家丹尼尔·伯努利发现的,因此又称为伯努利方程。能量方程表示了液体流动时动能、位置势能和压力能之间的能量关系。

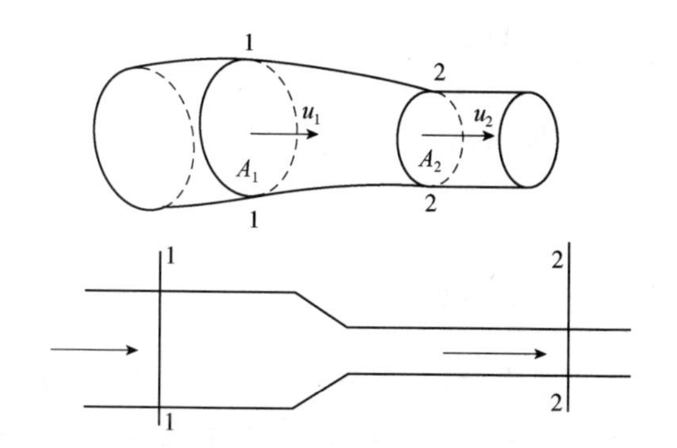

图 1-17　液体在不同直径截面处流动

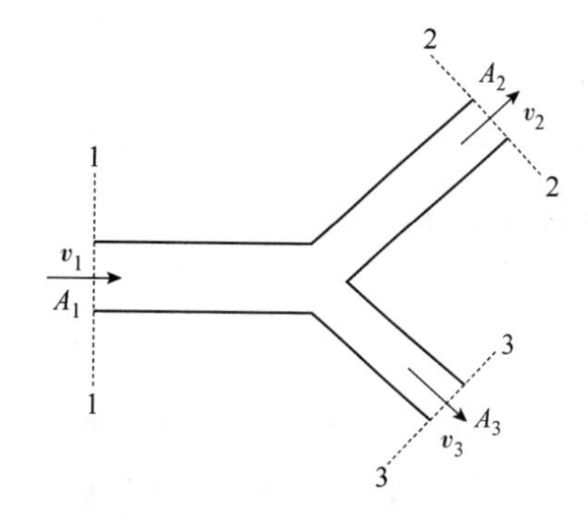

图 1-18　液体在分支管路中流动

伯努利方程的适用条件为:液体为稳定流动的不可压缩液体;液体所受质量力只有重力,忽略惯性力;所选择的两个通流截面必须在同一个连续流动的流场中;伯努利方程一般要和连续性方程联合求解。

(1)理想伯努利方程

为了研究方便,假设液体是理想液体,并为稳定流动。根据能量守恒定律,同一管道中任意截面上的总能量都相等。

前节已经提出,液体处于静止状态,单位液体的总能量为单位重量液体的压力能$p/(\rho g)$和位置势能z之和;而处于流动状态的液体,除了有上述两项能量外,还有一项单位重量液体的动能$u^2/(2g)$。

如图 1-19 所示,任意取两个截面A_1和A_2,A_1、A_2截面液体的流速分别为u_1、u_2,压力分别为p_1、p_2,两个截面距离水平基准的高度分别为z_1、z_2,根据能量守恒定律有:

$$\frac{p_1}{\rho g}+z_1+\frac{u_1^2}{2g}=\frac{p_2}{\rho g}+z_2+\frac{u_2^2}{2g}\quad 即\quad \frac{p}{\rho g}+z+\frac{u^2}{2g}=常数 \tag{1-32}$$

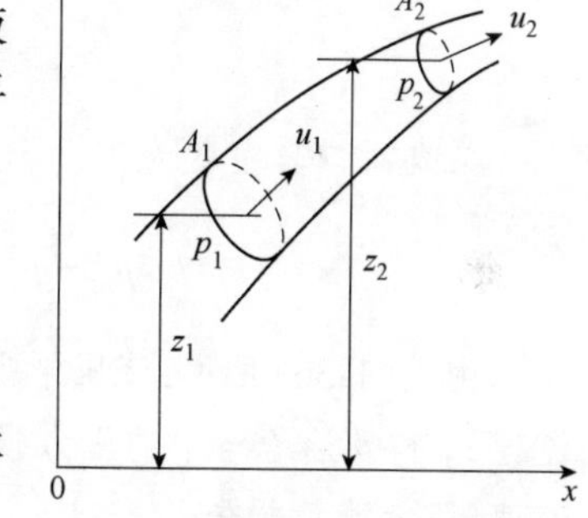

图 1-19　理想伯努利方程原理

式中的$p/(\rho g)$、z、$u^2/(2g)$三项分别表示单位重量液体的压力能、势能和动能,或称为比压能、比势能和比动能。

理想伯努利方程的物理意义:理想液体在管内作稳定流动时,液体具有压力能、势能和动能,三种能量可以相互转化,但在任一截面处三种能量的总和保持不变。

(2)实际伯努利方程

由于实际液体具有黏性,液体流动时有内摩擦力存在,从而会产生能量损失,使总能量沿着流动方向逐渐减小。所以,液体的压力能、势能和动能和不再为常数。此外,实际流体在流动时,在通流截面上的流速分布是不均匀的,在计算时用平均流速代替,必然会产生误差。为了修正误差,引入能量修正系数a。a的值和流速分布有关,流速分布越不均匀,a的值越大。层流时取$a\approx 2$;紊流时取$a\approx 1$;理想流体取$a=1$。因此,实际液体的伯努利方程为:

$$\frac{p_1}{\rho g}+z_1+\frac{a_1u_1^2}{2g}=\frac{p_2}{\rho g}+z_2+\frac{a_2u_2^2}{2g}+h_w \quad (1\text{-}33)$$

式中：h_w——单位重量流体由截面1流到截面2的能量损失，或称阻力水头。

【应用案例1-1】

实际液体伯努利方程应用案例

液压泵吸油装置如图1-20所示，设油箱液面压力为p_1，液压泵吸油口处的绝对压力为p_2，泵吸油口距油箱液面的高度为h，吸油管路上的总能量损失为h_w，不考虑液体流动状态的影响，取通流截面的动能修正系数$a=1$，试确定液压泵吸油口的真空度。

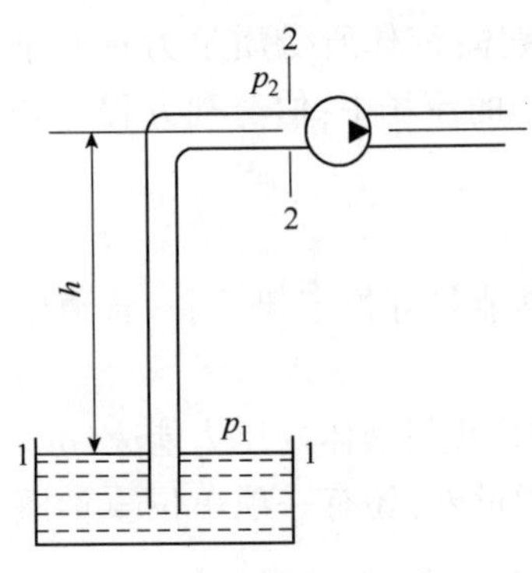

图1-20　液压泵吸油装置

解：取油箱液面为1-1截面，泵吸油口为2-2截面，以1-1截面为基准面，对1-1截面和2-2截面列实际液体的伯努利方程，则有：

$$\frac{p_1}{\rho g}+\frac{a_1v_1^2}{2g}=\frac{p_2}{\rho g}+\frac{a_2v_2^2}{2g}+h+h_w \quad (1\text{-}34)$$

根据图1-20所示，油箱液面与大气接触，所以$p_1=p_a$，而v_1为油箱液面下降的速度，可以认为，远远小于液压泵吸油口油液的速度v_2，因此$v_1\approx 0$，$a_1=a_2=1$，因此，式(1-34)可简化为：

$$\frac{p_a}{\rho g}=\frac{p_2}{\rho g}+\frac{v_2^2}{2g}+h+h_w \quad (1\text{-}35)$$

泵吸油口真空度为：

$$p_a-p_2=\rho gh+\frac{\rho v_2^2}{2}+\rho gh_w=\rho gh+\frac{\rho v_2^2}{2}+\Delta p \quad (1\text{-}36)$$

由式(1-36)可见，液压泵吸油口处的真空度主要取决于泵的吸油高度h、管路中油液的流速v_2和吸油管路中的压力损失Δp。为提高泵吸油性能，应尽量降低吸油高度，减小液体流速，降低能量损失。

1.4.2.3　动量方程(Momentum Equation)

动量方程是动量定理在流体力学中的具体应用，是研究液体运动时作用在液体上的外力与其动量的变化之间的关系。

刚体动量定理指出：作用在物体上的所有外力的合力等于物体在合力作用方向上动量的变化率，即：

$$\Sigma F=\frac{mv_2-mv_1}{\Delta t} \quad (1\text{-}37)$$

对于不可压缩的稳定流动液体，质量$m=\rho q\Delta t$，带入式(1-37)可得流体动量方程：

$$\Sigma F=\rho q(v_2-v_1) \quad (1\text{-}38)$$

式(1-38)中的ΣF、v均是矢量，计算中要按矢量计算。

【应用案例 1-2】

应用动量方程分析滑阀液动力实例

下面以滑阀阀芯上所受的稳态液动力为例,说明动量方程的应用,如图 1-21 所示,取滑阀上进出口之间的液体为控制体,依据控制体在滑阀轴线方向上的动量方程,求阀芯作用于液体的力。

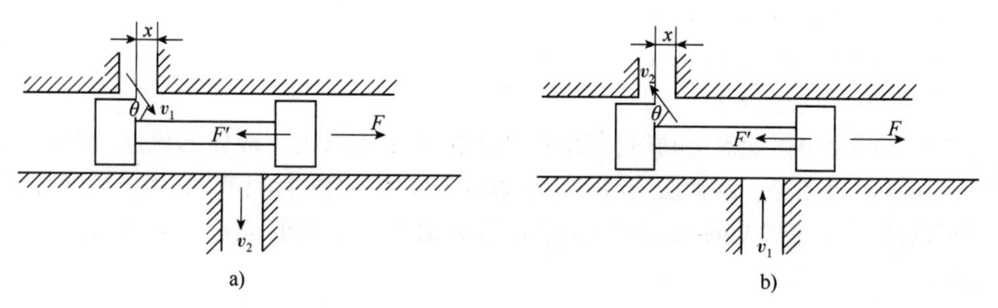

图 1-21 滑阀上的液动力

如图 1-21a)所示,阀芯作用于液体的力 F'为:

$$F' = \rho g v_2 \cos 90° - \rho g v_1 \cos\theta = -\rho g v_1 \cos\theta \tag{1-39}$$

滑阀阀芯所受的稳态液动力 F 为:

$$F = -F' = \rho g v_1 \cos\theta \tag{1-40}$$

F 与 v_1 在阀芯轴线分量方向一致,阀芯所受的稳态液动力使滑阀阀口关闭。

如图 1-21b)所示,阀芯作用于液体的力 F'为:

$$F' = \rho g v_2 \cos\theta - \rho g v_1 \cos 90° = \rho g v_2 \cos\theta \tag{1-41}$$

滑阀阀芯所受的稳态液动力 F 为:

$$F = -F' = -\rho g v_2 \cos\theta \tag{1-42}$$

F 与 v_2 在阀芯轴线分量方向相反,阀芯所受的稳态液动力使滑阀阀口关闭。

通过上述分析可知,稳态液动力都有使滑阀阀口关闭的趋势。流量越大,速度越高,稳态液动力越大。

1.5 液体流动压力损失

(Pressure Losses as Liquid Flow in Pipeline)

液压传动中,通常用许多油管将各元件连接起来。当液压油流过时,由于液体具有黏性,因此克服内摩擦力会产生能量损失。另外,液体在流经管接头或通流截面大小发生突然变化时,也要产生能量损失。这些能量损失主要表现为压力损失。压力损失又可分为沿程压力损失和局部压力损失。能量损失的大小与液体的流动状态有关。

1.5.1 沿程压力损失(Pressure Losses at Pipes' Surface and Within Liquids)

液体在等径直管中流动时因内外摩擦而产生的压力损失,称为沿程压力损失。液体处于不同流动状态时沿程压力损失不同。通过理论推导液体流经等直径的直管时管内的沿程压力损失计算公式为：

$$\Delta p_\lambda = \lambda \frac{l}{d} \frac{\rho v^2}{2} \tag{1-43}$$

式中：Δp_λ——沿程压力损失（Pa）；

λ——沿程阻力系数；

l——管的长度（m）；

ρ——液体密度（kg/m^3）；

v——液体平均流速（m/s）；

d——管的内径（m）。

液体在直圆管中作层流运动时，其沿程压力损失主要取决于液体的流速、黏性、管路的长度以及油管的内径等。圆管层流时理论值取 $\lambda = 64/R_e$，但实际计算时，考虑到实际截面可能有变形以及靠近管壁处的液层可能冷却，阻力加大。金属管应取 $\lambda = 75/R_e$，橡胶管应取 $\lambda = 80/R_e$。

液体在直圆管中作紊流运动时，一般在 $R_e < 10^5$ 范围内，按光滑圆管取阻力系数 $\lambda \approx 0.3164 R_e^{-0.25}$。因而计算沿程压力损失时，先判断流态，再取正确的沿程阻力系数 λ 值，再按式（1-43）进行计算。

1.5.2 局部压力损失（Pressure Losses at Particular Location）

液流在流过弯头、接头、突变截面以及各种阀口等地方时，其流速大小和方向发生剧烈变化，从而发生撞击、分离、涡旋等现象，产生了液体流动阻力，造成能量损失，该能量损失称为局部压力损失。

流过弯接头处局部压力损失计算公式：

$$\Delta p_\zeta = \zeta \frac{\rho v^2}{2} \tag{1-44}$$

ζ 为局部阻力系数，由实验求得。

流过各种阀口的局部压力损失常用以下经验公式计算：

$$\Delta p_v = \Delta p_n \left(\frac{q}{q_n}\right)^2 \tag{1-45}$$

式中：Δp_n——阀在额定流量下压力损失（Pa）；

q——实际流量（L/min）；

q_n——额定流量（L/min）。

1.5.3 总压力损失（Total Pressure Losses in Pipe-System）

整个管路系统的总压力损失应为所有沿程压力损失和所有局部压力损失之和，即：

$$\Sigma \Delta p = \Sigma \Delta p_\lambda + \Sigma \Delta p_\zeta + \Sigma \Delta p_v$$

液压传动中压力损失，绝大部分转变为热能造成油温升高，泄漏增多，使液压系统效率降低，甚至影响系统的工作性能，所以应注意尽量减少压力损失。为减少系统总压力损失一般应做到：尽量缩短管道长度，减少管路弯曲和截面的突然变化；管道内壁力求光滑；油液的黏度选取应适当;管径选用合理,流速适中。

在液压系统中,压力损失尽管对系统效率、工作性能有不良影响,通过合理设计和安装,可进行有效控制。但压力损失也有两面性,利用它可以对液压系统工作进行有效控制,例如阻力效应是许多元件如溢流阀、减压阀、节流阀等正常工作基础。

1.6 液体流经小孔和缝隙的流量

(Flow of Liquid Moving through Orifice and Narrow Clearance)

在液压系统中,经常利用液体流经阀的小孔或缝隙来控制流量和压力,以达到调速和调压的目的。例如,节流调速的节流小孔、液压元件相对运动表面的间隙;而液压元件的泄漏一般属于缝隙流动,因而研究液体流经小孔和缝隙的流量-压力特性,了解其影响因素,对于合理设计液压系统,正确分析液压元件和系统的工作性能,计算泄漏都是很有必要的。

1.6.1 液体小孔流量(Flow of Liquid Moving through Orifice)

根据小孔的长径比可将小孔分为三种:当小孔的长度 l、直径 d 的比值 $l/d \leq 0.5$ 时,称为薄壁小孔;当 $l/d>4$ 时,称为细长孔;当 $0.5<l/d \leq 4$ 时,称为短孔。

(1)薄壁小孔的流量

薄壁小孔如图 1-22 所示。液体在薄壁孔中流动时,由于惯性作用,液流会发生收缩、扩散现象,这一收缩、扩散过程,会造成很大的能量损失,液流经过薄壁孔时多为紊流,只有局部损失而几乎不产生沿程损失。

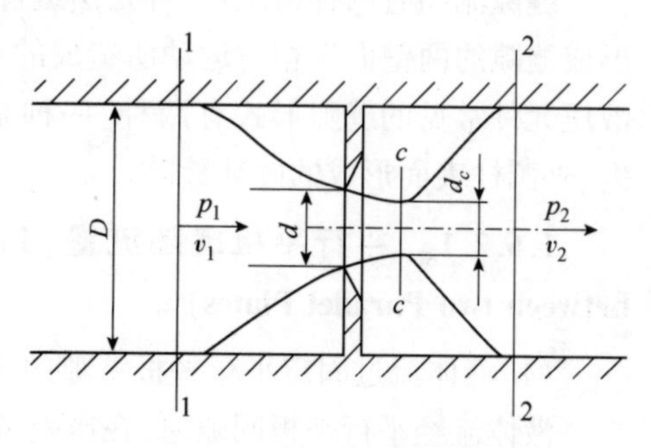

图 1-22 薄壁小孔液流

利用伯努利方程对图 1-22 中的 1-1 截面和 2-2截面列式,即:

$$\frac{p_1}{\rho g}+z_1+\frac{v_1^2}{2g}=\frac{p_2}{\rho g}+z_2+\frac{v_2^2}{2g}+h_w \quad (1\text{-}46)$$

压力损失为局部压力损失,将压力损失带入并整理得:

$$v_2=C_v\sqrt{\frac{2}{\rho}\Delta p} \quad (1\text{-}47)$$

式中速度系数 $C_v=\dfrac{1}{\sqrt{1+\zeta}}$。

通过薄壁小孔液体的流量为:

$$q=A_c v_c=C_q A\sqrt{\frac{2}{\rho}\Delta p} \quad (1\text{-}48)$$

式中:C_q——小孔流量系数,液流完全收缩时取 0.61~0.62,不完全收缩时取 0.7~0.8。

一般液压系统中,常采用薄壁小孔作为节流元件,流量受黏度、温度影响小,不易堵塞。

(2)细长小孔的流量

液体流过细长小孔时，由于液体的黏性而流动不畅，故一般为层流状态，压力损失主要是沿程压力损失。所以，其流量可以直接用圆管层流时的流量公式计算，即：

$$q = \frac{\pi d^4}{128\mu l}\Delta p \tag{1-49}$$

一般液压系统中，常采用细长小孔作为阻尼元件，流量受黏度、温度、孔径和孔长影响大，容易堵塞。

(3)短孔的流量

短孔是介于薄壁小孔与细长小孔之间，又称厚壁孔。液流经过短孔时，不仅有收缩扩大的能量损失，还有沿程能量损失，其流量计算可采用细长小孔流量公式，$C_q = 0.82$。短孔常用作固定节流器。

1.6.2 液体缝隙流量(Flow of Liquid Moving through Narrow Clearance)

由于液压元件的零件之间存在着相对运动，就有一定的配合间隙。油液流过间隙就会产生泄漏，即缝隙流量。液压系统的泄漏量主要是由间隙的大小和压力差决定，泄漏分为内泄漏和外泄漏。泄漏使系统效率降低，油温升高，影响液压系统的工作性能。由于缝隙通道狭窄，液流受到壁面的影响较大，因此，缝隙液流的流态均为层流。

缝隙流动有两种情况：一种是由缝隙两端的压差造成的流动，称为压差流动；另一种是形成缝隙的两壁面作相对运动所造成的流动，称为剪切流动。这两种流动常常会同时存在。液压元件常见的缝隙形式有两种：一种是由两平行平面形成的平面缝隙，另一种是由两个内、外圆柱表面形成的圆环缝隙。

1.6.2.1 平行平板缝隙流量(Flow of Liquid Moving through Narrow Clearance between two Parallel Plates)

(1)液体流过固定平行平板缝隙的流量——压差流动

液体流经平行平板间隙时，在压差 $\Delta p = p_1 - p_2$ 作用下通过固定平行平板缝隙的流动，叫作压差流动。固定平行平板缝隙，平板长度为 l、宽度为 b、缝隙高度为 δ，且 $l \gg \delta, b \gg \delta$，此时液体的流动通常为层流。设液体不可压缩，动力黏度 μ 为常数，液体重力忽略不计，在压差作用下通过固定平行平板缝隙的流量为：

$$q = \frac{b\delta^3}{12\mu l}\Delta p \tag{1-50}$$

(2)液体流过相对运动的平行平板缝隙的流量—剪切流动

当一平板固定，另一平板以速度 v_0 作相对运动时，由于液体存在黏性，紧贴在动平板上的液体也以速度 v_0 运动，而紧贴在固定平板上的液体则保持静止，两板之间液体的流速呈线性分布。因为液体的平均流速 $v = v_0/2$，所以由于平板作相对运动而引起的液体流过缝隙的流量为：

$$q = \frac{v_0 b\delta}{2} \tag{1-51}$$

(3)压差与剪切共同作用时的流量

在相对运动的平行平板间,一般情况下液体既有压差流动,也有剪切流动。流过相对运动的平行平板缝隙的流量为压差流量和剪切流量之和,表示为:

$$q = \frac{b\delta^3}{12\mu l}\Delta p \pm \frac{v_0 b\delta}{2} \tag{1-52}$$

当动平板相对于固定平板运动的方向和压差方向相同时取"+"号,反之取"-"号。

1.6.2.2 圆环缝隙流量(Flow of Liquid Moving through Narrow Clearance between two Cylindrical Cirques)

在液压元件中,液压缸的活塞和缸筒之间、液压阀的阀芯和阀孔之间,都存在圆环缝隙,圆环缝隙有三种情况:同心圆环缝隙、偏心环形缝隙和圆环平面缝隙,如图1-23所示。

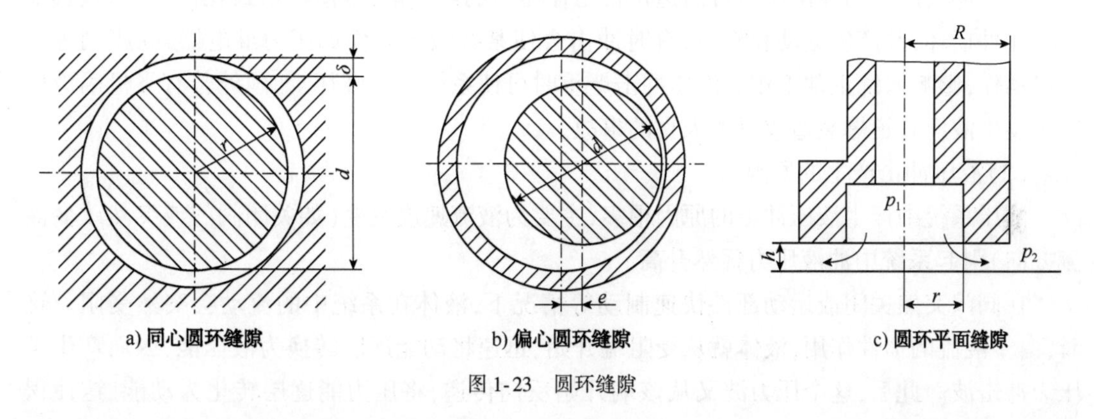

图1-23 圆环缝隙

当 $\delta/r \ll 1$ 时,同心圆环缝隙可将环形缝隙沿圆周方向展开成平行平板缝隙,同心圆环缝隙流动的流量计算公式为:

$$q = \frac{\pi d\delta^3}{12\mu l}\Delta p \pm \frac{v_0 b\delta}{2} \tag{1-53}$$

当阀芯与阀孔存在一定的偏心量时,便形成了偏心环形缝隙,偏心环形缝隙流动的流量计算公式为:

$$q = \frac{\pi d\delta^3}{12\mu l}\Delta p(1 + 1.5\varepsilon^2) \tag{1-54}$$

$\varepsilon = e/\delta$ 为偏心率。

从式(1-54)可以看出,通过同心圆环缝隙的流量是偏心环形缝隙流量在 $\varepsilon = 0$ 时的特例。当完全偏心时,$e = \delta$,$\varepsilon = 1$ 时,$q = 2.5\frac{\pi d\delta^3}{12\mu l}\Delta p$,故在液压元件的设计制造和装配过程中,应采取适当措施,尽量使配合件在工作时保持同心状态,减小缝隙的泄漏量。

在圆环平面缝隙中,圆环与平面缝隙之间无相对运动,液体自圆环中心向外辐射流出,流经圆环平面缝隙流量为:

$$q = \frac{\pi h^3}{6\mu \ln\frac{R}{r}}\Delta p \tag{1-55}$$

1.7 液压冲击和气穴现象

(Pressure Shock and Cavitations)

1.7.1 液压冲击(Pressure Shock)

在液压系统中,由于某种原因致使系统中的局部压力急剧升高形成很高的压力峰值并交替变化,形成压力波传播于充满油液的管道中,这种现象称为液压冲击。

(1)液压冲击的危害

液压冲击产生的冲击压力可高达正常工作压力的好几倍,常使得密封元件、管道或其他液压元件损坏,并产生振动和噪声,有时冲击会使某些液压元件如压力继电器、顺序阀等产生误动作,影响系统正常工作。液压冲击严重时可使系统完全破坏,如国外曾有飞机因液压冲击发生液压管道爆裂造成机毁人亡的事故。

(2)液压冲击产生的原因

液压系统中产生液压冲击的原因很多,主要为液流速度突变(如关闭阀门或突然改变液流方向)引起系统中油液压力猛然升高。

在阀门突然关闭或运动部件快速制动等情况下,液体在系统中的流动会突然受阻。这时,由于液流的惯性作用,液体就从受阻端开始,迅速将动能逐层转换为液压能,因而产生了压力冲击波。此后,这个压力波又从该端开始反向传递,将压力能逐层转化为动能,这使得液体又反向流动。然后,在另一端又再次将动能转化为压力能,如此反复地进行能量转换。由于这种压力波的迅速往复传播,便在系统内形成压力振荡。这一振荡过程,由于液体受到摩擦力以及液体和管壁的弹性作用不断消耗能量,才使振荡过程逐渐衰减而趋向稳定,产生液压冲击的本质是动量变化。

(3)减小液压冲击的基本措施

尽量避免液流速度发生急剧变化,延缓速度变化的时间,其具体办法为:缓慢开关阀门;限制管路中液流的速度;系统中设置蓄能器和安全阀;在液压元件中设置缓冲装置如节流孔和蓄能器;适当地加大管径,尽量缩短管路长度,采用软管增加系统的弹性。

1.7.2 气穴现象(Cavitations)

在液压系统中,由于流速突然变大、供油不足等原因,压力会迅速下降至低于空气分离压即空气从油中分离的压力,溶解于油液中的空气从油中大量分离出来产生气泡,当压力继续降低至低于当时温度下的饱和蒸气压时,油液则汽化沸腾而产生大量气泡。所有这些气泡呈游离状态混杂在油液中,使原来充满在管道和元件中的液体成为不连续状态,这种现象称为气穴现象。

(1)气穴的危害

气穴会引起液压冲击、振动、噪声。液体在低压部分产生气穴后,到达高压部分将要急剧溃灭时,其周围的高压液体会迅速填补原来气泡所占据的空间,因而产生无数局部的液压冲击，使局部的压力和温度急剧上升，从而引起噪声、振动等有害现象，甚至造成零件的损坏。

气穴会产生气蚀。接触气穴区的管壁和液压元件表面因反复受到液压冲击和高温的作用，以及气泡中氧气的氧化作用，零件表面将产生腐蚀，一般称为气蚀。

气穴现象分离出来的气泡有时聚集在管道的最高处或流道狭窄处形成气塞，使油液不通畅甚至断流，使系统不能正常工作。气穴会降低泵的吸油能力，增加泵的压力和流量的脉动，使泵的零件受到冲击荷载，降低工作寿命。

(2)防止气穴和气蚀措施

采取合理的设计。使用中应注意：①保持足够油液。及时向液压油箱加油，使油面保持在规定的平面上。如油箱油面过低，回油管回油时会溅起泡沫，使空气混入。吸油管如果离油面太近，也会形成漩涡，使空气进入系统。②低压区要密封可靠，液压系统正常工作时，在泵的入口和某些阀附近会造成低压即低于大气压力，这里的密封如果不严，就会有空气侵入，应特别注意的是因为这些地方内部油压低，如密封不严，可能并不漏油，因而不易被发现，所以在使用中也一定要注意这些地方。③油箱上装有放气螺塞，加油时应注意拧松放气，液压缸上也装有放气螺塞，当发现系统中有空气时，应拧松螺塞进行放气。④及时清洗及更换滤油网，避免泵吸油腔产生过大的阻力。

小　结

本章通过液压千斤顶和液压举升机构的液压系统实例，运用帕斯卡原理讲述了液压传动的工作原理；强调了传动具有的两个相互独立的重要特征，即系统的压力取决于外界负载，外负载的运动速度取决于流量。一个完整的液压系统由 5 个部分组成，分别是动力元件、控制元件、执行元件、辅助元件和工作介质。

简明扼要地介绍了液压系统的优缺点，应用领域、发展过程和发展趋势。介绍了液压传动介质的基本性质及其选择原则，强调了黏度作为重要参数对液压系统正常工作的重要意义。重点分析了液体静力学和流体动力学的理论基础知识，明确了液压传动中静压力、液体流动状态、压力损失及液体流经小孔和缝隙的流量等重要的基本概念和计算方法；详细说明了液体的连续性方程、伯努利方程和动量方程等重要液体动力学方程的物理意义和应用，它们是设计液压系统的基本公式。讲述了液压系统工作中经常出现的气穴现象和液压冲击的形成原因、产生的危害以及有效的预防措施。

习　题

(1)名词解释：

①液体的可压缩性　　⑤局部压力损失

②黏度　　⑥液压冲击

③压力、流量　　⑦气穴现象

④沿程压力损失

(2)图 1-24 中，液压缸直径 $D=150$mm，活塞直径 $d=100$mm，负载 $F=5\times10^4$N，若不计液

压油及缸体和活塞自重,求图1-24a)、b)两种情况下液压缸内液体压力。

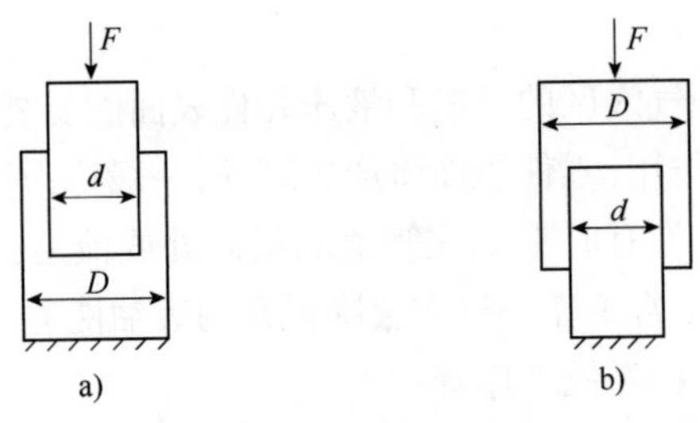

图1-24　题(2)图

(3)如图1-25所示圆管。管中液体由左向右流动,已知管中通流截面的直径分别为$d_1=200$ mm 和$d_2=100$ mm,通过通流截面1-1的平均流速$u_1=1.5$m/s,求流量是多少?通过通流截面2-2的平均流速是多少?

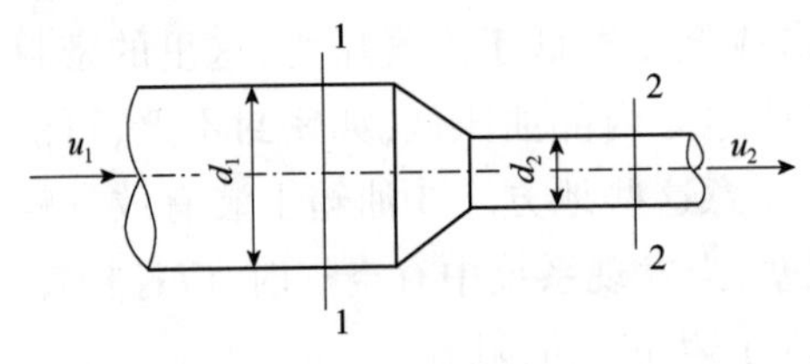

图1-25　题(3)图

(4)水平放置的光滑圆管由两段组成,如图1-26所示。直径分别为$d_1=10$mm 和$d_2=6$mm,每段长度均为$l=3$m。液体密度$\rho=900$kg/m^3,运动黏度$\nu=0.2\times10^4$m^2/s,通过流量$q=18$L/min,若管路突然缩小处的局部阻力系数$\zeta=0.35$。若局部压力损失按截面突变后的流速计,试求管内的总压力损失及两端的压力差。

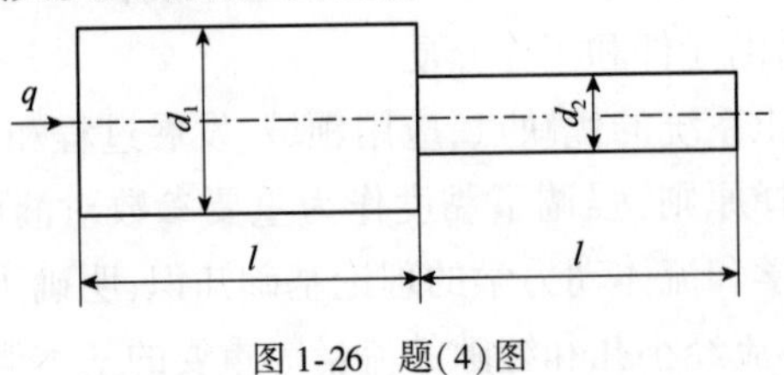

图1-26　题(4)图

(5)如图1-27所示,液压泵从油箱中吸油,吸油管直径$d=60$mm,流量$q=150$L/min,液压泵吸油口处的真空度为0.2×10^5Pa,液压油的运动黏度$\nu=20\times10^{-6}$m^2/s,密度$\rho=900$kg/m^3,不计任何损失,求最大吸油高度h。

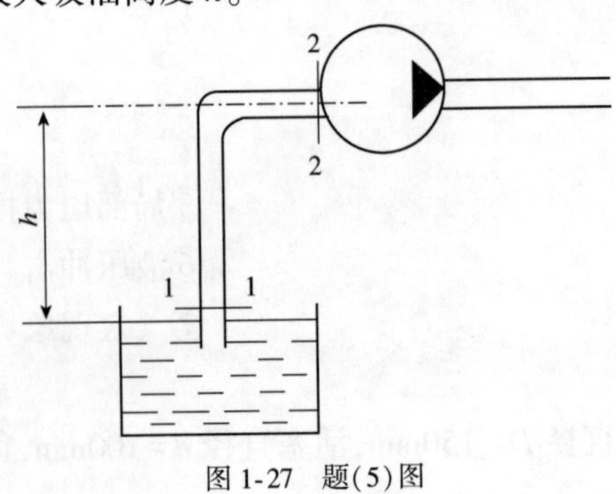

图1-27　题(5)图

(6)密度为$\rho=900\text{kg/m}^3$的液体流过如图1-28所示管道,已知$h=15\text{m}$,A处的压力为$4.5\times10^5\text{Pa}$,B处的压力为$4\times10^5\text{Pa}$,判断管道中的液流方向。

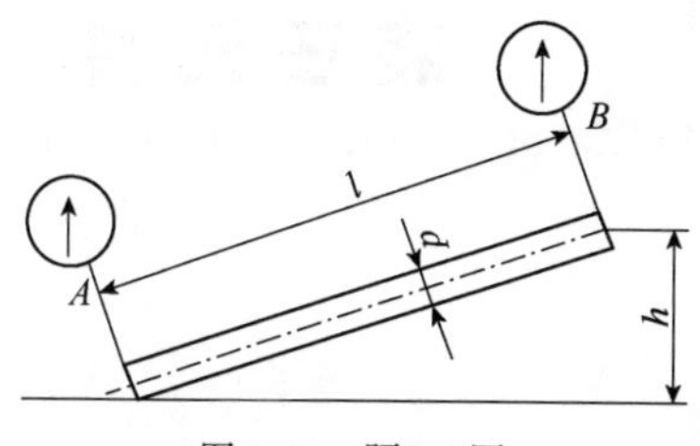

图1-28 题(6)图

(7)有一个薄壁小孔,通过流量$q=25\text{L/min}$,压力损失$\Delta p=0.3\text{MPa}$,取流量系数$C_q=0.62$,密度$\rho=900\text{kg/m}^3$,求节流阀孔的通流面积。

第2章 液压元件

Hydraulic Components

学习目的和要求

(1)掌握液压动力元件、执行元件及控制元件的工作原理及液压泵、液压马达及液压缸的相关计算;

(2)掌握液压动力元件、执行元件及控制元件的选用及维护;

(3)掌握液压系统中辅助元件的类型、功能、和在回路中的安装特点等;

(4)了解各类泵、马达、液压缸及阀类元件的基本结构、工作原理、特点及应用;

(5)熟悉常见阀口形式,掌握常见阀口的计算方法。

学习指南

(1)主要内容:液压动力元件的工作原理、组成、结构特点、性能分析与计算、优缺点及应用等;液压执行元件的工作原理及其结构和它们的特点及应用以及新型的液压缸;液压系统中压力控制元件、方向控制元件、流量控制元件的功能和要求、结构特点和工作原理、主要性能和应用场合;辅助元件的作用、工作原理、结构特点及参数的选择方法。

(2)重点:掌握各类液压泵的工作原理、性能分析、计算和具体应用;液压执行元件的基本参数,液压缸的组成和设计;各类液压阀的结构、工作原理、主要性能及其应用;液压辅助元件蓄能器过滤器、密封件、管道和管接头的作用、性能、特点、适用范围及选择方法。

(3)难点:正确理解齿轮泵困油现象的产生、危害及预防措施,各类液压泵全性能通过特性曲线的绘制;理解低速大转矩液压马达的结构特点和性能,以及模拟控制液压缸和数字控制液压缸的组成和工作原理;理解先导控制阀的工作原理和滑阀式换向阀中位机能的特点及应用;选择及计算蓄能器主要性能参数。

(4)关键术语:齿轮泵;叶片泵;柱塞泵;高速液压马达;低速液压马达;齿轮马达;排量;压力;液压缸;方向控制阀;压力控制阀;流量控制阀;辅助元件。

本章要点

(1)液压泵是一种能量转换装置,它将机械能转换为流体压力能,是液压系统中的动力元件,为液压系统提供压力油。

Hydraulic pumps convert mechanical energy into hydraulic energy. They supply fluid to the components in hydraulic system.

(2)液压执行元件是将流体的压力能转换为机械能的元件,它驱动机构作直线往复、摆动或旋转运动。

The function of hydraulic actuators is to translate hydraulic energy of fluid into mechanical energy. They will drive the mechanism into linear reciprocating, swing or rotation motion.

(3)液压控制元件是用来控制液压系统中油液的流动方向或调节其压力和流量的,因此它可分为方向阀、压力阀和流量阀三大类。一个形状相同的阀,可以因为作用机制的不同,而具有不同的功能。

Hydraulic control components are used to control the flow direction or adjust the pressure or flow rate in hydraulic system, so they can be divided into direction valves, pressure valves and flow valves. A valve of the same shape could have different functions because of different mechanism of action.

【导入案例】

装载机液压系统元件

装载机是施工常用的工程机械,它主要用来装卸成堆散料,也能进行轻度地铲掘、平地、起重和牵引等多种作业。装载机的基本动作是:将铲斗插入物料,向后翻转铲斗,保持载荷,提升物料到一定高度,将物料运输到卸荷地点并卸料,然后返回到装料处,如此进行循环作业。ZL50装载机液压系统主要由工作装置液压系统和转向液压系统组成,如图2-1所示。它以6135Q型柴油机为动力驱动三个液压泵:工作泵、转向泵、辅助泵,辅助泵在图2-1中未标出,组成工作装置回路和转向回路,而这两个回路又通过辅助泵和流量转换阀联系起来。

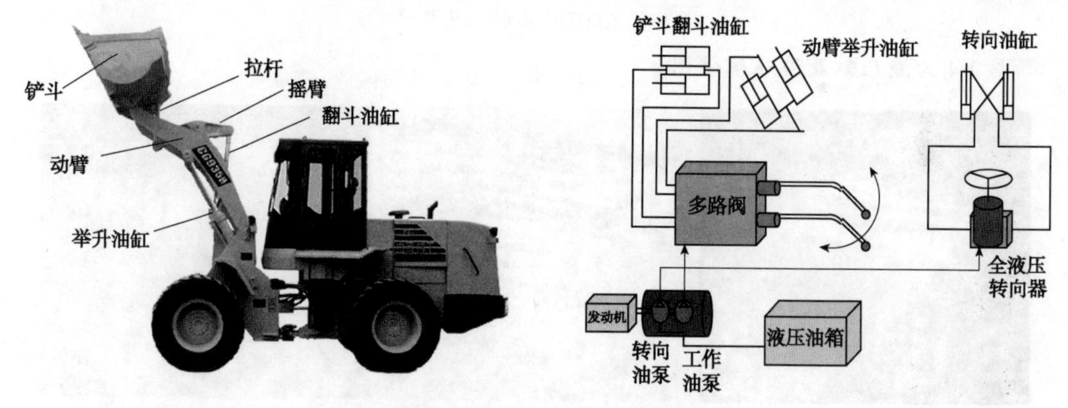

图2-1 装载机液压系统示意图

工作液压泵如图2-2所示,作为系统的动力元件,将机械能转变为液压能,从油箱吸油并向液压系统提供压力油。高压油经多路阀到举升液压缸或翻斗液压缸油腔。

多路换向阀如图2-3所示,操纵多路换向阀的手柄可控制动臂升降或铲斗翻转,实现装载举升、装载运输、装载举升、翻斗卸料四个循环动作。

工作装置动作包括动臂提升和铲斗翻转,两者由单动顺序回路驱动,它的特点是液压泵在同一时间只能按先后顺序向一个机构供油,各机构和进油通路前后次序排列,前面的转斗操纵阀动作,就把后面的动臂操纵阀进油通路切断。只有前面的阀处于中位时,才能扳动后面的阀使之动作。

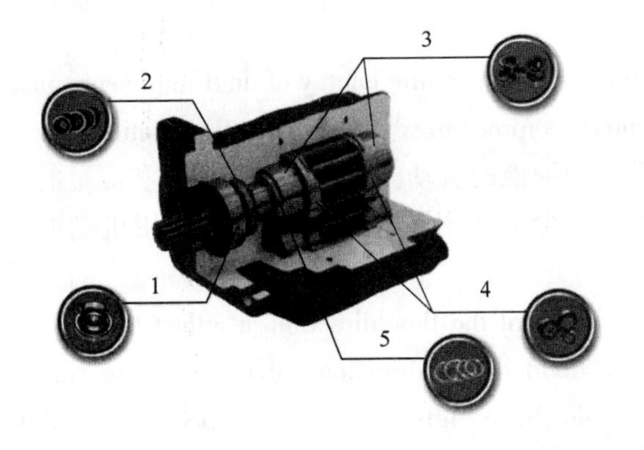

图 2-2　工作液压泵构造及安装图

1-外置轴承；2-骨架油封；3-滚针轴承；4-有特殊涂层的侧板；5-二次密封环

图 2-3　多路换向阀操纵及安装示意

图 2-4 为液压缸及液压辅件图。

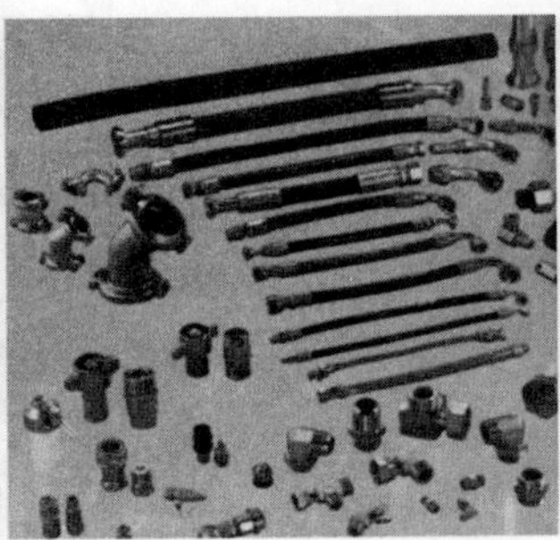

图 2-4　液压缸及液压辅件外观图

通过工作装置液压系统控制，实现装载机工作装置作业工况所需的基本动作。本系统为开式系统，主要包括齿轮泵、多路换向阀、液压缸和辅助元件。多路换向阀中的安全阀用于控制保持系统的工作压力不超过安全设定值，防止系统压力过载。

问　题：

(1)装载机工作过程中，如何实现举升动臂、翻转铲斗的基本动作？

(2)在装载机工作装置液压系统中，安全阀如何保证系统过载？

(3)转向液压泵在液压系统中起什么作用？装载机如何实现转向？

2.1 液压泵和液压马达

(Hydraulic Pump and Hydraulic Motor)

2.1.1 液压泵和液压马达工作原理(Working Principle of Hydraulic Pump and Hydraulic Motor)

液压泵和液压马达都是液压系统中的能量转换元件。液压泵由原动机驱动,把输入的机械能转换成油液的压力能,再以压力、流量的形式输送到系统中去,它是液压系统的动力源;液压马达则将输入的压力能转换成机械能,以扭矩和转速的形式输送到执行机构做功,是液压系统的执行元件。

在液压系统中,液压泵和液压马达都是容积式的,依靠容积变化进行工作。图2-5为容积式泵的工作原理简图。凸轮1旋转时,柱塞2在凸轮和弹簧3的作用下,在缸体的柱塞孔内左、右往复移动,缸体与柱塞之间构成了容积可变的密封工作腔4。柱塞向右移动时,工作腔容积变大,产生真空,油液便通过吸油阀5吸入;柱塞2向左移动时,工作腔容积变小,已吸入的油液便通过压油阀6排到系统中去。在工作过程中,吸、压油阀5、6在逻辑上互逆,不会同时开启。由此可见,泵是靠密封工作腔的容积变化进行工作的。

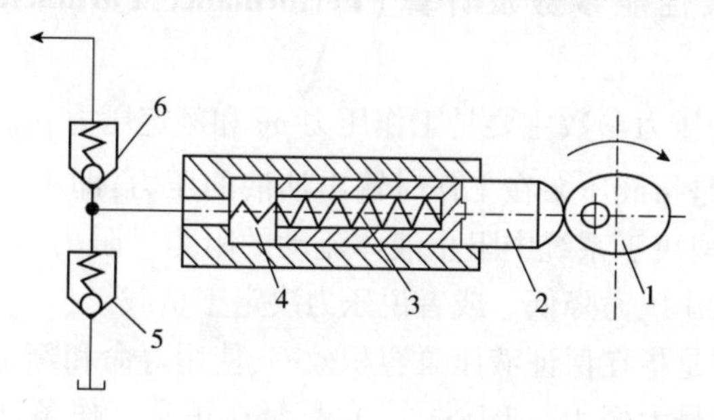

图2-5 液压泵工作原理

1-凸轮;2-柱塞;3-弹簧;4-工作腔;5-吸油单向阀;6-压油单向阀

液压马达是实现连续旋转运动的执行元件,从原理上讲,向容积式泵中输入压力油,迫使其转轴转动,就成为液压马达,即容积式泵都可作液压马达使用。但在实际中由于性能及结构对称性等要求不同,一般情况下,液压泵和液压马达不能互换。常用的液压泵和马达的图形符号如图2-6所示。

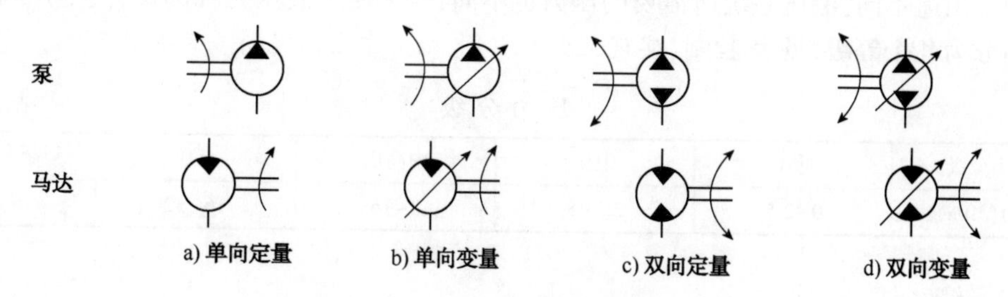

图2-6 常用液压泵和马达图形符号

液压泵按其在单位时间内所能输出油液体积能否调节而分为定量泵和变量泵两类;按结构形式可以分为齿轮式、叶片式和柱塞式三大类;液压马达也具有相同的形式。

根据工作腔的容积变化而进行吸油和排油是液压泵的共同特点,因而这种泵又称为容积泵。构成容积泵必须具备以下基本条件:

(1)结构上能实现具有密封性能的可变工作容积。

(2)工作腔能周而复始地增大或减小;当它增大时与吸油口相连,当它减小时与排油口相通。

(3)吸油口与排油口不能相通,即不能同时开启。

从工作过程可以看出,在不考虑泄漏的情况下,液压泵在每一工作周期中吸入或排出的油液体积只取决于工作构件的几何尺寸,如柱塞泵的柱塞直径和工作行程。

在不考虑泄漏等影响时,液压泵单位时间排出的油液体积与泵密封容积变化频率成正比,也与泵密封容积的变化量成正比;在不考虑液体的压缩性时,液压泵单位时间排出的液体体积与工作压力无关。

2.1.2 液压泵和液压马达基本性能参数(Basic Property Parameters of Hydraulic Pump and Hydraulic Motor)

2.1.2.1 液压泵性能参数及计算(Performance Parameters and Calculation of Hydraulic Pump)

(1)压力:液压泵的压力参数主要是工作压力 p_B 和额定压力 p_{BR}。

①工作压力 p_B:它是指液压泵在工作时输出油液的压力,即泵出油口处压力,也称为系统压力,记为 p_B。压力取决于系统中阻止液体流动的阻力。阻力来自于负载,负载增大,工作压力升高;反之,则工作压力降低。或者说压力决定于负载。

②额定压力 p_{BR}:它是指在保证液压泵容积效率、使用寿命和额定转速的前提下,泵连续长期运转时允许使用的最大压力,记为 p_{BR}。它是泵在正常工作条件下,按实验标准规定能连续运转的最高压力。p_{BR}通常在铭牌上标注,亦称铭牌压力,通常符合技术规范规定的公称压力或标准压力。

除此之外还有最高允许压力 $p_{R\max}$,它是指泵在短时间内所允许超载使用的极限压力,它受泵本身密封性能和零件强度等因素的限制。

③吸入压力 p_{Bt}:指泵的吸入口处压力,亦称入口压力或背压。

由于用途不同,液压系统所需要的压力也不同,为了便于液压元件的设计、生产和使用,将压力分为几个等级,见表 2-1。

压力分级 表 2-1

压力分级	低压	中压	中高压	高压	超高压
压力(MPa)	0~2.5	2.5~8	8~16	16~32	>32

(2)转速

①额定转速 n_{BR}:即设计转速,它是按实验标准规定作满载连续运行的转速,一般在泵的

铭牌中标志出,也称铭牌转速,常用单位为 r/min。

②最高转速 n_{Bmax}:为保证使用性能和使用寿命所允许的最高转速。

③最低转速 n_{Bmin}:为保证使用性能所允许的最低转速。

转速过高会导致吸液不足而产生气穴现象,转速过低将导致容积效率降低。通常情况下,泵的实际转速会随负载增大而略有降低,但在理论分析或计算中,一般认为泵的转速为常数,不因负载大小而变化。

(3)几何排量 q_{Bv}:泵轴转一圈,不计尺寸偏差、缝隙及变形等因素,由密封腔几何尺寸变化而得出的液体积或几何空间变化量称为几何排量或几何理论排量,也可简称为排量,常用单位为 mL/r。当密封腔几何尺寸复杂而不易计算时,可在低压无泄漏情况下,用实验方法确定之。

(4)流量

①额定流量 Q_{BR}:根据实验结果推荐,在额定压力下必须保证的实际流量。

②理论流量 Q_{Bt}:不考虑泄漏量,根据几何排量计算的液压泵的输出流量。根据流体力学有:

$$Q_{Bt}=n_B q_{Bv}\times 10^{-3} \tag{2-1}$$

式中:q_{Bv}——几何排量(mL/r);

n_B——液压泵转速(r/min);

Q_{Bt}——理论流量(L/min)。

③实际流量 Q_B:即液压泵实际运行时,在不同压力下泵的输出或出口流量。按流量连续方程,它等于理论流量 Q_{Bt} 与泄漏流量 ΔQ_B 之差,即:

$$Q_B=Q_{Bt}-\Delta Q_B=n_B q_{Bv}-\lambda_B \Delta p_B \tag{2-2}$$

式中:λ_B——液压泵泄漏量常数[L/(MPa·min)];

Δp_B——吸排液口压差,$\Delta p_B=p_B-p_{Bt}$(MPa);

p_B——出口压力(MPa);

p_{Bt}——入口压力(MPa);

ΔQ_B——泄漏流量(L/min)。

在实际计算中,由于液压泵出口压力 p_B 远远大于入口压力 p_{Bt},通常取如 $\Delta p_B \approx p_B$ 另外,在不明确给出入口压力的情况下,入口压力按大气压力或相对吸入压力 $p_{Bt}=0$ 处理。

④瞬态流量 $Q_{B(t)}$:指液压泵在某一瞬间的输出流量,通常指它的瞬态理论流量,多用于对液压泵动态性能的理论研究与分析中。

(5)功率和效率

①液压泵能量转换及损失

液压泵输入能量为机械能,输出能量为液压能;如果在这个转换过程中没有能量损失,这时输入机械能等于输出液压能。实际上,在这一能量转换过程中,既有因摩擦而引起的输入机械能的损失,又有因泄漏而引起的液压能的损失。或者说输入的机械能在扣除因机械摩擦造成的能量损失后,剩余的机械能才全部转换为液压能;而这一部分液压能在输入过程中,又因泄漏造成的液压能量损失而减少,减少后的液压能即液压泵的输出液压能。液压泵能量转换如图 2-7 所示,这种能量转换关系通常以功率即单位时间内的能量来表示。如果液压泵的输入机械功率为 $P_{Bi}=T_{Bi}\omega_{Bi}$,机械功率损失为 ΔP_f,液压功率损失为 ΔP_v,输出液压能为 P_B,则有:

$$P_B=P_{Bi}-\Delta P_f-P_v \tag{2-3}$$

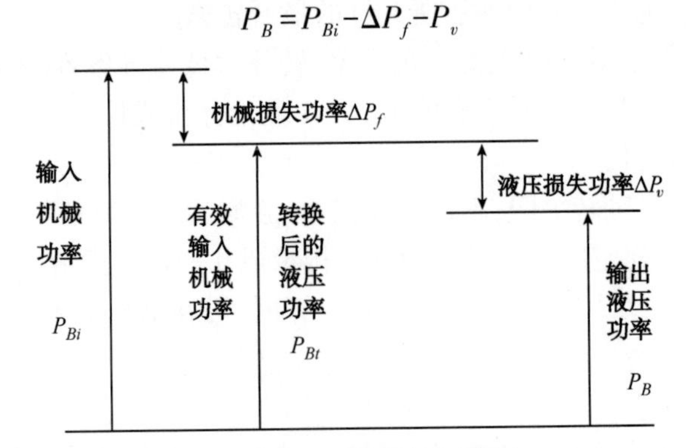

图 2-7　液压泵能量转换示意图

②理论功率 P_{Bt} 和输出功率 P_B

为方便起见,假定液压泵吸入压力为大气压力,出口压力为 p_B,p_B 大小由负载决定;则液压泵的理论输出液压功率即无泄漏流量损失下的液压功率 P_{Bt} 可由流体力学知识给出如下:

$$P_{Bt}=\frac{p_BV_t}{t}=p_BQ_{Bt}=p_Bn_Bq_{Bv} \tag{2-4}$$

式中:P_{Bt}——液压泵理论输出液压功率(W);

Q_{Bt}——液压泵理论流量,$Q_{Bt}=n_Bq_{Bv}$;

n_B——液压泵转速(r/s);

q_{Bv}——液压泵几何排量(m^3/r)。

液压泵实际输出的液压功率 $P_B=P_{Bt}-\Delta P_v$,在计算中这样表示多有不便,为此引入液压泵的容积效率 η_{Bv} 的概念,η_{Bv} 定义为液压泵出口流量 Q_B 与理论流量 Q_{Bt} 之比,即:

$$\eta_{Bv}=\frac{Q_B}{Q_{Bt}}=\frac{Q_{Bt}-\Delta Q_B}{Q_{Bt}}=1-\frac{\lambda_Bp_B}{n_Bq_{Bv}} \tag{2-5}$$

由式(2-5)可得出:

$$Q_B=Q_{Bt}-\Delta Q_B=Q_{Bt}\eta_{Bv}=n_Bq_{BV}\eta_{Bv} \tag{2-6}$$

则液压泵的输出功率 P_B 可表示为:

$$P_B=P_{Bt}-\Delta P_r=p_BQ_{Bt}-p_B\Delta Q_B=p_BQ_B=p_BQ_{Bt}\eta_{Bv}=P_{Bt}\eta_{Bv} \tag{2-7}$$

③液压泵的输入功率 P_{Bi} 和机械效率 η_{Bm}

按液压泵能量转换方式,液压泵输入机械功率 P_{Bi} 可表示为:

$$P_{Bi}=T_{Bi}\omega_B=P_{Bt}+\Delta P_{Bf}=P_B+\Delta P_v+\Delta P_f \tag{2-8}$$

式(2-8)在应用中多有不便,为此引入液压泵的机械效率 η_{Bm},η_{Bm} 的概念与普通机械设备的传动效率的概念是一致的。由于液压泵的输入机械功率 P_{Bi} 在扣除机械损失 ΔP_f 后的输出功率即液压泵的理论输出功率,故 η_{Bm} 定义为:

$$\eta_{Bm}=\frac{P_{Bi}-\Delta P_f}{P_{Bi}}=\frac{P_{Bt}}{P_{Bi}} \tag{2-9}$$

由式(2-9)可求液压泵输入的机械功率 P_{Bi} 为:

$$P_{Bi}=T_{Bi}\omega_i=\frac{P_{Bt}}{\eta_{Bm}}=\frac{P_B}{\eta_{Bm}\eta_{Bv}}=\frac{p_BQ_B}{\eta_B} \tag{2-10}$$

式中：T_{Bi}——液压泵输入轴上的转矩（N·m）；

ω_i——液压泵输入轴转速（rad/s）；

η_B——液压泵的总效率，$\eta_B=\eta_{Bm}\eta_{Bv}$。

（6）液压泵输入转矩 T_{Bi}

液压泵的输入转矩 T_{Bi} 也是常用的计算参数。在式（2-10）代入 $\omega_i=2\pi n_B$ 及 $P_{Bt}=p_Bn_Bq_{Bv}$，则有：

$$T_{Bi}=\frac{p_Bn_Bq_{Bv}}{2\pi n_B\eta_{Bm}}=\frac{p_Bq_{Bv}}{2\pi\eta_{Bm}} \tag{2-11}$$

式中：T_{Bi}——液压泵输入转矩（N·m）；

p_B——液压泵工作压力（Pa 或 MPa）；

q_{Bv}——液压泵几何排量（m^3/r 或 mL/r）；

η_{Bm}——液压泵机械效率。

（7）液压泵的特性曲线

液压泵的输出流量 Q_B、容积效率 η_{Bv}、机械效率 η_{Bm} 及总效率 η_B、输入功率 P_{Bi} 是在额定工作压力和额定转速下评定的。当液压泵工作压力 p_B 变化时，上述参数随工作压力 p_B 变化的曲线称为液压泵的特性曲线，如图 2-8 所示。

液压泵的特性曲线是液压泵在特定的工作介质、转速和油液温度等条件下通过实验得出的。由图 2-8 可知，液压泵在零压时的流量即为 Q_{Bt}。由于泵的泄漏量随压力升高而增大，所以泵的容积效率 η_{Bv} 及实际流量 Q_B 随泵的工作压力升高而降低，压力为零时的容积效率 $\eta_{Bv}=100\%$，这时的实际流量 Q_B 等于理论流量 Q_{Bt}。总效率 η_B 开始随压力 p_B 的增大很快上升，接近液压泵的额定压力时总效率 η_B 最大，达到最大值后，又逐步降低。由容积效率和总效率这两条曲线的变化可以看出机械效率的变化情况。泵在低压时，机械摩擦损失在总损失中所占的比例较大，其机械效率 η_{Bm} 很低。随着工作压力的提高，机械效率很快上升。在达到某一值后，机械效率大致保持不变，从而表现出总效率曲线几乎和容积效率曲线平行下降的变化规律。

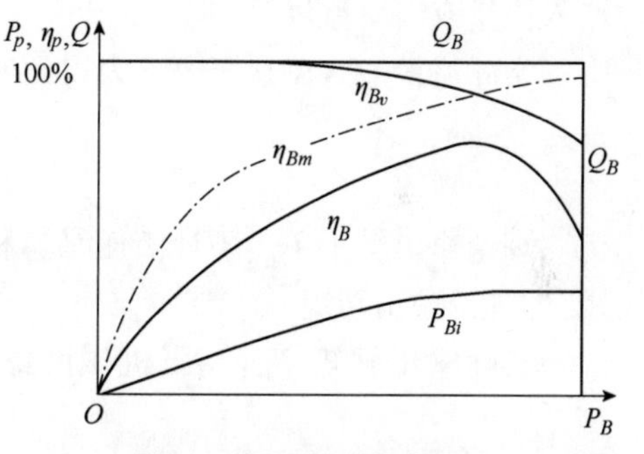

图 2-8 液压泵的特性曲线

2.1.2.2 液压马达主要参数及计算（Performance Parameters and Calculation of Hydraulic Motor）

（1）液压马达的主要参数：液压马达的主要参数与液压泵几乎是相同的。

①压力

额定压力 p_{RM}：它是按实验标准进行的满载和连续运动的实验压力，是允许使用的最高压力。

最高压力 $p_{M\max}$：它是按试验标准进行连续超载实验压力。

工作压力 p_M：它是由负载决定的液压马达进口处的实际工作压力 p_M。

压力差 Δp_M：即液压马达入口与出口压力之差。出口压力亦称背压力，记为 p_{MT}，即有 $\Delta p_M = p_{Mi} - p_{MT}$。当液压马达背压为零时，$\Delta p_M = p_{Mi}$。与液压泵不同的是，为使液压马达启动平稳或其他要求，液压马达通常有一定背压。因而，液压马达的工作压力 p_M 或入口压力 p_{Mi} 在无背压条件下决定于负载；在有背压情况下，主要取决于负载，但还受到背压大小的影响。在工程计算中最常用到的是液压马达的压力差或压力降 Δp_M。

②转速

额定转速 n_{RM}：它是按实验标准规定进行连续满载的转速，在设计中使用。

工作转速 n_M：它是按系统负载要求的液压马达实际转速。当负载不变时，工作转速决定于液压马达的入口流量；当入口流量不变时，负载变大时，转速略有降低，反之略有升高。

最高、最低转速：最高转速 $n_{M\max}$ 是按实验标准规定，在额定压力下进行超速实验的转速。在实验工作中，液压马达可在这一转速下短暂运行。最低转速 $n_{M\min}$ 是按实验标准规定，在额定压力下不出现爬行的最低转速。一般有 $n_{M\min} \leqslant n_M \leqslant n_{MR} < n_{M\max}$。

③几何排量和流量

几何排量 q_{Mv}：是液压马达转一周，由其密封容积腔变化的几何尺寸计算而得到的液体体积，与液压泵几何排量 q_{Bv} 概念相同。

额定流量 Q_{RM}：在额定压力下，保证额定转速所需的液压马达的输入流量。

理论流量 Q_{Mt}：不计液压马达泄漏，由液压马达几何排量 q_{Mv} 计算得到的指定转速所需的输入流量或出口流量。

实际流量 Q_M：在某压力下为得到所需的转速，液压马达所需的供入流量，它等于理论流量与泄漏量之和。

④转矩

理论输出转矩 T_{Mt}：不计液压马达机械损失，液压油压力作用于液压马达转子形成的转矩，即理论输出转矩。

实际输出转矩 T_M：克服机械摩擦后的液压马达的输出转矩，在稳态时它等于负载转矩 T_L。

⑤功率和效率

液压马达的功率可由转矩和转速得出。液压马达的机械效率 η_{Mm}，容积效率 η_{Mv}，总效率 η_M 与液压泵三种效率有类似的定义。

(2)液压马达参数计算：液压马达的常见计算参数有液压马达的输出转速、输出转矩和输出功率。

①输出转速 n_M

若液压马达入口流量为 Q_{Mi}，几何排量为 q_{Mv}，泄漏流量为 ΔQ_M，产生的实际转速为 n_M 按流量连续定理，则有：

$$Q_{Mt} - \Delta Q_M = n_M q_{Mv} \tag{2-12}$$

在理想情况下，$\Delta Q_M = 0$，即 $Q_{Mt} = n_M q_{Mv}$，这时可得液压马达的理想或理论转速 n_{Mt} 为：

$$n_{Mt} = \frac{Q_{Mt}}{q_{Mv}} \tag{2-13}$$

由式(2-12)计算液压马达输出转速多有不便,为此引入容积效率 η_{Mv} 的概念,它定义为在产生规定的转速下,无泄漏时所需的输入流量 Q_{Mt} 与实际输入流量 Q_{Mi} 之比,即:

$$\eta_{Mv}=\frac{Q_{Mt}}{Q_{Mi}}=\frac{Q_{Mi}-\Delta Q_M}{Q_{Mi}}=1-\frac{\Delta Q_M}{Q_{Mi}} \tag{2-14}$$

由式(2-12)和式(2-14)可得液压马达输出转速 n_M 为:

$$n_M=\frac{Q_{Mi}-\Delta Q_M}{q_{Mv}}=\frac{Q_{Mi}}{q_{Mv}}\eta_{Mv} \tag{2-15}$$

式中:n_M——液压马达输出转速(r/min);

Q_{Mi}——液压马达输入流量(mL/min 或 L/min);

q_{Mv}——液压马达几何排量(mL/r 或 L/r);

η_{Mv}——容积效率,当 $\eta_{Mv}=100\%$时,输出转速即理论转速。

②输出转矩 T_M

设液压马达入口压力为 p_{Mi};出口压力为 p_{MT},压力差为 $\Delta p_M=p_{Mi}-p_{MT}$,则液压马达转一周所需或消耗的液压能为 $\Delta p_M q_{Mv}$,液压马达输出的机械能为 $2\pi T$;如果不计摩擦损失,则理论输出转矩 T_{MT}与转角 2π 之积,与液压能 $\Delta p_M q_{Mv}$ 相等,即:

$$2\pi T_{Mt}=\Delta p_M q_M \tag{2-16}$$

则有:

$$T_{Mt}=\frac{\Delta p_M q_M}{2\pi} \tag{2-17}$$

液压马达是有机械损失的,设损失转矩为 ΔT_M,则液压马达的实际输出转矩 $T_M=T_{Mt}-\Delta T_M$。为计算 T_M,引入液压马达机械效率 η_{Mm} 的概念,它定义为液压马达的实际输出转矩 T_M 与理论输出转矩 T_{Mt}之比,即:

$$\eta_{Mm}=\frac{T_M}{T_{Mt}} \tag{2-18}$$

联立式(2-17)和式(2-18),则有:

$$T_M=T_{Mt}\eta_{Mm}=\frac{\Delta p_M q_{Mv}}{2\pi}\eta_{Mm} \tag{2-19}$$

式中:Δp_M——液压马达进出口压力差(Pa);

q_{Mv}——液压马达几何排量(m^3/r);

η_{Mm}——机械效率。

在计算中,要注意将几何排量的常用单位 mL/r 化成 10^{-6} m^3/r 的形式。

③输入和输出功率

液压马达的输入功率,即入口压力与入口流量之积,即 $P_{Mi}=p_{Mi}Q_{Mi}$。如果液压马达回液压力为零即无背压损失,其输出机械功率 P_M 可表示为:

$$P_M=p_{Mi}Q_{Mi}\eta_{Mm}\eta_{Mv}=P_{Mi}\eta_M \tag{2-20}$$

当液压马达有背压 p_{MT}时,尽管液压马达输入液压功率仍为 $p_{Mi}Q_{Mi}$,但转换为输出机械能的有效液压能变为$(p_{Mi}-p_{MT})Q_{Mi}$,它在扣除容积损失功率 ΔP_v、摩擦损失功率 ΔP_f后,转换为输出机械功率,则有:

$$P_M=\Delta p_M Q_{Mi}\eta_{Mv}\eta_{Mm}=P'_{Mi}\eta_M=T_M\omega_M \tag{2-21}$$

式中：P'_{Mi}——有效输入液压能功率，$P'_{Mi}=(p_{Mi}-p_{MT})Q_{Mi}=\Delta p_M Q_{Mi}$(W)；

Δp_M——液压马达压力差(Pa)；

p_{Mi}——液压马达入口压力(Pa)；

p_{MT}——液压马达出口压力(Pa)；

T_M——输出转矩(N·m)；

ω_M——液压马达角速度，$\omega_M=2\pi n_M$(rad/s)。

如果引入压力效率 η_{MP}的概念，即：

$$\eta_{MP}=\frac{P_{Mi}-P_{MT}}{P_{Mi}}=\frac{\Delta p_M}{p_{Mi}} \tag{2-22}$$

则液压马达的输出机械功率仍可用输入液压功率 P_{Mi}表示为：

$$P_M=P_{Mi}\eta_{Mp}\eta_{Mv}\eta_{Mm}=P_{Mi}\eta_M\eta_{Mp}=p_{Mi}Q_{Mi}\eta_M\eta_{Mp}=T_M\omega_M \tag{2-23}$$

这时，液压马达能量转换如图 2-9 所示，液压马达的特性曲线如图 2-10 所示。

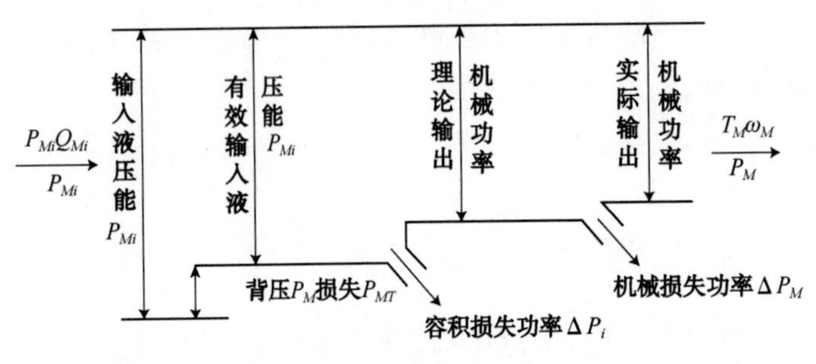

图 2-9 液压马达能量转换示意图

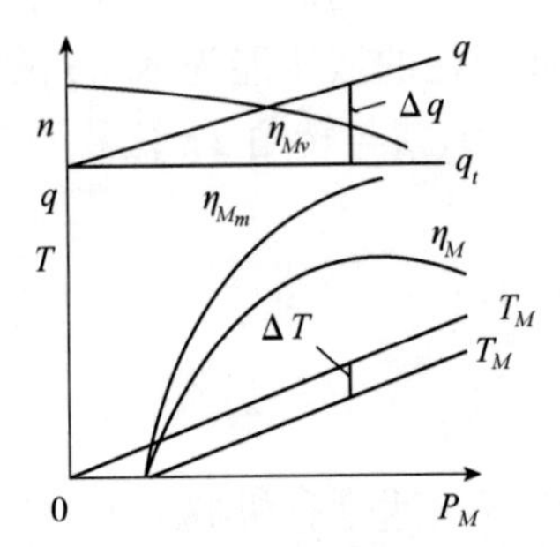

图 2-10 液压马达的特性曲线图

【应用案例 2-1】

液压泵输出功率和所需电动机功率计算

某液压泵的输出油液 $p_o=10$MPa，转速 $n=1450$r/min，排量 $V_P=46.2$mL/r，容积效率 $\eta_{Pv}=0.95$，总效率 $\eta_P=0.9$。试计算该液压泵的输出功率和所需驱动电动机功率各为多少？

解：(1)求液压泵的输出功率。

液压泵的实际输出流量为：

$$q_p=q_{pt}\eta_{pv}=V_p n\eta_{pv}=46.2\times10^{-3}\times1450\times0.95=63.6\text{L/min}$$

故得液压泵的输出功率为：

$$P_{Po}=p_p q_p=\frac{10\times10^6\times63.6\times10^{-3}}{60}\text{W}=10.6\text{kW}$$

(2)求电动机的功率。电动机的功率即为液压泵的输入功率，亦即：

$$P_{Pi}=\frac{P_{Pi}}{\eta_P}=\frac{10.6}{0.9}\text{kW}=11.8\text{kW}$$

2.1.3 齿轮泵(Gear Pump)

齿轮泵是一种常用的液压泵，它的主要特点是结构简单，制造方便，价格低廉，体积小，质量小，自吸性好，对油液污染不敏感，工作可靠；其主要缺点是流量和压力脉动大，噪声大，排量不可调。齿轮泵被广泛地应用于采矿设备、冶金设备、建筑机械、工程机械、农林机械等各个行业。

齿轮泵按照其啮合形式的不同，分为外啮合和内啮合两种，其中外啮合齿轮泵应用较广，而内啮合齿轮泵则多为辅助泵。

2.1.3.1 外啮合齿轮泵(External Gear Pump)

外啮合齿轮泵的工作原理和结构如图2-11和图2-12所示。泵主要由主、从动齿轮，驱动轴，泵体及侧板等构成。泵体内主动齿轮2、从动齿轮3与两端盖及泵体一起构成密封工作容积，齿轮的啮合点将左、右两腔隔开，形成了吸、压油腔，当齿轮按图示方向旋转时，右侧吸油腔内的轮齿脱离啮合，密封工作腔容积不断增大，形成部分真空，油液在大气压力作用下从油箱经吸油管进入吸油腔，并被旋转的轮齿带入左侧的压油腔。左侧压油腔内的轮齿不断进入啮合，使密封工作腔容积减小，油液受到挤压被排往系统，这就是齿轮泵的吸油和压油过程。在齿轮泵的啮合过程中，啮合点沿啮合线，把吸油区和压油区分开。

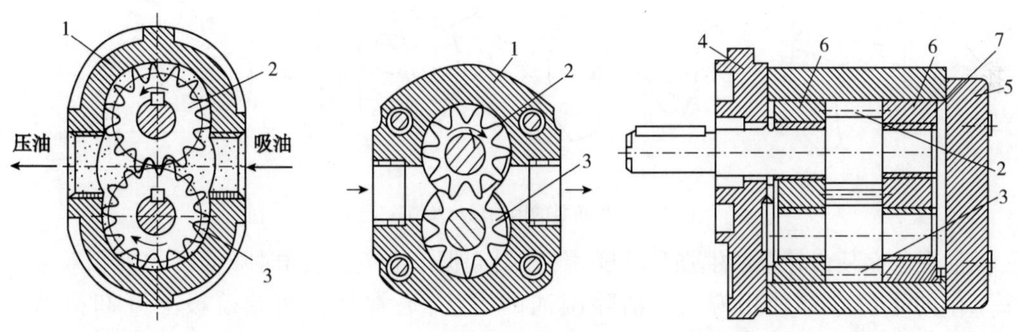

图2-11 外啮合齿轮泵工作原理

1-泵体；2-主动齿轮；3-从动齿轮

图2-12 齿轮泵结构

1-壳体；2-主动齿轮；3-从动齿轮；4-前端盖；5-后端盖；6-浮动轴套；7-压力盖

外啮合齿轮泵的排量可近似看作是两个啮合齿轮的齿谷容积之和，假设齿谷容积等于轮齿体积，则当齿轮齿数为z，模数为m，节圆直径为d，有效齿高为h，齿宽为b时，根据齿轮参数计算公式有$d=mz$，$h=2m$，齿轮泵的排量近似为：

$$V=\pi dhb=2\pi zm^2b \tag{2-24}$$

实际上，齿谷容积比轮齿体积稍大一些，并且齿数越少误差越大，因此，在实际计算中用3.33~3.50来代替式(2-24)中的π值，齿数少时取大值。齿轮泵的排量为：

$$V=(6.66\sim7)zm^2b \tag{2-25}$$

由此得齿轮泵的输出流量为：

$$q=(6.66\sim7)zm^2bn\eta_v \tag{2-26}$$

实际上，由于齿轮泵在工作过程中，排量是转角的周期函数，存在排量脉动，瞬时流量也是脉动的。流量脉动会直接影响到系统工作的平稳性，引起压力脉动，使管路系统产生振动和噪声。如果脉动频率与系统的固有频率一致，还将引起共振，加剧振动和噪声。若用q_{max}、q_{min}来表示最大、最小瞬时流量，q_0表示平均流量，则流量脉动率为：

$$\sigma = \frac{q_{max} - q_{min}}{q_0} \tag{2-27}$$

σ 是衡量容积式泵流量品质的一个重要指标。在容积式泵中,齿轮泵的流量脉动最大并且齿数越少,脉动率越大,这是外啮合齿轮泵的一个弱点。

齿轮泵因受其自身结构的影响,要平稳地工作,啮合时的重叠系数必须大于1,即至少有一对以上的轮齿同时啮合。因此,在工作过程中,就有一部分油液困在两对轮齿啮合时所形成的封闭油腔之内,如图2-13所示,这个密封容积的大小随齿轮转动而变化。图2-13a)到b),密封容积逐渐减小;图2-13b)到c),密封容积逐渐增大;图2-13c)到d),密封容积又会减小,如此产生了密封容积周期性的增大和减小。受困油液受到挤压会产生瞬间高压,密封容腔的受困油液若无油道与排油口相通,将从缝隙中被挤出,导致油液发热,轴承等零件也受到附加冲击载荷的作用;若密封容积增大时无油液补充,又会造成局部真空,使溶于油液中的气体分离出来,产生气穴。这就是齿轮泵的困油现象。

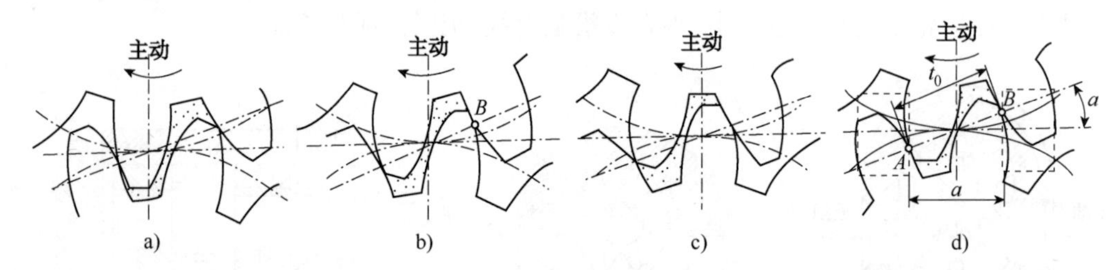

图2-13　齿轮泵的困油现象及消除措施

困油现象会使齿轮泵产生强烈的噪声,并引起振动和气蚀,同时降低泵的容积效率,影响泵工作的平稳性和使用寿命。消除困油的方法,通常是在两端盖板上开卸荷槽,见图2-13d)中的虚线方框。当封闭容积减小时,通过右边的卸荷槽与压油腔相通,而封闭容积增大时,通过左边的卸荷槽与吸油腔通,两卸荷槽的间距必须确保在任何时候都不使吸、排油相同。

在齿轮泵中,油液作用在轮外缘的压力是不均匀的,从低压腔到高压腔,压力沿齿轮旋转的方向逐齿递增,因此,齿轮和轴受到径向不平衡力的作用,工作压力越高,径向不平衡力越大,径向不平衡力很大时,能使泵轴弯曲,导致齿顶压向定子的低压端,使定子偏磨,同时也加速轴承的磨损,降低轴承使用寿命。为了减小径向不平衡力的影响,常采取缩小压油口的办法,使压油腔的压力仅作用在一个齿到两个齿的范围内,同时,适当增大径向间隙,使齿顶不与定子内表面产生金属接触,并在支撑上多采用滚针轴承或滑动轴承。

在液压泵中,运动件间是靠微小间隙实现密封的,这些微小间隙在运动学上形成摩擦副,同时,高压腔的油液通过间隙向低压腔泄漏的现象是不可避免的;齿轮泵压油腔的压力油可通过三条途径泄漏到吸油腔去:一是通过齿轮啮合线处的间隙(齿侧间隙);二是通过泵定子环内孔和齿顶间的径向间隙(齿顶间隙);三是通过齿轮两端面和侧板间的间隙(端面间隙)。在这三类间隙中,端面间隙的泄漏量最大,压力越高时,由间隙泄漏的液压油就越多。因此,为了提高齿轮泵的压力和容积效率,实现齿轮泵的高压化,需要从结构上来采取措施,对端面间隙进行自动补偿。

通常采用的自动补偿端面间隙装置有两种:浮动轴套式装置或弹性侧板式装置。其原理都是引入压力油使轴套或侧板紧贴在齿轮端面上,压力越高,间隙越小,可自动补偿端面磨损和减小间隙。齿轮泵的浮动轴套是浮动安装的,轴套外侧的空腔与泵的压油腔相通,当泵工作时,浮动轴套受油压的作用而压向齿轮端面,将齿轮两侧面压紧,从而补偿了端面间隙。

2.1.3.2 内啮合齿轮泵(Internal Gear Pump)

内啮合齿轮泵的齿轮有渐开线齿形和摆线齿形两种,其结构示意如图2-14所示。这两种内啮合齿轮泵工作原理和主要特点皆同于外啮合齿轮泵。在渐开线齿形内啮合齿轮泵中,小齿轮和内齿轮之间要装一块月牙隔板,以便把吸油腔和压油腔隔开,如图2-14a)所示;摆线齿形内啮合齿轮泵又称摆线转子泵,在这种泵中,小齿轮和内齿轮只相差一个齿,因而不需要设置隔板,如图2-14b)所示。内啮合齿轮泵中的小齿轮是主动轮,大齿轮是从动轮,在工作时大齿轮随小齿轮同向旋转。

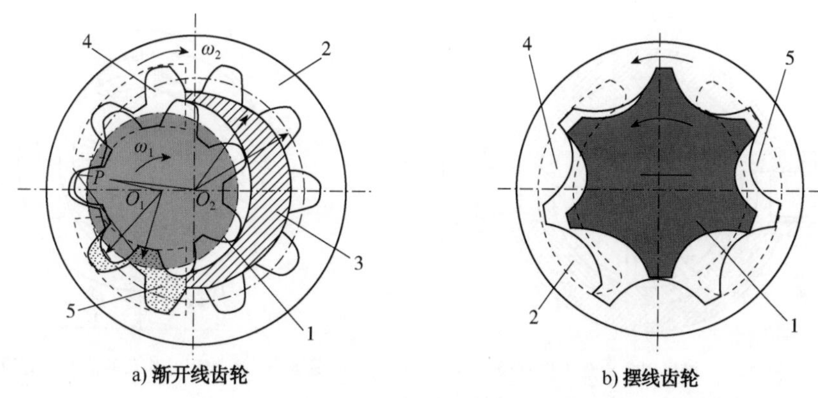

图2-14 内啮合齿轮泵

1-外齿轮;2-内齿轮;3-隔板;4-吸油口;5-压油口

内啮合齿轮泵的结构紧凑,尺寸小,质量小,运转平稳,噪声低,在高转速工作时有较高的容积效率。但在低速、高压状态下工作时,压力脉动大,容积效率低,所以一般用于中、低压系统。在闭式系统中,常用这种泵作为补泵。内啮合齿轮泵齿形复杂,加工困难,价格较高,且不适合高速高压的工况。

2.1.4 叶片泵(Vane Pump)

2.1.4.1 单作用叶片泵(Single-Acting Vane Pump)

单作用叶片泵的工作原理如图2-15所示,泵由转子2、定子3、叶片4和配流盘等部件组成。定子的内表面是圆柱面,转子和定子中心之间存在着偏心(偏心距为e),叶片在转子的槽内可灵活滑动,在转子转动时的离心力以及叶片根部油压力作用下,叶片顶部贴紧在定子内表面上,于是两相邻叶片、配油盘、定子和转子便形成了一个密封的工作腔。当转子按图示方向旋转时,图右侧的叶片向外伸出,密封工作腔容积逐渐增大,产生真空,油液通过吸油口5、配油盘上的吸油口进入密封工作腔;而在图的左侧,叶片往里缩进,密封腔的容积逐渐缩小,密封腔中的油液排往配油盘排油口,经排油口1被输送到系统中去。这种泵在转子转一转的过程中,吸油、压油各一次,故称单作用叶片泵。从力学上讲,转子上受有单方向的液压不平衡作用力，故又称非平衡式泵，其轴承负载大。若改变定子和转子间的偏心距的大小，便可改变泵的排量，形成变量叶片泵。

单作用叶片泵的平均流量可以用图解法近似求出，图 2-16 为单作用叶片泵平均流量计算原理图。假定两叶片正好位于过渡区 V_1 位置，此时两叶片间的空间容积为最大，当转子沿图示方向旋转 π 弧度，转到定子 V_2 位置时，两叶片间排出容积为 ΔV 的油液；当两叶片从 V_2 位置沿图示方向再旋转 π 弧度，回到 V_1 位置时，两叶片间又吸满了容积为 ΔV 的油液。由此可见，转子旋转一周，两叶片间排出油液容积为 ΔV。当泵有 z 个叶片时，就排出 z 个与 ΔV 相等的油液容积，若将各块容积加起来，就可以近似为环形体积，环形的大半径为 $D/2+e$，环形的小半径为 $D/2-e$，因此，单作用叶片泵的理论排量为：

$$V=\pi[(R+e)^2-(R-e)^2]B=4\pi ReB \tag{2-28}$$

式中：B——转子的宽度。

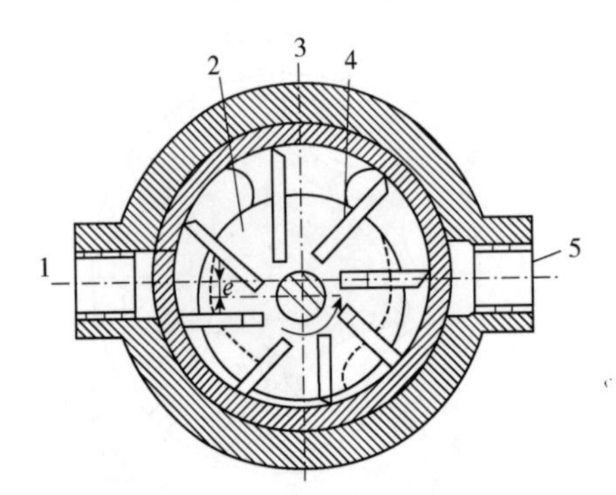

图 2-15　单作用叶片泵工作原理

1-压油口；2-转子；3-定子；4-叶片；5-吸油口

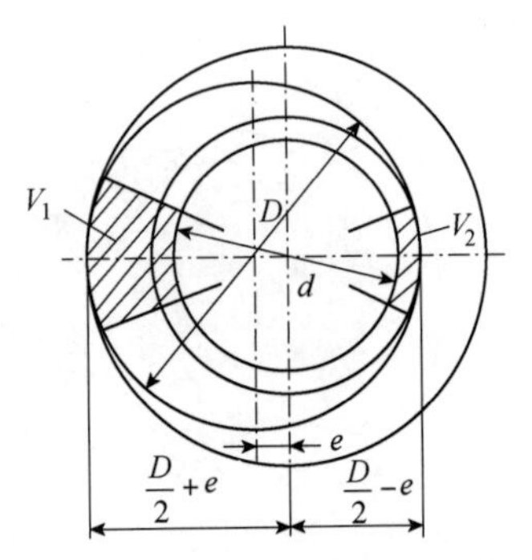

图 2-16　单作用叶片泵的流量计算原理

单作用叶片泵的流量为：

$$q=Vn=4\pi ReBn\eta_V \tag{2-29}$$

单作用叶片泵的叶片底部小油室和工作油腔相通。当叶片处于吸油腔时，它和吸油腔相通，也参加吸油，当叶片处于压油腔时，它和压油腔相通，也向外压油，叶片底部的吸油和排油作用，正好补偿了工作油腔中叶片所占的体积，因此叶片对容积的影响可不考虑。

就变量叶片泵的变量工作原理来分，有内反馈式和外反馈式两种。

(1)限压式内反馈变量叶片泵

内反馈式变量泵操纵力来自泵本身的排油压力，内反馈式变量叶片泵配流盘的吸、排油口的布置如图 2-17 所示。由于存在偏角 θ，排油压力对定子环的作用力可以分解为垂直于轴线 OO_1 的分力 F_1 及与之平行的调节分力 F_2，调节分力 F_2 与调节弹簧的压缩恢复力、定子运动的摩擦力及定子运动的惯性力相平衡。定子相对于转子的偏心距、泵的排量大小可由力的相对平衡来决定，变量特性曲线如图 2-18 所示。

当泵的工作压力所形成的调节分力 F_2 小于弹簧预紧力时，泵的定子环对转子的偏心距保持在最大值，不随工作压力的变化而变，由于泄漏，泵的实际输出流量随其压力增加而稍有下降，如图 2-18 中 AB；当泵的工作压力超过 p_B 值后，调节分力 F_2 大于弹簧预紧力，随着工作压力的增加，力 F_2 增加，使定子环向减小偏心距的方向移动，泵的排量开始下降。当工作

压力到达 p_c时，与定子环的偏心量对应的泵的理论流量等于它的泄漏量，泵的实际排出流量为零，此时泵的输出压力为最大。

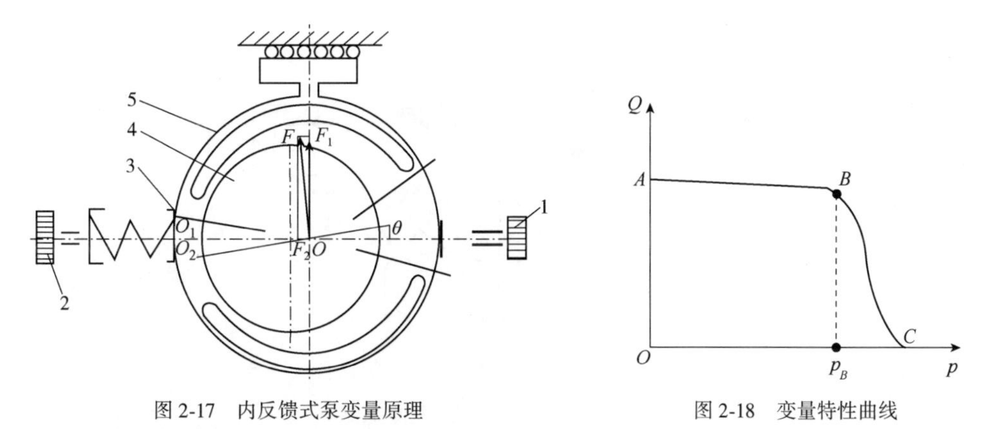

图 2-17 内反馈式泵变量原理

1-最大流量调节螺钉；2-弹簧预压缩量调节螺钉；3-叶片；4-转子；5-定子

图 2-18 变量特性曲线

改变调节弹簧的预紧力可以改变泵的特性曲线，增加调节弹簧的预紧力使点 p_B向右移，*BC* 线则平行右移。更换调节弹簧，改变其弹簧刚度，可改变 *BC* 段的斜率，调节弹簧刚度增加，*BC* 线变平坦，调节弹簧刚度减弱，*BC* 线变陡。调节最大流量调节螺钉，可以调节曲线点 *A* 在纵坐标上的位置。

内反馈式变量泵利用泵本身的排出压力和流量推动变量机构，在泵的理论排量接近零工况时，泵的输出流量为零，因此便不可能继续推动变量机构来使泵的流量反向，所以内馈式变量泵仅能用于单向变量。

(2)限压式外反馈变量叶片泵

图 2-19 所示为外反馈限压式变量叶片泵的工作原理，它能根据泵出口负载压力的大小自动调节泵的排量。图中转子 1 的中心是固定不动的，定子 3 可沿滑块滚针轴承 4 左右移动。定子右边有反馈柱塞 5，它的油腔与泵的压油腔相通。设反馈柱塞的受压面积为 A_x，则作用在定子上的反馈力 pA_x小于作用在定子上的弹簧力 F_x时，弹簧 2 把定子推向最右边，柱塞和流量调节螺钉 6 用以调节泵的原始偏心距 e_0，进而调节流量，此时偏心距达到预调值 e_0，泵的输出流量最大。当泵的压力升高到 $pA_x>F_x$时，反馈力克服弹簧预紧力，推定子左移距离 x，偏心距减小，泵输出流量随之减小。压力越高，偏心距越小，输出流量也越小。当压力达到使泵的偏心距所产生的流量全部用于补偿泄漏时，泵的输出流量为零，不管外负载再怎样加大，泵的输出压力不会再升高，所以这种泵被称为外反馈限压式变量叶片泵。

设泵转子和定子间的最大偏心距为 e_{max}，此时弹簧的预压缩量为 x_0，弹簧刚度为 k_x，泵的偏心距预调值为 e_0，当压力逐渐增大，使定子开始移动时压力为 p_0，则有：

$$p_0A_x=k_x(x_0+e_{max}-e_0) \tag{2-30}$$

当泵压力为 p 时，定子移动了 x 距离，也即弹簧压缩量增加 x，这时的偏心量为：

$$e=e_0-x \tag{2-31}$$

如忽略泵在滑块滚针支承处的摩擦力 F_f，泵定子的受力方程为：

$$p_0A_x=k_x(x_0+e_{max}-e_0+x) \tag{2-32}$$

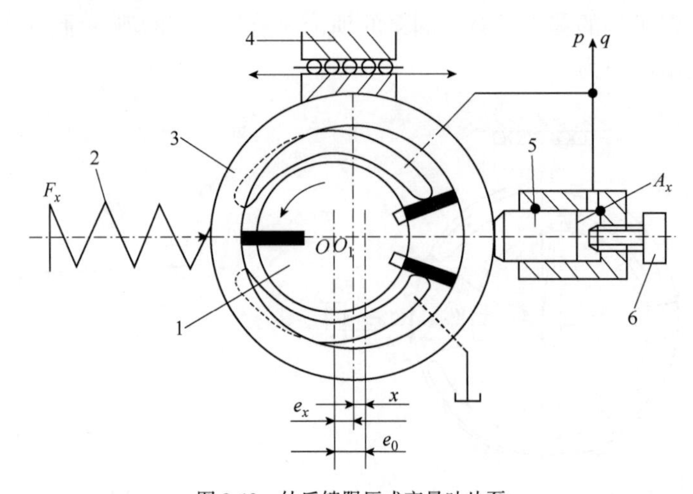

图 2-19　外反馈限压式变量叶片泵

1-转子;2-弹簧;3-定子;4-滑块滚针轴承;5-反馈柱塞;6-流量调节螺钉

由式(2-30)得:

$$p_0=\frac{k_x}{A_x}(x_0+e_{\max}-e_0) \tag{2-33}$$

泵的实际输出流量为:

$$q=k_q e-k_1 p \tag{2-34}$$

式中:k_q——泵的流量增益;

k_1——泵的泄漏系数。

当 $pA_x<F_x$ 时,定子处于最右端位置,弹簧的总压缩量等于其预压缩量,定子偏心量为 e_0,泵的流量为:

$$q=k_q e_0-k_1 p \tag{2-35}$$

而当 $pA_x>F_x$ 时,定子左移,泵的流量减小。由式(2-31)、式(2-32)和式(2-34)得:

$$q=k_q(x_0+e_{\max})-\frac{k_q}{k_x}\left(A_x+\frac{k_x+k_1}{k_q}\right)p \tag{2-36}$$

外反馈限压式变量叶片泵的静态特性曲线参见图 2-18,不变量的 AB 段与式(2-35)相对应,压力增加时,实际输出流量因压差泄漏而减少;BC 段是泵的变量段,与式(2-36)相对应,这一区段内泵的实际流量随着压力增大而迅速下降,叶片泵处变量泵工况,点 B 叫作曲线的拐点,拐点处的压力 $p_B=p_0$ 值主要由弹簧预紧力确定,并可以由式(2-33)算出。

限压式变量叶片泵对既要实现快速行程又要实现保压和工作进给的执行元件来说,是一种合适的油源;快速行程需要大的流量,负载压力较低,正好使用其 AB 段曲线部分;保压和工作进给时负载压力升高,需要流量减小,正好使用其 BC 段曲线部分。

2.1.4.2　双作用叶片泵(Double-Acting Vane Pump)

图 2-20 为双作用叶片泵的工作原理图,它的作用原理和单作用叶片泵相似,不同之处只在于定子内表面是由两段长半径圆弧、两段短半径圆弧和四段过渡曲线组成,且定子和转子是同心的。图 2-21 为双作用叶片泵平均流量计算原理图。当转子顺时针方向旋转时,密

封工作腔的容积在左上角和右下角处逐渐增大，为吸油区；在左下角和右上角处逐渐减小，为压油区；吸油区和压油区之间有一段封油区将吸、压油区隔开。这种泵的转子每转一圈，每个密封工作腔完成吸油和压油动作各两次，所以称为双作用叶片泵。泵的两个吸油区和两个压油区是径向对称的，作用在转子上的压力径向平衡，所以又称平衡式叶片泵。

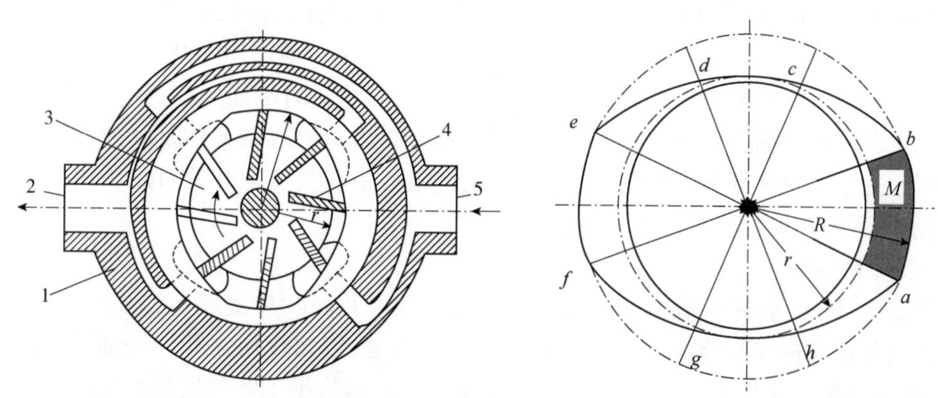

图 2-20　双作用叶片泵工作原理

1-定子；2-压油口；3-转子；4-叶片；5-吸油口

图 2-21　双作用叶片泵平均流量计算原理

双作用叶片泵平均流量的计算方法和单作用叶片泵相同，也可以近似化为环形体积来计算。在图 2-21 中，当两叶片从 a、b 位置转到 c、d 位置时，排出容积为 M 的油液，从 c、d 转到 e、f 时，吸进了容积为 M 的油液。从 e、f 转到 g、h 时又排出了容积为 M 的油液；再从 g、h 转回到 a、b 时又吸进了容积为 M 的油液。这样转子转一周，两叶片间吸油两次，排油两次，每次容积为 M，当叶片数为 z 时，转子转一周。所有叶片的排量为 $2z$ 个 M 容积，若不计叶片几何尺度，此值正好为环形体积的两倍。所以，双作用叶片泵的理论排量为：

$$V=2\pi(R^2-r^2)B \tag{2-37}$$

式中：R——定子长半径；

r——定子短半径；

B——转子厚度。

双作用叶片泵的平均实际流量为：

$$q=2\pi(R^2-r^2)Bn\eta_v \tag{2-38}$$

式(2-38)是不考虑叶片几何尺度时的平均流量计算公式。一般双作用叶片泵，在叶片底部都通以压力油，并且在设计中保证高、低压腔叶片底部总容积变化为零，也就是说叶片底部容积不参加泵的吸油和排油。因此在排油腔，叶片缩进转子槽的容积变化，对泵的流量有影响，在精确计算叶片泵的平均流量时，还应该考虑叶片容积对流量的影响。每转不参加排油的叶片总容积为：

$$V_b=\frac{2(R-r)}{\cos\varphi}Bbz \tag{2-39}$$

式中：b——叶片厚度；

z——叶片数；

φ——叶片相对于转子半径的倾角。

双作用叶片泵精确流量计算公式为：

$$q=\left[2\pi(R^2-r^2)-\frac{2(R-r)}{\cos\varphi}bz\right]Bn\eta_v \tag{2-40}$$

对于特殊结构的双作用叶片泵，如双叶片结构、带弹簧式叶片泵，其叶片底部和单作用叶片泵一样也参加泵的吸油和排油，其平均流量计算方法仍采用式(2-38)。

随着技术的发展，双作用叶片经不断改进，最高工作压力已达到20～30MPa。双作用叶片泵转子上的径向力基本上是平衡的，因此不像高压齿轮泵和单作用叶片泵那样，工作压力的提高会受到径向承载能力的限制。叶片泵采用浮动配流盘对端面间隙进行补偿后，泵在高压下也能保持较高的容积效率，叶片泵工作压力提高的主要限制条件是叶片和定子内表面的磨损。为了解决定子和叶片的磨损，要采取措施减小在吸油区叶片对定子内表面的压紧力，目前采用的主要结构有以下几种：

(1)双叶片结构

如图2-22所示，各转子槽内装有两个经过倒角的叶片。叶片底部不和高压油腔相通，两叶片的倒角部分构成从叶片底部通向头部的V形油道，因而作用在叶片底部和头部的油压力相等；合理设计叶片头部的形状，使叶片头部承压面积略小于叶片底部承压面积。这个承压面积的差值就形成叶片对定子内表面的接触力。也就是说，这个推力是能够通过叶片头部的形状来控制的，以便既保证叶片与定子紧密接触，又不至于使接触应力过大。同时，槽内的两个叶片可以相互滑动，以保证在任何位置，两个叶片的头部和定子内表面紧密接触。

(2)弹簧负载叶片结构

与双叶片结构类似的还有弹簧负载叶片结构。如图2-23所示，叶片在头部及两侧开有半圆形槽，在叶片的底面上开有三个弹簧孔。通过叶片头部和底部相连的小孔及侧面的半圆槽使叶片底面与头部沟通，这样，叶片在转子槽中滑动时，头部和底部的压力完全平衡。叶片和定子内表面的接触压力仅为叶片的离心力，惯性力和弹簧力，故接触力较小。不过，弹簧在工作过程中频繁受交变压缩，易引起疲劳损坏，但这种结构可以原封不动地作为液压马达使用，这是其他叶片泵结构所不具备的。

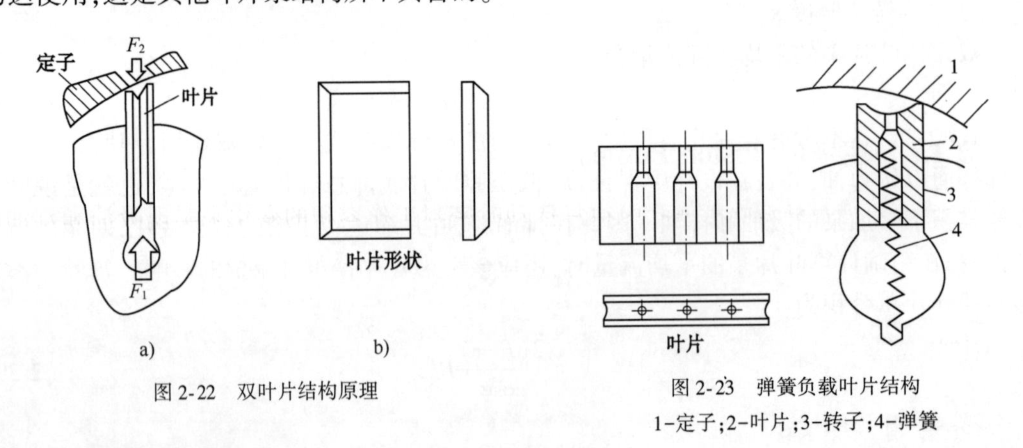

图2-22　双叶片结构原理

图2-23　弹簧负载叶片结构

1-定子;2-叶片;3-转子;4-弹簧

(3)子母叶片结构

如图2-24所示，在转子叶片槽中装有母叶片和子叶片，母、子叶片能自由地相对滑动，为了使母叶片和定子的接触压力适当，须正确选择子叶片和母叶片的宽度尺寸之比。转子上的压力平衡孔使母叶片的头部和底部液压力相等，泵的排油压力经过配流盘，转子槽通到母、叶片之间的中间压力腔，如不考虑离心力、惯性力，由图2-24可知，子叶片作用在定子上的力为：

$$F=bt(p_2-p_1) \tag{2-41}$$

参阅图2-24，在吸油区，$p_1=0$，则$F=p_2tb$；在排油区，$p_1=p_2$，故$F=0$。由此可见，只要适当地选择t和b的大小，就能控制接触应力，一般取子叶片的宽度b值为母叶片宽度的1/4～1/3。

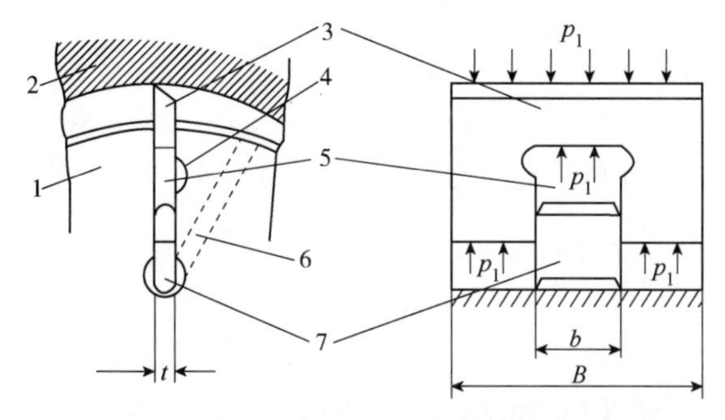

图2-24 子母叶片结构
1-转子；2-定子；3-母叶片；4-压力油道；
5-中间压力腔；6-压力平衡孔；7-子叶片

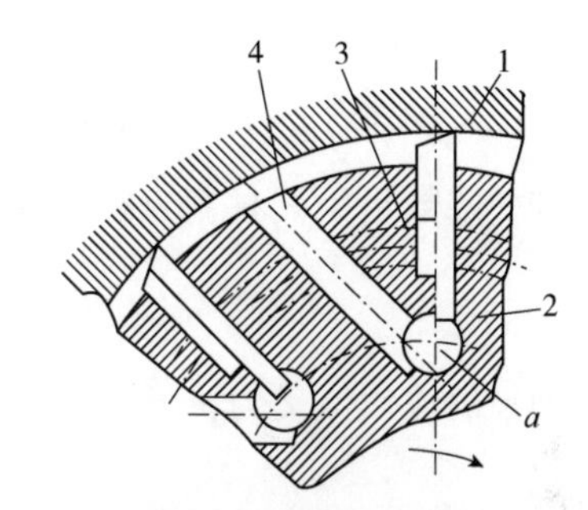

图2-25 阶梯叶片结构
1-定子；2-转子；3-中间油腔；
4-压力平衡油道

在排油区$F=0$，叶片仅靠离心力与定子接触。为防止叶片的脱空，在联通中间压力腔的油道上设置适当的节流阻尼，使叶片运动时中间油腔的压力高于作用在母叶片头部的压力，保证叶片在排油区时与定子紧密贴合。

(4)阶梯叶片结构

如图2-25所示，叶片做成阶梯形式，转子上的叶片槽亦具有相应的形状。它们之间的中间油腔经配流盘上的槽与压力油相通，转子上的压力平衡油道把叶片头部的压力油引入叶片底部，与母子叶片结构相似，在压力油引入中间油腔之前，设置节流阻尼，使叶片向内缩进时，此腔保持足够的压力，保证叶片紧贴定子内表面。这种结构由于叶片及槽的形状较为复杂，加工工艺性较差，应用较少。

2.1.5 柱塞泵(Piston Pump)

柱塞泵是通过柱塞在柱塞孔内往复运动时密封工作容积的变化来实现吸油和排油的。由于柱塞与缸体内孔均为圆柱表面，滑动表面配合精度高，所以这类泵的特点是泄漏小、容积效率高，可以在高压下工作。

轴向柱塞泵可分为斜盘式和斜轴式，图2-26为斜盘式轴向柱塞泵的工作原理。泵由斜盘1、柱塞2、缸体3、配流盘4等主要零件组成，斜盘1和配流盘4是不动的，传动轴5带动缸体3，柱塞2一起转动，柱塞2靠机械装置或在低压油作用压紧在斜盘上。当传动轴按图示方向旋转时，柱塞2在其沿斜盘自下而上回转的半周内逐渐向缸体外伸出，使缸体孔内密封工作腔容积不断增加，产生局部真空，从而将油液经配流盘4上的配油窗口a吸入；柱塞在其自上而下回转的半周内又逐渐向里推入，使密封工作腔容积不断减小，将油液从配流盘

窗口 b 向外排出,缸体每转一转,每个柱塞往复运动一次,完成一次吸油动作。改变斜盘的倾角 γ,就可以改变密封工作容积的有效变化量,实现泵的变量。

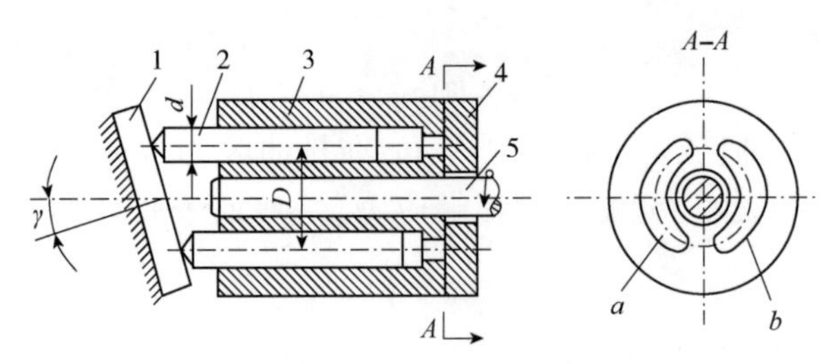

图 2-26　斜盘式轴向柱塞泵工作原理

1-斜盘;2-柱塞;3-缸体;4-配流盘;5-传动轴

若柱塞数目为 z,柱塞直径为 d,柱塞孔分布圆直径为 D,斜盘倾角为 γ,则泵的排量为:

$$V=\frac{\pi}{4}d^2zD\tan\gamma \tag{2-42}$$

则泵的输出流量为:

$$q=\frac{\pi}{4}d^2zDn\eta_v\tan\gamma \tag{2-43}$$

实际上,柱塞泵的排量是转角的函数,其输出流量是脉动的,就柱塞数而言,柱塞数为奇数时的脉动率比为偶数时小,且柱塞数越多,脉动越小,故柱塞泵的柱塞数一般都为奇数。从结构工艺性和脉动率综合考虑,常取 $z=7$ 或 $z=9$。

(1)端面间隙的自动补偿

由图 2-26 可见,使缸体紧压配流盘端面的作用力,除机械装置或弹簧作为预密封的推力外,还有柱塞孔底部台阶面上所受的液压力,此液压力比弹簧力大得多,而且随泵的工作压力的增大而增大。由于缸体始终受液压力紧贴着配流盘,就使端面间隙得到了自动补偿。

(2)滑靴的静压支撑结构

在斜盘式轴向柱塞泵中,若各柱塞以球形头部直接接触斜盘而滑动,这种泵称为点接触式轴向柱塞泵。点接触式轴向柱塞泵在工作时,由于柱塞球头与斜盘平面理论上为点接触,因而接触应力大,极易磨损。一般轴向柱塞泵都在柱塞头部装一滑靴,如图 2-27 所示,滑靴是按静压支承原理设计的,缸体中的压力油经过柱塞球头中间小孔流入滑靴油室,使滑靴和斜盘间形成液体润滑,改善了柱塞头部和斜盘的接触情况,有利于提高轴向柱塞泵的工作压力,使其在高压、高速下工作。

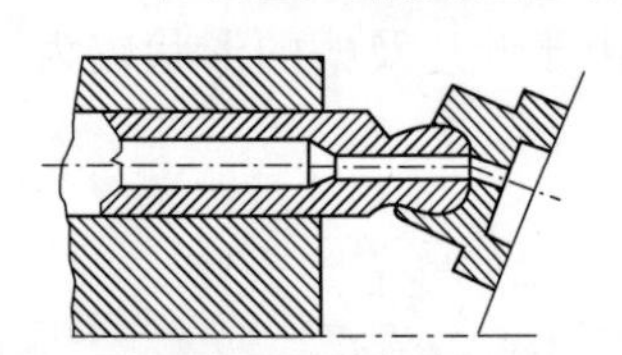

图 2-27　滑靴静压支承原理

(3)变量机构

在斜盘式轴向柱塞泵中,通过改变斜盘倾角 γ 的大小就可调节泵的排量,变量机构的结构形式是多种多样的,这里以手动伺服变量机构为例说明变量机构的工作原理。

图 2-28 是手动伺服变量机构简图,该机构由缸筒 1、活塞 2 和伺服阀组成。活塞 2 的内腔构成了伺服阀的阀体,并有 c、d 和 e 三个孔道分别沟通缸筒 1 下腔 a、上腔 b 和油箱。泵上的斜盘 4 通过拨叉机构与活塞 2 下端铰接,利用活塞 2 的上下移动来改变斜盘倾角 γ。当用手柄使伺服阀芯 3 向下移动时,上面的阀口打开,a 腔中的压力油经孔道 c 通向 b 腔,活塞

因上腔有效面积大于下腔的有效面积而移动，活塞2移动时又使伺服阀上的阀口关闭，最终使活塞2自身停止运动。同理，当手柄使伺服阀芯3向上移动时，下面的阀口打开，b和e接通油箱，活塞2在a腔压力油的作用下向上移动，并在该阀口关闭时自行停止运动。变量控制机构就是这样依照伺服阀的动作来实现其控制的。

图2-29为斜轴式轴向柱塞泵的工作原理图。传动轴5的轴线相对于缸体3的倾角为γ，柱塞2与传动轴圆盘之间用相互铰接的连杆4相连。当传动轴5沿图示方向旋转时，连杆4就带动柱塞2连同缸体3一起绕缸体轴线旋转，柱塞2同时也在缸体的柱塞孔内作往复运动，使柱塞孔底部的密封腔容积不断发生增大和缩小的变化，通过配流盘1上的窗口a和b实现吸油和压油。

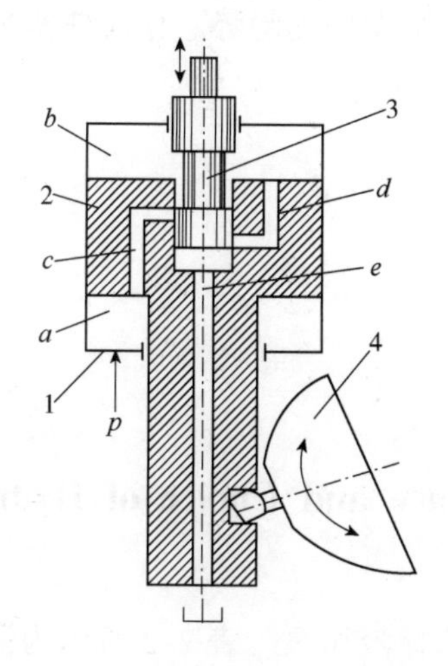

图2-28 手动伺服变量机构简图

1-缸筒；2-活塞；3-阀芯；4-斜盘

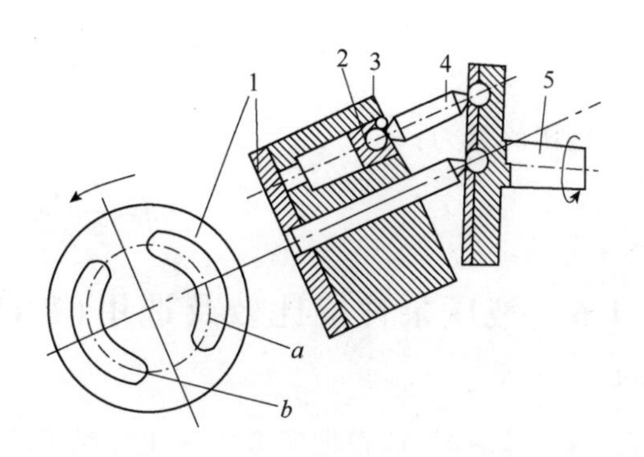

图2-29 斜轴式轴向柱塞泵工作原理图

1-配流盘；2-柱塞；3-缸体；4-连杆；5-传动轴

与斜盘式泵相比较，斜轴式泵由于缸体所受的不平衡径向力较小，故结构强度较高，可以有较高的设计参数，其缸体轴线与驱动轴的夹角γ较大，变量范围较大；但外形尺寸较大，结构也较复杂。目前，斜轴式轴向柱塞泵的使用相当广泛。

在变量形式上，斜盘式轴向柱塞泵靠斜盘摆动变量，斜轴式轴向柱塞泵则为摆缸变量，因此，后者的变量系统的响应较慢。关于斜轴泵的排量和流量可参照斜盘式泵的计算方法计算。

图2-30是径向柱塞泵的工作原理图，由图可见，径向柱塞泵的柱塞径向布置在缸体上，在转子2上径向均匀分布着数个柱塞孔，孔中装有柱塞5；转子2的中心与定子1的中心之间有一个偏心量e。在固定不动的配流轴3上，相对于柱塞孔的部位有相互隔开的上下两个配流窗口，该配流窗口又分别通过所在部位的两个轴向孔与泵的吸、排油口连通。当转子2旋转时，柱塞5在离心力及机械回程力作用下，它的头部与定子1的内表面紧紧接触，由于转子2与定子1存在

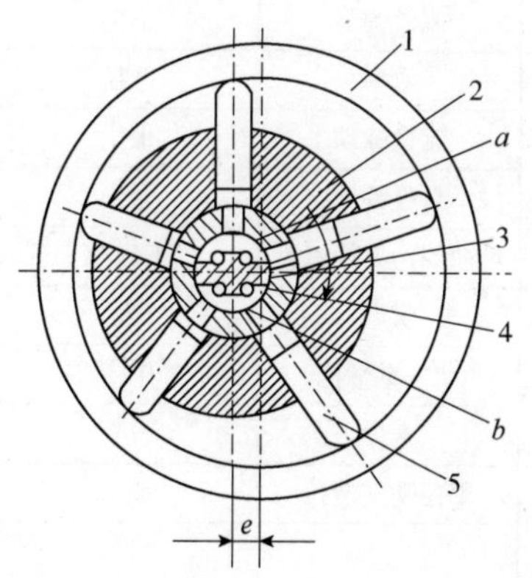

图2-30 径向柱塞泵工作原理图

1-定子；2-转子；3-配流轴；4-出衬套；5-柱塞

偏心,所以柱塞5在随转子转动时,又在柱塞孔内作径向往复滑动,当转子2按图示箭头方向旋转时,上半周的柱塞皆往外滑动,柱塞孔的密封容积增大,通过轴向孔 a 吸油;下半周的柱塞皆往里滑动,柱塞孔内的密封工作容积缩小,通过轴向孔 b 向外排油。

当移动定子,改变偏心量 e 的大小时,泵的排量就发生改变;当移动定子使偏心量从正值变为负值时,泵的吸、排油口就互相调换,因此,径向柱塞泵可以是单向或双向变量泵,为了流量脉动率尽可能小,通常采用奇数柱塞。

径向柱塞泵的径向尺寸大,结构较复杂,自吸能力差,并且配流轴受到径向不平衡液压的作用,易于磨损,这些都限制了它的速度和压力的提高。最近发展起来的带滑靴连杆—柱塞组件的非点接触径向柱塞泵,改变了这一状况,出现了低噪声、耐冲击的高性能径向柱塞泵,并在凿岩、冶金机械等领域获得应用,代表了径向柱塞泵发展的趋势。径向柱塞泵的流量可参照轴向柱塞泵和单作用叶片泵的计算方法计算。

泵的平均排量为:

$$V=\frac{\pi}{4}d^2 2ez=\frac{\pi}{2}d^2 ez \tag{2-44}$$

泵的输出流量为:

$$q=\frac{\pi}{2}d^2 ezn\eta_v \tag{2-45}$$

2.1.6 液压泵性能比较及选用(Performance and Choice of Hydraulic Pump)

设计液压系统时,应根据所要求的工作情况合理地选择液压泵。表2-2所示为液压系统中常用液压泵的一些性能比较及应用。

常用液压泵的性能比较及应用　　表2-2

性能	外啮合齿轮泵	双作用叶片泵	限压式变量叶片泵	径向柱塞泵	轴向柱塞泵
输出压力	低压	中压	中压	高压	高压
流量调节	不能	不能	能	能	能
效率	低压	较高	较高	高压	高压
流量脉动	很大	很小	一般	一般	一般
自吸特性	好	较差	较差	差	差
对油的污染敏感性	不敏感	较敏感	较敏感	很敏感	很敏感
噪声	大	小	较大	大	大
功率重量比	中等	中等	小	小	小
寿命	较短	较长	较短	长	长
单位功率造价	最低	中等	较高	高压	高压
应用范围	机床、工程机械、农机、航空、船舶、一般机械	机床、注塑机、液压机、起重运输机械、工程机械、飞机	机床、注塑机	机床、液压机、船舶机械	工程机械、锻压机械、起重运输机械、矿山机械、冶金机械、船舶、飞机

2.1.7 液压泵及液压马达工作特点(Working Characteristics of Hydraulic Pump and Hydraulic Motor)

液压泵和液压马达的工作特点如下：

(1)液压泵的工作特点

①液压泵的吸油腔压力过低将会产生吸油不足的现象和异常噪声，甚至无法工作。因此，除了在泵的结构设计上尽可能减小吸油管路的液阻外，为了保证泵的正常运行，应该使泵的安装高度不超过允许值，避免吸油滤油器及管路形成过大的压降，限制泵的使用转速至额定转速以内。

②液压泵的工作压力取决于外负载，若负载为零，则泵的工作压力为零。随着排油量的增加，泵的工作压力根据负载大小自动增加，泵的最高工作压力主要受结构强度和使用寿命的限制。为了防止压力过高而使泵、系统受到损害，液压泵的出口常常要采取限压措施。

③变量泵可以通过调节排量来改变流量，定量泵只有用改变转速的办法来调节流量，但是转速的增大受到吸油性能、泵的使用寿命、效率等的限制。例如，工作转速低时，虽然对泵的寿命有利，但是会使容积效率降低，并且对于需要利用离心力来工作的叶片泵来说，转速过低会无法保证正常工作。

④液压泵的流量具有某种程度的脉动性质，其脉动情况取决于泵的形式及结构设计参数。为了减小脉动的影响，除了从造型上考虑外，必要时可在系统中设置蓄能器或液压滤波器。

⑤液压泵靠工作腔的容积变化来吸、排油，如果工作腔处在吸、排油之间的过渡密封区时存在容积变化，就会产生压力急剧升高或降低的“困油现象”，从而影响容积效率，产生压力脉动、噪声及工作构件上的附加动载荷，这是液压泵设计中需要注意的一个共性问题。

(2)液压马达的工作特点

液压马达和液压泵在结构上基本相同，都是靠密封容积的变化进行工作的。常见的液压马达也有齿轮式、叶片式和柱塞式等几种主要形式；从转速转矩范围分，有高速马达和低速大扭矩马达之分。马达和泵在工作原理上是互逆的，当向泵输入压力油时，其输出转速和转矩就成为马达。但由于两者的任务和要求有所不同，故在实际结构上只有少数泵能当马达使用。液压马达的主要性能如表2-3所示。

常用液压马达的性能比较 表2-3

类型	压力	排量	转速	扭矩	性能及使用工况
齿轮马达	中低	小	高	小	结构简单，价格低，抗污染性好，效率低。用于负载扭矩不大，速度平稳性要求不高，噪声限制不大及环境粉尘较大的场合
叶片马达	中	小	高	小	结构简单，噪声和流量脉动小。适于负载扭矩不大，速度平稳性和噪声要求较高的场合

续上表

类型	压力	排量	转速	扭矩	性能及使用工况
轴向柱塞马达	高	小	高	较大	结构复杂,价格高,抗污染性差,效率高,可变量。用于高速运转,负载较大,速度平稳性要求较高的场合
静力平衡马达	高	大	低	大	结构复杂,价格高。适用于负载扭矩大,速度低(5~10r/min),对运动平稳性要求不高的场合
内曲线径向柱塞马达	高	大	低	大	结构复杂,价格高,径向尺寸较大,低速稳定性和启动性能好。适用于负载扭矩大,速度低(0~40r/min),对运动平稳性要求不高的场合,用于直接驱动工作机构

①在一般工作条件下,液压马达的进、出口压力都高于大气压,因此不存在液压泵那样的吸入性能问题,但是,如果液压马达可以在泵工况下工作,它的进油口应有最低压力限制,以免产生气蚀。

②马达应能正、反向运转,因此,就要求液压马达在设计时具有结构上的对称性。

③液压马达的实际工作压差取决于负载力矩的大小,当被驱动负载的转动惯量大、转速高,并要求急速制动或反转时,会产生较高的液压冲击,为此,应在系统中设置必要的安全阀、缓冲阀。

④由于内部泄漏不可避免,因此将马达的排油口关闭而进行制动时,仍会有缓慢的滑转,所以,需要精确制动时,应另行设置防止滑转的制动器。

⑤某些形式的液压马达必须在回油口具有足够的背压才能保证正常工作,并且转速越高所需背压也越大,背压的增高意味着油源的压力利用率低,系统的损失大。

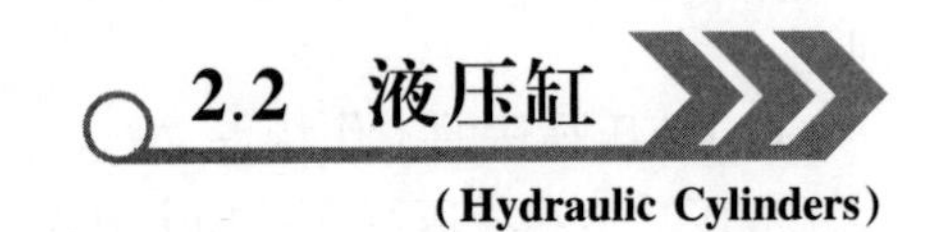

2.2 液压缸

(Hydraulic Cylinders)

液压缸作为液压系统的执行元件,以直线往复运动或回转摆动的形式,将液压能转变为机械能输出。其结构简单,制造容易,工作可靠,应用广泛。

2.2.1 液压缸分类及特点(Classification and Characteristics of Hydraulic Cylinders)

液压缸把输入液体的液压能转换成活塞直线移动或叶片回转摆动的机械能予以输出。输入的液压能是指输入液体所具有的流量 q 和压力 p,输出的机械能对活塞缸来讲是指活塞移动时所具有的速度 v 和推力 F,对摆动液压缸而言则是指叶片轴摆动时所具有的角速度 ω 和转矩 T。所有这些参数都是靠工作容积的变化来实现的,所以液压缸也是一种容积式的执行元件,它具有容积式液压元件的共性。为了满足不同场合下不同用途的需求,液压缸具有多种结构和不同性能的类型。按作用方式可分为单作用式和双作用式两种,按结构形式可分为活塞式、柱塞式、组合式和摆动式四种。表2-4为常用液压缸类型和特点。

常用液压缸的类型和特点

表2-4

类型		符号	速度	作用力	特点
单作用液压缸	双杆活塞式液压缸	p_1 q F v A_2	$v=\frac{q}{A_2}$	$F=p_1A_2$	活塞的两侧都装有活塞杆，只能向活塞一侧供给压力油，由外力使活塞反向运动
	单杆活塞液压缸	p_1 q F v A_1	$v=\frac{q}{A_1}$	$F=p_1A_1$	活塞仅单向运动，返回行程利用自重或外负载将活塞推回
	柱塞式液压缸	p_1 q F v A_3	$v=\frac{q}{A_3}$	$F=p_1A_3$	柱塞仅单向运动，由外力使柱塞反向运动
	差动式液压缸	p_1 q A_3 F v	$v=\frac{q}{A_3}$	$F=p_1A_3$	可使活塞运动速度加快，但作用力相应减小
	伸缩式液压缸		—	—	以短液压缸获得长行程；活塞杆由大到小逐节推出，靠外力由小到大逐节缩回
双作用液压缸	双杆活塞式液压缸	F_1 v_1 p_1 q A_2 p_2 F_2 v_2	$v_1=q/A_2$ $v_2=q/A_2$	$F_1=(p_2-p_1)A_2$ $F_2=(p_1-p_2)A_2$	两边有杆，双向液压驱动，双向速度相等
	单杆活塞式液压缸	p_1 q A_2 q p_2 v_1 F_1 v_2 F_2 A_1	$v_1=q/A_1$ $v_2=q/A_2$	$F_1=p_1A_1-p_2A_2$ $F_2=p_2A_2-p_1A_1$	单杆，双向液压驱动，$v_1<v_2$，$F_1>F_2$
	伸缩式液压缸		—	—	双向液压驱动，由大到小逐节推出，由小到大逐节缩回
组合液压缸	弹簧复位液压缸		—	—	单向由液压驱动，回程弹簧复位
	串联液压缸	p_1 q d F_1 F_2 v_1 v_2 A_1 A_2 p_2	$v_1=q/(A_1+A_2)$ $v_2=q/(2A_2)$	$F_1=p_1(A_1+A_2)-2p_2A_2$ $F_2=2p_2A_2-p_1(A_1+A_2)$	用于缸的直径受限制，而长度不受限制，可获得较大的推力
	增压缸	A B	—	—	由活塞缸和柱塞缸组合而成，低压油输入A腔，B腔输出高压油

续上表

类型		符号	速度	作用力	特点
组合液压缸	齿条液压缸		—	—	活塞的移动通过传动机构变成齿轮的往复回转运动
摆动液压缸	单叶片液压缸		$\omega=\frac{8q}{b(D^2-d^2)}$	$T=\frac{b(D^2-d^2)}{8}$	把液压能变为回转的机械能，输出轴摆动角<300°
	双叶片液压缸		$\omega=\frac{4q}{b(D^2-d^2)}$	$T=\frac{b(D^2-d^2)}{4}$	把液压能变为回转的机械能，输出轴摆动角<150°

注：A_1 为活塞面积；A_3 为活塞杆面积；$A_2=A_1-A_3$；b 为叶片宽度；d,D 为叶片的底端、顶端直径；ω 为叶片轴的角速度；T 为理论转矩。

2.2.2 液压缸结构形式及安装方式(Structure and Installation of Hydraulic Cylinders)

2.2.2.1 液压缸结构形式(Structure of Hydraulic Cylinders)

(1)活塞式液压缸

①双活塞杆液压缸

图2-31为双活塞杆液压缸的结构图。它主要由密封圈1、导向套2和5、活塞3、缸筒4、缸盖6、压盖7、双活塞杆8等零件组成。缸筒4一般采用无缝钢管，内壁加工精度要求很高；活塞3与活塞杆8用圆柱开口销连接；活塞杆8靠导向套2和5导向，并用密封圈1密封，调节缸盖6与压盖7之间的螺钉即可调整密封圈1的松紧；活塞3与缸筒4之间采用间隙密封。当两活塞杆8直径相同，即有效工作面积A相等，且供油压力p和流量q不变时，活塞3或缸体在两个方向的运动速度v和推力F相等。因此，可以用于双向外负载基本相等的场合，如磨床液压系统。

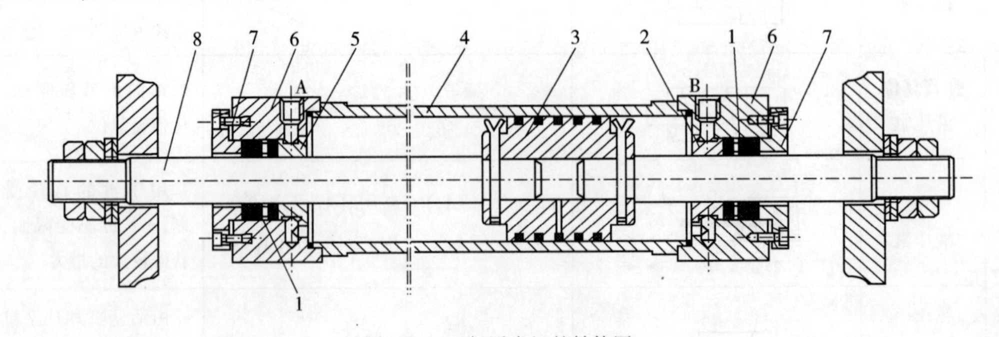

图2-31 双杆活塞缸的结构图

1-密封圈；2、5-导向套；3-活塞；4-缸筒；6-缸盖；7-压盖；8-活塞杆

②单活塞杆液压缸

图2-32为单活塞杆液压缸的结构图。它主要由活塞杆3、缸盖5、缸筒8、活塞13和缸底端盖17等零件组成。缸体由缸筒8和缸底端盖17焊接成一体,另一端由缸盖5与缸筒8用螺纹连接以便拆装检修。活塞13上套有一个支承环11,由两个半环的卡环14、套环15和弹簧挡圈16定位,靠导向套6导向;活塞13与缸筒8之间用Y形密封圈9密封,活塞13与活塞杆3之间则用O形密封圈12密封。缸盖5上有防尘圈4,活塞杆3左端带有缓冲柱塞。缸底端盖17和活塞杆3头部都有耳环,便于铰接。因此,这种液压缸在往复运动时,其轴线可随工作需要自由摆动,常用于液压挖掘机、起重机等工程机械。

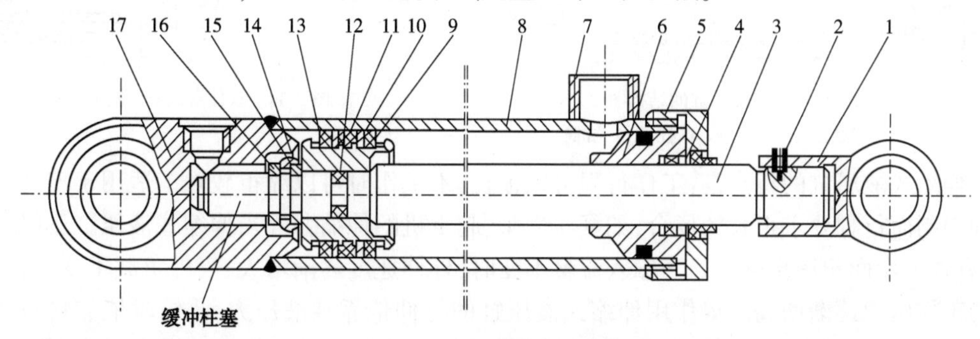

图2-32 单杆活塞缸的结构图

1-耳环;2-锁紧螺钉;3-活塞杆;4-防尘圈;5-缸盖;6-导向套;7-管接头;8-缸筒;9-Y形密封圈;10-挡圈;11-支承环;12-O形密封圈;13-活塞;14-卡环;15-套环;16-弹簧挡圈;17-缸底端盖

当单活塞杆液压缸两腔同时通入压力油时的连接方式称为差动连接液压缸。在忽略两腔连通回路压力损失的情况下,两腔的油液压力相等。由于无杆腔受力面积大于有杆腔,活塞向右的作用力大于向左的作用力(见表2-4差动式液压缸),有杆腔的油液被挤出,流进无杆腔,使活塞向右运动速度加快。由于有效作用面积是活塞杆的横截面积,故这种连接的推力较小。实际应用中,液压系统常通过控制阀来改变单杆缸的回路连接,使其有不同的工作方式,例如快进,用差动连接;工进,用无杆腔进油;快退,用有杆腔进油,形成工作循环。差动连接是在不增加液压泵流量的前提下实现快速运动的有效办法,它广泛应用于组合机床的液压动力滑台和各类专用机床中。

(2)柱塞式液压缸

图2-33所示为单柱塞式液压缸,由压盖1、密封圈2、导向套3、柱塞4和缸筒5等零件组成。它只能实现一个方向的运动,回程靠重力、弹簧力或其他外力推动。

为了得到双向运动,通常成对、反向布置使用,如图2-34所示。由于柱塞与导向套配合,可以保证良好的导向,故柱塞与缸筒内壁不接触,因而缸筒内壁的精度要求很低,甚至可以不加工,工艺性好,成本低,特别适用于行程较长的场合。

柱塞缸的输出速度和推力取决于柱塞端面的受压面积。柱塞工作时总是受压,因此应使其有足够的刚度。柱塞重力较大,水平放置时容易因重力而下垂,造成密封件和导向件单边磨损,故使用柱塞式液压缸应尽量垂直放置。

(3)伸缩式液压缸

伸缩式液压缸又称多级液压缸。它由两级或多级活塞缸套装而成,图2-35所示为其结构图。它主要由缸盖1、缸筒2、套筒4、活塞5等零件组成。缸筒2两端有进、出油口A和B。当A口进油,B口回油时,先推动有效作用面积较大的一级活塞运动,然后推动较小的二级活塞运动。因为进入A口的流量不变,故有效作用面积大的活塞运动速度低而推力大,反之运动速度高而推力小。若B口进油,A口回油,则二级活塞先退回至终点,然后一级活塞才退回。

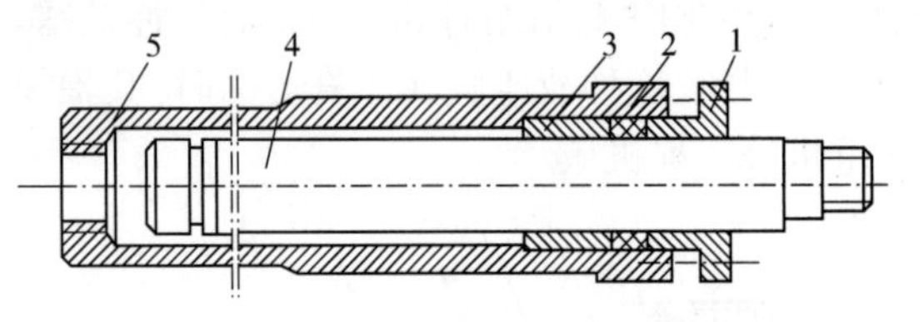

图2-33 单柱塞式液压缸的结构图

1-压盖;2-密封圈;3-导向套;4-柱塞;5-缸筒

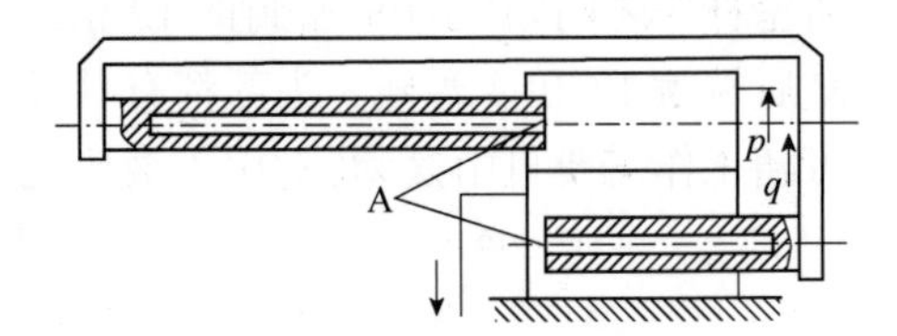

图2-34 双柱塞式液压缸的结构图

伸缩式液压缸的特点是:工作行程可以很长,不工作时可以缩得较短。适用于安装空间受到限制而行程要求很长的场合,如翻斗汽车、起重机的伸缩臂。当伸缩式液压缸逐级伸出时,有效工作面积逐次减小。当输入流量不变时,外伸速度逐渐增大;当外负载不变时,液压缸的工作压力逐渐增高。单作用伸缩式液压缸的外伸依靠油液压力,收缩时依靠自重或负载作用。因此,适用于缸体倾斜或垂直旋转的场合。

(4)齿条式液压缸

图2-36为齿条式液压缸。缸体由两个零件组合焊接而成。在4上加工出齿条,齿轮3与传动轴2连成一体。当液压缸右腔进油、左腔回油时,齿条向左运动,齿条带动齿轮3顺时针旋转;反之,则逆时针旋转。齿条液压缸的特点是将直线运动转换为回转运动。由于其结构简单,制造容易,常用于组合机床的回转工作台、回转夹具、磨床的进刀机构、液压机械手和自动线转位机构上。

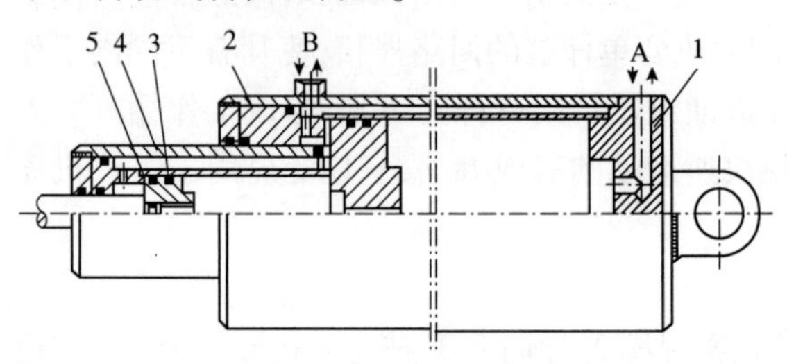

图2-35 伸缩式液压缸的结构图

1-缸盖;2-缸筒;3-O形密封圈;4-套筒;5-活塞

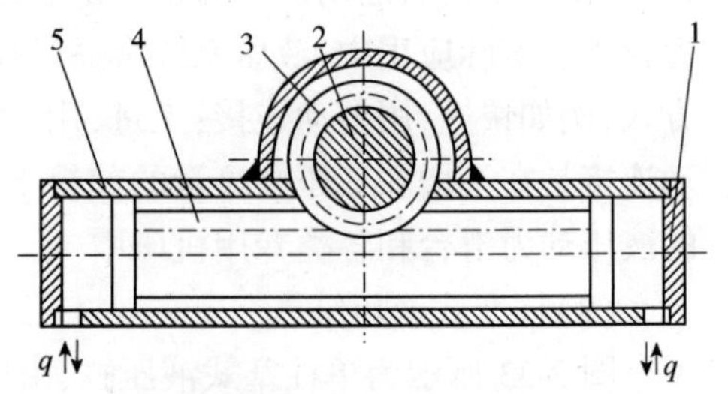

图2-36 齿条式液压缸的结构图

1-端盖;2-传动轴;3-齿轮;4-齿条活塞;5-缸筒

2.2.2.2 液压缸组成(Components of Hydraulic Cylinders)

从以上液压缸的结构形式上可知:液压缸由缸筒组件、活塞组件、密封装置、缓冲装置和排气装置五部分组成。

(1)缸筒组件

缸筒组件由缸筒和缸盖组成。缸筒与缸盖的连接形式与工作压力、缸筒材料和工作条件有关。当工作压力 $p<10$MPa时,缸筒使用铸铁;工作压力 $p<20$MPa时,缸筒使用无缝钢管;工作压力 $p>20$MPa时,使用铸钢或锻钢。图2-37所示为常见的几种缸筒与缸盖连接的结构形式。图 2-37a)为法兰连接式,其结构简单,容易加工,装拆容易,但外形尺寸和重量较大。图 2-37b)为半环连接式,其缸筒壁因开了环形槽而削弱了强度,因此有时为了弥补强度的不足而加厚缸壁。这种连接容易加工和拆装,重量较轻,常用于无缝钢管或锻钢制的缸筒上。图 2-37c)为拉杆连接式,这种缸筒最易加工,最易装卸,结构通用性大,但是重量和外形较大。图 2-37d)和图 2-37e)分别为外螺纹连接和内螺纹连接。图 2-37f)为焊接式,其优点是结构简单、尺寸小,但因焊接应力存在,缸筒有可能产生变形,且缸底内径不易加工。

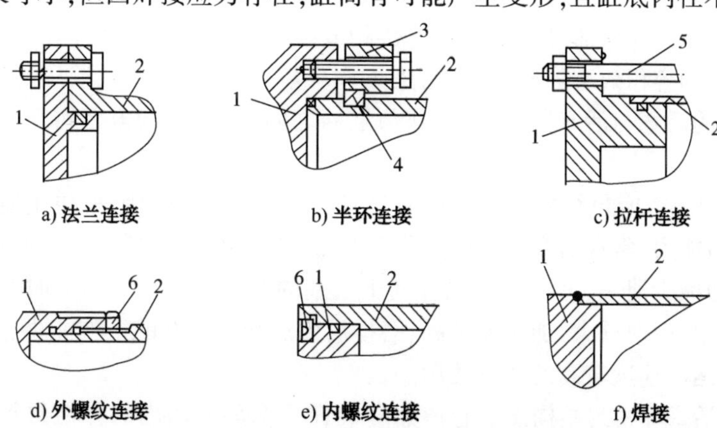

图 2-37　常见的缸筒与缸盖连接的结构形式

1-缸盖;2-缸筒;3-压板;4-半环;5-拉杆;6-防松螺母

(2)活塞组件

活塞组件由活塞、活塞杆和连接件等组成,活塞与活塞杆连接形式决定于工作压力、安装形式、工作条件等,因此其结构形式较多。图 2-38 为常见的几种活塞与活塞杆的连接形式。图 2-38a)为整体式连接,图 2-38b)为焊接式连接。它们结构简单、可靠,轴向尺寸紧凑;但整体式连接加工困难,而焊接式连接易产生变形,且它们磨损后必须整体更换,不够经济,故适用于对活塞和活塞杆比值 D/d 较小、行程较短或尺寸较小的场合。图 2-38c)和图 2-38d)为半环连接式,这种连接形式强度高,但结构较复杂,因此常用在压力较高且振动较大的场合。图 2-38e)为锥销式连接,这种连接形式的优点是加工容易、装配简单,但其承载能力小,应用时需要采取防止脱落措施。它适用于载荷较轻的场合,如磨床等。图 2-38f)和图 2-38g)为螺纹式连接,该连接形式结构简单,拆装方便,但一般需配备螺母防松装置。

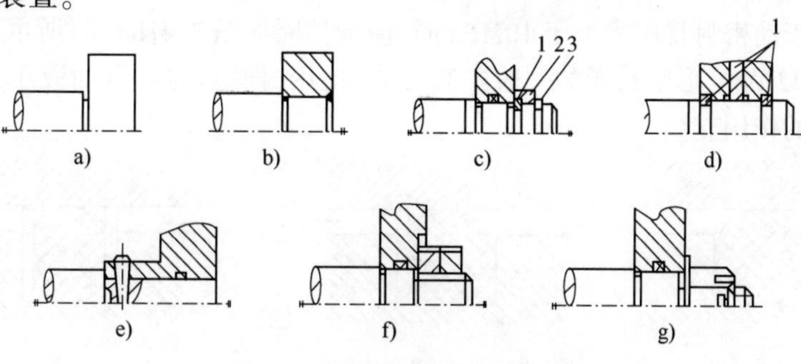

图 2-38　活塞与活塞杆的连接形式

1-半环;2-轴套;3-弹簧圈

由于活塞在缸筒内作往复运动，必须选用优质材料。对于整体式活塞，一般采用35号或45号钢；装配式的活塞采用灰口铸铁、耐磨铸铁或铝合金等材料，有特殊需要时可在钢活塞坯外面装上青铜、黄铜和尼龙等耐磨套，以延长活塞的使用寿命。活塞杆有实心和空心两种，材料常采用35号钢或45号钢，当冲击振动很大时，也可采用55号钢或40号钢。由于活塞杆在导向套内作往复运动，为了提高活塞杆的耐磨能力和防锈能力，常在其外圆表面镀铬。

(3)密封装置

液压缸中的压力油可通过固定部件连接的缝隙处和相对运动部件配合的缝隙处泄漏。泄漏造成液压缸的容积效率降低，还会污染工作环境，严重时会导致液压缸不能正常工作。因此，在液压缸的活塞与活塞杆之间、活塞与缸筒之间、缸筒与端盖之间等处需要采取相应的密封措施。

图2-39为间隙式密封结构图。它依靠运动件之间的微小间隙来防止泄漏。为了提高这种装置的密封能力，常在活塞的表面上开有若干个细小的环形槽，一方面可以增大油液通过间隙时的阻力减少泄漏，另一方面也有利于活塞的对中以减少其移动时的摩擦力。它的结构简单，耐高温，但泄漏大，加工要求高，磨损后无法恢复原有的工作能力，只在尺寸较小、压力较低、相对运动速度较高的场合使用。

图2-40为活塞环密封结构图。它依靠套装在活塞环形槽内的弹性材料如：金属、尼龙或其他高分子材料，制成环紧贴在缸筒内壁实现密封。这种密封形式摩擦阻力较小且稳定，可耐高温，磨损后有自动补偿能力，工作可靠，寿命长，但活塞环与其相对应的滑动面之间不能完全密封，且加工要求高，拆装不便，适用于高压、高速和高温的场合，如缸筒与活塞之间。

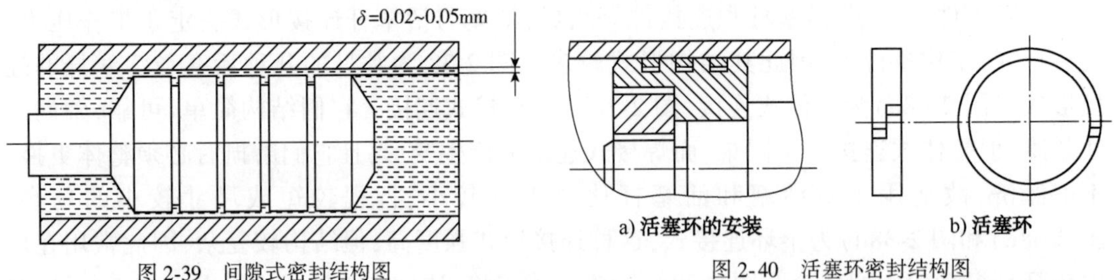

图2-39　间隙式密封结构图　　图2-40　活塞环密封结构图

密封圈有O形圈、Y形圈、V形圈，利用橡胶或塑料的弹性使各种截面的环形圈紧贴在静、动配合面之间防止泄漏。密封圈的结构简单，制造方便，磨损后有自动补偿能力；性能可靠，在活塞与活塞杆之间、活塞与缸筒之间、缸筒与端盖之间等都能使用。图2-41a)为O形密封圈。当用于动密封且压力大于10MPa时，应加挡圈如图2-41b)、c)所示，否则密封圈易被挤出。图2-42为Y形密封圈的一般安装方式，使用时唇口应对着油液压力高的一侧，以免起不到密封的作用。

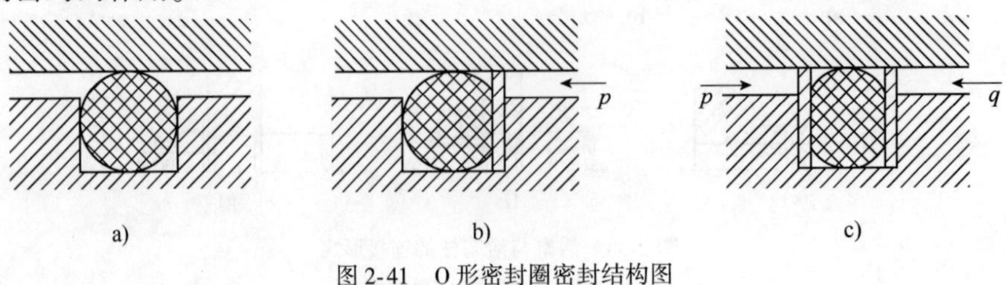

图2-41　O形密封圈密封结构图

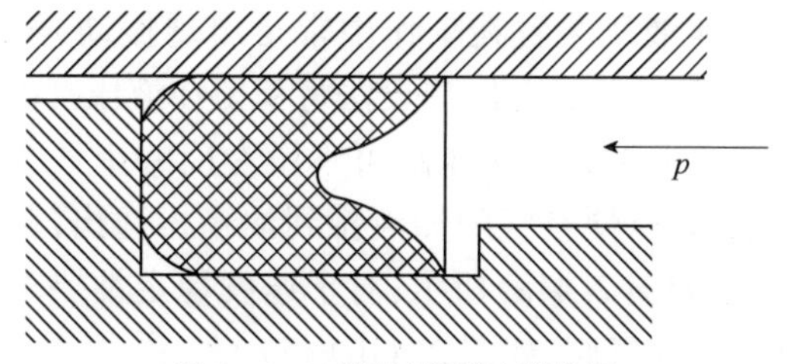

图 2-42 Y 形密封圈密封结构图

(4)缓冲装置

当运动件的质量较大、运动速度较高如 $v>12\text{m/min}$ 时,运动部件惯性力较大,活塞运动到终端会与缸盖发生机械碰撞,产生冲击、噪声,严重时会引起破坏性事故。因此,在液压缸内两端部应设置缓冲装置。缓冲装置的原理是利用活塞运动接近终端时,在活塞和缸盖之间密封一部分油液,强迫其从小孔或细缝中挤出,以增大回油阻力,逐渐降低运动件运动速度,达到避免活塞与液压缸缸盖碰撞的目的。

图 2-43 是液压缸中常见缓冲装置的结构和工件原理图。图 2-43a)为圆柱形环隙式缓冲装置。当缓冲柱塞进入缸盖的内孔时,缸盖和活塞间形成环形缓冲油腔 2,被封闭的油液只能经环形间隙 s 排出,产生阻力,实现缓冲。这种形式结构简单,容易制造,但因节流面积不变,故开始作用时缓冲力很大,缓冲效果较差,减速行程长。故适用于运动件惯性不大,速度不高的场合。图 2-43b)为圆锥形环隙式缓冲装置。与圆柱形环隙式相比,由于缓冲柱塞为圆锥形,缓冲环形间隙 s 随活塞位移量的变化而改变,即节流孔的通流面积随缓冲行程的增大而减小,缓冲效果较好,但仍有液压冲击。图 2-43c)为可变节流孔式缓冲装置,缓冲柱塞 1 上开有三角节流槽。缓冲过程中通流面积不断减小,缓冲压力变化均匀,缓冲作用较好。图 2-43d)为节流阀式缓冲装置,由于节流阀 4 是可调的,因此缓冲作用也可调节,但仍不能解决速度减低后缓冲作用减弱的缺点。

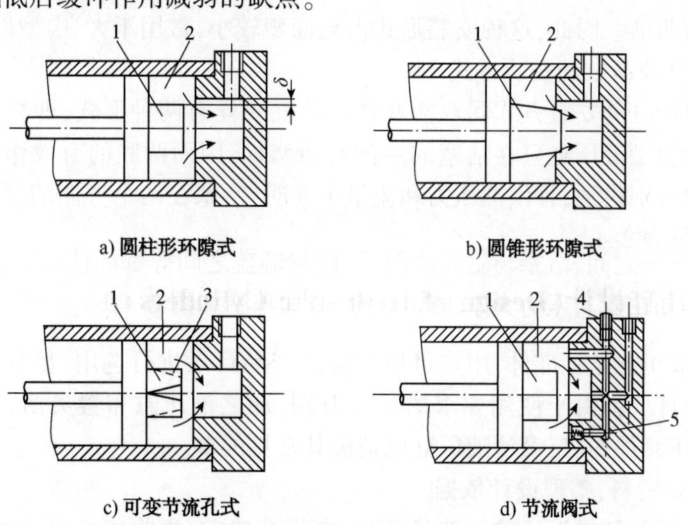

图 2-43 液压缸缓冲装置的结构和工作原理图

1-缓冲柱塞;2-缓冲油腔;3-三角节流槽;4-节流阀;5-单向阀

(5)排气装置

在安装液压缸的过程中或工作停止一段时间后,液压系统中会有空气混入。这些残留空气有时不能自行排出，致使液压装置在工作中常常出现振动、颤抖和爬行，并伴有噪声。严重时会影响工程机械的正常工作，因此，应设法将积留在液压缸内的气体排出。

由于空气比较轻，对于要求不高的液压缸可不设专门的排气装置，而将液压缸的进、出油口布置在缸筒两端的最高处以便空气随油液排到油箱再逸出；若不能在最高处设置油口时，可在最高处设置放气孔，如图 2-44a）所示；对于速度稳定性要求高的液压缸或大型液压缸，通常在液压缸两端部设置放气阀，如图 2-44b）和 c）所示。

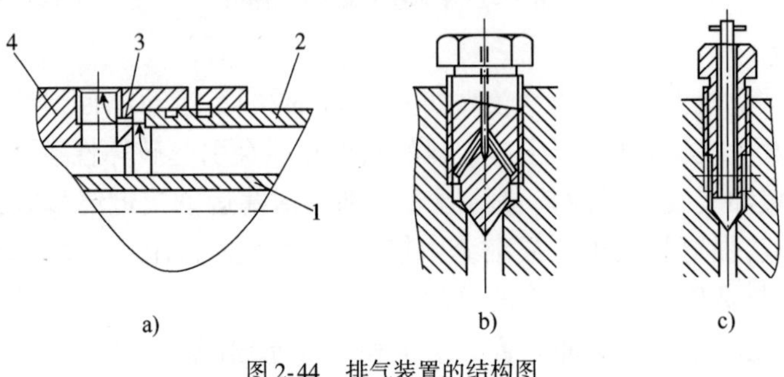

图 2-44　排气装置的结构图

1-活塞杆；2-缸筒；3-放气小孔；4-缸盖

2.2.2.3　液压缸安装方式（Installation of Hydraulic Cylinders）

（1）双活塞杆液压缸的安装方式

液压缸的安装方式有两种，即缸体固定和活塞杆固定。若缸体固定，则活塞杆带动移动部件运动。在图 2-31 中，当液压油从液压缸的 A 口进入左腔时，右腔油液则从 B 口回油，推动活塞向右移动；反之，活塞向左移动。活塞杆的移动范围约等于活塞有效行程的三倍。因此，这种安装形式占地面积大，常用于中、小型设备。如果活塞杆固定，则缸筒运动。液压缸的左腔进油，右腔则回油，推动缸体向左移动；反之，缸体向右移动。缸体的移动范围约等于缸体有效行程的两倍。因此，这种安装形式占地面积较小，常用于大、中型设备。

（2）单活塞杆液压缸的安装方式

单活塞杆液压缸的安装方式同双活塞杆液压缸一样有两种形式，即缸体固定和活塞杆固定。但是这种类型液压缸只在活塞的一侧有活塞杆，因而两腔的有效作用面积不同。当向液压缸的两腔分别供油，且供油压力和流量不变时，活塞在两个方向的运动速度和输出推力都不相同，参见表 2-4。

2.2.3　液压缸设计（Design of Hydraulic Cylinders）

一般来说，液压缸是标准件，用户可根据标准产品目录进行选用，尽量避免相对耗时和费力的液压缸设计。但由于使用要求的千差万别，加之液压缸布置灵活，设计制造相对容易，相对其他液压元件而言，设计液压缸也是极其常见的事。

（1）收集原始资料，整理设计依据

液压缸的设计是整机设计的一部分，因而在设计之前，需收集必要的原始资料，进行分析和研究并加以整理作为设计的依据。具体说来有以下内容：

①了解主机用途、工作环境及对液压缸的动作要求。例如汽车起重机、自卸汽车，煤矿中的液压支架及机床液压系统等，对液压缸的动作要求不同，工作条件也不同，这是在设计

时必须考虑的第一因素。

②了解液压缸的运动形态和安装约束条件。内容包括液压缸的行程、运动速度、运动方式和安装空间所允许的外形尺寸,以初步选择液压缸的安装结构形式。

③了解液压缸的负载情况。内容包括负载质量、几何形状、空间体积、摩擦阻力及活塞杆头部连接形式等。

④了解液压系统的情况。内容包括液压泵工作压力、输出流量、液压管路的通径和布置情况、管接头形式等。

⑤了解国家相关技术标准,收集类似的液压缸的设计资料作为设计的参考。

(2)设计的一般步骤及其注意的问题

液压缸设计并没有统一的步骤。由于液压缸各参数之间有内在联系,设计要交叉进行,反复推敲和计算,以获得满意的设计效果。下列设计步骤可作参考。

①根据主机用途、对液压缸的动作要求,按 GB/T 9094—2006 的规定确定液压缸的结构形式、安装形式及连接方式。

②进行负载分析和运动分析,最好作负载图、速度图和功率图,使设计参数一目了然。

③根据负载要求,确定液压缸的主要尺寸,并按有关标准(如 GB/T 2348—1993)规定的标准尺寸系列选择液压缸工作压力、液压缸内径 D 与活塞杆直径 d,这是液压缸设计的关键一步。

④进一步确定其他结构参数,如活塞宽度 B、活塞杆长度、活塞与活塞杆配合尺寸,活塞及活塞杆的密封形式及尺寸,缸筒厚度、外径及长度,导向长度,支承宽度,油口尺寸,中隔圈尺寸及结构,排气口设置及缓冲设置等。

⑤根据③、④确定的几何尺寸,进行图纸设计并校核有关零件的刚度和强度。③、④、⑤是一个反复和交错过程。

⑥审定全部设计资料及其他技术文件,对图纸进行修改与补充。

⑦绘制液压缸装配图和零件图,编写设计计算说明书及其技术文献。

在设计中应注意以下问题:

①在保证液压缸性能参数条件下,应尽量简化结构,减少零件,减小几何尺寸和重量。

②各零件的结构形式和尺寸,应采用标准形式和规范要求,以便加工,装配和维修。

③密封部位的设计和密封件的选用要合理,保证密封的可靠性、摩擦力小、寿命长,更换方便。

④活塞杆受压负载或偏心负载作用时,要进行稳定性校核。

⑤要考虑行程末端制动问题和排气问题。缸内如无缓冲和排气装置,液压系统中要有相应措施,但并非所有液压缸都要考虑这些问题。

(3)基本参数的确定

以双作用单活塞杆液压缸为例,设计计算内容如下。

①工作负载和液压缸推力

工作负载 F_R 是指工作机构在满负荷情况下,以一定加速度启动时对液压缸产生的总阻力。即:

$$F_R = F_1 + F_f + F_g \tag{2-46}$$

式中:F_R ——液压缸工作负载(N);

F_1——工作机构的荷重及自重对液压缸产生的作用力(N);

F_f——为工作机构在满载下启动时的静摩擦力(N);

F_g——为工作机构满载启动时的惯性力(N)。

液压缸的推力 F 应等于或略大于其工作时的总阻力。

②工作速度和速比

前面已介绍过,液压缸的工作速度与其输入的流量和活塞的有效作用面积有关。

由表2-4知,当无杆腔进油时,活塞或缸体的工作速度为:

$$v_1=\frac{4q\eta_v}{\pi D^2}(\mathrm{m/s})$$

当有杆腔端进油时活塞或缸体的速度为:

$$v_2=\frac{4q\eta_v}{\pi(D^2-d^2)}(\mathrm{m/s})$$

如果工作机构对液压缸的工作速度有一定的要求,应根据所需的工作速度和已选定的泵的流量来确定缸径,或根据速度和缸径来选择泵。在对速度没有要求的情况下,则可根据已选定的泵和缸径来确定工作速度。对于双作用活塞缸,其往返运动的速比 φ 为:

$$\varphi=\frac{v_2}{v_1}=\frac{D^2}{D^2-d^2} \tag{2-47}$$

除有特殊要求的场合外,速比不宜过大,以免无杆腔回油流速过高产生很大的背压。但也不宜过小,以免因活塞杆直径相对于缸径太细,稳定性不好。φ 值可查JB/T 10205—2010所制定的标准选用,工作压力高的液压缸选用大值,工作压力低的则选小值。

③缸筒内径通常在系统所给定的工作压力下,把保证液压缸具有足够的牵引力来驱动工作负载,作为确定缸筒内径的原则;最高速度的满足,一般在校核后通过泵的合理选择,以及恰当的拟定液压系统予以满足。

(a)对于单杆活塞缸,当活塞杆是以推力驱动工作负载时,压力油输入无杆腔,根据表2-4,令 $F=F_R$,得缸筒内径 D 为:

$$D=\sqrt{\frac{4F}{\pi(p_i-p_o)\eta_m}-\frac{d^2p_o}{p_i-p_o}}(\mathrm{m}) \tag{2-48}$$

式中:F——为活塞杆最大推力(N);

η_m——机械效率,考虑密封件的摩擦阻力损失,橡胶密封通常取 $\eta_m=0.95$;

p_i——为工作压力,一般情况下可取系统调定压力(Pa);

p_o——为回油背压(Pa);

d——活塞杆直径(m)。

当活塞杆是以拉力驱动工作负载时,则压力油输入有杆腔,根据表2-4,令 $F=F_R$,得缸筒内径 D 为:

$$D=\sqrt{\frac{4F}{\pi(p_i-p_o)\eta_m}+\frac{d^2p_o}{p_i-p_o}}(\mathrm{m}) \tag{2-49}$$

(b)对于双作用活塞缸,缸筒内径应按式(2-48)和式(2-49)计算后取较大的一个值。

计算出的数据,尚需按 GB/T 2348—1993 中所列的液压缸内径系列圆整为标准内径。

(c)对双活塞杆液压缸,可由表 2-4,令 $R=F$,合理确定 d,一般按受拉算出。

④活塞杆直径的确定,通常先从满足速度或速比的要求来选择,然后再校核其结构强度和稳定性。

从式(2-47)可知,单杆活塞缸往复运动的速比为:

$$\varphi = \frac{D^2}{D^2 - d^2}$$

整理后得活塞杆直径 d 为:

$$d = D\sqrt{\frac{\varphi - 1}{\varphi}}\,(\mathrm{m}) \tag{2-50}$$

式中 φ 值可根据系统需要或按标准 JB/T 10205—2010 所制定的速比系列,根据不同的工作压力级别来选择。特殊情况可另作考虑,例如起重机的伸缩臂液压缸,当其缸径为 90~125mm 时,推荐速比选用 3。计算出活塞杆直径 d 后,再根据 GB/T 2318—1993 或 JB/T 10205—2010 的 d 值进行调整。

⑤最小导向长度的确定

当活塞杆全部外伸时,从活塞支承面中点到导向套滑动面中点的距离称为最小导向长度 H,如图 2-45 所示。如果导向长度过小,将使液压缸的初始挠度即间隙引起的挠度增大,影响液压缸的稳定性,因此在设计时必须保证一定的最小导向长度。对于一般的液压缸,其最小导向长度 H 应满足下式要求:

$$H \geqslant \frac{L}{20} + \frac{D}{2}\,(\mathrm{m}) \tag{2-51}$$

式中:L——液压缸最大工作行程(m);

D——缸筒内径(m)。

一般导向套滑动面的长度 A,在缸内直径 $D<80$mm 时,取为缸内直径 D 的 0.6~1.0 倍;在缸内直径 $D>80$mm 以后,取为活塞杆直径 d 的 0.6~1.0 倍。而活塞的宽度 B 取为缸筒内径 D 的 0.6~1.0 倍。为了保证最小导向长度,过分地增大导向套长度或活塞宽度都是不适宜的,最好是在导向套和活塞之间装一个中间隔套,图 2-45 中的隔套宽度 K,由所需最小导向长度决定。采用隔套不仅可以保证最小导向长度,还能改善导向套及活塞的通用性。

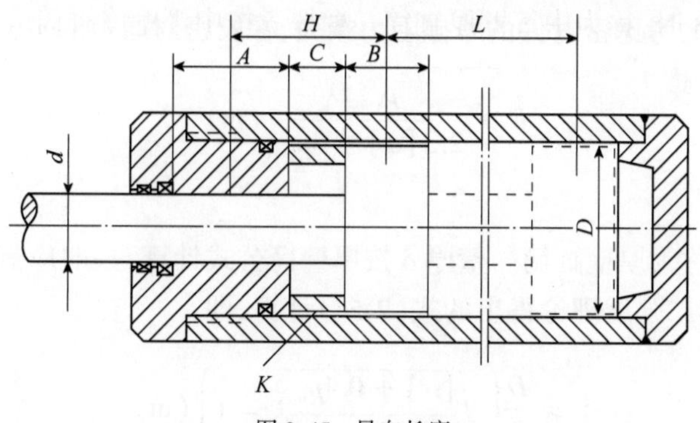

图 2-45 导向长度

(4)结构计算和验算

液压缸内径确定之后,由强度条件来计算缸筒壁厚,然后求出缸筒的计算外径,再按GB/T 2348—1993 或 JB/T 10205—2010 圆整为标准外径。

①缸筒应力分析

根据材料力学厚壁筒的受力分析可以得出缸壁的应力分布如图 2-46 所示,图中 σ_i 表示切向拉应力,σ_r 表示径向压应力,σ_z 表示轴向拉应力,p 表示油压力。

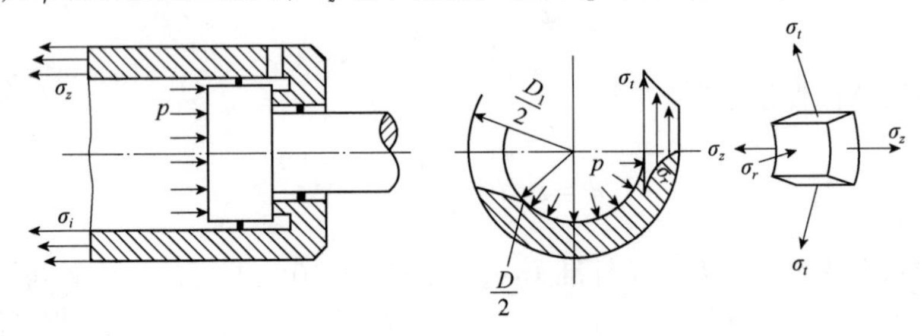

图 2-46 厚壁缸筒应力分布状态

在正常工作情况下,缸筒的轴向压应力很小,它只是由于活塞、活塞杆密封圈与缸壁、缸盖之间的摩擦力所引起,一般忽略不计。故只考虑轴向拉应力而不考虑轴向压应力。

②缸筒壁厚计算

(a)薄壁缸筒

在初步确定缸筒内径 D 后,就可以确定液压缸的壁厚 δ 。当 $\delta/D < 0.08$ 时,称为薄壁液压缸,壁厚 δ 按薄壁筒公式计算,即:

$$\delta \geqslant \frac{p_{\max}D}{2[\sigma]}(\mathrm{m}) \tag{2-52}$$

式中:$p_{\max}$ ——液压缸最大(或设计或额定)工作压力(Pa);

$[\sigma]$——缸筒材料许用拉应力,$[\sigma]=\sigma_s/n$ (Pa);

σ_s ——缸筒材料的屈服强度(Pa);

n ——安全系数,一般可取 3.5~5。

(b)中等壁厚缸筒

当 $0.08<\delta/D<0.3$ 时,称为中等壁厚缸筒。壁厚 δ 按中等壁厚缸筒公式计算,即:

$$\delta \geqslant \frac{p_{\max}D}{2.3[\sigma]-3p_{\max}}(\mathrm{m}) \tag{2-53}$$

(c)厚壁缸筒

当 $\delta/D>0.3$ 时,称为厚壁缸筒。壁厚 δ 按厚壁筒公式计算,一般应需考虑三向应力和应力的非均匀性。按第二强度理论得出的式(2-54)计算,即:

$$\delta \geqslant \frac{D}{2}\left(\sqrt{\frac{[\sigma]+0.4p_{\max}}{[\sigma]-1.3p_{\max}}}-1\right)(\mathrm{m}) \tag{2-54}$$

③缸筒外径的确定：

$$D_1 = D + 2\delta(\mathrm{m}) \tag{2-55}$$

式中：D_1——缸筒外径(m)。

缸筒材料如果选用无缝钢管，外径不需加工，则计算出的缸筒外径应圆整为无缝钢管的标准外径。

④缸底厚度 δ_1 的计算

缸底为平底时，可由材料力学中按四周嵌住的圆盘强度公式近似计算。缸底的几种结构如图 2-47 所示。

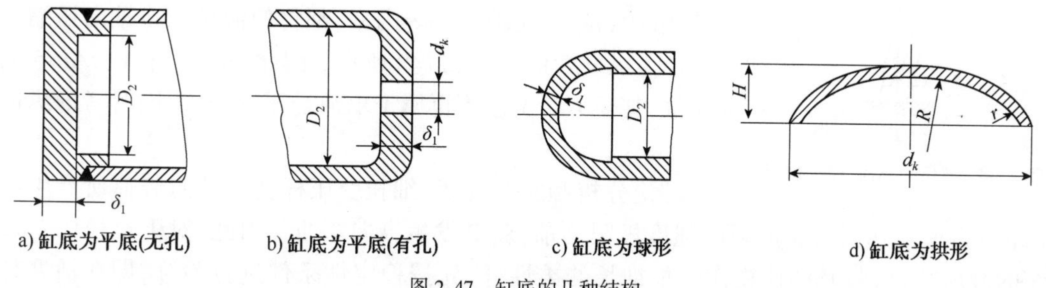

图 2-47　缸底的几种结构

对图 2-47a) 所示的缸底厚度：

$$\delta_1 \geqslant 0.443 D_2 \sqrt{\frac{p}{[\sigma]}}(\mathrm{m}) \tag{2-56}$$

对图 2-47b) 所示缸底有孔时，开孔直径记为 d_k。引入开孔系数 φ_d，$\varphi_d = (D_2 - d_k)/D_2$。缸底厚度：

$$\delta_1 \geqslant 0.443 D_2 \sqrt{\frac{p}{\varphi_d [\sigma]}}(\mathrm{m}) \tag{2-57}$$

式中：D_2——缸底内径(m)；

$[\sigma]$——缸底材料许用拉应力，$[\sigma] = \sigma_b / n_1$(Pa)；

σ_b——缸筒材料的屈服强度(Pa)；

n_1——安全系数，一般可取 $n_1 \geqslant 3$；

p——液压缸最大或设计或额定工作压力(Pa)。

对图 2-47c) 所示缸底为球形时：

$$\delta_1 \geqslant \frac{D_2 p}{4[\sigma]}(\mathrm{m}) \tag{2-58}$$

对图 2-47d) 所示缸底部为拱形时($R \geqslant 0.8 D_a$，$r \geqslant D_a/8$)：

$$\delta_1 \geqslant \frac{D_a p}{4[\sigma]}\beta(\mathrm{m}) \tag{2-59}$$

式中：D_a——缸底外径(m)；

β——系数，当 $H/D = 0.2 - 0.3$ 时，$\beta = 1.6 - 2.5$。

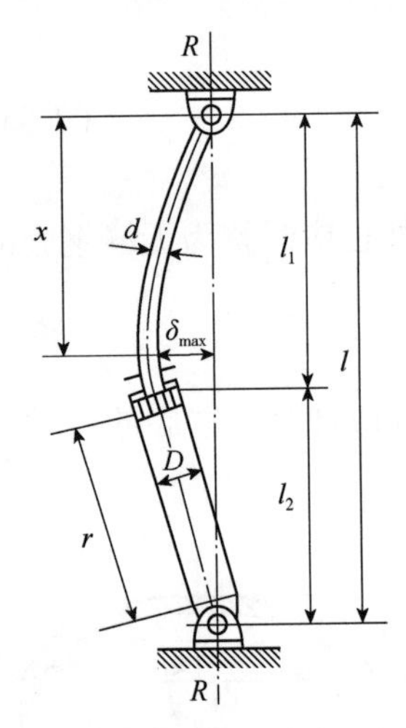

图 2-48　液压缸纵向弯曲示意图

⑤液压缸的稳定性和活塞杆强度验算

前面对活塞杆直径仅按速度或速比要求作了初步确定,活塞杆直径还必须同时满足液压缸的稳定性及其本身强度的要求。

一般的短行程液压缸,它在轴向力作用下仍能保持原有直线状态下的平衡,故可视为单纯受压缩或拉伸的直杆。但实际上,液压缸并非单一的直杆,而是缸体、活塞和活塞杆的组合体。由于活塞与缸壁之间以及活塞杆与导向套之间均有配合间隙,此外,缸的自重及负荷偏心等因素,都将使液压缸在轴向压缩工况下产生纵向弯曲,如图 2-48 所示。因此,对于长径比 $l/d>5$ 的液压缸,其受力状况已不再属于单纯受压缩,必须同时考虑纵向弯曲。

理论分析和实验证明,细长受压杆会在轴向载荷所产生的压缩应力远未达到材料的屈服强度极限之前,就会发生纵向弯曲。因此,对于长径比 $l/d>15$ 的液压缸,应将其整体视作一根细长的柔性杆,先按稳定性条件进行验算,即在活塞杆全伸的状态下,验算液压缸承受最大轴向压缩负载时的稳定性,然后再按强度条件计算活塞杆直径。

(a)液压缸稳定性验算

根据材料力学概念:一根受压直杆,在其负载力 R 超过稳定临界力或称极限力 R_k时,即已不能维持原有轴线状态下的平衡而丧失稳定。所以,液压缸的稳定性条件为:

$$R \leqslant \frac{R_k}{n_k} \tag{2-60}$$

式中:R ——活塞杆最大推力(N);

R_k ——液压缸稳定临界力(N);

n_k ——稳定性安全系数,一般可取 2~4。

液压缸的稳定临界力值 R_k与活塞杆和缸体的材料、长度、刚度及其两端支承状况等因素有关。一般在 $l/d>10$ 的情况下就要进行稳定校验。

ⓐ用欧拉公式计算

活塞杆的计算柔度,即柔性系数 $\lambda=\mu l/i$;i 为活塞杆横断面回转半径(m),$i=\sqrt{I/A}$(对圆断面,$i=d/4$),A 为端面面积(m^2),I 为端面最小惯性矩(m^4)。

柔性系数 λ_1、λ_2 按表 2.6 选取;$\lambda_1=\pi\sqrt{E/\sigma_s}$,$\sigma_s$ 为活塞杆材料的屈服极限(Pa)。

当 $\lambda>\lambda_1$ 时,液压缸的稳定性主要受纵向弯曲控制,可用欧拉公式计算临界力:

$$R_k=\frac{\pi EI}{(\mu l)^2} \tag{2-61}$$

式中:μ ——长度折算系数,取决于液压缸的支撑情况,见表 2-5;

l ——活塞杆计算长度,即液压缸安装长度,见表 2-5;

E ——活塞杆材料的纵向弹性模数(Pa),对于硬钢,$E=20.59\times10^{10}$Pa。

长度折算系数μ 表2-5

序　号	A	B	C	D
液压缸的安装形式与活塞杆计算长度l(m)的对应图	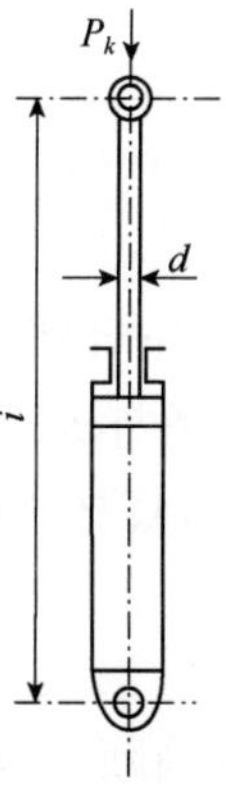	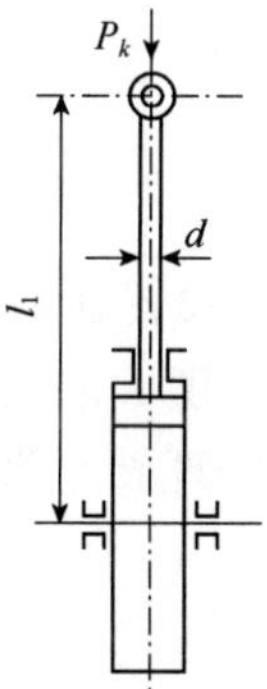	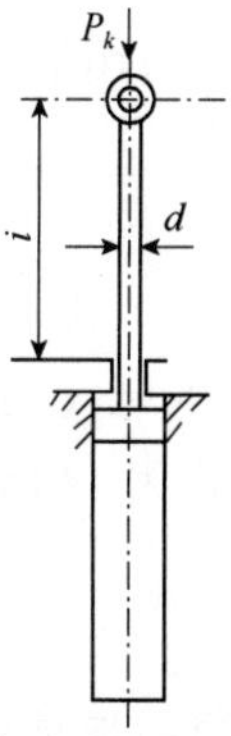	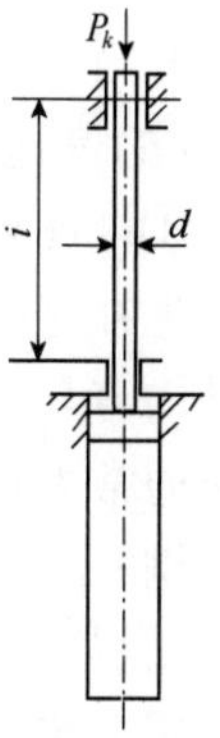
μ	1	1	0.7	0.5

ⓑ雅辛斯基公式。当$\lambda_1 > \lambda > \lambda_2$时，为中柔度杆，应同时考虑纵向弯曲和压缩。按雅辛斯基公式计算临界力：

$$R_k = A(a - b\lambda)(\mathrm{N}) \tag{2-62}$$

式中：A——活塞杆横截面回转面积(m^2)；

a、b——与材料有关的系数，参见表2-6。

柔 性 系 数 λ_1、λ_2 表2-6

材料	a	b	λ_1	λ_2
钢(A3)	3100	11.40	105	61
钢(A5)	4600	36.17	100	60
硅钢	5890	38.17	100	60
铸铁	7700	120	80	—

(b)当$l/d < 10$时，活塞杆只会因抗压强度不足而破坏，失稳不是主要问题，故只需进行强度计算。

ⓐ当活塞杆受纯压缩或拉伸时的强度计算：

$$\sigma = \frac{4R}{\pi(d^2 - d_1^2)} \leqslant [\sigma]\ (\mathrm{Pa}) \tag{2-63}$$

或：

$$d = \sqrt{\frac{4R}{\pi[\sigma]} + d_1^2}\ (\mathrm{m}) \tag{2-64}$$

式中：d——活塞杆外径(m)；

d_1——空心活塞杆孔径(m)，实心杆$d_1 = 0$；

R——活塞杆最大推力(N)；

$[\sigma]$ ——活塞杆材料的许用应力(Pa), $[\sigma]=\sigma_s/n$;

σ_s ——活塞杆材料的屈服极限(Pa);

n ——安全系数,可取为1.4~2。

ⓑ当弯、压结合时,可用最大复合应力验算。

(5)其他设计计算

①排气装置设计

先补充说明的一点是,排气装置也可设置在液压缸的高压管路的适当处。排气装置的设计内容有:排气旋塞的螺纹 M 及螺纹长度 L 的选择,可参考有关资料;整体式旋塞头部锥体角通常为60°,分体式用120°,锥面热处理硬度为 HRC38-44,材料选用优质碳素钢或合金结构钢。

②缓冲装置设计

缓冲装置的设计第一步是对是否要设计缓冲装置进行判断。当液压缸速度 $v<0.1$m/s 即6m/min时,不需要设计缓冲装置;当 $v>0.2$m/s 即12m/min时,则必须设计缓冲装置;当0.1m/s<v<0.2m/s时,可根据需要作出判定。

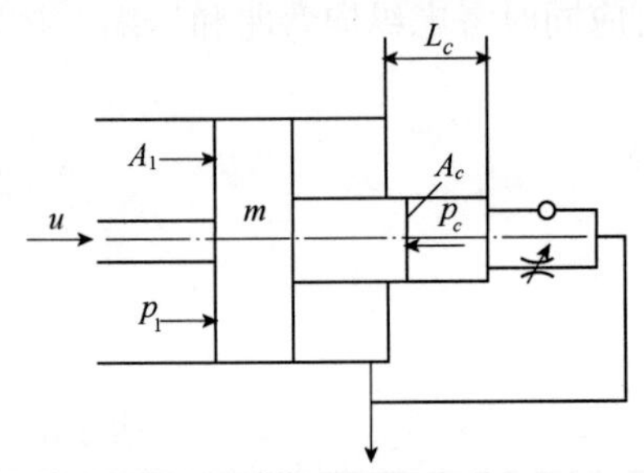

图2-49　可调式缓冲阀结构原理图

如果进行缓冲装置的设计,首先要确定缓冲节流类型,建议选择应用较多的节流阀内置式可调缓冲节流装置如图2-49;设计内容有:计算缓冲腔平均缓冲压力 p_c、缓冲行程 L_c 等,对于不可调的节流缓冲装置,还有节流面积的计算。

可调式缓冲结构原理如图2-49所示,在缓冲过程中,缓冲腔的平均压力 p_c 产生的缓冲液压能 E_1,和运动部件产生的机械能 E_2 为:

$$\begin{aligned} E_1 &= p_c A_c L_c \\ E_2 &= p_1 A_1 L_c - F_f L_c + \frac{mv^2}{2} \end{aligned} \tag{2-65}$$

式中:p_c——缓冲腔平均压力(Pa);

p_1——进液腔压力(Pa);

A_c——缓冲柱塞面积(m^2);

A_1——进液腔活塞有效面积(m^2);

L_c——缓冲行程(m);

F_f——缸内摩擦阻力及折算前液压缸上的负载摩擦阻力(N);F_f 与 u 相反取"-"号,相同取"+"号;

m——工作部件质量(t);$m=G/g$,G 为工作部件重量(N);

g——重力加速度(m/s^2);

v——工作部件速度即缓冲前的速度(m/s)。

当 $E_1=E_2$ 时,工作部件的机械能被缓冲腔油液所吸收,由此可得:

$$p_c = \frac{1}{A_c L_c}\left(p_1 A_1 L_c - F_f L_c + \frac{m{v_0}^2}{2}\right) \tag{2-66}$$

最大缓冲压力 p_{cmax} 发生在缓冲柱塞进入缓冲凹槽瞬间($t=0$),假定最大加速度 $a_{max}=2a=v_0^2/L_c$,则有:

$$p_{cmax}=p_c+\frac{mv_0{}^2}{2A_cL_c} \tag{2-67}$$

最大缓冲压力 p_{cmax} 不应超过液压缸允许工作压力。如果液压缸额定工作压力即设计压力 $p_R<16\text{MPa}$,$p_{cmax}>1.5p_R$,或者 $p_H>16\text{MPa}$,$p_{cmax}>1.25p_R$,则表明液压缸强度不足,应采取必要的改进措施,如降低液压缸额定工作压力 p_R,或者增大缓冲行程 L_c 或增大缓冲时间 $t_c=2L_c/v_0$。

③油口设计

油口设计可在缸筒设计时一并考虑,有关油口尺寸可从相应的参考资料中查出,但油口直径 $d=\sqrt{4q/(\pi[v])}$ 应进行验算,其中允许流速 $[v]$ 可参照如下数据选取:当液压缸设计工作压力 $p_n<2.5\text{MPa}$ 时,$[v]=3\text{m/s}$;当 $p_n=2.5\sim10\text{MPa}$,$[v]=3\sim5\text{m/s}$;当 $p_n>10\text{MPa}$ 时,$[v]=5\sim7\text{m/s}$。

油口尺寸较小时,油口采用螺纹连接,标准参见 GB/T2878.1—2011,油口尺寸较大时,采用法兰连接,标准参见 ISO 8163 和 ISO 8137。

2.3 液压控制元件

(Hydraulic Control Components)

液压阀是用来控制液压系统中油液的流动方向或调节其压力和流量的,因此它可分为方向阀、压力阀和流量阀三大类。一个形状相同的阀,可以因为作用机制的不同,而具有不同的功能。压力阀和流量阀利用通流截面的节流作用控制着系统的压力和流量,而方向阀则利用通流通道的更换控制着油液的流动方向。液压阀按不同方式可分为不同类别,如表 2-7 所示。

液压阀的分类 表 2-7

分类方法	种 类	详 细 分 类
机能	压力控制阀	溢流阀、顺序阀、卸荷阀、平衡阀、减压阀、比例压力控制阀、缓冲阀、仪表截止阀、限压切断阀、压力继电器
	流量控制阀	节流阀、单向节流阀、调速阀、分流阀、集流阀、比例流量控制阀
	方向控制阀	单向阀、液控单向阀、换向阀、行程减速阀、充液阀、梭阀、比例方向阀
结构	滑阀	圆柱滑阀、旋转阀、平板滑阀
	座阀	锥阀、球阀、喷嘴挡板阀
	射流管阀	射流阀
操作方法	手动阀	手把及手轮、踏板、杠杆
	机动阀	挡块及碰块、弹簧、液压、气动
	电动阀	电磁铁控制、伺服电动机和步进电动机控制
连接方式	管式	螺纹式连接、法兰式连接
	板式及叠加式	单层连接板式、双层连接板式、整体连接板式、叠加阀
	插装式	螺纹式插装(二、三、四通插装阀)、法兰式插装(二通插装阀)

续上表

分类方法	种　类	详　细　分　类
控制方式	电液比例阀	电液比例压力阀、电源比例流量阀、电液比例换向阀、电流比例复合阀、电流比例多路阀
	伺服阀	单、两级(喷嘴挡板式、动圈式)电液流量伺服阀,三级电液流量伺服阀
	数字控制阀	数字控制压力控制流量阀与方向阀
其他方式	开关或定值控制阀	压力控制阀、流量控制阀、方向控制阀

这就是说,尽管液压阀存在着各种各样不同的类型,它们之间还是具有以下共同点:

(1)在结构上,所有的阀都由阀体、阀芯和驱使阀芯动作的元、部件组成。

(2)在工作原理上,所有阀的开口大小,阀进、出口压差以及流过阀的流量之间的关系都符合孔隙流量公式,只是各种阀控制的参数各不相同而已。

2.3.1 压力控制阀(Pressure Control Valves)

在液压系统中,控制油液压力高低的液压阀称为压力控制阀,简称压力阀。这类阀的共同点是利用作用在阀芯上的液压力和弹簧力相平衡的原理工作。

在具体的液压系统中,根据工作需要的不同,对压力控制的要求是各不相同的:有的需要限制液压系统的最高压力,如安全阀;有的需要稳定液压系统中某处的压力值或者压力差,如溢流阀、减压阀等定压阀;还有的是利用液压力作为信号控制其动作,如顺序阀、压力继电器等。

(1)溢流阀

溢流阀的主要作用是对液压系统定压或进行安全保护。它常用于节流调速系统中,和流量控制阀配合使用,调节进入系统的流量,并保持系统的压力基本恒定。用于过载保护的溢流阀一般称为安全阀。常用的溢流阀按其结构形式和基本动作方式可归结为直动型和先导型两种。液压系统对溢流阀的性能要求有:定压精度高;灵敏度要高;工作要平稳且无振动和噪声;当阀关闭时密封要好,泄漏要小。

①直动型溢流阀

图2-50为滑阀式直动型溢流阀,主要由阀芯、阀体、弹簧、上盖、调节杆、调节螺母等零件组成。图示位置阀芯在上端弹簧力F_t的作用下处于最下端位置,阀芯台肩的封油长度L将进、出油口隔断,阀的进口压力油经阀芯下端径向孔、轴向孔进入阀芯底部油室,油液受压形成一个向上的液压力F。当液压力F大于或等于弹簧力F_t时,阀芯向上运动,上移行程L后阀口开启,进口压力油经阀口溢流回油箱。此时阀芯处于受力平衡状态。

②先导型溢流阀

图2-51为先导型溢流阀的常见形式,它由先导阀和主阀两部分组成,先导阀为锥阀,实际上是一个小流量的直动型溢流阀;主阀亦为锥阀。当先导型溢流阀的进口,即主阀进口接压力油时,压力油除直接作用在主阀芯的下腔外,还分别经过主阀芯上的阻尼孔5或阀体上的先导阀座2、阀体4引到先导阀的前端,对先导阀芯形成一个液压力F_x。若液压力F_x小于阀芯另一端弹簧力F_{t2},先导阀关闭,主阀芯上下两腔压力相等。因上腔作用面积A_1大于下

腔作用面积 A，所形成的向下的液压力与弹簧力共同作用将主阀芯紧压在阀座孔上，主阀阀口关闭。随着溢流阀的进口压力增大，作用在先导阀芯上的液压力 F_x 随之增大，当 F_x 大于或等于 F_{t2} 时，先导阀阀口开启，溢流阀的进口压力油经阻尼孔、先导阀阀口溢流到溢流阀的出口，然后回油箱。由于阻尼孔前后出现压力差，即压力损失，主阀上腔压力 p_1 即先导阀前腔压力，低于主阀下腔压力 p 即主阀进口压力。当压力差 $p-p_1$ 足够大时，因压力差形成的向上液压力克服主阀弹簧力推动阀芯上移，主阀阀口开启，溢流阀进口压力油经主阀阀口溢流回油箱。主阀阀口开度一定时，先导阀阀芯和主阀阀芯分别处于受力平衡，阀口满足压力流量方程，主阀进口压力为确定值。

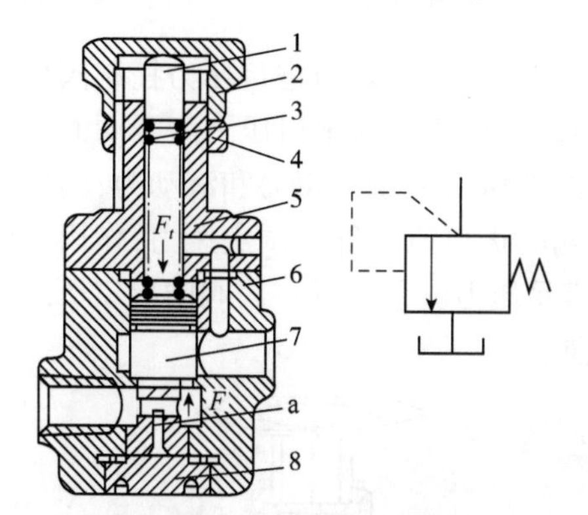

图 2-50 滑阀式直动型溢流阀

1-调节杆；2-调节螺杆；3-调压弹簧；4-紧锁螺母；5-阀盖；6-阀体；7-阀芯；8-底盖

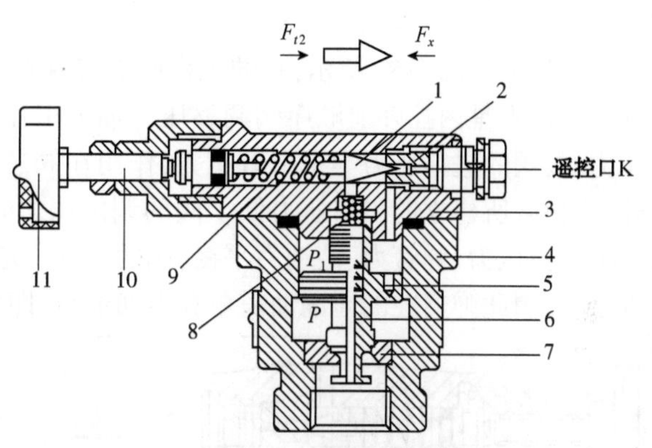

图 2-51 先导型溢流阀

1-先导锥阀；2-先导阀座；3-阀盖；4-阀体；5-阻尼孔；6-主阀芯；7-主阀座；8-主阀弹簧；9-调压弹簧；10-调节螺钉；11-调节手轮

(2)减压阀

减压阀是使出口压力在低于进口压力时能保持相对恒定值的一种压力控制阀。减压阀在各种液压设备的夹紧系统、润滑系统和控制系统中应用较多。此外，当油液压力不稳定时，在回路中串入一减压阀可得到一个稳定的较低的出口压力。根据减压阀所控制的压力不同，它可分为定值输出减压阀、定差减压阀和定比减压阀。

图 2-52 所示的先导式减压阀属于定值输出减压阀。阀口常开，在安装位置，主阀芯在弹簧力作用下位于最下端、阀的开口最大，不起减压作用。引到先导阀前腔的是阀的出口压力油，保证出口压力为定值。进口压力 p_1 经主阀阀口流至出口，压力减少为 p_2。与此同时，出口压力油经阀体、端盖上的通道进入主阀芯下腔，然后经主阀芯上的阻尼孔到主阀芯上腔和先导阀的前腔。在负载较小、出口压力低于调压弹簧所调定压力时，先导阀关闭，主阀芯阻尼孔无液流通过，主阀芯上、下两腔压力相等，主阀芯在弹簧作用下处于最下端，阀口全开不起减压作用。若出口压力 p_2 随负载增大超过调压弹簧调定的压力时，先导阀阀口开启，主阀出口压力油经主阀阻尼孔到主阀芯上腔、先导阀口，再经泄油口回油箱。因阻尼孔的阻尼作用，主阀上、下两腔出现压力差 p_2-p_3，主阀芯在压力差作用下克服上端弹簧力向上运动，主阀口减小，起减压作用。当出口压力 p_2 下降到调定值时，先导阀芯和主阀芯同时处于受力平衡，出口压力稳定不变。调节调压弹簧的预压缩量即可调节阀的出口压力。

先导式减压阀与先导式溢流阀相似，它们之间有如下几点不同之处：

①减压阀保持出口压力基本不变,而溢流阀保持进口处压力基本不变。

②在不工作时,减压阀进、出油口互通,而溢流阀进出油口不通。

③为保证减压阀出口压力调定值恒定,它的导阀弹簧腔需通过泄油口单独外接油箱,而溢流阀的出油口是通油箱的,所以它的导阀的弹簧腔和泄漏油可通过阀体上的通道和出油口相通,不必单独外接油箱。

(3)顺序阀

顺序阀是一种利用压力控制阀口通断的压力阀,用来控制液压系统中各执行元件动作的先后顺序。顺序阀也有直动式和先导式两种,前者一般用于低压系统,后者用于中高压系统。

顺序阀如图2-53所示,它的工作原理与溢流阀相似,阀口常闭,由进口压力控制阀口的开启。区别是内控外泄顺序阀调整压力油去工作,当因负载建立的出口压力高于阀的调定压力时,阀的进口压力等于出口压力,作用在阀芯上的液压力大于弹簧力和液动力,阀口全开;当负载所建立的出口压力低于阀的调定压力时,阀的进口压力等于调定压力,作用在阀芯上的液压力、弹簧力、液动力平衡,阀的开口一定,满足压力流量方程。因阀的出口压力不等于零,因此弹簧腔的泄漏油需单独引回油箱,即外泄。

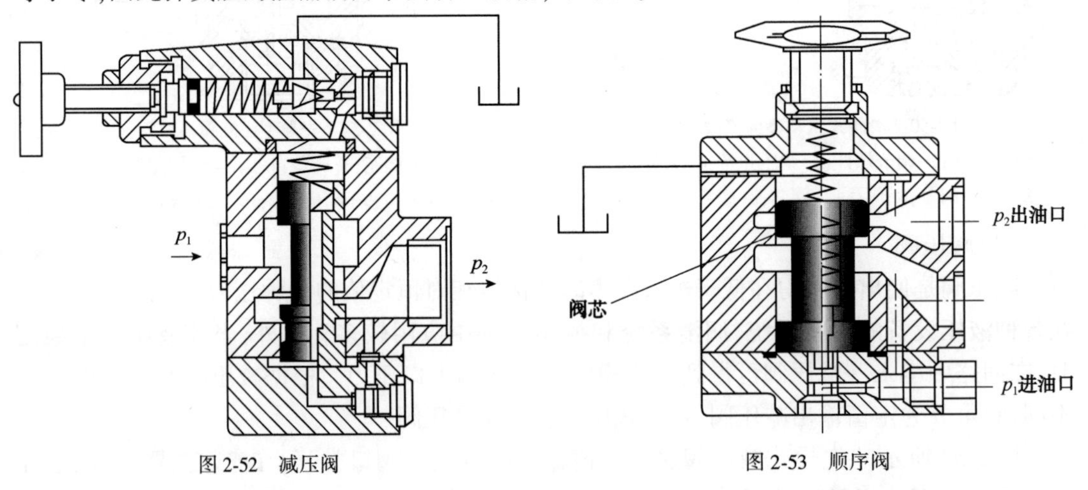

图2-52　减压阀　　　图2-53　顺序阀

按控制压力的不同,顺序阀又可分为内控式和外控式两种。前者用阀的进口压力控制阀芯的启闭,后者用外来的控制压力控制阀芯的启闭,形成液控顺序阀。顺序阀分为内控外泄、内控内泄、外控内泄、外控外泄四种类型。

①内控外泄用作实现顺序动作。

②内控内泄用在系统中做平衡阀或背压阀,其图形符号和动作原理与溢流阀相同,但实际使用时,内控内泄顺序阀串联在液压系统的回油路,使回油具有一定压力,而溢流阀则旁接在主油路上,如泵的出口、液压缸的进口。因性能要求的差异,二者不能混用。

③外控内泄用作卸载阀,在功能上等同于液动二位二通阀,且出口接回油箱,因作用在阀芯上的液压力为外力,而且大于阀芯的弹簧力,因此工作时阀口全开,用于双泵供油回路,使大泵卸载。

④外控外泄相当于一个液控二位二通阀,除用作液动开关阀外,类似的结构还用在变重力负载系统,称为限速锁。

(4)压力继电器

压力继电器是一种将油液的压力信号转换成电信号的电液控制元件,当油液压力达到压力继电器的调定压力时,即发出电信号,以控制电磁铁、电磁离合器、继电器等元件动作,使回路卸压、换向、执行元件实现顺序动作,或关闭电动机,使系统停止工作,起安全保护作用等。

图 2-54 所示为常用柱塞式压力继电器的结构示意图和职能符号。当从压力继电器下端进油口通入的油液压力达到调定压力值时,推动柱塞 1 上移,此位移通过杠杆 2 放大后推动开关动作。改变弹簧 3 的压缩量即可以调节压力继电器的动作压力。

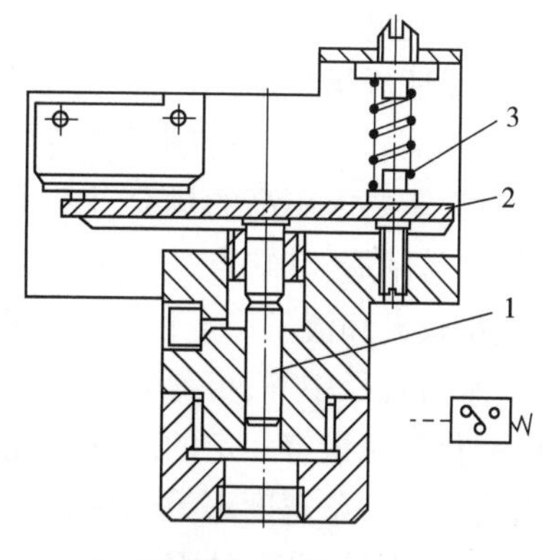

图 2-54 压力继电器
1-柱塞;2-杠杆;3-弹簧

2.3.2 流量控制阀(Flow Control Valves)

液压系统中执行元件运动速度的大小,由输入执行元件的油液流量的大小来确定。流量控制阀就是依靠改变阀口通流面积的大小或通流通道的长短来控制流量的控制阀。常用的流量控制阀有普通节流阀、压力补偿和温度补偿调速阀、溢流节流阀和分流集流阀等。

液压系统对流量控制阀的主要要求如下:较大的流量调节范围,且流量调节要均匀;当阀前、后压力差发生变化时,通过阀的流量变化要小;油温变化对通过阀的流量影响要小;液流通过全开阀时的压力损失要小;当阀口关闭时,阀的泄漏量要小。

(1)普通节流阀

普通节流阀如图 2-55,是一个最简单又最基本的流量控制阀,其实质相当于一个可变节流口,即借助于改变阀口的过流面积改变流量。其工作原理是通过旋转阀芯、轴向移动改变阀口的过流面积。节流阀的压力补偿有两种方式:一种是将定差减压阀与节流阀串联起来组合成调速阀;另一种是将稳压溢流阀与节流阀并联起来组成溢流节流阀。这两种压力补偿方式是利用流量变动所引起油路压力的变化,通过阀芯的负反馈动作,来自动调节节流部分的压力差,使其基本保持不变。

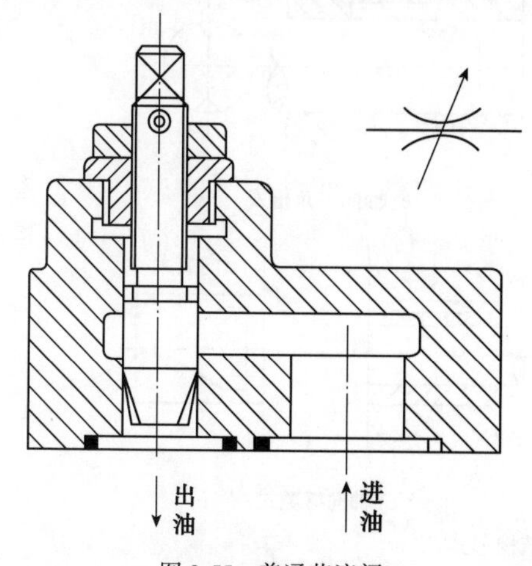

图 2-55 普通节流阀

油温的变化也必然会引起油液黏度的变化,从而导致通过节流阀的流量发生相应的改变,为此出现了温度补偿调速阀。

节流阀的节流口可能因油液中的杂质或由于油液氧化后析出的胶质、沥青等而局部堵塞,这就改变了原来节流口通流面积的大小,使流量发生变化,尤其是当开口较小时,这一影响更为突出,严重时会完全堵塞而出现断流现象。因此节流口的抗堵塞性能也是影响流量稳定性的重要因素,尤其会影响流量阀的最小稳定流量。一般节流口通流面积越大,节流通道越短和水力直径越大，越不容易堵塞，当然油液的清洁度也对堵塞产生影响。一般流量控制阀的最小稳定流量为0.05L/min。

为保证流量稳定，节流口的形式以薄壁小孔较为理想。图2-56为几种常用的节流口形式。图2-56a）所示为针阀式节流口，它通道长，湿周大，易堵塞，流量受油温影响较大，一般用于对性能要求不高的场合；图2-56b）所示为偏心槽式节流口，其性能与针阀式节流口相同，但容易制造，其缺点是阀芯上的径向力不平衡，旋转阀芯的时候较费力，一般用于压力较低、流量较大和流量稳定性要求不高的场合；图2-56c）所示为轴向三角槽式节流口，其结构简单，水力直径中等，可得到较小的稳定流量，且调节范围较大，但节流通道有一定的长度，油温变化对流量有一定的影响，目前被广泛应用；图2-56d）所示为周向缝隙式节流口，沿阀芯周向开有一条宽度不等的狭槽，转动阀芯就可改变开口大小，阀口做成薄刃形，通道短，水力直径大，不易堵塞，油温变化对流量影响小，因此其性能接近于薄壁小孔，适用于低压小流量场合；图2-56e）所示为轴向缝隙式节流口，在阀孔的衬套上加工出图示薄壁阀口，阀芯做轴向移动即可改变开口大小，其性能与图2-56d）所示节流口相似。为保证流量稳定，节流口的形式以薄壁小孔较为理想。

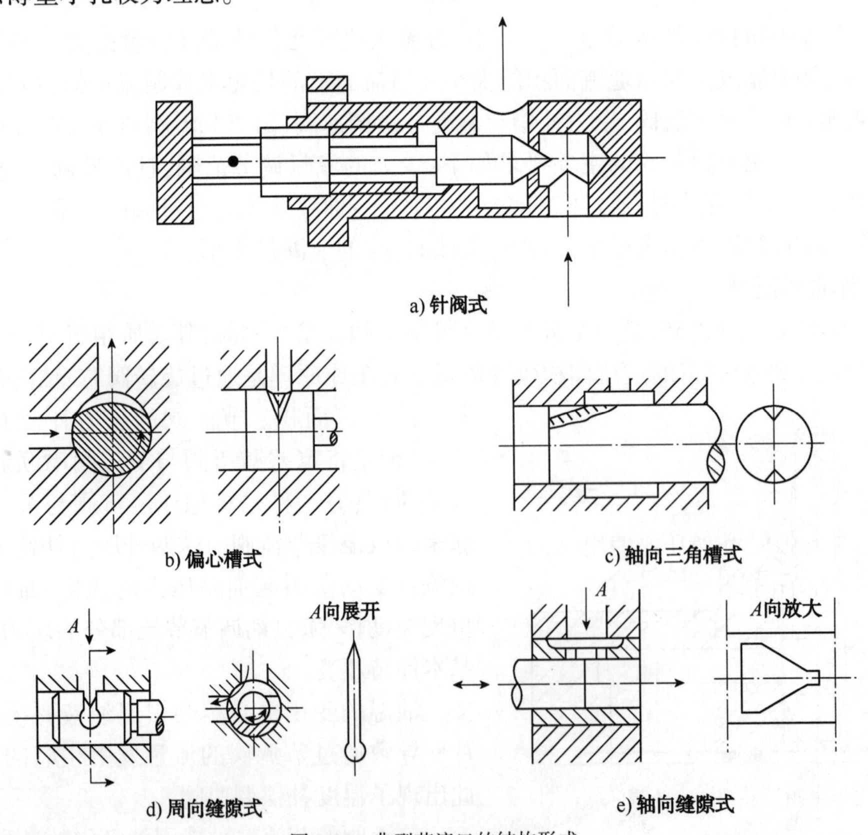

图2-56　典型节流口的结构形式

（2）调速阀

调速阀是在节流阀2前面串接一个定差减压阀1组合而成。图2-57a）为其结构原理，图2-57b）和图2-57c）为图形符号。液压泵的出口即调速阀的进口压力由溢流阀调定，基本上保持恒定。调速阀出口处的压力由液压缸负载决定。

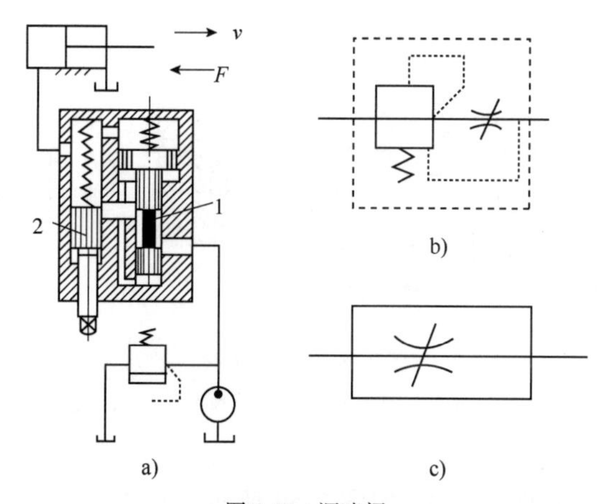

图 2-57 调速阀

1-定差减压阀;2-节流阀

因为弹簧刚度较低,且工作过程中减压阀阀芯位移很小,可以认为基本保持不变,故节流阀两端压力差也基本保持不变,这就保证了通过节流阀的流量稳定。节流阀的流量随压力差变化较大,而调速阀在压力差大于一定数值后,流量基本上保持恒定。当压力差很小时,由于减压阀阀芯被弹簧推至最下端,减压阀阀口全开,不起稳定节流阀前后压力差的作用,故这时调速阀的性能与节流阀相同,所以调速阀正常工作时,至少要求有 0.4~0.5MPa 以上的压力差。

2.3.3 方向控制阀(Directional Control Valves)

(1)普通单向阀

普通单向阀是一种液流只能沿一个方向通过、而反向截止的方向阀。普通单向阀由阀体、阀芯和弹簧等零件组成。阀的连接形式为螺纹管式连接。阀体左端的油口为进油口,右端的油口为出油口,当进油口来油时,压力油作用在阀芯左端,克服右端弹簧力使阀芯右移,阀芯锥面离开阀座,阀口开启,油液流经阀口、阀芯上的径向孔和轴向孔,从右端出口流出。若油液反向,由右端油口进入,则压力油与弹簧同向作用,将阀芯锥面紧压在阀座孔上,阀口关闭,油液被截止不能通过。在这里弹簧的力很小,仅起复位的作用。一般单向阀的开启压力为 0.035~0.05MPa,作背压阀使用时,更换刚度较大的弹簧,使开启压力达到 0.2~0.6MPa。

(2)液控单向阀

图 2-58 为一种液控单向阀的结构及其符号,当控制口 K 处无压力油通入时,它的工作和普通单向阀一样,压力油只能从进油口 P_1 流向出油口 P_2,不能反向流动。当控制口 K 处有压力油通入时,控制活塞 1 右侧 a 腔通泄油口,该泄油口图中未画出,在液压力作用下活塞向右移动,推动顶杆 2 顶开阀芯 3,使油口 P_1 和 P_2 接通,油液就可以从 P_2 口流向 P_1 口。

(3)换向阀

换向阀是利用阀芯在阀体孔内作相对运动,使回路接通或切断而改变油流方向的阀。换向阀按阀芯形状分类时,有滑阀式和转阀式两种,滑阀式换向阀在液压系统中远比转阀式用得广泛。

按阀体连接的主回路数可分为二通、三通、四通等;按阀芯在阀体内的工作位置可分为二位、三位、四位等;按操作阀芯运动的方式可分为手动、机动、电磁动、液动、电液动等。

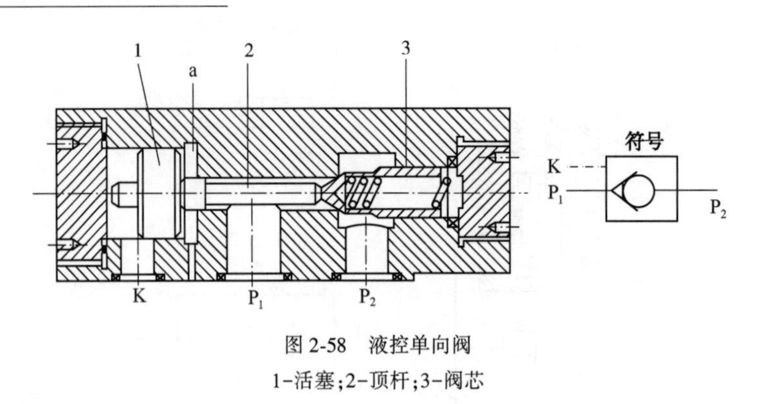

图 2-58　液控单向阀

1-活塞;2-顶杆;3-阀芯

①工作原理

(a)二位二通阀相当于液压开关,如图 2-59 所示,有常开式和常闭式。图中 P 为进油腔,A 接工作油腔。当阀芯运动到右端位置时,P 腔和 A 腔接通。当阀芯处于左端位置时,使 P 腔与 A 腔断开。由此可见,阀芯有两个工作位置:P 腔与 A 腔断开时,油路不通;当阀芯运动到右端位置时,*P* 腔和 A 腔接通。

(b)二位四通阀是靠移动阀芯、改变阀芯在阀体内的相对位置来变换油流方向的。如图 2-60 所示,阀体孔有五条沉割槽,每条沉割槽均有通油孔,P 为进油口,A、B 为工作油口,O 为回油口,阀芯是有三个凸肩的圆柱体,阀芯与阀体相配合,并可在阀体内轴向移动。

(c)三位四通阀的阀芯在阀体内有三个位置,如图 2-61 所示。当阀芯处于中间位置时,油腔 P、A、B、O 均不相通。当阀芯处于左边位置时,进油腔 P 和油腔 B 相通,而油腔 A 与回油腔 O 相通。当阀芯处于右边位置时,进油腔 P 和油腔 A 相通,油腔 B 通过环槽和回油腔 O 相通。

(d)三位五通阀的阀芯在阀体内有三个位置,如图 2-62 所示。当阀芯处于中间位置时,油腔 P、A、B、O_1、O_2 全部关闭。系统保持压力,液压缸封闭。当阀芯处于左边位置时,进油腔 P 和油腔 A 相通,而油腔 B 与回油腔 O_1 相通。当阀芯处于右边位置时,进油腔 P 和油腔 B 相通,油腔 A 与回腔 O_2 相通。

②滑阀的操纵方式常见的滑阀操纵方式如图 2-63 所示。

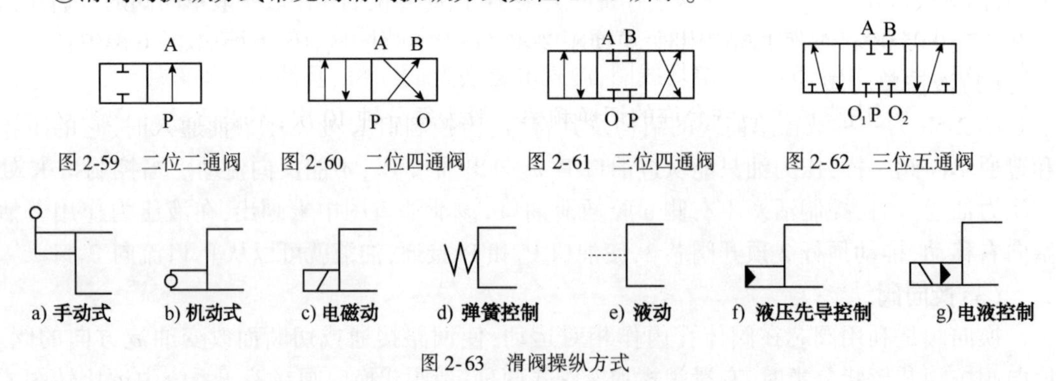

图 2-59　二位二通阀　图 2-60　二位四通阀　图 2-61　三位四通阀　图 2-62　三位五通阀

图 2-63　滑阀操纵方式

③换向阀的结构

(a)手动换向阀。图 2-64 为自动复位式手动换向阀,放开手柄 1,阀芯 2 在弹簧 3 的作用下自动回复中位,该阀适用于动作频繁、工作持续时间短的场合,操作比较完全,常用于工程机械的液压系统中。如果改该阀阀芯右端弹簧3的部位为可自动定位的结构形式,即成为可在三个位置定位的手动换向阀。

(b)机动换向阀。机动换向阀又称行程阀,它主要用来控制机械运动部件的行程,它是借助于安装在工作台上的挡铁或凸轮来迫使阀芯移动,从而控制油液的流动方向,机动换向阀通常是二位的,有二通、三通、四通和五通几种,其中二位二通机动阀又分常闭和常开两种。图2-65为滚轮式二位三通常闭式机动换向阀,在图示位置阀芯2被弹簧1压向上端,油腔P和A通,B口关闭。当挡铁或凸轮压住滚轮4,使阀芯2移动到下端时,就使油腔P和A断开,P和B接通,A口关闭。

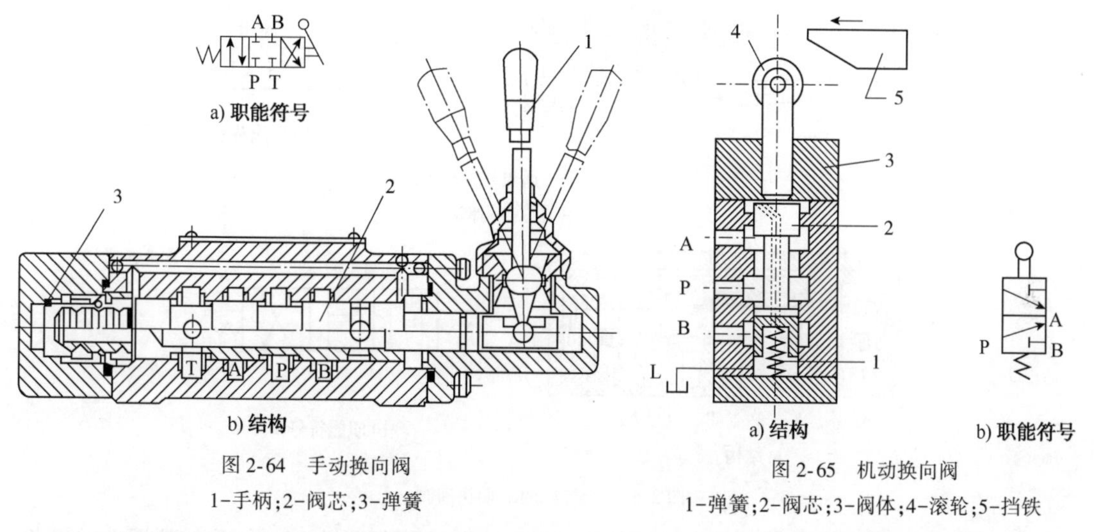

图2-64 手动换向阀

1-手柄;2-阀芯;3-弹簧

图2-65 机动换向阀

1-弹簧;2-阀芯;3-阀体;4-滚轮;5-挡铁

(c)电磁换向阀。电磁换向阀是利用电磁铁的通电吸合与断电释放而直接推动阀芯来控制液流方向的。它是电气系统与液压系统之间的信号转换元件。电磁换向阀就其工作位置来说,有二位和三位等。二位电磁阀有一个电磁铁,靠弹簧复位;三位电磁阀有两个电磁铁。

电磁铁按使用电源的不同,可分为交流和直流两种。按衔铁工作腔是否有油液又可分为"干式"和"湿式"。交流电磁铁启动力较大,不需要专门的电源,吸合、释放快,动作时间为0.01~0.03s,其缺点是若电源电压下降15%以上,则电磁铁吸力明显减小,若衔铁不动作,干式电磁铁会在10~15min后烧坏线圈,湿式电磁铁为1~1.5h,且冲击及噪声较大,寿命低,因而在实际使用中交流电磁铁允许的切换频率一般为每分钟10次,不得超过每分钟30次。直流电磁铁工作可靠,吸合、释放动作时间为0.05~0.08s,允许使用的切换频率较高,一般可达每分钟120次,最高可达每分钟300次,且冲击小、体积小、寿命长。但需有专门的直流电源,成本较高。此外,还有整体电磁铁,其电磁铁是直流的,但电磁铁本身带有整流器,通入的交流电经整流后再供给直流电磁铁。油浸式电磁铁,不但衔铁,而且励磁线圈也都浸在油液中工作,它具有寿命更长、工作更平稳可靠等特点,但造价较高。

图2-66所示为二位三通交流电磁换向阀结构,在图示位置,油口P和A相通,油口B断开;当电磁铁通电吸合时,推杆1将阀芯2推向右端,这时油口P和A断开,而与B相通。而当磁铁断电释放时,弹簧3推动阀芯复位。

(d)液动换向阀。液动换向阀是利用控制油路的压力油来改变阀芯位置的换向阀,

图 2-67为三位四通液动换向阀的结构和职能符号。阀芯是靠其两端密封腔中油液的压差来移动的,当控制油路的压力油从阀右边的控制油口 K_2进入滑阀右腔时,K_1接通回油,阀芯向左移动,使压力油口 P 与 B 相通,A 与 T 相通;当 K_1接通压力油,K_2接通回油时,阀芯向右移动,使得 P 与 A 相通,B 与 T 相通;当 K_1、K_2都通回油时,阀芯在两端弹簧和定位套作用下回到中间位置。

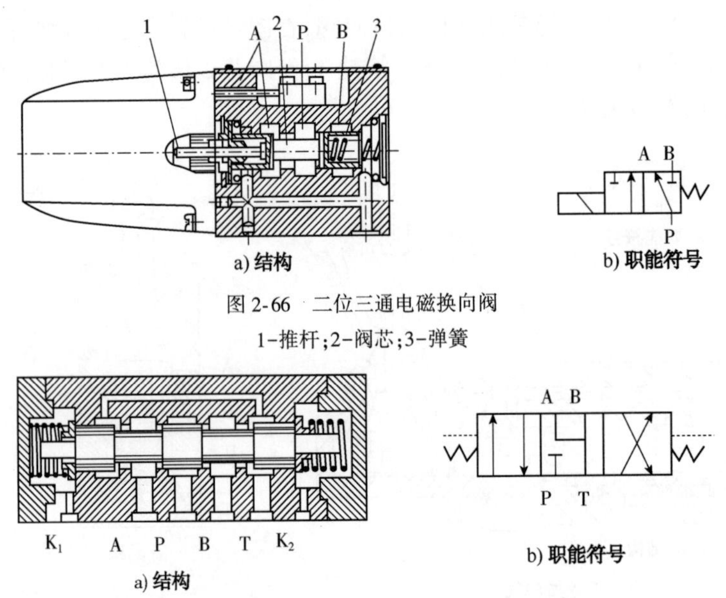

图 2-66 二位三通电磁换向阀

1-推杆;2-阀芯;3-弹簧

图 2-67 三位四通液动换向阀

(e)电液换向阀。在大中型液压设备中,当通过阀的流量较大时,作用在滑阀上的摩擦力和液动力较大,此时电磁换向阀的电磁铁推力相对地太小,需要用电液换向阀来代替电磁换向阀。电液换向阀由电磁滑阀和液动滑阀组合而成。电磁滑阀起先导作用,它可以改变控制液流的方向,从而改变液动滑阀阀芯的位置。由于操纵液动滑阀的液压推力可以很大,所以主阀芯的尺寸可以做得很大,允许有较大的油液流量通过。这样用较小的电磁铁就能控制较大的液流。

图 2-68 所示为弹簧对中型三位四通电液换向阀的结构和职能符号,当先导电磁阀左边的电磁铁通电后使其阀芯向右边位置移动,来自主阀 P 口或外接油口的控制压力油可经先导电磁阀的 A′口和左单向阀进入主阀左端容腔,并推动主阀阀芯向右移动,这时主阀阀芯右端容腔中的控制油液可通过右边的节流阀经先导电磁阀的 B′口和 T′口,再从主阀的 T 口或外接油口流回油箱,主阀阀芯的移动速度可由右边的节流阀调节,使主阀 P 与 A、B 和 T 的油路相通;反之,由先导电磁阀右边的电磁铁通电,可使 P 与 B、A 与 T 的油路相通;当先导电磁阀的两个电磁铁均不带电时,先导电磁阀阀芯在其对中弹簧作用下回到中位,此时来自主阀 P 口或外接油口的控制压力油不再进入主阀芯的左、右两容腔,主阀芯左右两腔的油液通过先导电磁阀中间位置的 A′、B′两油口与先导电磁阀 T′口相通,如图 2-68a)所示,再从主阀的 T 口或外接油口流回油箱。主阀阀芯在两端对中弹簧的预压力的推动下,依靠阀体定位,准确地回到中位,此时主阀的 P、A、B 和 T 油口均不通。电液换向阀除了上述的弹簧对中以外还有液压对中的,在液压对中的电液换向阀中,先导式电磁阀在中位时,A′、B′两油口

均与油口 P 连通，而 T′则封闭，其他方面与弹簧对中的电液换向阀基本相似。

④换向阀的中位机能

分析三位换向阀的阀芯在中间位置时，各通口间有不同的连通方式，可满足不同的使用要求。这种连通方式称为换向阀的中位机能。三位四通换向阀常见的中位机能、型号、符号及其特点，列于表 2-8 中。三位五通换向阀的情况与此相仿。不同的中位机能是通过改变阀芯的形状和尺寸得到的。

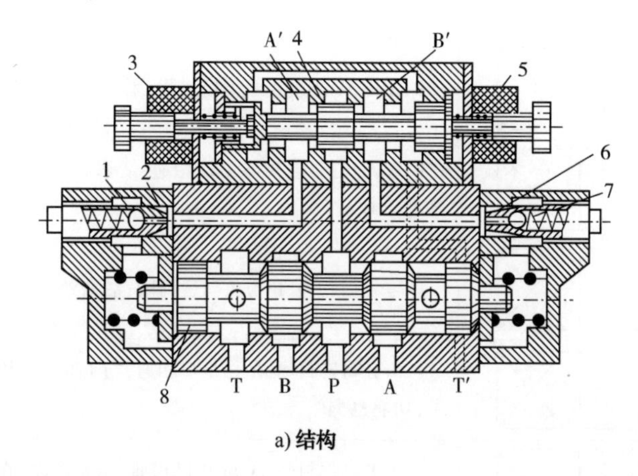

a) 结构

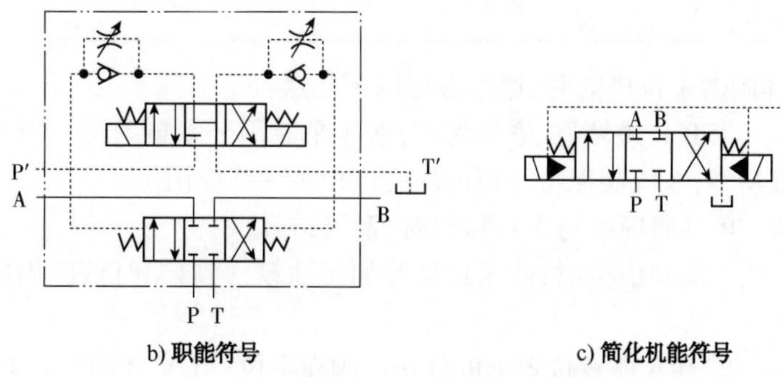

b) 职能符号　　　c) 简化机能符号

图 2-68　电液换向阀

1、7-单向阀；2、6-节流阀；3、5-电磁铁；4-电磁阀阀芯；8-主阀阀芯

三位四通换向阀常见的中位机能、型号、符号及其特点　　表 2-8

滑阀机能	职 能 符 号	中位油口状况、特点及应用
O 型		P、A、B、T 四油口全封闭；液压泵不卸荷，液压缸闭锁；可用于多个换向阀的并联工作
H 型		四油口全串通；活塞处于浮动状态，在外力作用下可移动；泵卸荷
Y 型		P 口封闭，A、B、T 三油口相通；活塞浮动，在外力作用下可移动；泵不卸荷
K 型		P、A、T 三油口相通，B 口封闭；活塞处于闭锁状态；泵卸荷

续上表

滑阀机能	职能符号	中位油口状况、特点及应用
M 型	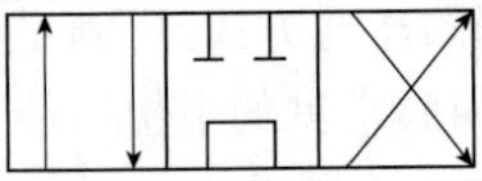	P、T 口相通,A 与 B 口均封闭;活塞不动;泵卸荷,也可用多个 M 型换向阀并联工作
X 型	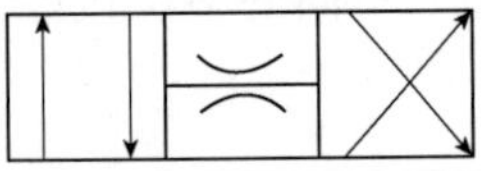	四油口处于半开启状态;泵基本上卸荷,但仍保持一定压力
P 型	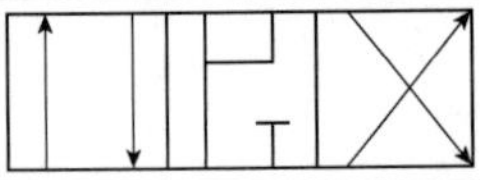	P、A、B 三油口相通,T 口封闭;泵与缸两腔相通,可组成差动回路
J 型	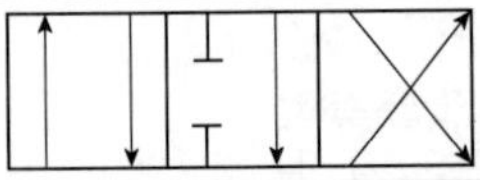	P 与 A 口封闭,B 与 T 口相通;活塞停止,外力作用下可向一边移动;泵不卸荷
C 型	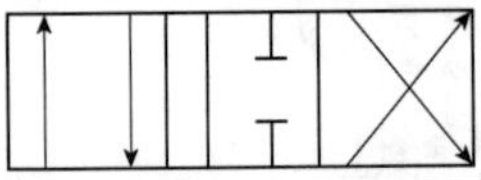	P 与 A 口相通,B 与 T 口皆封闭;活塞处于停止位置
N 型	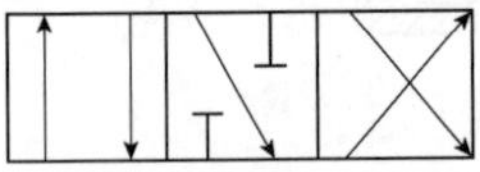	P 和 B 口皆封闭,A 与 T 口相通;与 J 型机能相似,只是 A 与 B 口互换了,功能也类似
U 型	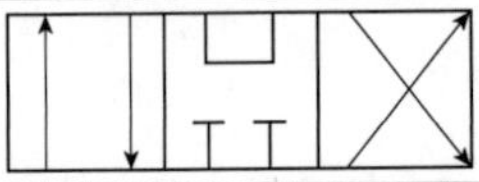	P 和 T 口都封闭,A 与 B 口相通;活塞浮动,在外力作用下可移动;泵不卸荷

在分析和选择阀的中位机能时,通常考虑以下几点:

(a)系统保压。当 P 口被堵塞,系统保压,液压泵能用于多缸系统。当 P 口不太通畅地与 T 口接通时,如 X 型,系统能保持一定的压力供控制油路使用。

(b)系统卸荷。P 口通畅地与 T 口接通时,系统卸荷。

(c)启动平稳性。阀在中位时,液压缸某腔如通油箱,则启动时该腔内因无油液起缓冲作用,启动不太平稳。

(d)液压缸"浮动"和在任意位置上的停止。阀在中位,当 A,B 两口互通时,卧式液压缸呈"浮动"状态,可利用其他机构移动工作台,调整其位置。在非差动情况下,当 A,B 两口堵塞或与 P 口连接,则可使液压缸在任意位置处停下来。

2.3.4 电液比例控制阀(Electro-Hydraulic Proportional Control Valves)

对于一些自动化程度较高的工程机械设备,如全液压挖掘机、混凝土泵车等,往往要求对系统的主要参数压力、流量进行连续无级控制。电液比例阀是能满足这种要求的一类典型控制阀。

电液比例控制阀简称比例阀,在系统中能够按输入信号,通常是电流或电压,连续地、按比例地控制液压系统中的流量、压力和方向。

电液比例阀按其用途可分为四类,即比例压力阀、比例流量阀、比例方向阀和比例复合阀。

电液比例阀由两部分组成,即液压阀本体和电-机械比例转换装置。后者将电信号按比例地连续地转换为机械力和位移输出,前者接受这种机械力和位移,按比例、连续地输出压力或流量。

(1)比例电磁铁

常用的电-机械比例转换装置之一是比例电磁铁,它是一个直流电磁铁,与开关式阀用电磁铁有所不同。后者只要求有吸合和断开两个位置,而比例电磁铁则要求吸力或位移与给定的电流成比例,并在衔铁的全部工作位置上,磁路中保持一定的气隙。图2-69是一种比例电磁铁的结构原理。它主要由极靴1、线圈2、壳体5和衔铁10等组成。线圈2通电后产生磁场,由于隔磁环4的存在,使磁力线主要部分通过衔铁10、气隙和极靴1,极靴对衔铁产生吸力。线圈电流一定时,吸力大小因极靴与衔铁间距离不同而变化,其特点如图2-70所示。

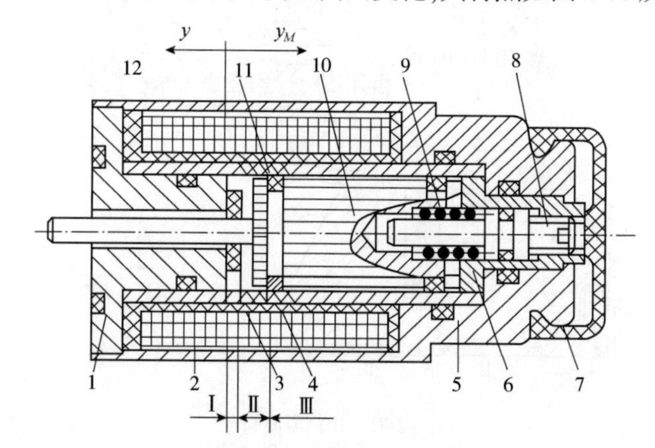

图2-69 比例电磁铁结构原理

1-极靴;2-线圈;3-限位环;4-隔磁环;5-壳体;6-内盖;7-外盖;8-调节螺钉;9-弹簧;10-衔铁;11-支撑环;12-导向管

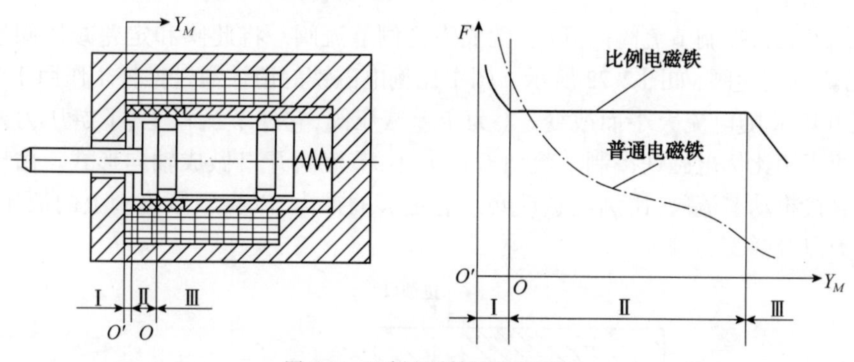

图2-70 比例电磁铁的吸力特性

图2-70中还画出了普通电磁铁的吸力特性,以便比较。比例电磁铁的吸力特性可分为三段,在气隙很小的区段Ⅰ,吸力虽然较大,但随位置的改变而急剧变化。在气隙较大的区段Ⅲ,吸力明显下降。所以吸力随位置变化较小的区段Ⅱ,是比例电磁铁的工作区段。只考虑在工作区段Ⅱ内的情况,改变线圈中的电流,即可在衔铁上得到与其成正比的吸力,如果要求比例电磁铁的输出为位移时,则可在衔铁左侧加一弹簧,便可得到与电流成正比的位移。

(2)比例溢流阀

用比例电磁铁代替溢流阀的调压螺旋手柄,构成比例溢流阀。如图2-71所示为一比例溢流阀。其下部主要是一、二节同心式溢流阀,上部则为比例先导压力阀。图中比例电磁铁的衔铁4上的电磁力通过顶杆6直接作用于先导锥阀2,从而使先导锥阀的开启压力与线圈

7中的电流成比例。将比例先导压力阀和下部主阀组合在一起,就成为一个比例溢流阀。该阀还附有一个手动调整的先导阀9,用以限制比例压力阀的最高压力。远控口K可用来进行远程控制。如将先导阀的回油和主阀回油分开,则图示比例溢流阀可作比例顺序阀使用。若将主阀改为减压阀,则可以做成比例减压阀。可见先导阀是各种比例阀的通用部件。

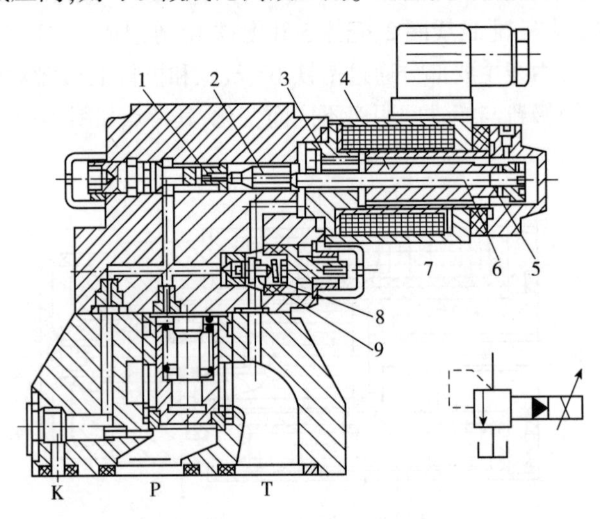

图2-71　比例溢流阀

1-阀座;2-先导锥阀;3-极靴;4-衔铁;5-弹簧;6-顶杆;7-线圈;8-弹簧;9-先导阀

(3)比例调速阀

用比例电磁铁控制节流阀的开度,就成为比例节流阀。将此阀和定差减压阀组合在一起,则成为比例调速阀,如图2-72所示。图中比例电磁铁的衔铁通过推杆4作用于节流阀阀芯2,使其开口K随电流大小而改变。1为定差减压阀,它使节流口上、下游压力差保持不变。为了便于用比例电磁铁控制节流口开口大小,节流阀开口做成轴向形式。由于采用比例电磁铁直接推动节流阀,比例电磁铁必须有足够的推力,以克服节流阀上的液压卡紧力、稳态液动力以及弹簧力等。

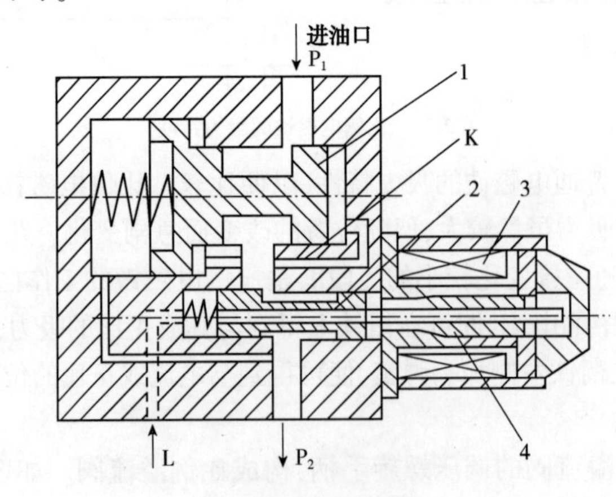

图2-72　比例调速阀

1-减压阀;2-节流阀;3-比例电磁铁;4-推杆

(4)比例方向阀

将普通四通电磁换向阀中的电磁铁改为比例电磁铁并严格控制阀芯和阀体上控制边的轴向尺寸,即阀口开度,即成为比例方向阀。此阀除可换向外,还可使其开口大小与输入电流成比例,以调节通过阀的流量。为使通过阀的流量与阀的压力差无关,再增加一个定差减压阀,这种阀又称比例复合阀,其原理如图2-73所示。图中1为主阀,但它不是用比例电磁铁直接控制其位移,而是通过两个比例电磁铁2、3,两个先导压力阀4、5改变主阀两端面的压力,并通过弹簧使主阀得到相应的位移。7是定差减压阀,用于保持主阀节流口两端压力差不变。阀6是一个自动切换阀,用以使定差减压阀7的弹簧腔总是与主阀进油路节流口的下游连接。8则为减压阀,它使供给先导压力阀的压力低于主油路压力。

(5)比例阀的主要特性

电液比例阀要求输出流量或压力与输入电流有良好的线性比例关系,图2-74给出了典型比例阀的输出和输入的稳态关系。由图示可知,在电流I变化的起始阶段,此时电流为零或很小,没有输出,常称开始有输出的电流为静不灵敏区。另外电流上升和下降时,所得的曲线不重合,这称为滞环。而称输出和输入关系偏离直线的程度为线性度。一般电液比例阀均有一定的不灵敏区和滞环,且线性度较差。这主要是由于比例电磁铁的磁滞以及滑动副中摩擦力等引起。

除了上述稳态性能外,在选用比例阀时,还要考虑其从一种状态变换为另一种状态的动态性能。图2-75是某一比例流量阀从零流量变换为某一流量的过渡过程。一般要求过渡过程的时间小于系统要求的时间,而且变换过程中没有超调现象。

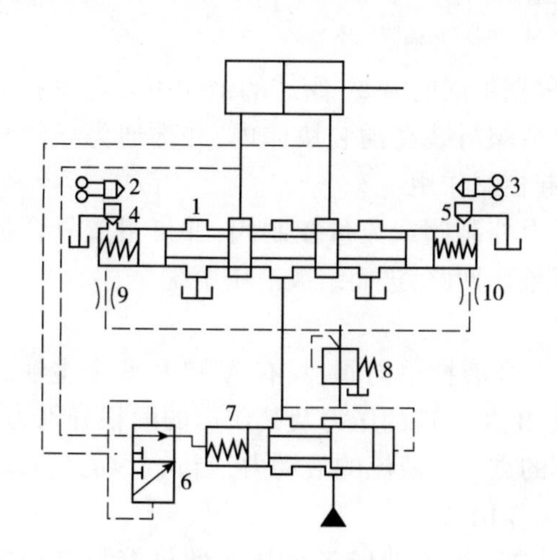

图2-73 比例复合阀原理

1-主阀;2、3-比例电磁铁;4、5-先导压力阀;6-切换阀;7-定差减压阀;8-减压阀;9、10-节流小孔

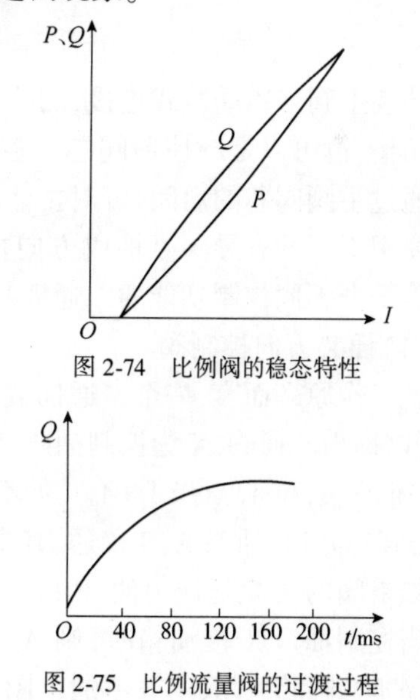

图2-74 比例阀的稳态特性

图2-75 比例流量阀的过渡过程

2.3.5 插装阀(Cartridge Valves)

本节前面介绍的方向、压力和流量三类普通液压阀,一般功能单一,其通径最大不超过32mm,而且结构尺寸大,不适应小体积、集成化的发展方向和大流量液压系统的应用要求。因此,20世纪70年代初,出现了一种新型的液压控制阀—插装阀。

插装阀是把作为主控元件的锥阀插装在油路块中组合而形成的阀件,故得名插装阀。它具有通流能力大、密封性能好、抗污染、集成度高和组合形式灵活多样等特点,特别适合大流量液压系统的要求。

2.3.5.1 插装阀的结构与工作原理(Structures and Operating Principle of Cartridge Valves)

图2-76所示为二通插装阀的结构原理图和元件符号,它由控制盖板、插装主阀(阀套、弹簧、阀芯及密封件)、插装块体和先导元件组成,插装主阀由阀套、弹簧、阀芯及密封件组成,先导元件位于控制盖板上方,图中未画出。

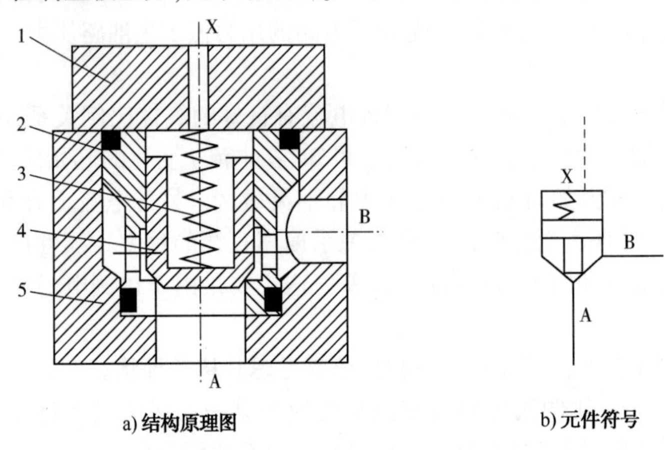

图2-76 二通插装阀

1-盖板;2-阀套;3-弹簧;4-阀芯;5-插装块体

插装主阀采用插装式连接,阀芯为锥形。根据不同的需要,阀芯的锥端可开阻尼孔或节流三角槽,也可以是圆柱形阀芯。盖板将插装主阀封装在插装块体内,并沟通先导阀和主阀。通过主阀阀芯的启闭,可对主油路的通断起控制作用。

使用不同的先导阀可构成方向控制阀、压力控制阀或流量控制阀,并可组成复合控制阀。若干个不同控制功能的二通插装阀可组成液压回路,进而组成液压系统。

(1)插装方向控制阀

就工作原理而言,一个二通插装阀相当于一个液控单向阀,只有A和B两个主油路通口,所以称为二通阀,X为控制油路通口。设A、B、X油口的压力及其作用的面积分别为p_A、p_B、p_X和A_1、A_2和A_3,$A_3=A_1+A_2$。如不考虑阀芯的重力和液流的液动力,当$p_AA_1+p_BA_2>p_XA_3+Fs$时,阀芯开启,油路A,B接通,其中Fs为弹簧作用力。

如果阀的A口通压力油,B口为输出口,则改变控制油口X的压力便可控制B口的输出。当控制油口X接油箱时,则A、B接通;当控制油口X通控制压力p_X,则$p_AA_1+p_BA_2<p_XA_3+Fs$时,阀芯关闭,A、B不通。图2-77所示为几个二通插装方向控制的示例。

图2-77a)表示用作单向阀的情况。设A、B两腔的压力分别为p_A和p_B,当$p_A>p_B$时,锥阀关闭,A和B不通;当$p_A<p_B$且p_B达到一定数值即开启压力时,便打开锥阀使油液从B流向A,若将图2-78a)改为B和X腔沟通,便构成油液可从A流向B的单向阀。图2-77b)表示用作二位二通换向阀的情况,在图示状态下,锥阀开启,A和B腔连通;当二位二通电磁阀得电且$p_A>p_B$时,锥阀关闭,A、B油路切断。图2-77c)表示用作二位三通换向阀的情况,在图示

状态下,A 和 T 连通,A 和 P 断开;当二位三通电磁阀得电时,A 和 P 连通;A 和 T 断开。图 2-77d)表示用作二位四通阀的情况,在图示状态下,A 和 T 连通,P 和 B 连通;当二位四通电磁阀得电时,A 和 P 连通,B 和 T 连通。用多个先导阀和多个主阀相配,可构成复杂位通组合的二通插装换向阀,这是普通换向阀做不到的。

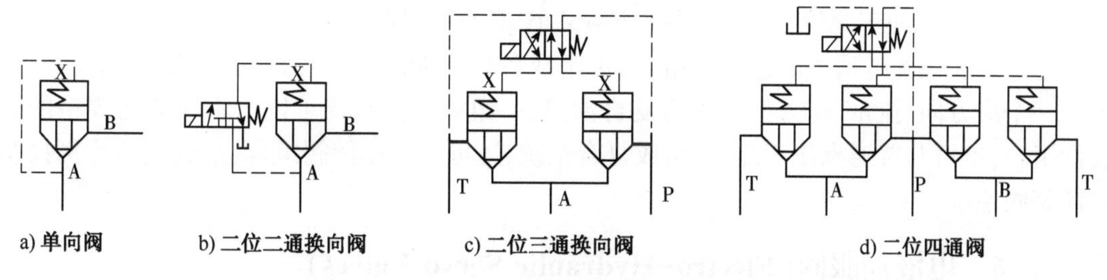

a) 单向阀　b) 二位二通换向阀　c) 二位三通换向阀　d) 二位四通阀

图 2-77　二通插装方向控制示例

(2)插装压力控制阀

对 X 腔采用压力控制可构成各种压力控制阀,其结构原理如图 2-78a)所示。用直动型溢流阀作为先导阀来控制插装阀,在不同的回路连接下便构成不同的压力阀。

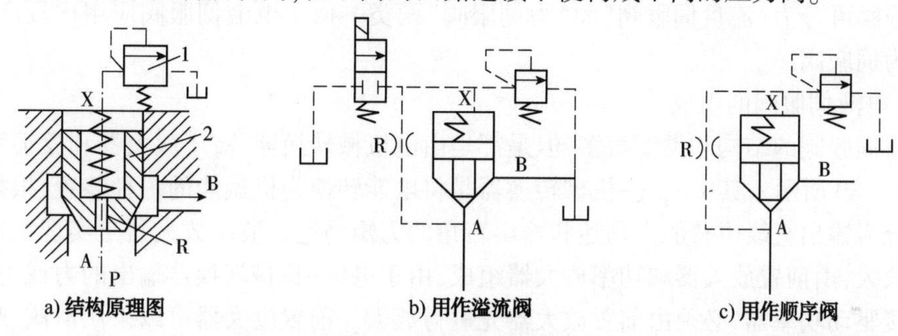

a) 结构原理图　b) 用作溢流阀　c) 用作顺序阀

图 2-78　二通插装压力控制阀

1-直动型溢流阀;2-插装阀

B 腔通油箱,可用作溢流阀如图 2-78b)所示。当 A 腔油压升高到先导阀调定的压力时,先导阀打开,油液流过主阀芯阻尼孔 R 时造成两端压差,使主阀阀芯克服弹簧阻力开启,A 腔压力油便通过打开的阀口经 B 溢流回油箱,实现溢流稳压。当二位二通阀得电时便可作为卸荷阀使用。

B 腔连接一有载油路,则构成顺序阀如图 2-78c)表示。此外若主阀采用油口常开的圆锥阀芯,则可构成二通减压阀;若以比例溢流阀作先导阀,代替图中直动型溢流阀,则可构成二通电液比例溢流阀。

(3)插装流量控制阀

在二通插装方向控制阀的盖板上增加阀芯行程调节器以调节阀芯的开度,这个方向阀就兼具了节流阀的功能,即构成二通插装节流阀,其元件符号如图 2-79 所示。若用比例电磁铁取代节流阀的手调装置,则可组成二通插装电液比例节流阀。若在二通插装节流阀前串联一个定差减压阀,就可组成二通插装调速阀。

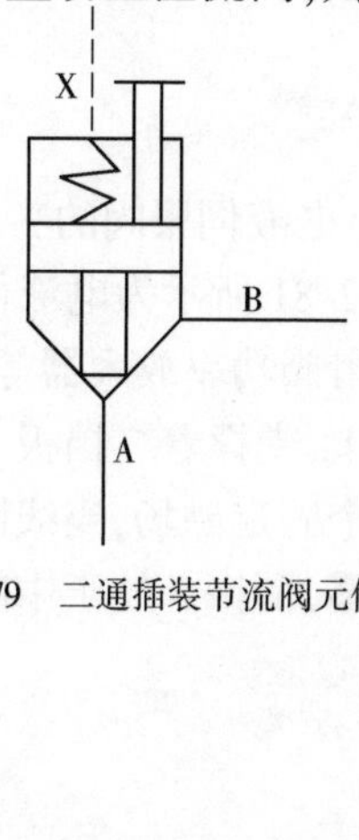

图 2-79　二通插装节流阀元件符号

2.3.5.2 插装阀的功能(Functions of Cartridge Valves)

(1)插装主阀结构简单,通流能力大,用通径很小的先导阀与之配合便可构成通径很大的各种二通插装阀,最大流量可达10000L/min;

(2)不同功能的阀有相同的插装主阀,一阀多能,便于实现标准化;

(3)泄漏小,便于无管连接,先导阀功率又小,具有明显的节能效果。

总之插装阀经过适当的连接和组合,可组成各种功能的液压控制阀。实际的插装阀系统是一个集方向、流量、压力于一体的复合油路,一组插装油路既可以由不同通径规格的插装件组合,也可与普通液压阀组合,组成复合系统,还可以与比例阀组合,组成电液比例控制的插装阀系统。

2.3.6 电液伺服阀(Electro-Hydraulic Servo Valves)

电液伺服阀是20世纪40年代为满足航空、军工应用的需要而出现的。经过几十年的发展,出现了一系列性能各异的电液伺服阀。电液伺服阀是一种将小功率模拟电控制信号转换为大功率液压能输出,以实现对执行元件的位移、速度、加速度及力的控制的伺服阀。电液伺服阀可分为"流量伺服阀"和"力伺服阀"两类。由于电液伺服阀应用比较广泛,通常又简称为伺服阀。

(1)电液伺服阀的组成

电液伺服阀的结构和类型很多,但是都是由电机械转换器、液压放大器和反馈装置所构成,如图2-80所示。其中电气-机械转换器是将电能转换为机械能的一种装置,根据输出量的不同分为输出直线位移的力马达和输出转角的力矩马达。液压放大器是实现控制功率的转换和放大,由前置放大器和功率放大器组成,由于电气-机械转换器输出的力或力矩很小,无法直接驱动功率器,必须由前置放大器先进行放大。前置放大器可以采用滑阀、喷嘴挡板阀或射流管阀,功率器几乎都采用滑阀。反馈装置既可以解决滑阀的定位问题,又可使整个阀变成一个闭环控制系统,从而具有闭环控制的全部优点。

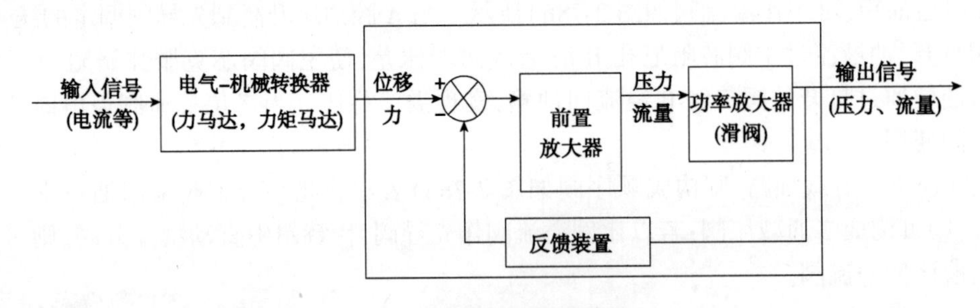

图2-80 电液伺服阀的基本组成

(2)电液伺服阀的工作原理

图2-81所示为电液伺服阀的结构原理图。它由力矩马达、喷嘴挡板式液压前置放大器和四边滑阀功率放大器等三部分组成。衔铁3与挡板5连接在一起,由固定在阀座10上的弹簧管11支撑着。挡板5下端为一球头,嵌放在滑阀9的凹槽内,永久磁铁1和导磁体2,4形成一个固定磁场,当线圈12中没有电流通过时,导磁体2,4和衔铁3间四个气隙中的磁通都是零,衔铁3处于中间位置。当有控制电流通入线圈12时,一组对角方向的气隙中的

磁通增加,另一组对角方向的气隙中的磁通减小,于是衔铁 3 就在磁力作用下克服弹簧管 11 的弹性反作用力而偏转一角度,并偏转到磁力所产生的转矩与弹性反作用力所产生的反转矩平衡时为止。同时,挡板 5 因随衔铁 3 偏转而发生挠曲,改变了它与两个喷嘴 6 间的间隙,一个间隙减小,另一个间隙加大。

通入伺服阀的压力油经过滤油器 8、两个对称的节流孔 7 和左右喷嘴 6 流出,通向回油。当挡板 5 挠曲,出现上述喷嘴-挡板的两个间隙不相等的情况时,两喷嘴后侧的压力就不相等,它们作用在滑阀 9 的左、右端面上,使滑阀 9 向相应方向移动一段距离,压力油就通过滑阀 9 上的一个阀口输向液压执行机构,由液压执行机构回来的油则经滑阀 9 上的另一个阀口通向回油。滑阀 9 移动时,挡板 5 下端球头跟着移动。在衔铁-挡板组件上产生了一个转矩,使衔铁 3 向相应方向偏转,并使挡板 5 在两喷嘴 6 间的偏移量减少,这就是反馈作用。反馈作用的后果是使滑阀 9 两端的压差减小。当滑阀 9 上的液压作用力和挡板 5 下端球头因移动而产生的弹性反作用力达到平衡时,滑阀 9 便不再移动,并一直使其阀口保持在这一开度上。

通入线圈 12 的控制电流越大,使衔铁 3 偏转的转矩、挡板 5 挠曲变形、滑阀 9 两端的压差以及滑阀 9 的偏移量就越大,伺服阀输出的流量也越大。由于滑阀 9 的位移、喷嘴 6 与挡板 5 之间的间隙、衔铁 3 的转角都依次和输入电流成正比,因此这种阀的输出流量也和电流成正比。输入电流反向时,输出流量也反向。电液伺服阀的反馈方式除上述力反馈外还有阀芯位置直接反馈、阀芯位移电反馈、流量反馈、压力反馈等多种形式。电液伺服阀内的某些反馈主要是改善其动态特性,如动压反馈等。上述电液伺服阀液压部分为二级阀,伺服阀也有单级的和三级的,三级伺服阀主要用于大流量场合。图 2-81 所示由喷嘴、挡板阀和滑阀组成的力反馈型电液伺服阀是最典型的、最普遍的结构形式。电液伺服阀的电气-机械转换器除力矩马达等动衔铁式外,还有动圈式和压电陶瓷等形式。图 2-82 是伺服阀典型的流量特性曲线。在选用伺服阀的过程中,需结合特定的系统要求,进行相关的静、动态特性分析、仿真计算。

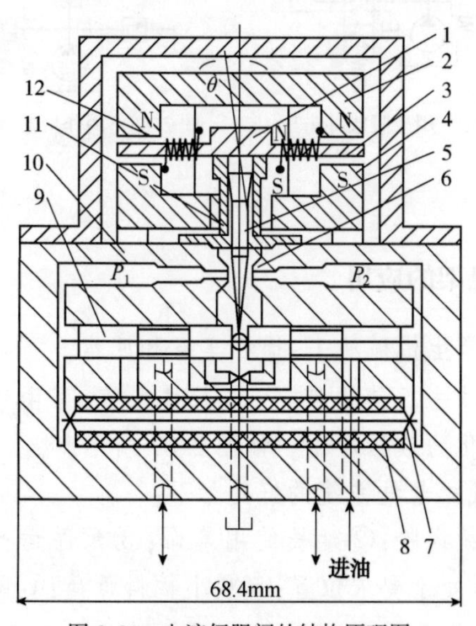

图 2-81 电液伺服阀的结构原理图

1-永久磁铁;2、4-导磁体;3-衔铁;5-挡板;6-左右喷嘴;7-节流孔;8-滤油器;9-滑阀;10-阀座;11-弹簧管;12-线圈

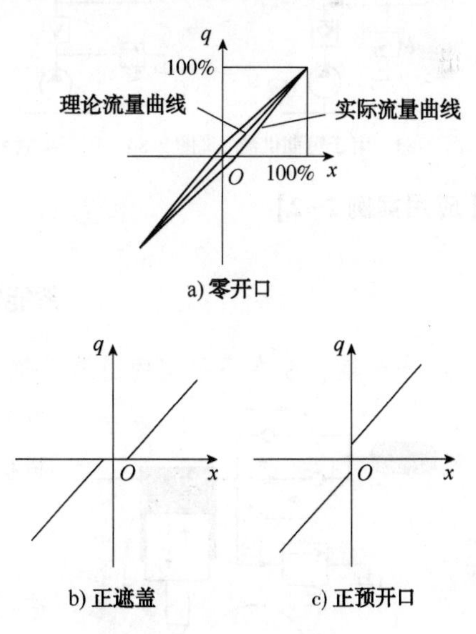

图 2-82 伺服阀流量特性

2.4 液压辅助元件

(hydraulic accessories)

2.4.1 蓄能器(Accumulator)

(1)蓄能器的主要应用如下:

①短期大量供油。对于短时间内需要大量压力油的液压系统,采用蓄能器辅助供油可减小液压泵容量,从而可减少发动机功率消耗和系统发热。图2-83所示的液压系统,当液压缸停止工作时,液压泵排出的压力油储存在蓄能器中;液压缸工作时,蓄能器和液压泵同时供油,使液压缸快速运动。

②维持系统压力。图2-84所示是蓄能器用于夹紧系统中,当系统达到夹紧压力时液压泵卸荷,靠蓄能器补偿保持夹紧,图中单向阀用来防止蓄能器压力油向液压泵回油。

③吸收冲击压力。图2-85所示蓄能器装在液压泵出口处,可吸收液压泵的脉动压力以及泵、阀等液压件突然启停、换向引起的液压冲击。

④作应急动力源。图2-86中蓄能器作应急动力源用。工作时压力油推开液动二位二通阀,其余压力油进入蓄能器储存起来,当液压泵产生故障时靠蓄能器供油。这种作为能源用的蓄能器要有足够大的容量。

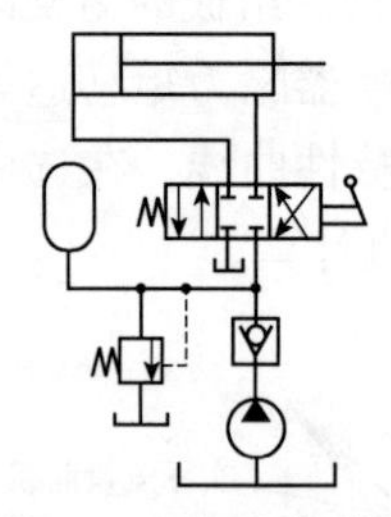

图2-83 用于短期供油

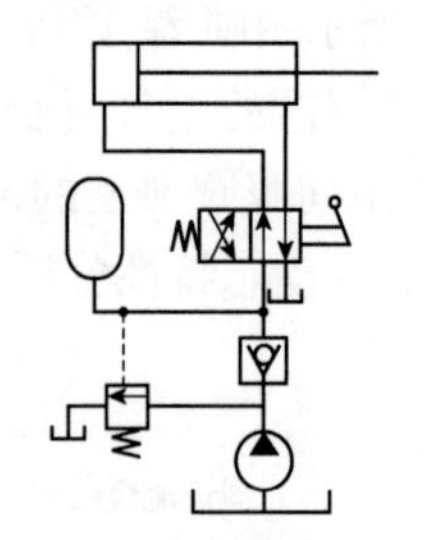

图2-84 用于夹紧系统

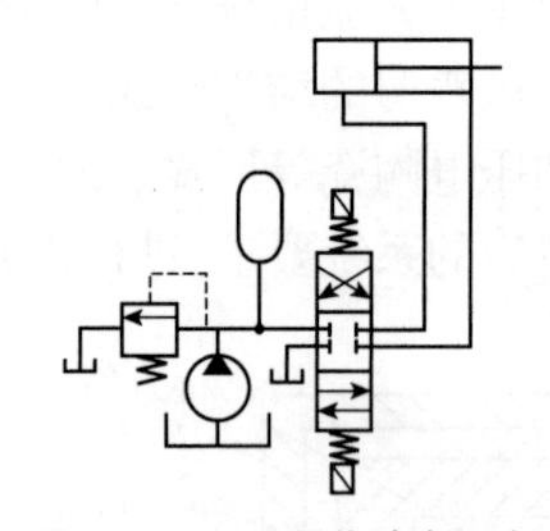

图2-85 用于吸收冲击压力

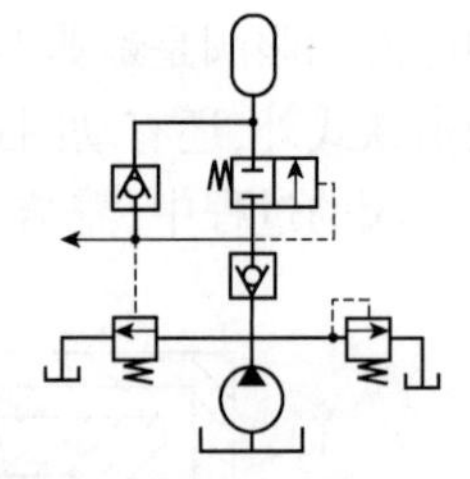

图2-86 用作应急动力源

【应用案例2-2】

蓄能器在车辆悬架的应用

当车辆行驶在不平坦的道路或轨道上时,会产生机械冲击,损坏车身和底盘。蓄能器能吸收这些液压冲击。使用液-气式悬挂系统,可由液压缸将机械冲击转化为液压冲击。如图2-87所示。

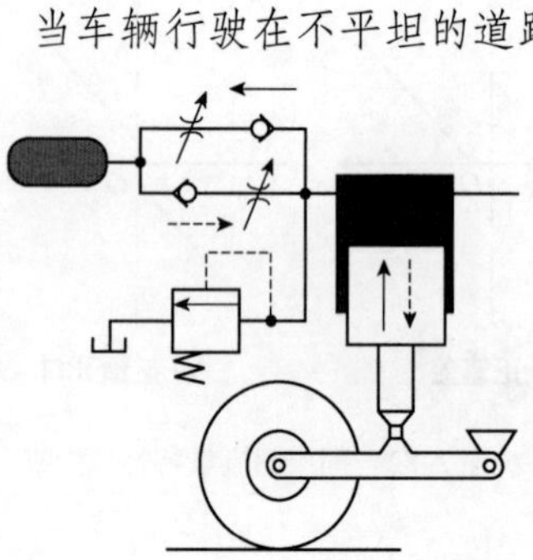

使用液-气式悬挂系统的好处如下:

①减少事故风险;②延长使用寿命;③允许运行于高速;④保持载荷处于要求位置;⑤减小材料负荷;⑥降低运行费用。

图2-87 车辆液-气悬架示意图

(2)蓄能器的种类

蓄能器根据蓄能方式分为重力式、弹簧式、充气式等几种类型。应用较多的是弹簧式和充气式,这里仅介绍充气式蓄能器。

①活塞式蓄能器。如图 2-88a)所示。活塞 1 的上腔中充有高压气体,下腔与液压系统管路相通。活塞随蓄能器中油压的增减在缸筒内移动。这种蓄能器结构简单,油气隔离,油液不易氧化又能防止气体进入,工作可靠,寿命长,缺点是活塞有一定惯性,并在密封处有摩擦阻力。主要用来吸收冲击压力,用来蓄压。

②气囊式蓄能器。如图 2-88b)所示。气囊 3 用特殊耐油橡胶制成,固定在壳体 2 的上半部。气体从气门 1 充入,气囊外面为压力油。在蓄能器下部有一受弹簧力作用的提升阀,它的作用是防止油液全部排出时气囊胀出壳体之外。这种蓄能器的优点是气囊的惯性小,因而反应快,容易维护,质量轻,尺寸小,安装容易;缺点是气囊制造困难。

③气瓶式蓄能器。如图 2-88c)所示。是一种直接式接触式蓄能器。腔 2 内盛油液,腔 1 中充有高压气体。这种蓄能器容量大,体积小,惯性小,反应灵敏。缺点是气体容易混入油液中,使油液的可压缩性增加,并且耗气量大,必须经常补气。

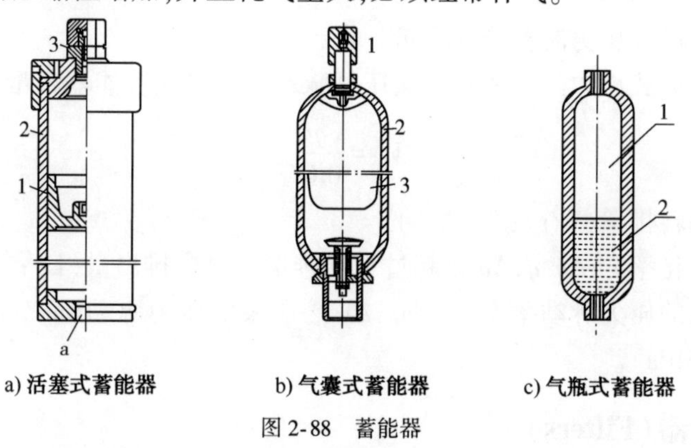

a) 活塞式蓄能器　b) 气囊式蓄能器　c) 气瓶式蓄能器

图 2-88　蓄能器

(3)蓄能器容量计算

①储存能量时容量计算方法

由气体定律可知:

$$p_0 V_0^n = p_1 V_1^n = p_2 V_2^n = 常数 \tag{2-68}$$

式中:V_0——蓄能器容量(供油前蓄能器气体体积);

V_1——压力为 p_1 时气体容积(即蓄能器充油后气体的体积);

V_2——压力为 p_2 时气体容积(即蓄能器排油后气体的体积);

p_0——充气压力即供油前蓄能器充气压力;

p_1——最高工作压力;

p_2——最低工作压力;

n——指数,当蓄能器用于保持系统压力、补偿泄漏时,它释放能量的速度缓慢,认为气体在等温下工作,取 $n=1$,当蓄能器用来大量供应油液时,它释放能量速度是迅速的,可认为气体在绝热条件下工作,取 $n=1.4$。

从式(2-69)中可看出,当工作压力从 p_1 降为 p_2 时,蓄能器排出的油量 ΔV 为:

$$\Delta V = V_2 - V_1 = p_0^{\frac{1}{n}} \times V_0 \left[\left(\frac{1}{p_2}\right)^{\frac{1}{n}} - \left(\frac{1}{p_1}\right)^{\frac{1}{n}} \right] \tag{2-69}$$

理论上知 $p_0=p_2$，由于系统中有泄漏，为了保证系统压力为 p_2 时蓄能器还能补偿泄漏，取 $p_2=(0.80-0.85)p_0$。

②吸收液压冲击时蓄能器容量计算

常用下述经验计算公式(2-70)计算吸收液压冲击时的蓄能器容量，即：

$$V_0=\frac{0.004Qp_2(0.0164L-t)}{p_2-p_1} \tag{2-70}$$

式中：Q——阀口关闭前管内流量(L/min)；

t——阀口由开到关闭持续时间(s)；

p_1——阀口关闭前的工作压力(bar)；

p_2——阀口关闭后允许的最大冲击压力(bar)(一般可取 $p_2=1.5p_1$)；

L——发生液压冲击的管子长度(m)；

其他符号意义同前。

③吸收液压泵脉动压力时蓄能器容量计算

常用以下经验公式(2-71)计算吸收液压泵脉动压力时的蓄能器容量，即：

$$V_0=\frac{qi}{0.6k} \tag{2-71}$$

式中：q——泵的每转排量(L/r)；

i——排量变化率 $i=\Delta q/q$，Δq 是超过平均排量的过剩排出量(L)；

k——液压泵的压力脉动率 $k=\Delta p/p_B$，Δp 液压泵的压力脉动(MPa)，p_B 液压泵的工作压力(MPa)。

2.4.2 过滤器(Filters)

由于灰尘、铁屑等脏物侵入油箱，以及由于零件的磨损、装配时元件及油管中残留物(切屑、氧化皮等)和油液氧化变质析出物等混在油路系统中，会导致相对运动零件的划伤、磨损甚至卡死，或者堵塞节流阀和管道小孔，所以必须对油液进行过滤。对过滤器的基本要求主要包括：较好的过滤能力，即能阻挡一定尺寸以上的机械杂质；通油性能好，即油液全部通过时不致引起过大的压力损失；过滤材料耐腐蚀，在一定温度下工作有足够的耐久性；滤油器有足够的机械强度，容易清洗，便于更换滤芯。

滤油器精度分4级：粗滤油器，滤去杂质直径大于0.1mm；普通滤油器，滤去杂质直径为0.01~0.1mm；精滤油器，滤去杂质直径为0.005~0.01mm；特精滤油器，滤去杂质直径为0.001~0.005mm。

(1)滤油器的类型

①网式滤油器如图2-89。它用一种铜丝网为过滤材料构成，一般装在液压泵系统的吸油管路入口处，避免吸入较大的杂质，以保护液压泵。其结构简单，通过性能好，但过滤精度低。它也可以用较密的铜丝网或多层铜网做成过滤精度较高的过滤器，装在压油管路中使用，如用于调速阀的入口处。

②线隙式滤油器如图2-90所示。线隙式滤油器用铜线或铝线绕在筒形芯架上，利用线间缝隙过滤油液，主要用于压油管路中。若用于液压泵吸油口，则只允许通过它的额定流量的2/3~1/2，以免泵的吸油口压力损失过大。这种过滤器结构简单，过滤精度较高，但过滤

材料强度较低,不易清洗。

③金属烧结式滤油器如图 2-91 所示。烧结式滤油器的滤芯是用青铜粉压制后烧结而成,具有杯状、管状、碟状和板状等形状。靠其粉末颗粒间的间隙微孔滤油。选择不同粒度的粉末能得到不同的过滤精度,目前常用的过滤精度一般为 0.01~0.1mm。这种过滤器的强度大,抗腐蚀性好,制造简单,适合做精过滤,是一种使用日趋广泛的精滤油器。缺点是清洗比较困难,如有颗粒脱落会影响过滤精度,最好与其他过滤器配合使用。

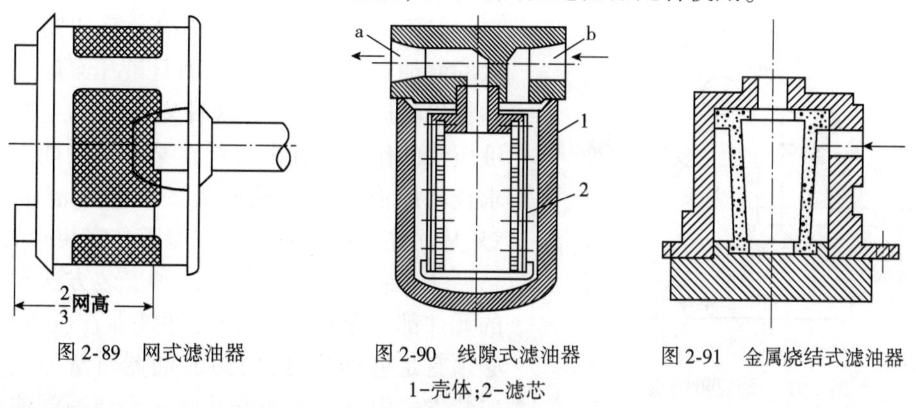

图 2-89 网式滤油器

图 2-90 线隙式滤油器
1-壳体;2-滤芯

图 2-91 金属烧结式滤油器

④纸芯滤油器如图 2-92 所示。这种滤油器的滤芯一般采用机油微孔滤纸制成。纸芯 1 做成折叠形是为了增加过滤面积。纸芯绕在带孔的镀锡铁皮骨架 2 上,以支撑纸芯以免被压力油压破。这种滤油器的过滤精度超过 0.005mm,是精滤油器。其缺点是纸芯易堵塞,无法清洗,需经常换纸芯。

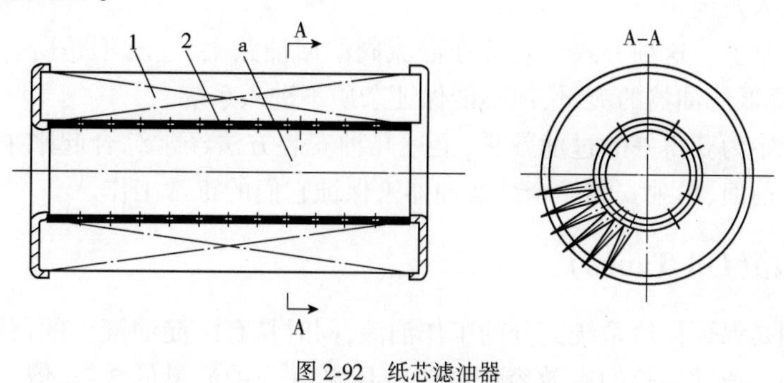

图 2-92 纸芯滤油器
1-纸芯;2-镀锡铁皮骨架

⑤磁性滤油器。磁性滤油器靠磁性材料把混在油中的铁屑、铸铁粉之类的杂质吸住,这种滤油器过滤效果好,常与其他种类的滤油器配合使用。

(2)滤油器的选用

滤油器的选用应考虑以下 3 个问题:

①滤孔尺寸。滤芯的滤孔尺寸可根据过滤精度或过滤比的要求来选取。

②通过能力。滤芯应有足够的通流面积。通过的流量越高,则要求通流面积越大。一般可按要求通过的流量,由样本选用相应规格的滤芯。

③耐压。这包括滤芯的耐压以及壳体的耐压,设计时滤芯应有足够的通流面积,使滤芯上的压降足够小,以避免滤芯被破坏。当滤芯堵塞时,压降便增加,故要在滤油器上装置安

全阀或发信装置报警。应注意滤芯的耐压与滤油器的使用压力是两回事。当提高使用压力时,只需考虑壳体以及相应的密封装置是否能承受,而与滤芯的耐压无关。

(3)滤油器的安装

滤油器的布置,如图 2-93 所示。

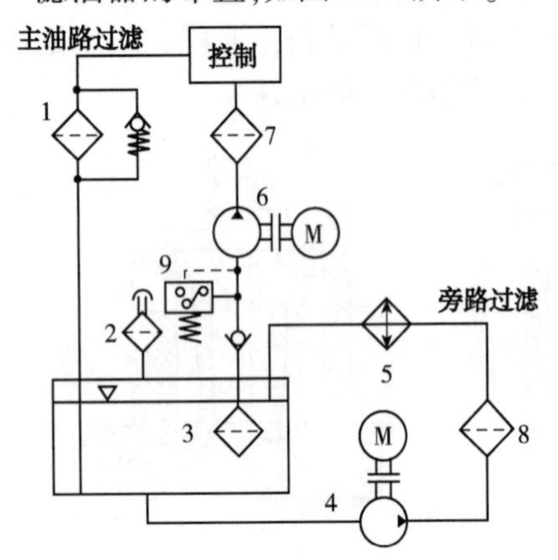

图 2-93 滤油器的布置

1-回油滤油器;2-滤油器和空气滤清器;3-吸油滤油器;4、6-液压泵;5-冷却器;7-高压滤油器;8-旁油滤油器;9-防吸空继电器

①安装在泵吸油路上。在泵吸油路上安装滤油器可保护液压系统所有元件,但由于泵的吸油口一般不允许有较大阻力,因此只能安装网孔较大的滤油器,过滤精度低,而且液压泵磨损产生的颗粒仍将进入系统内,这种安装方式主要起保护液压泵的作用。近来也有在某些自吸能力强而要求较高的液压泵吸油口处安装较细滤油器的趋势,从而在系统中其他地方可不必安装滤油器。

②安装在压油路上。这种安装方法对泵以外的元件都有保护作用,但是滤油器在压力作用下,必须有足够的强度,因而滤油器质量加大。这种安装方式中可与滤油器并联一个旁通阀或堵塞指示器,以提高安全性。

③安装在回油路上。这种安装方法可降低对滤油器的强度要求,但只能经常消除油中杂质,不能保证杂质不进入系统。

④安装在旁路上。这种方式主要装在溢流阀的回油路上,这时不是所有的油量都通过滤油器,这样可降低滤油器的流量,但不能保证杂质不进入系统。

在液压系统中为获得好的过滤效果,上述几种安装方法经常综合起来采用。特别是在一些重要元件的前面,单独安装一个精滤油器来保证它们的正常工作。

2.4.3 油箱(Oil Tanks)

油箱的作用是保证供给系统充分的工作油液,同时具有沉淀油液中的污物、逸出油中空气和散热的作用。通常油箱的有效容积取为液压泵每分钟流量的 3~6 倍。油箱分总体式和分离式两种。总体式油箱利用设备内腔做油箱。总体式油箱结构紧凑,但散热不利。分离式油箱是设置一个与设备分开的油箱,这是常用的一种油箱。

图 2-94 为分离式油箱的结构简图。图中 1 为吸油管,4 为回油管,中间有两个隔板 7 和 9,隔板 7 阻挡沉淀物进入吸油管,隔板 9 用来阻挡泡沫进入吸油管,油阀 8 为定期释放沉淀物用,滤油网 2 用作加油口,6 是油面指示器。彻底清洗油箱时可将上盖 5 卸开。

油箱的结构设计应注意以下几个问题:

(1)油箱要有足够的刚度和强度。油箱一般用 2.5~4mm 的钢板焊接而成,尺寸高大的直油箱要加焊角板、筋条以增加刚度。泵和电动机直立安装时,振动一般比横放安装时要好。

(2)吸油管和回油管之间的距离应尽量远些,最好用隔板隔开两管,以增加油液循环流动距离,使油液有足够长的时间放出气泡和沉淀杂质。隔板高度约为最低油面高度的 2/3。

(3)吸油管离油箱底面的距离应不小于管径的两倍,距油箱侧面应不小于管径的三倍,以使油流畅通。回油管应插入最低油面以下,以防回油冲入油液使油中混入气泡。回油管管端切成45°,以增大排油口面积,油口应面向箱壁,利于散热。泄油管不应插入油中,以免增大元件泄漏腔处的背压。

(4)吸油管入口处最好装粗滤油器,它的额定通过流量应为液压泵流量的两倍以上。

液压泵的安装要正确。液压泵轴通常不应该承受径向荷载,故液压泵常用电动机直接通过弹性联轴节传动,不同心度不能过大,以免增加泵轴的额外荷载引起噪声。为了避免气蚀,一般规定液压泵吸油口距离油面高度不大于0.5m。使用时还必须注意泵的转向及吸、排油口方向。

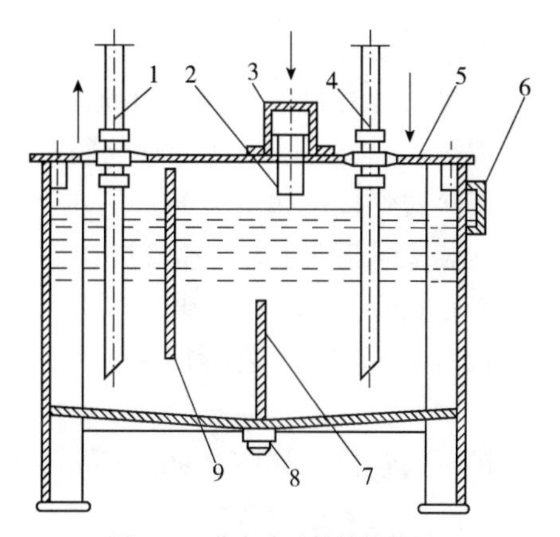

图2-94 分离式油箱结构简图

1-吸油管;2-滤油网;3-注油口;4-回油管;5-上盖;6-油量指示器;7、9-隔板;8-油阀

2.4.4 管道元件及密封(Piping Components and Seals)

(1)油管

液压系统中使用的油管有钢管、铜管、尼龙管、橡胶管和塑料管等。钢管、铜管和尼龙管属硬管,用于连接相对位置不变的固定元件。钢管能承受高压,但不能任意弯曲,常用于装配方便的压力管道处。铜管弯曲方便,便于装配,但不能承受高压。尼龙管耐压可达2.5MPa,在油中加热到160~170℃后可任意弯曲,常用作回油路。

橡胶管、塑料管属软管,用于两个相对运动元件之间的连接。橡胶管分高压和低压两种。高压橡胶管是在橡胶管中间加一层或几层编织钢丝。低压橡胶管则以编织棉、麻线代替编织钢丝,多用于低压回油管道。软管弯曲半径应大于9倍外径,至少应在离接头6倍直径处弯曲,因此软管所占空间大。在液压缸和调速阀间不宜接软管,否则运动部件容易产生爬行。软管长度一般应有富余,接上后应避免油管受拉或受扭,如图2-95a)、b)所示;接头处应避免油管受弯,如图2-95c)、d)所示;可将油管缚在一个可弯曲的薄钢板上,使油管质量由钢板承受,如图2-95e)所示。

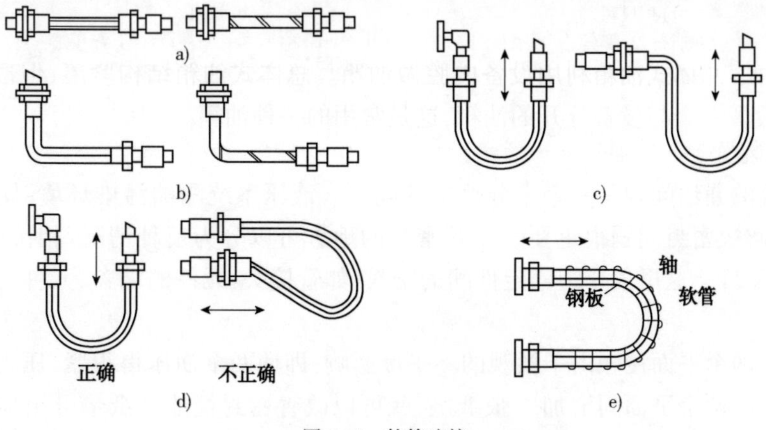

图2-95 软管连接

(2)管接头

管接头种类很多,按接头的通路分有直通、角通和四通等;按管接头与液压件连接方式分有螺纹式、法兰式等;按油管与管接头的连接方式分有焊接式、卡套式、扩口式、快换式等。

焊接式管接头如图2-96a)所示,它用于钢管连接中。这种管接头结构简单,连接牢固。缺点是装配时接头1需与油管焊接。

卡套式管接头如图2-96b)所示,也用在钢管连接中,利用卡套2卡住油管1进行密封,轴向尺寸要求不严,装拆简便,不需要事先焊接或扩口。要用精度高的冷拔无缝钢管作袖管。

扩口式管接头如图2-96c)所示,适用于铜管和薄壁钢管。它利用油管1管端的扩口在管套2的压紧下进行密封。结构简单,装拆方便,但承压能力较低。

快换式管接头如图2-96d)所示。这种管接头能快速装拆,适用于经常装拆的地方。图中为油路接通时的情况,外套4把钢球5压入槽底使接头体1和接头体6连接起来。单向阀阀芯3和7互相挤紧顶开,使油路接通。当需拆开时,可用力把外套向左推,同时拉出接头体1,管路就断开了。与此同时,单向阀阀芯3和7分别在各自的弹簧2和8的作用下外伸,顶在接头体1和接头体6的阀底上,使两边管子内的油封闭在管中不致流出。

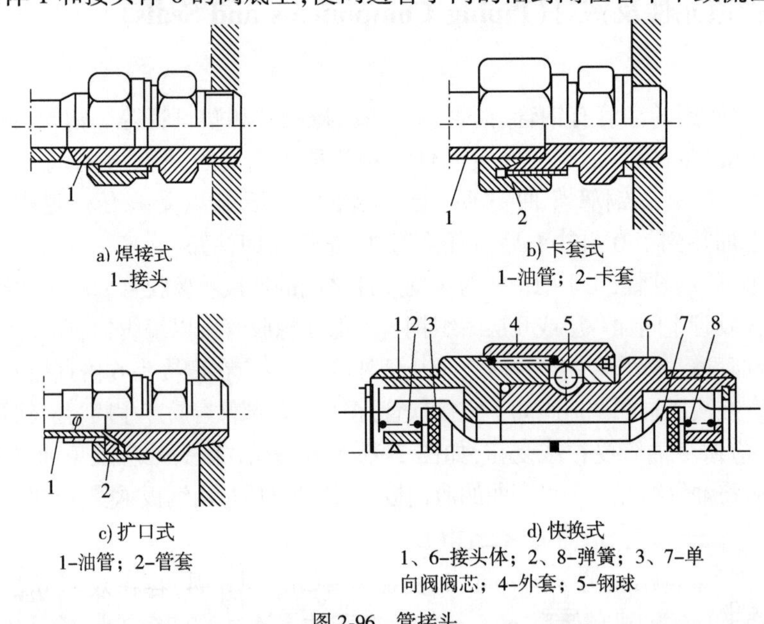

a)焊接式
1-接头

b)卡套式
1-油管;2-卡套

c)扩口式
1-油管;2-管套

d)快换式
1、6-接头体;2、8-弹簧;3、7-单向阀阀芯;4-外套;5-钢球

图2-96 管接头

(3)密封装置

液压系统的漏油问题是一个十分严重的问题。液压系统漏油污染环境,使系统不能很好工作,所以解决密封问题很重要。需要密封的地方可以分为三种情况:相接的固定件、直线移动件、转动件。这里仅介绍固定件间的密封,如管接头、元件的端盖、元件与连接板间的密封。

①纸垫。两个平面接触由于微观的不平度影响,即使两个面压得很紧,压力油也会从接触面渗出。若在两个平面间增加一张纸垫,就可以改善密封性能。纸垫可用描图纸或绘图纸。纸垫一般只适合于低压。

②铜垫或铝垫。这种密封只要保证有足够均匀的压紧力，便能承受很高的压力。铜垫第二次使用时要经过回火。

③密封胶。管螺纹等连接要用密封胶，它可自由成形，能在复杂形状表面上成形，因此可降低零件的加工精度。涂胶前先要除去零件上的油、水、灰尘和铁锈，一般两边各涂0.06~0.1mm，然后经过一段时间干燥再紧固。

④O形圈。接口为圆孔时，可采用橡胶件O形圈密封。采用O形圈密封要注意O形圈槽的尺寸，要保证一定的压缩量，即固定密封时最佳初始压缩量取15%~20%。这种密封装置作用可靠，适用范围广，非圆形孔也可采用O形圈密封。

小　结

液压泵是液压系统的动力源。液压泵和液压马达的主要性能参数有排量、流量、压力、功率和效率。液压泵和液压马达根据结构形式的不同，主要分为齿轮式、叶片式、柱塞式三大类。液压马达是液压系统中重要的执行元件，从原理上讲，液压马达是液压泵的逆工况。

液压缸用于实现往复直线运动和摆动，是液压系统中应用最广泛的一种液压执行元件。液压缸有时需要专门设计。设计液压缸包括以下主要内容：

(1)确定液压缸的类型及根据需要的推力计算液压缸内径及活塞杆直径等主要参数；

(2)对缸壁厚度、活塞杆直径、螺纹连接的强度及液压缸的稳定性等进行必要的校核；

(3)确定各部分结构，其中包括密封装置、缸筒与缸盖的连接、活塞结构及缸筒的固定形式等，进行工作图设计。

液压控制阀按照功能分类，可分为方向控制阀、压力控制阀和流量控制阀。方向控制阀是用来控制液压系统中油液流动的方向或液流的通与断，可分为单向阀和换向阀两类；压力控制阀是用来控制和调节油液压力高低及利用压力变化实现某种动作，可分为溢流阀、减压阀、顺序阀、压力继电器等；流量控制阀是通过改变阀口通流面积来调节通过阀的流量，从而控制执行元件运动速度的阀类，可分为节流阀、调速阀、分流阀等。此外，还介绍了现代机电控制系统中常见的阀：液压伺服控制阀；插装阀和比例阀。

液压系统辅助元件包括蓄能器、滤油器、热交换器、油箱、油管及管接头和密封装置等，本章主要学习这些辅助元件的类型、特点、应用。

习　题

(1)已知液压泵输出压力 $p_p=10\text{MPa}$，机械效率 $\eta_{Pm}=0.94$，容积效率 $\eta_{PV}=0.92$，排量 $V_P=10\text{mL/r}$；液压马达的机械效率 $\eta_{Mm}=0.92$，容积效率 $\eta_{MV}=0.85$，排量 $V_M=10\text{mL/r}$。当液压泵转速 $n_P=1450\text{r/min}$ 时，试求：

①液压泵的输出功率；

②驱动液压泵所需的功率；

③液压马达的输出转矩；

④液压马达的转速；

⑤液压马达的输出功率。

(2)图2-97所示为两个结构相同且串联的液压缸。设无杆腔面积 $A_1=100\text{cm}^2$，有杆腔面积 $A_2=80\text{cm}^2$，缸1输入压力 $p_1=9\times10^6\text{Pa}$，输入流量 $q_1=12\text{L/min}$，不计损失和泄漏。试问：

①两缸承受相同负载时,该负载的数值及两缸的运动速度各为多少?

②缸 2 的输入压力是缸 1 的一半时,两缸能承受的负载分别为多少?

③缸 1 不承受负载时,缸 2 能承受的负载为多少?

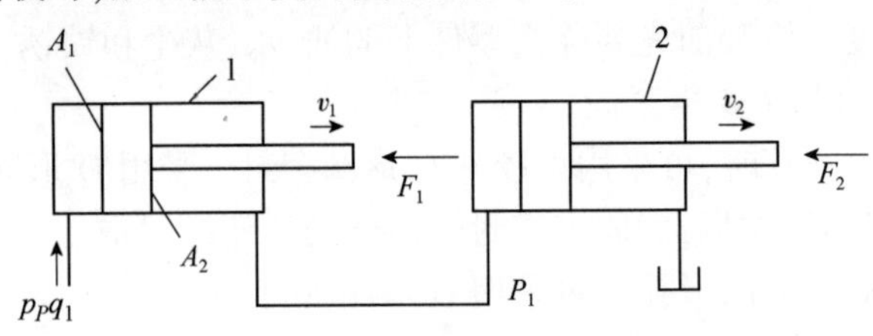

图 2-97 题(2)图

(3)如图 2-98 所示液压系统,两液压缸的有效面积为 $A_1 = A_2 = 100\times10^{-4}\mathrm{m}^2$,缸Ⅰ的负载 $F_1 = 35\mathrm{kN}$,缸Ⅱ运动时的负载为零,不计摩擦阻力、惯性力和管路损失。溢流阀、顺序阀和减压阀的调定压力分别为 4MPa、3MPa、2MPa。求下列三种情况下点 A、B 和 C 的压力。

①液压泵启动后,两换向阀处于中位;

②1DT 通电,液压缸工活塞移动时及活塞运动到终点时;

③1DT 断电,2DT 通电,液压缸Ⅱ活塞运动时及活塞杆碰到固定挡铁时。

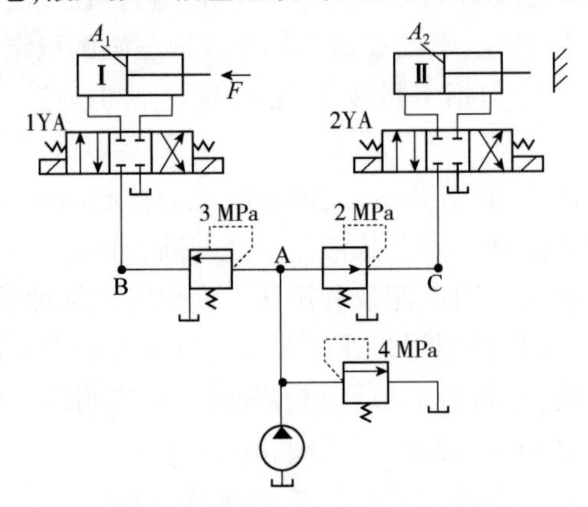

图 2-98 题(3)图

第3章 液压基本回路

Basic Hydraulic Circuits

学习目的和要求

(1)掌握液压泵-马达容积调速回路、容积-节流调速回路的工作原理和特性;

(2)了解节流调速回路的基本工作原理、调速特性、功率特性及各自的适用场合;

(3)了解压力控制回路、方向控制回路、速度控制回路和多液压执行元件运动控制回路的组成、工作原理、类型、特点和优缺点,学会液压基本回路在机械设备液压系统中的正确应用。

学习指南

(1)主要内容:液压基本回路的概念、类型和构成。主要讲述了压力控制回路、方向控制回路、速度控制回路和多液压执行元件运动控制回路。它们是构成机械设备液压系统的一些基本回路。

(2)重点:远程调压回路,减压回路,容积节流调速回路和差动连接回路。

(3)难点:正确理解速度控制回路的速度负载特性。

(4)关键术语:液压基本回路;压力控制;方向控制;速度控制;多元件执行;制动;锁紧;同步。

本章要点

(1)压力控制回路用于控制和调节整个液压系统或局部油路的压力,以满足执行元件对力或力矩的要求,提高系统的工作效率,改善系统的工作性能等。压力控制回路包括调压、稳压、减压、增压、衡压、保压和泄压回路。

Pressure control circuits are used to control and regulate the entire and partial pressure to realize a satisfied force and torque requirements, enhance working efficiency and improve the properties in a hydraulic system.Pressure control circuits include pressure regulated circuits, pressure-venting circuits, pressure-reducing circuits, pressure-increasing circuits, pressure-counter-balance circuits, pressure-holding circuits and pressure-releasing circuits.

(2)调速回路的功用在于调节液压执行元件的运动速度,是液压系统的一个重要部分。调速回路的速度负载特性和功率特性等基本决定了液压系统的功能、特点和应用。

Speed control circuits, an important part in a hydraulic system, aim at regulating the motion speed of the actuator elements. The characteristics of speed-load and power will determine the performances, features and applications in a hydraulic system.

(3)当液压系统由一个油源向多个执行元件供油时,可以通过控制压力、流量和行程来实现各执行元件预定动作的要求。

As one power pump supplies oil to multiple actuators, the scheduled task can be accomplished by controlling the pressure, flow rate and distance.

【导入案例】

同步运动回路

随着工业现代化技术的发展,工程机械的液压系统为完成各种不同的控制功能有着不同的组成形式,有些液压系统甚至很复杂。但是,无论何种工程机械的液压系统,都由一些液压基本回路组成。所谓基本回路,就是能够完成某种特定控制功能的液压元件和管道的组合。根据回路在液压系统中的功用不同,液压基本回路可以分为:压力控制回路、速度控制回路、方向控制回路、同步运动回路和顺序动作回路等。

如图3-1所示,液压缸4和5有杆腔回油路上各串联一个调速阀,构成了并联调速阀控制的同步回路。调速阀3只能调节液压缸4活塞向内缩回的运动速度,调速阀6也只能调节液压缸5活塞向内缩回的运动速度,当两活塞和活塞杆有效面积相等时,液压缸4和5有杆腔排出的流量相同,即两个活塞同步运动;若两个活塞和活塞杆有效面积不相等时,可改变通过调速阀的流量使两个活塞达到同步运动。该同步回路结构较简单,调速方便,在液压系统中应用较多,因油液泄漏、外负载变化、温升及调速阀性能差异等的影响,使得该回路的精度不高,一般速度同步误差在5%~8%。

两个串联液压缸的位置同步回路如图3-2所示。当三位四通电磁换向阀2电磁铁1YA通电左位处于工作状态时,液压泵1输出的压力油进入液压缸5无杆腔推动活塞向下运动,其有杆腔排出的油液进入液压缸6的无杆腔。如果两串联油腔活塞的有效面积相等,就可实现同步运动,因存在活塞制造误差、摩擦阻力及油液泄漏等因素的影响,串联液压缸的同步精度会降低,所以回路上设置了补偿装置。补偿装置由三位四通电磁换向阀3、液控单向阀4及两个行程开关1S和2S组成。其工作原理为:如果液压缸6的活塞杆先运动到终点

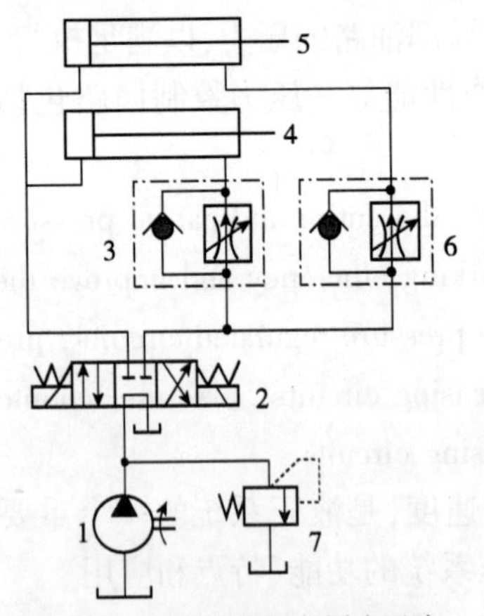

图3-1 并联液压缸的同步回路

1-液压泵;2-换向阀;3、6-调速阀;4、5-液压缸;7-溢流阀

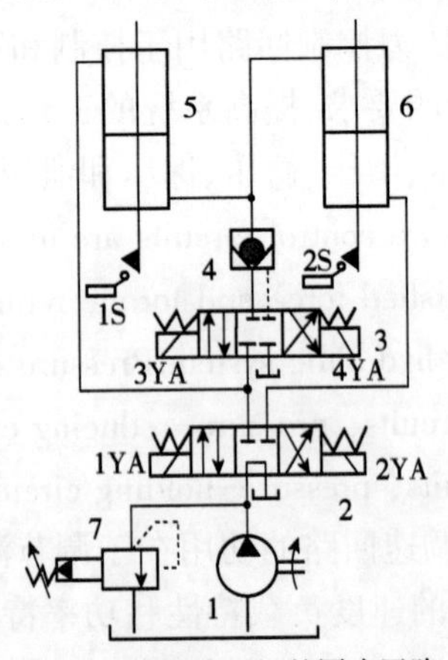

图3-2 串联液压缸的同步回路

1-液压泵;2、3-换向阀;4-单向阀;5、6-液压缸;7-溢流阀

触动行程开关 2S 发出电信号，使三位四通电磁换向阀 3 电磁铁 4YA 通电右位处于工作状态时，压力油便经三位四通电磁换向阀 2 左位和三位四通电磁换向阀 3 右位进入液控单向阀的控制油口，打开液控单向阀 4 阀口，液压缸 5 有杆腔的油液通过液控单向阀 4、三位四通电磁换向阀 3 右位流回液压油箱，从而使液压缸 5 的活塞继续运动到终点；如果液压缸 5 的活塞杆先运动到终点触动行程开关 1S 发出电信号，使三位四通电磁换向阀 3 电磁铁 3YA 通电左位处于工作状态时，压力油经三位四通电磁换向阀 2 和 3 左位、液控单向阀 4，对液压缸 6 的无杆腔进行补油，使液压缸 6 中活塞继续运动到终点。

问　题：

(1)工程机械液压系统都具有哪些基本液压回路？

(2)并联液压缸同步回路如何实现同步？有什么优缺点？

(3)串联液压缸同步回路如何提高同步精度？

3.1　压力控制回路

(Pressure Control Circuits)

压力控制回路用压力控制阀来控制和调节液压系统的最高工作压力，以满足执行元件对力或力矩的要求。压力控制回路可以实现对整个液压系统或某一支路进行调压、减压、增压、卸荷、保压与平衡等各种控制。

3.1.1　调压回路(Pressure Adjusting Control Circuits)

调压回路使液压系统或某一支路的压力保持恒定或者不超过某个值，以满足工作压力与外负载相匹配并保持稳定或达到防止液压系统过载的目的。

3.1.1.1　一级调压回路(One-Level of Pressure Adjusting Control Circuit)

一级调压回路是最基本的调压回路。如图 3-3 所示，溢流阀 2 与定量泵 1 并联，溢流阀 2 限定了定量泵 1 的最大工作压力，即调定了液压系统的最大工作压力。当液压系统工作压力上升到溢流阀 2 的调定压力时，溢流阀 2 开启溢流，便使液压系统工作压力维持在溢流阀 2 的调定压力值上；当液压系统工作压力低于溢流阀 2 的调定压力时，溢流阀 2 关闭，此时液压系统工作压力由外负载决定。若将图 3-3 中的定量泵 1 改换为变量泵，溢流阀起安全阀的作用，用于限定变量泵的最大工作压力。溢流阀 2 的调定压力必须大于液压执行元件的最大工作压力和管路上各种压力损失之和，作溢流阀使用时可大 5%~10%；做安全阀使用时可大 10%~20%。

3.1.1.2　二级调压回路(Two-Level of Pressure Adjusting Control Circuits)

二级调压回路，如图 3-4 所示。先导式溢流阀 3 是主溢流阀，调定液压系统最大工作压力。直动式溢流阀 5 是远程调压阀，调定工作压力值小于主溢流阀 3 的调定值。将先导式溢流阀 3 的遥控口 K 通过一个二位二通电磁换向阀 4 连接在直动式溢流阀 5 上，当电磁换向阀 4 通电后右位处于工作状态时，液压系统压力由直动式溢流阀 5 调定；当二位二通电磁换向阀 4 断电左位处于工作状态时，液压系统压力由先导式溢流阀 3 调定，因此可获得二级调定压力。

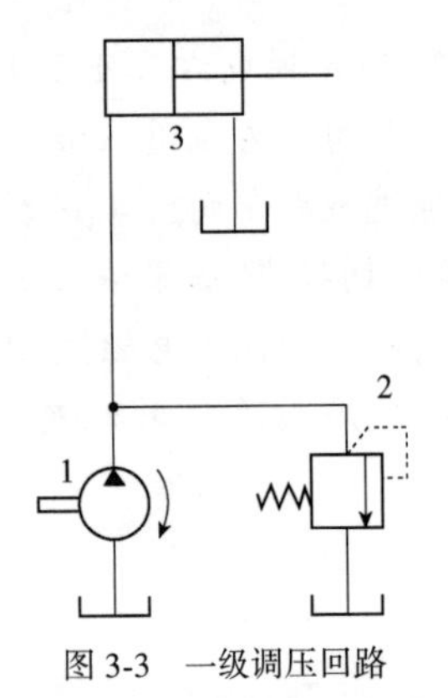

图 3-3　一级调压回路

1-液压泵;2-溢流阀;3-液压缸

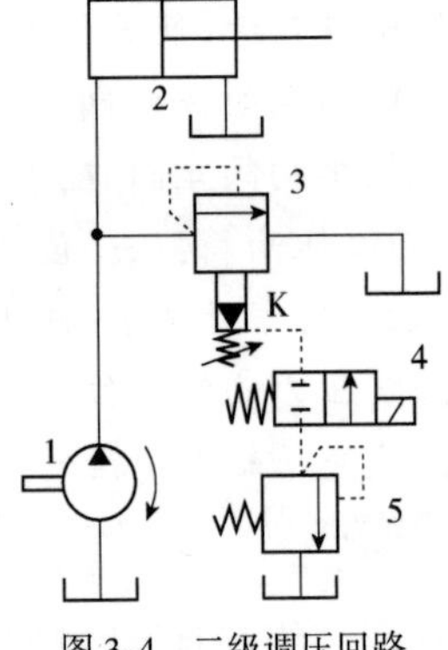

图 3-4　二级调压回路

1-液压泵;2-液压缸;3-先导式溢流阀;4-电磁换向阀;5-直动式溢流阀

3.1.1.3　多级调压回路(Multi-Level of Pressure Adjusting Control Circuits)

直动式溢流阀 5、6 并联,利用三位四通电磁换向阀 4 通、断电控制,构成三级调压回路,如图 3-5a)所示。当三位四通电磁换向阀 4 断电时,液压系统压力由主溢流阀 3 调定;当三位四通电磁换向阀 4 电磁铁 1YA 通电左位处于工作状态时,液压系统压力由直动式溢流阀 5 调定;当三位四通电磁换向阀 4 电磁铁 2YA 通电右位处于工作状态时,液压系统压力由直动式溢流阀 6 调定。

3.1.1.4　比例调压回路(Electro-Hydraulic Proportional Pressure Adjusting Control Circuits)

比例调压回路,如图 3-5b)所示。根据液压执行元件在各个工作阶段的不同要求,调节电液比例溢流阀 3 的输入电流,就可改变液压系统调定压力,即可实现液压系统压力无级调节。该调压回路的优点是结构简单,压力变换平稳,冲击小,易于实现远距离和连续控制。

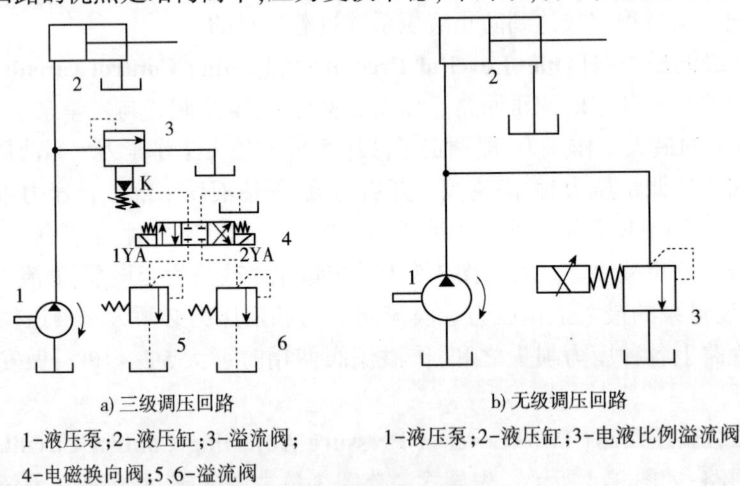

a) 三级调压回路

1-液压泵;2-液压缸;3-溢流阀;4-电磁换向阀;5、6-溢流阀

b) 无级调压回路

1-液压泵;2-液压缸;3-电液比例溢流阀

图 3-5　调压回路

3.1.2　减压回路(Pressure Reducing Control Circuits)

减压回路的功能是在单液压泵供油的液压系统中,使某一部分油路获得比主油路工作压力还要低的稳定压力。通常在主油路上并联安装一个减压阀来实现。例如控制油路、润

滑油路、工件的定位、夹紧油路和辅助动作油路的工作压力常低于主油路工作压力。

最常见的减压回路,也称为一级减压回路,如图 3-6a)所示。该回路通过减压阀 4 与主油路并联,获得较低的稳定压力。主油路的工作压力由溢流阀 5 调定,减压回路的工作压力由减压阀 4 调定。单向阀 3 防止油液倒流,起短时保压作用。若将先导式减压阀 4 的控制油口接一个二位二通电磁换向阀 3 和溢流阀 2,溢流阀 2 调定的工作压力低于减压阀 4 调定的工作压力,这样就可获得一个二级减压回路,如图 3-6b)所示。

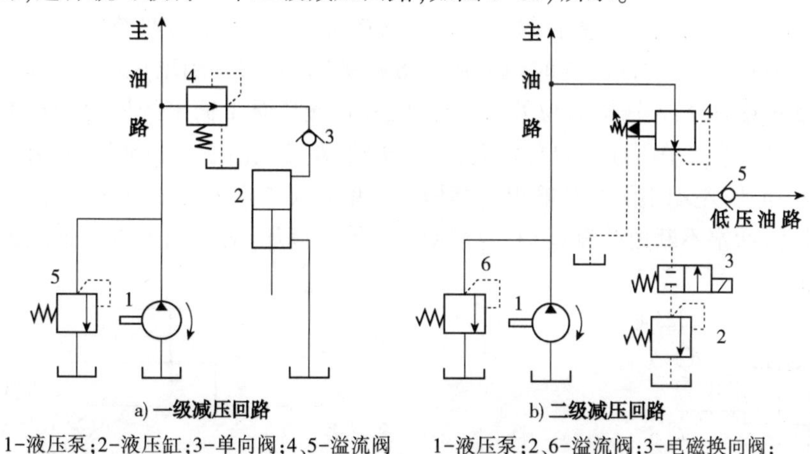

a) 一级减压回路

1-液压泵;2-液压缸;3-单向阀;4、5-溢流阀

b) 二级减压回路

1-液压泵;2、6-溢流阀;3-电磁换向阀;4-减压阀;5-单向阀

图 3-6 减压回路

为了使减压回路安全、可靠地工作,减压阀的最低调整压力应大于 0.5MPa,最高调整压力至少应比主液压系统压力低 0.5~1MPa。当减压回路中的液压执行元件需要调速时,调速液压元件应放在减压阀的后面,以避免减压阀泄油口流回液压油箱的泄漏油液对液压执行元件的速度产生影响。另外,油液在经过减压阀时存在节流损失,引起油液的温升,使液压系统效率降低。故大流量液压回路不宜采用减压回路,应采用辅助液压泵低压单独供油。

3.1.3 增压回路(Pressure Increasing Control Circuits)

增压回路是使液压系统某一支路上获得比液压泵的供油压力还高的压力回路,而液压系统其他部分仍然在较低的压力下工作。它适合在压力较高流量较小的回路上使用。采用增压回路的优点是可节省能源、降低成本、工作可靠、噪声小和效率高。

3.1.3.1 单作用增压缸的增压回路(Pressure Increasing Control Circuits with Single-Acting Pressure Increasing Piston Cylinder)

单作用增压缸的增压回路如图 3-7a)所示。当电磁换向阀 2 的电磁铁断电左位处于工作状态时,液压泵 1 输出的压力油经过电磁换向阀 2 左位,进入单作用增压缸 3 的左腔,推动活塞向右运动,单作用增压缸 3 右腔中的液压油便在活塞的推动下通过单向阀 6 进入液压缸 7 无杆腔,由于单作用增压缸 3 左腔中活塞的面积大于右腔的活塞面积,所以右腔输出液压油的压力就比左腔高,压力增加的大小与两活塞面积比有关,这样,就获得了比液压泵 1 的供油压力还要大的油压。当电磁换向阀 2 的电磁铁通电右位处于工作状态时,液压泵 1 输出的液压油经电磁换向阀 2 的右位进入液压缸 3 的中间腔，推动活塞左行，液压油箱 4 中的油液经单向阀 5 进入右腔补油。这样反复循环，液压系统就可以间断性的向液压缸 7 提供高压油。

3.1.3.2 双作用增压缸的增压回路(Pressure Increasing Control Circuits with) Double -Acting Pressure Increasing Piston Cylinder

双作用增压缸的增压回路如图 3-7b)所示。当电磁换向阀 2 的电磁铁 1YA 通电左位处于工作状态时，液压泵 1 输出的压力油经电磁换向阀 2 左位和单向阀 4 进入双作用增压缸 3 的左端大、小活塞腔，右端大活塞腔的油液流回液压油箱，右端小活塞腔增压后的高压油经单向阀 7 进入液压缸 8 无杆腔，此时单向阀 5、6 被关闭；当双作用增压缸活塞运动到右端，电磁换向阀 2 电磁铁 2YA 通电右位处于工作状态时，液压泵 1 输出的压力油经电磁换向阀 2 右位和单向阀 6 进入增压缸 3 的右端大、小活塞腔，左端大活塞腔的油液流回液压油箱，增压缸活塞向左运动，左端小活塞腔输出的高压油经单向阀 5 进入液压缸 8 无杆腔。这样，通过双作用增压缸活塞不断地往复运动，两端便交替输出高压油，从而实现了连续地向液压缸 8 供给高压油。

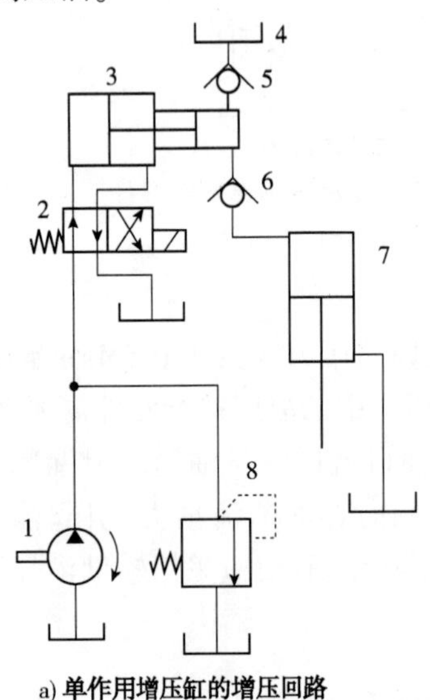

a) 单作用增压缸的增压回路

1-液压泵；2-换向阀；3-增压缸；4-油箱；5、6-单向阀；7-液压缸；8-溢流阀

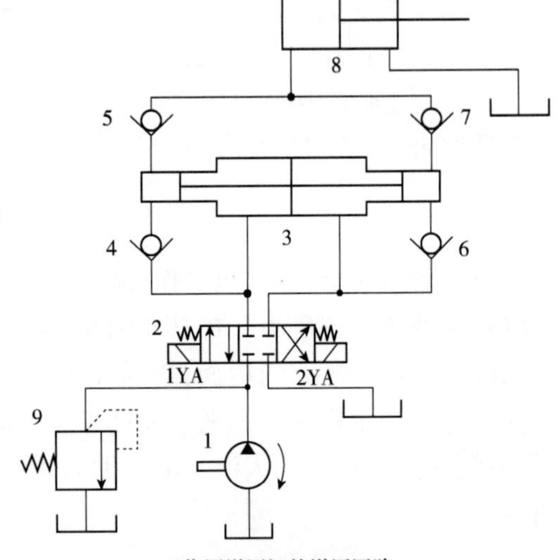

b) 双作用增压缸的增压回路

1-液压泵；2-换向阀；3-增压缸；4、5、6、7-单向阀；8-液压缸；9-溢流阀

图 3-7 增压回路

3.1.4 卸荷回路(Load Pressure Releasing Control Circuits)

卸荷回路的功用是在液压泵不停止转动时，使其输出的流量在压力很低的情况下流回液压油箱，以减小功率损耗，降低液压系统发热，延长液压泵和电动机寿命。液压泵的输出功率等于其输出流量和出口压力的乘积。两者任意一个参数近似为零时，功率损耗即近似为零。因此，液压泵卸荷可分为流量卸荷和压力卸荷。流量卸荷主要用于变量液压泵，使变量液压泵仅为补偿泄漏而以最小流量运转，可以实现输出功率接近于零。此方法比较简单，但液压泵仍处于高压状态下运转，磨损比较严重；压力卸荷是使液压泵在其输出压力接近于零的情况下运转。常见的压力卸荷方式有以下几种。

3.1.4.1 换向阀卸荷回路(Load Pressure Releasing Control Circuits with Directional Control Valve)

利用二位二通电磁换向阀旁通接法,当电磁铁通电时,实现卸荷,如图3-8a)所示。利用M、H和K型中位机能的三位四通电磁换向阀处于中位时,液压泵输出的液压油经过三位四通电磁换向阀中位直接流回液压油箱实现卸荷,如图3-8b)所示。这种卸荷回路适用于低压、小流量的场合。在大流量液压系统里,采用M型中位机能的三位四通电液换向阀卸荷回路,如图3-8c)所示。这种回路切换时的压力冲击小,但回路中必须设置单向阀,以使液压系统能保持约0.3MPa的压力,以供控制油路之用。

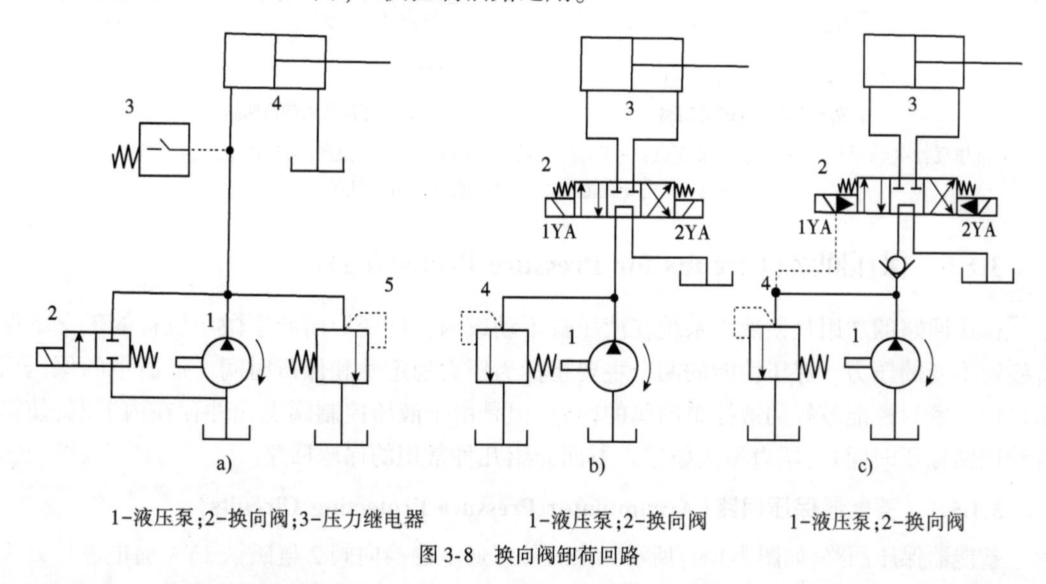

1-液压泵;2-换向阀;3-压力继电器　　1-液压泵;2-换向阀　　1-液压泵;2-换向阀

图3-8 换向阀卸荷回路

3.1.4.2 先导式溢流阀卸荷回路(Load Pressure Releasing Control Circuits with Pilot Operated Pressure Relief Valve)

在先导式溢流阀3的远程控制口接一个二位二通电磁换向阀2,构成一种用先导式溢流阀的卸荷回路,如图3-9a)所示。

当液压缸4运动时,二位二通电磁换向阀2电磁铁断电,液压泵1输出的压力油进入液压缸4;当液压缸4停止运动、液压系统压力达到压力继电器5的调定值时,压力继电器5便发出电信号,使二位二通电磁换向阀2电磁铁通电,先导式溢流阀3的控制油口便与液压油箱接通,液压泵1输出的油液经先导式溢流阀3流回液压油箱,实现液压泵1卸荷。在结构上经常将先导式溢流阀和二位二通电磁换向阀组合使用,称为电磁溢流阀。其优点是卸荷压力小,切换时液压冲击也小。

3.1.4.3 二通插装阀卸荷回路(Load Pressure Releasing Control Circuits with Two-Way Cartridge Valve)

由二位二通电磁换向阀2、溢流阀3和二通插装阀4组成的卸荷回路,如图3-9b)所示。液压系统正常工作时,液压泵1的供油压力由溢流阀3调定。当二位二通电磁换向阀2通电使插装阀4主阀上腔与液压油箱接通时,二通插装阀4的阀口完全打开,实现液压泵1卸荷。通常在大流量液压系统中,可采用通流能力大的二通插装阀来实现液压泵卸荷。

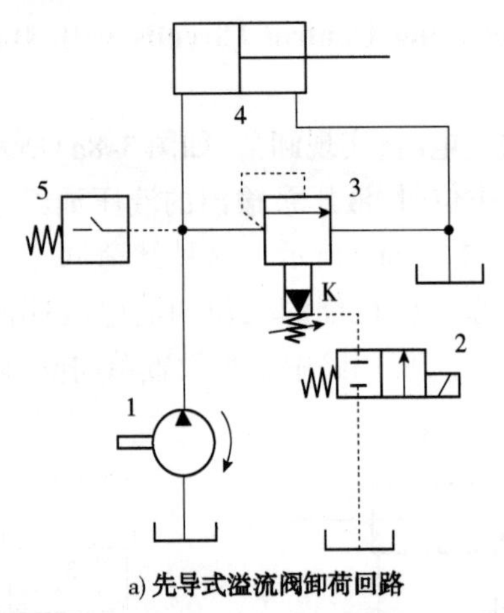

a) 先导式溢流阀卸荷回路

1-液压泵;2-换向阀;3-溢流阀;4-液压缸;5-压力继电器

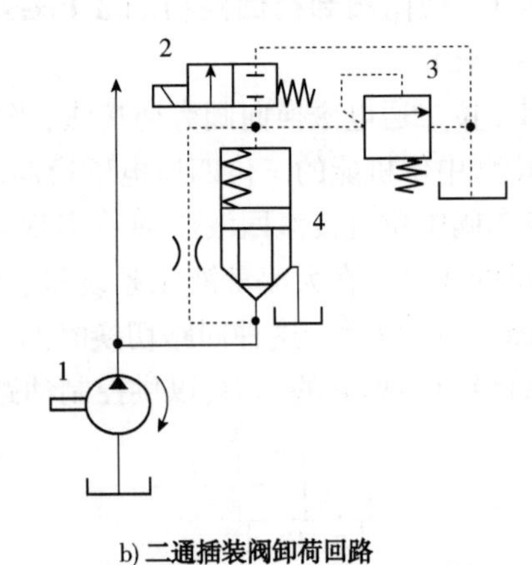

b) 二通插装阀卸荷回路

1-液压泵;2-换向阀;3-溢流阀;4-插装阀

图 3-9　先导式溢流阀和二通插装阀卸荷回路

3.1.5　保压回路(Circuits for Pressure Protecting)

保压回路的功用是使液压系统在液压缸不动或因工件变形而产生微小位移的工况下保持稳定不变的压力。保压性能的两个主要指标为压力稳定性和保压时间。最简单的保压回路是使用密封性能较好的液控单向阀的回路,但是由于液压控制阀类元件存在内泄漏,使得这种回路保压时间短,压力不太稳定。下面介绍几种常用的保压回路。

3.1.5.1　蓄能器保压回路(Accumulator Pressure Protecting Circuits)

蓄能器保压回路,如图 3-10a)所示。当三位四通电磁换向阀 2 电磁铁 1YA 通电左位处于工作状态时,液压泵 1 输出的压力油通过三位四通电磁换向阀 2 左位进入液压缸 4 无杆腔,液压缸 4 有杆腔油液通过三位四通电磁换向阀 2 左位流回液压油箱,活塞杆向右运动直到压紧

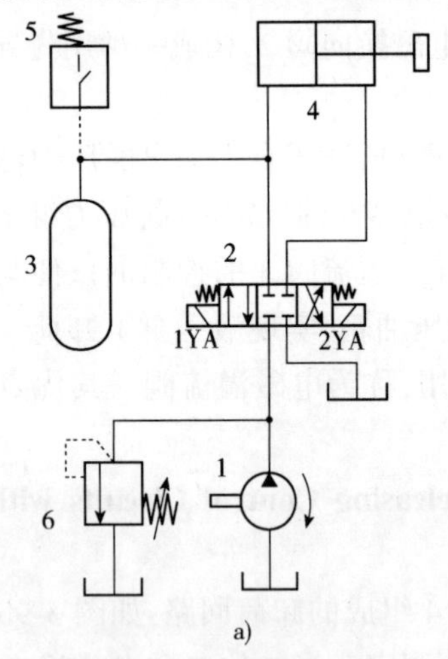

a)

1-液压泵;2-换向阀;3-蓄能器;4-液压缸;5-压力继电器;6-溢流阀

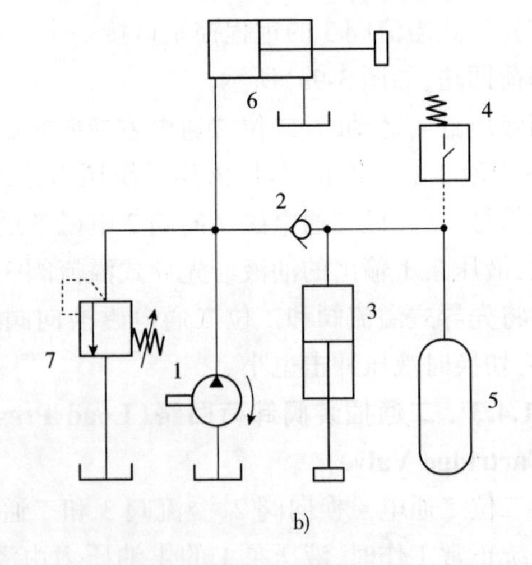

b)

1-液压泵;2-单向阀;3、6-液压缸;4-压力继电器;5-蓄能器;7-溢流阀

图 3-10　蓄能器保压回路

工件,进油路压力升高到压力继电器5的调定值时,压力继电器5发出电信号使三位四通电磁换向阀2电磁铁1YA断电回到中位,液压泵1输出的高压油通过溢流阀6流回液压油箱,液压缸4由蓄能器3保压,保压时间的长短取决于蓄能器3容量。当液压缸4无杆腔压力低于压力继电器5调定值时,压力继电器5复位使电磁换向阀2电磁铁1YA通电,液压泵1重新供给压力油。调节压力继电器5的通断工作区间即可调节液压缸4中压力的最小值和最大值。

在液压系统中,具有多个液压执行元件其中一个液压缸需要保压的回路,如图3-10b)所示。当主液压系统中液压缸6空载快进时,主液压系统的压力接近于零,单向阀2在弹簧的作用下复位,把夹紧油路与主系统断开,夹紧液压缸3则由蓄能器5保压补偿泄漏。

3.1.5.2 自动补油保压回路(Automation Pressure Protecting Circuits)

采用液控单向阀3和电触点压力表4的自动补油保压回路如图3-11所示。当三位四通电磁换向阀2电磁铁1YA通电左位处于工作状态时,液压泵1输出的压力油经过三位四通电磁换向阀2左位进入液压缸5无杆腔,液压缸5活塞杆向下运动到夹紧工件位置停止;当液压缸5无杆腔压力达到电触点压力表4的上限最大值时,电触点压力表4上触点通电,使三位四通电磁换向阀2电磁铁1YA断电,三位四通电磁换向阀2回到中位,液压泵1卸荷,液压缸5无杆腔由液控单向阀3保压;当液压缸5无杆腔压力因泄漏等原因下降到电触点压力表4的下限最小值时,电触点压力表4发出信号又使三位四通电磁换向阀2电磁铁lYA通电左位处于工作状态,液压泵1又开始向液压缸5供油,使液压缸5无杆腔压力上升再次达到电触点压力表4上限最大值时,电触点压力表4又使三位四通电磁换向阀2电磁铁lYA断电。因此,这种回路能够长时间、自动地为液压缸5补油,使其压力稳定在所需范围内。

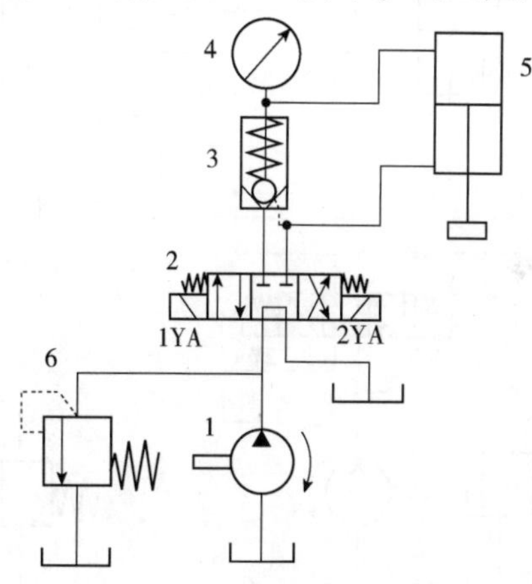

图3-11 自动补油保压回路

1-液压泵;2-换向阀;3-液控单向阀;4-压力表;5-液压缸;6-溢流阀

3.1.5.3 液压泵的保压回路(Hydraulic Pump Pressure Protecting Circuits)

在保压过程中,液压泵仍然输出较高的压力。如果液压泵为定量泵,则其输出的压力油除少部分用于补偿泄漏外,其余压力油几乎全经溢流阀流回液压油箱,这样液压系统功率损失很大,发热严重,适合于保压时间较短的小功率的液压系统使用。如果液压泵为变量泵,在保压时变量泵的输出压力也比较高,但其输出流量几乎等于零,因此液压系统的功率损失比较小,能随泄漏量的变化而自动地调节输出流量,具有较高的效率。

3.1.6 平衡回路(Pressure Balancing Control Circuits)

平衡回路的功用在于使液压执行元件的回油路上保持一定的背压值,以平衡重力负载,使之不会因自重而自行下落。另外,平衡回路也起着限速作用。

3.1.6.1 采用单向顺序阀的平衡回路(Pressure Balancing Control Circuits with Check Pressure Sequence Valves)

采用单向顺序阀组成的平衡回路如图3-12a)所示。当三位四通电磁换向阀2电磁铁

1YA 通电,左位处于工作状态时,液压泵 1 输出的压力油进入垂直液压缸 3 无杆腔,推动活塞下行,液压缸 3 有杆腔回油路上单向顺序阀 4 产生一定的背压值,使单向顺序阀 4 调定的背压值略大于活塞和与之相连工作部件自重产生的压力值,活塞就可以平稳地下落而不超速;当三位四通电磁换向阀 2 电磁铁 2YA 通电右位处于工作状态时,液压泵 1 输出的压力油经单向顺序阀 4 的单向阀进入液压缸 3 有杆腔,推动活塞上行,液压缸 3 无杆腔油液通过三位四通电磁换向阀 2 右位流回液压油箱;当三位四通电磁换向阀 2 处于中位时,活塞及工作部件就能被单向顺序阀 4 锁住而停止运动,由于单向阀和顺序阀等液压元件的泄漏,活塞会因自重出现缓慢下滑的现象。当活塞下行时,液压系统功率损失较大,因此该平衡回路只适用于重力不大,定位精度不高的场合。

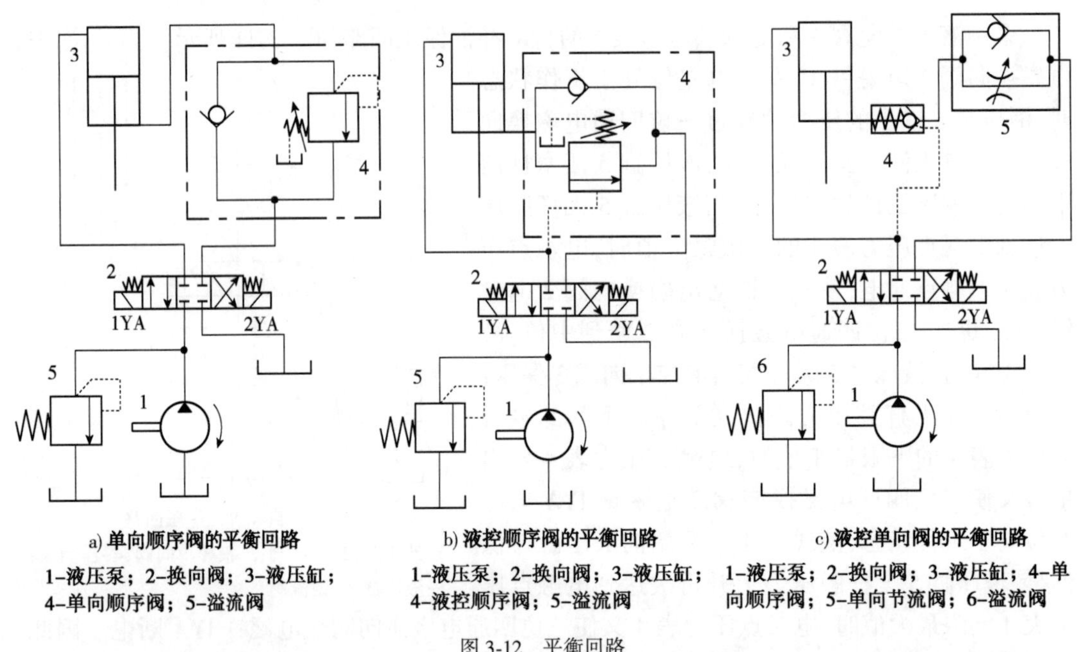

a) 单向顺序阀的平衡回路
1-液压泵; 2-换向阀; 3-液压缸; 4-单向顺序阀; 5-溢流阀

b) 液控顺序阀的平衡回路
1-液压泵; 2-换向阀; 3-液压缸; 4-液控顺序阀; 5-溢流阀

c) 液控单向阀的平衡回路
1-液压泵; 2-换向阀; 3-液压缸; 4-单向顺序阀; 5-单向节流阀; 6-溢流阀

图 3-12 平衡回路

3.1.6.2 采用液控顺序阀的平衡回路(Pressure Balancing Control Circuits with Hydraulic Control Pressure Sequence Valves)

采用液控顺序阀组成的平衡回路如图 3-12b)所示。当三位四通电磁换向阀 2 电磁铁 1YA 通电,左位处于工作状态时,液压泵 1 输出的压力油打开液控顺序阀 4,背压消失,消除了节流损失,因而回路效率较高;当三位四通电磁换向阀 2 处于中位时,液控顺序阀 4 关闭以防止活塞和工作部件因自重而缓慢下降。这种平衡回路的优点是只有液压缸 3 无杆腔进油时活塞才下行,比较安全可靠;缺点是活塞下行时平稳性较差。这是因为活塞下行时,液压缸 3 无杆腔油压降低,将使液控顺序阀 4 关闭。当液控顺序阀 4 关闭时,因活塞停止下行,使液压缸 3 无杆腔油压升高,又打开液控顺序阀 4。因此,液控顺序阀 4 始终工作于启、闭的过渡状态,影响了液压系统工作的平稳性。这种回路适用于运动部件重量不很大、停留时间较短的液压系统中。

3.1.6.3 采用液控单向阀的平衡回路(Pressure Balancing Control Circuits with Pilot Operated Check Valves)

采用液控单向阀组成的平衡回路如图 3-12c)所示。在液压缸 3 有杆腔回油路上串联液控单向阀4和单向节流阀5,用于保证活塞和工作部件下行运动的平稳,而且不会发生超速现象。由于液控单向阀4是锥面密封,泄漏量小,故其密封性能好,液压缸3活塞和工作部件能够较长时间停止不动,因此工作部件定位精度比较高。

3.2 方向控制回路

(Directional Control Circuits)

3.2.1 换向回路(Directional Circuits)

换向回路主要用于变换液压执行元件的运动方向,一般要求换向时具有良好的平稳性和灵敏性。换向回路可采用液压换向阀等来实现换向,在闭式液压系统中,可用双向变量液压泵和双向变量液压马达控制工作介质的流动方向来实现液压执行元件的换向。采用电磁换向阀换向是最普遍应用的换向方法,尤其是在自动化程度要求较高的组合机床液压系统中应用更为广泛。采用行程开关控制三位四通M型电磁换向阀动作的换向回路如图3-13所示。

按下启动开关,当三位四通电磁换向阀3电磁铁lYA通电左位处于工作状态时,液压泵1输出的压力油经过电磁换向阀3左位进入液压缸4无杆腔,有杆腔油液通过三位四通电磁换向阀3左位流回液压油箱,活塞向右运动;当活塞杆碰到限位开关2s时,lYA断电、2YA通电,三位四通电磁换向阀3右位处于工作状态,液压泵1输出的压力油经过三位四通电磁换向阀3右位进入液压缸4有杆,无杆腔油液通过三位四通电磁换向阀3右位流回液压油箱,活塞向左运动。

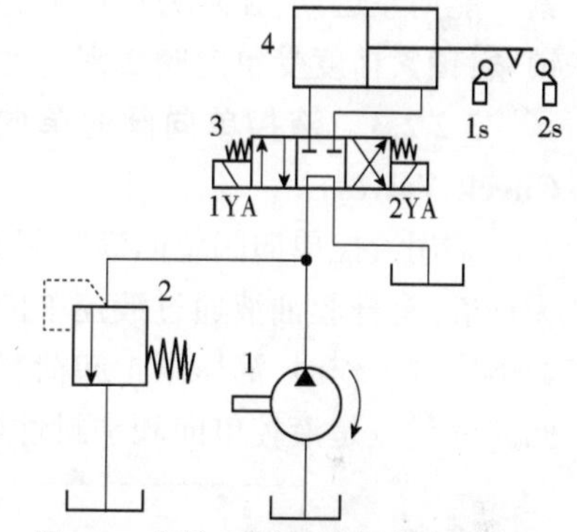

图3-13 阀控双作用液压缸换向回路

1-液压泵;2-溢流阀;3-换向阀;4-液压缸

当活塞杆碰到限位开关1s时,lYA通电、2YA断电,三位四通电磁换向阀3左位处于工作状态,液压缸4无杆腔进油,活塞又向右运动。这样反复变换三位四通电磁换向阀3的工作位置,就可自动变换活塞的运动方向。当lYA和2YA同时断电,三位四通电磁换向阀3在中位时,液压缸4活塞停止运动,液压泵1卸荷。这种换向回路具有价格便宜和使用方便等优点。其缺点是换向冲击力大。

3.2.2 锁紧回路(Circuits for Braking)

锁紧回路的功用是使液压执行元件能在任意位置上停留,且停留后不会因外力作用而移动位置。锁紧的原理就是将液压执行元件的进、回油路封闭。常用的锁紧回路有以下几种。

3.2.2.1 换向阀的锁紧回路(Braking Circuits of Directional Control Valve)

采用三位四通M型或O型电磁换向阀锁紧的回路如图3-14a)所示。当三位四通电磁换向阀2在中位时,将液压缸3的进、出油口同时封闭,此时无论外力作用方向向左还是向右,活塞均不会发生移动,从而实现双向锁紧,但由于滑阀的泄漏,锁紧精度不高。

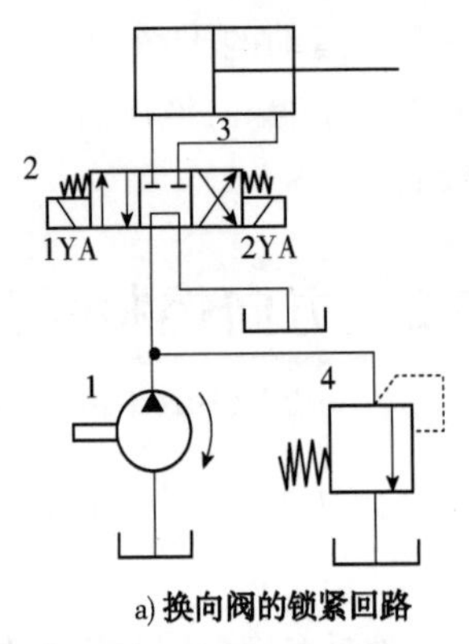

a) 换向阀的锁紧回路

1-液压泵;2-换向阀;3-液压缸;4-溢流阀

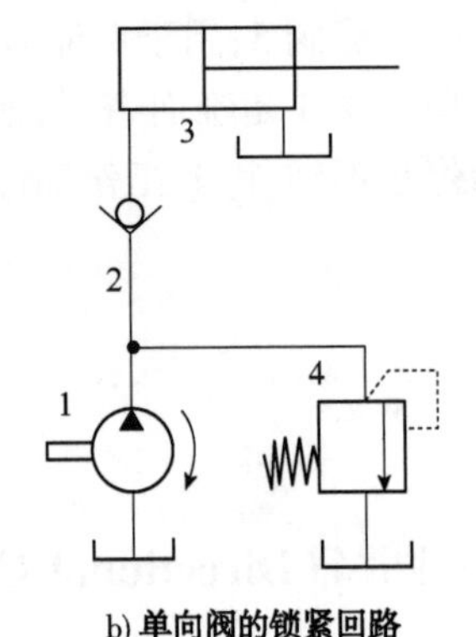

b) 单向阀的锁紧回路

1-液压泵;2-单向阀;3-液压缸;4-溢流阀

图 3-14　换向阀和单向阀锁紧回路

3.2.2.2　单向阀的锁紧回路(Braking Circuits of Check Valves)

采用单向阀锁紧的回路如图 3-14b)所示。当液压泵 1 停止工作后,活塞被单向阀 2 锁紧不能向左运动,在外力作用下,液压缸 3 活塞只能向右运动。这种锁紧回路一般只能单向锁紧,锁紧精度受单向阀 2 密封性能的影响,精度也不高。

3.2.2.3　液控单向阀的单向锁紧回路(One-way Braking Circuits of Pilot Operated Check Valves)

采用液控单向阀单向锁紧回路如图 3-15a)所示。液压泵 1 输出的压力油进入液压缸 4 无杆腔,有杆腔油液通过液控单向阀 3 流回液压油箱,活塞下行。当二位二通电磁换向阀 5 通电右位工作时,液压泵 1 卸荷,液控单向阀 3 关闭,活塞被锁紧停止下行运动。这种锁紧回路的优点是液控单向阀密封性好,锁紧可靠,工作部件不会因自重导致活塞下滑。

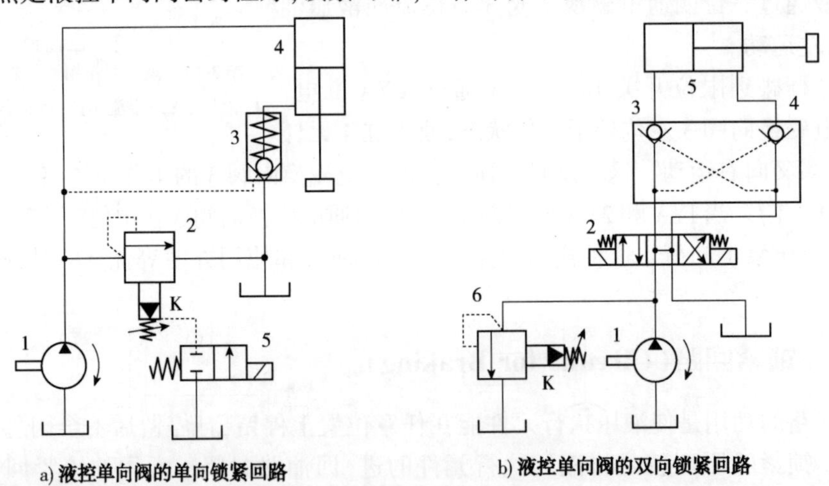

a) 液控单向阀的单向锁紧回路

1-液压泵;2-溢流阀;3-液控单向阀;4-液压缸;5-电磁换向阀

b) 液控单向阀的双向锁紧回路

1-液压泵;2-换向阀;3、4-双向液压锁;5-液压缸;6-溢流阀

图 3-15　液控单向阀的锁紧

3.2.2.4　液控单向阀的双向锁紧回路(Two-way Braking Circuits of Pilot Operated Check Valves)

采用两个液控单向阀的双向锁紧回路如图 3-15b)所示。当三位四通电磁换向阀 2 在中

位时,液压泵 1 卸荷,两个液控单向阀即双向液压锁 3 和 4 均关闭,因此液压缸 5 活塞被双向锁住。为了使锁紧可靠,在锁紧时,两个液控单向阀 3 和 4 的控制油口均需通液压油箱。这种锁紧回路的优点是活塞可在任意位置被锁紧。因液控单向阀是锥阀式结构,所以密封性好,泄漏极少。锁紧精度主要取决于液压缸 5 的泄漏。这种双向锁紧回路被广泛应用于工程机械、起重运输机械等有锁紧要求的场合。

3.2.3 浮动回路(Circuits for Brake Releasing)

浮动回路与锁紧回路相反,它是将液压执行元件的进、出油路连通或同时接通液压油箱,使其处于无约束的浮动状态。在自重或负载的惯性力及外力作用下执行元件仍可运动。常用的浮动回路有以下两种。

(1)利用三位四通电磁换向阀中位机能使液压马达浮动的回路

采用三位四通 H 型电磁换向阀 2 浮动的回路如图 3-16a)所示。当三位四通电磁换向阀 2 电磁铁都断电处于中位时,液压泵 1 卸荷,液压马达 3 处于浮动状态。同样,也可采用 P 型或 Y 型三位四通电磁换向阀实现浮动。

(2)用二位二通换向阀使液压马达浮动的回路

采用二位二通电磁换向阀 3 浮动的回路,如图 3-16b)所示。当二位二通电磁换向阀 3 电磁铁通电上位处于工作状态,接通液压马达 4 进出油口时,液压马达 4 处于浮动状态,可以利用吊钩自重,吊钩快速下降实现"抛钩",这时液压马达 4 做液压泵运行,经单向阀 5 或 6 从液压油箱自吸补油;当二位二通电磁换向阀 3 电磁铁断电将液压马达 4 进出油口断开时,可使吊钩吊起外负载做上升或下降运动。

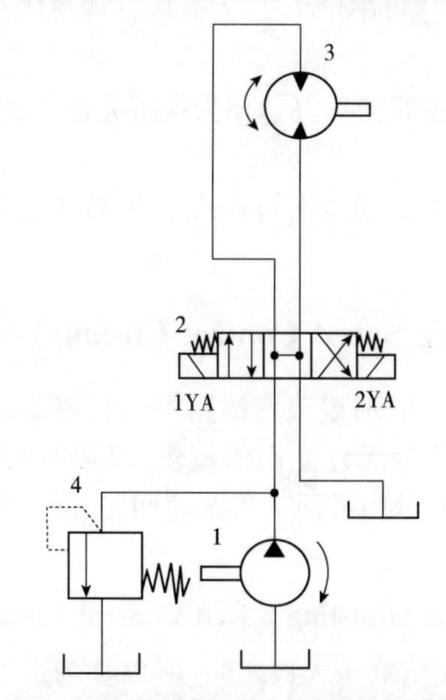

a)利用三位四通电磁换向阀中位机能的浮动回路

1-液压泵;2-电磁换向阀;3-双向液压马达;4-溢流阀

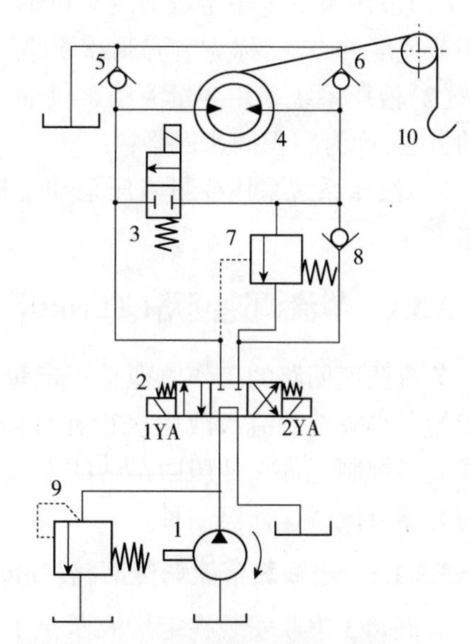

b)采用二位二通电磁换向阀的浮动回路

1-液压泵;2、3-电磁换向阀;4-双向液压马达;5、6、8-单向阀;7、9-溢流阀

图 3-16 浮动回路

3.3 速度控制回路

(Speed Control Circuits)

速度控制回路是指对液压系统执行元件的运动速度进行调节和变换的回路。速度控制回路包含调速回路和速度换接回路。

调速是指调节液压执行元件的运动速度。改变液压执行元件运动速度的方法,由其速度表达式可知,液压缸的速度为:

$$v = \frac{q}{A} \tag{3-1}$$

式中:q——输入液压执行元件的流量(L/min);

A——液压缸的有效面积(cm^2)。

液压马达的速度为:

$$n = \frac{q}{V_m} \tag{3-2}$$

式中:V_m——液压马达的排量(mL/min)。

由式(3-1)和式(3-2)可知,改变进入液压执行元件的流量 q,或者改变液压执行元件的几何尺寸,即改变液压缸的有效面积 A 或液压马达的排量 V_m,都可以改变其运动速度。

实现液压执行元件调速的方法有以下三种:

(1)液压系统采用定量液压泵供油,利用流量控制阀改变进入液压缸或液压马达的流量来调节速度的方法,称为节流调速回路;

(2)液压系统采用变量液压泵供油或者采用变量液压马达作为执行元件,来实现速度改变的方法,称为容积调速回路;

(3)液压系统采用变量液压泵和流量控制阀来实现速度调节的方法,称为容积节流调速回路。

3.3.1 节流调速回路(Throttle Adjusting Speed Control Circuits)

节流调速回路的工作原理是用定量液压泵供油,通过改变回路中流量控制元件通流截面积的大小来控制流入液压执行元件或从液压执行元件流出的流量,以调节其运动速度。根据流量控制元件在液压回路中的安装位置不同,分为进油节流调速回路、回油节流调速回路和旁路节流调速回路三种。

3.3.1.1 进油路节流调速回路(Inlet Throttle Adjusting Speed Control Circuits)

节流阀 3 串联安装在定量液压泵 1 出口和液压缸 4 入口之间,所以称为进油节流调速回路,如图 3-17a)所示。定量液压泵 1 输出的油液一部分经过节流阀 3 流入液压缸 4 的无杆腔,推动活塞运动,另一部分油液通过与定量液压泵 1 并联的溢流阀 2 流回液压油箱。由于溢流阀 2 有溢流,定量液压泵 1 出口压力 p_P 就是溢流阀 2 的调整压力并基本保持恒定。调节节流阀 3 的开口面积 A_T,即可改变通过节流阀 3 的流量,从而调节了液压缸 4 活塞的运动速度。

(1)速度—负载特性

进油节流调速回路速度—负载特性曲线如图 3-17b)所示。液压缸 4 活塞克服外负载做等速运动时,活塞上的力平衡方程为:

$$p_1A_1 = p_2A_2 + F \tag{3-3}$$

式中:p_1,p_2——液压缸 4 进油腔压力和回油腔压力(Pa),如回油腔与液压油箱直接相连,则 $p_2 \approx 0$;

A_1,A_2——液压缸 4 无杆腔和有杆腔活塞的有效承压面积(m^2);

F——活塞上的外负载(N)。

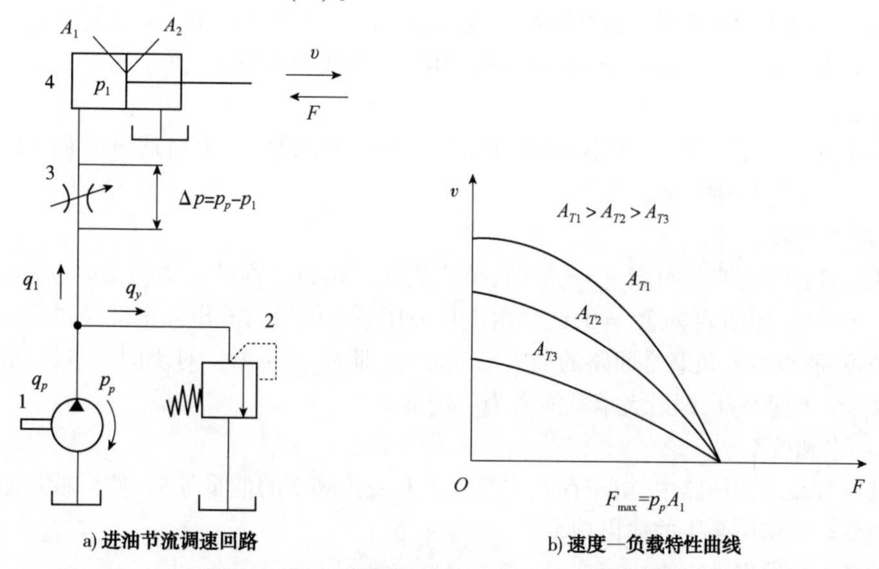

a) 进油节流调速回路

b) 速度—负载特性曲线

图 3-17 进油节流调速回路及其速度—负载特性曲线

所以,$p_2 \approx 0$ 时有:

$$p_1 = \frac{F}{A_1} \tag{3-4}$$

由于液压泵出口压力 p_P 有溢流阀 2 调定,为一定值,所以节流阀 3 两端的压力差 Δp 为:

$$\Delta p = p_P - p_1 = p_P - \frac{F}{A_1} \tag{3-5}$$

因此,经过节流阀 3 进入液压缸 4 的流量为:

$$q_1 = KA_T\Delta p^m = KA_T\left(p_P - \frac{F}{A_1}\right)^m \tag{3-6}$$

如果忽略油液的泄漏和可压缩性,则活塞的运动速度为:

$$v = \frac{q_1}{A_1} = \frac{KA_T}{A_1}\left(p_P - \frac{F}{A_1}\right)^m \tag{3-7}$$

式中:K——节流系数;

m——节流口形状和结构决定的指数。

速度稳定性经常用速度刚性 T 来表示。速度刚性 T 是指速度随外负载变化的程度,它

是速度—负载特性曲线上某点处的切线斜率的负倒数。速度刚性 T_v 为:

$$T_v = -\frac{\partial F}{\partial v} = -\frac{1}{\frac{\partial v}{\partial F}} = -\frac{1}{\tan\alpha} \tag{3-8}$$

$$T_v = -\frac{A_1^2}{KA_T m}\left[p_P - \frac{F}{A_1}\right]^{1-m} \tag{3-9}$$

式(3-7)为进油节流调速回路的速度—负载特性方程。若以外负载 F 为横坐标,以活塞的运动速度 v 为纵坐标,以节流阀的节流口面积 A_T为参变量,就可绘制出图 3-17b)所示的速度—负载特性曲线。从速度—负载特性曲线图 3-17b)和速度刚性 T 表达式可知:

①在节流口面积 A_T一定时,随着外负载的增加,曲线变得越陡,由此说明在重载区速度的刚性较小。

②当外负载 F 不变时,A_T越小,曲线变得越平坦,由此说明节流口通流面积小的比节流口通流面积大的速度刚性大。

(2)最大承载能力

从式(3-7)可知,当外负载 $F=p_PA_1$时,节流阀 3 进出口之间的压力差 $\Delta p=p_P-F/A_1=0$,活塞就停止运动,即活塞速度 $v=0$,此时由定量液压泵 1 供给的液压油全部经过溢流阀 2 流回液压油箱,所以该外负载是回路的最大承载能力,即 $F_{\max}=p_PA_1$。对于同一节流回路而言,不同的 A_T,交于同一点,即最大承载能力为一定值。

(3)功率和效率

在进油节流调速回路中,由于存在节流阀 3 和溢流阀 2 的能量损失,使得液压缸 4 的实际输出功率小于液压泵 1 的输出功率。

液压泵 1 的输出功率为:

$$P_p = p_p q_p = \text{常量} \tag{3-10}$$

而液压缸 4 的输出功率为:

$$P_1 = Fv = F\frac{q_1}{A_1} = p_1 q_1 \tag{3-11}$$

进油节流调速回路的功率损失为:

$$\begin{aligned}\Delta P &= P_P - P_1 = p_P q_P - p_1 q_1 \\ &= p_P(q_1+q_y) - (p_P-\Delta p)q_1 = p_P q_y + \Delta p q_1\end{aligned} \tag{3-12}$$

式中:q_y——溢流阀 2 的溢流量,$q_y=q_p-q_1$。

从式(3-12)可知,进油节流调速回路的功率损失由两部分组成,一部分是溢流阀 2 的溢流引起的功率损失,即溢流功率损失 $\Delta P_y=p_Pq_y$,另外一部分是压力油经过节流阀 3 引起的功率损失,即节流功率损失 $\Delta P_j=\Delta pq_1$。进油节流调速回路的效率为:

$$\eta = \frac{P_1}{P} = \frac{Fv}{pq} = \frac{p_1 q_1}{pq} \tag{3-13}$$

由于存在两部分功率损失,进油节流调速回路的效率比较低,因此这种调速回路适用于低速轻载,对速度稳定性要求不高的小功率场合。

3.3.1.2 回油路节流调速回路(Outlet Throttle Adjusting Speed Control Circuits)

将节流阀3安装在液压缸4的回油路上,与进油路并联一个溢流支路,通过调节液压缸回油量来调节液压缸的进油量,这种调速回路称为回油节流调速回路,如图3-18所示。与进油节流调速回路的调速原理相似,调节节流阀3开口面积 A_T 的大小,改变了并联支路上溢流阀2的溢流量,也就改变了液压缸4有杆腔排出的流量,实现液压缸4活塞运动速度的调节。

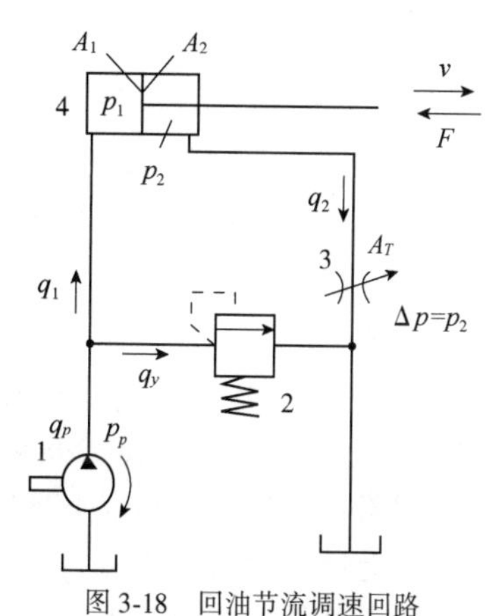

图3-18 回油节流调速回路

1-液压泵;2-溢流阀;3-节流阀;4-液压缸

(1)速度—负载特性

液压缸4活塞克服外负载做等速运动时,活塞上的力平衡方程为:

$$p_P A_1 = p_2 A_2 + F \tag{3-14}$$

式中:p_P,p_2——分别为液压缸4无杆腔和有杆腔压力 Pa,因回油腔后面接节流阀3,所以 $p_2 \neq 0$。

同样如果忽略油液的可压缩性和泄漏,根据液压缸力平衡方程和节流阀的流量方程,可以得到活塞的运动速度为:

$$v = \frac{q_2}{A_2} = \frac{KA_T}{A_2^{m+1}}(p_P - F)^m \tag{3-15}$$

回油节流调速回路的速度刚性 T_v 为:

$$T_v = -\frac{A_1^2 n^{m+1}}{KA_T m}\left[p_P - \frac{F}{A_1}\right]^{1-m} \tag{3-16}$$

式中:n——液压缸4有杆腔和无杆腔活塞的有效承压面积比,$n=A_2/A_1$。

比较式(3-7)、式(3-15)和式(3-9)、式(3-16)可知,回油节流调速回路与进油节流调速回路的速度—负载特性相似,如果使用的都是双作用双活塞杆液压,这两种节流调速回路的速度—负载特性和速度刚性就完全一样。

(2)最大承载能力

回油节流调速的最大承载能力与进油节流调速相同,即 $F_{\max}=p_P A_1$。

(3)功率和效率

液压泵1的输出功率与进油节流调速相同,即 $P_p=p_P q_P=$常量。

液压缸4的输出功率为:

$$P_1 = Fv = (p_P A_1 - p_2 A_2)v = p_P q_1 - p_2 q_2 \tag{3-17}$$

回油节流调速回路的功率损失为:

$$\Delta P = P_P - P_1 = p_P q_P - p_P q_1 + p_2 q_2 = p_P(q_P - q_1) + p_2 q_2 = p_P q_y + \Delta p q_2 \tag{3-18}$$

式中:$p_P q_y$——溢流阀的溢流功率损失;

$\Delta p q_2$——节流阀的节流功率损失。

回油节流调速回路的效率为:

$$\eta = \frac{Fv}{p_P q_P} = \frac{p_P - p_2 q_2}{p_P q_P} \tag{3-19}$$

从以上分析可知,尽管进油节流调速回路和回油节流调速回路的速度–负载特性、最大承载能力和功率特性等有很多相似之处,但是它们在某些方面也有着明显的不同,主要表现在以下几个方面:

①运动平稳性

在回油节流调速回路中,由于背压阀的作用,回油路上存在背压,可有效地防止空气从回油路吸入,因此高速运动时不易颤振,低速运动时不易爬行,运动平稳性比较好。进油节流调速回路若不加背压阀则不具备这一优点。

②承受负值负载的能力

当外负载的方向与液压执行元件运动方向相同时,就会产生负值负载。回油节流调速回路的节流阀在液压缸的回油腔形成一定的背压,可阻止工作部件向前冲。进油路节流调速回路不能承受负值负载,将会使液压执行元件失去控制。

③油液发热对泄漏的影响

进油节流调速回路中油液经过节流阀发热后的油液直接进入液压缸的进油腔,使液压缸泄漏增加,活塞运动平稳性下降。而回油节流调速回路油液经过节流阀升温后直接回液压油箱,经冷却后再进入液压缸,对液压系统的泄漏影响较小。

④启动性能

液压系统在长时间停车后,液压缸 4 里面的液压油会流回液压油箱而造成空隙。当液压系统重新启动时,对于回油节流调速回路,液压油进入液压缸时,没有节流阀控制进入液压缸的液压油,回油腔的背压不能立即建立起来,会引起瞬时工作机构的前冲现象;对进油节流调速回路,只要在开机时关小节流阀就可避免前冲现象。

⑤获取压力信号实现程序控制的方便性

进油节流调速回路的进油腔压力随外负载而变化,当活塞运动到终点或者工作机构碰到挡铁停止运动时,液压缸进油腔的压力将升至溢流阀的调定压力,取此压力做控制顺序动作的指令信号,比较可靠和方便地控制下一个动作的执行。

3.3.1.3 旁油路节流调速回路(Bypass Throttle Adjusting Speed Control Circuits)

旁路节流调速回路由定量液压泵 1、液压缸 2、节流阀 3 和溢流阀 4 组成,节流阀 3 安装在与液压缸 2 并联的旁油路上,如图 3-19a)所示。定量液压泵 1 输出的压力油一部分进入液压缸 2,另一部分通过节流阀 3 流回液压油箱。通过调节节流阀 3 的开口面积 A_T 来控制定量液压泵 1 流回液压油箱的流量,从而也就控制了进入液压缸 2 的流量,实现液压缸 2 活塞运动速度的调节。由于溢流已由节流阀 3 承担,故溢流阀 4 作安全阀用,回路正常工作时溢流阀 4 关闭,过载时溢流阀 4 打开,溢流阀 4 调定压力为最大工作压力的 1.1~1.2 倍。液压泵的工作压力随外负载变化。

(1)速度—负载特性

在旁路节流调速回路中,定量液压泵 1 出口的工作压力由外负载决定的,其值是变化的,其泄漏量也是随之变化的,因此执行机构的运动速度同样受泄漏量影响,若忽略管路压力损失,它等于节流阀 3 进出口压力差,即 $p_P = p_1 = \Delta p = F/A_1$,因此在分析速度—负载特性

时,要考虑负载对油液泄漏量的影响。根据液压缸力平衡方程和节流阀的流量方程,可以得到活塞的运动速度为:

$$v=\frac{q_1}{A_1}=\frac{q_t-k_1\left(\frac{F}{A_1}\right)-KA_T\left(\frac{F}{A_1}\right)^m}{A_1} \tag{3-20}$$

式中:q_t——定量液压泵1的理论流量;

k_1——定量液压泵1的泄漏系数。

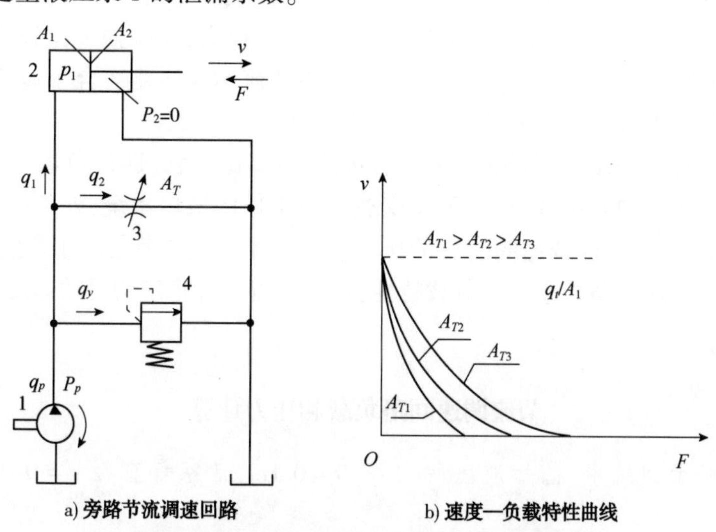

图3-19 旁路节流调速回路及其速度—负载特性曲线

1-液压泵;2-液压缸;3-节流阀;4-溢流阀

旁路节流调速回路的速度刚性T_v为

$$T_v=-\frac{A_1F}{m(q_t-A_1v)+(1-m)k_1\frac{F}{A_1}} \tag{3-21}$$

根据式(3-20),选取不同的通流面积A_T值就可以做出一组速度—负载特性曲线,如图3-19b)所示。由特性曲线图3-19b)可知:

①在节流阀面积A_T一定时,旁路节流调速回路的速度随外负载增加而显著下降,外负载越大,速度刚性越大;

②当外负载一定时,节流阀的通流面积A_T越小,外负载运动速度越大,速度刚度越大;节流阀的通流面积A_T越大,外负载运动速度越小,速度刚度越小,与进油、回油节流调速回路相反。由于外负载变化引起定量液压泵1的泄漏对速度产生附加影响,导致旁路节流调速回路的速度—负载特性较前两种回路要差。

(2)最大承载能力

由特性曲线图3-19b)可知,旁路节流调速回路随着节流阀3的通流面积A_T增加,回路的最大承载能力减小,即该调速回路低速承载能力很差,调速范围也小。

(3)功率和效率

液压缸2的输入功率,等于定量液压泵1的输出功率为:

$$P_P = p_P q_P = p_1 q_P \tag{3-22}$$

液压缸 2 的输出功率为：

$$P_1 = p_1 q_1 \tag{3-23}$$

旁路节流调速回路的效率为：

$$\eta = \frac{P_1}{P_P} = \frac{Fv}{p_P q_P} = \frac{p_1 q_1}{p_P q_P} \tag{3-24}$$

在旁路节流调速回路中，溢流阀 4 只起安全阀的作用，在正常工作时没有油液流经溢流阀 4，不存在溢流损失，只存在油液流经节流阀 3 的节流损失，功率损失比较小，所以效率比进油节流调速回路和回油节流调速回路都高。旁路节流调速回路适合于速度较高，外负载较大，外负载变化不大且对运动平稳要求不高的场合。

综上所述，三种节流调速回路的速度—负载特性都比较软，即外负载变化很小的情况下，其速度都有比较大的变化，这样对于在变载荷下工作的液压系统，外负载运动的平稳性就比较差。利用液压油流经调速阀前后的压力差基本不变这一特点，用调速阀来代替节流阀，可以改善三种调速回路的速度—负载特性，从而获得比较稳定的运动速度。

【应用案例 3-1】

节流调速回路负载和压力计算

如图 3-20 所示回路中，已知液压缸内径 $D=0.1\text{m}$，活塞杆直径 $d=0.07\text{m}$，负载 $F_L=25000\text{N}$。试求：

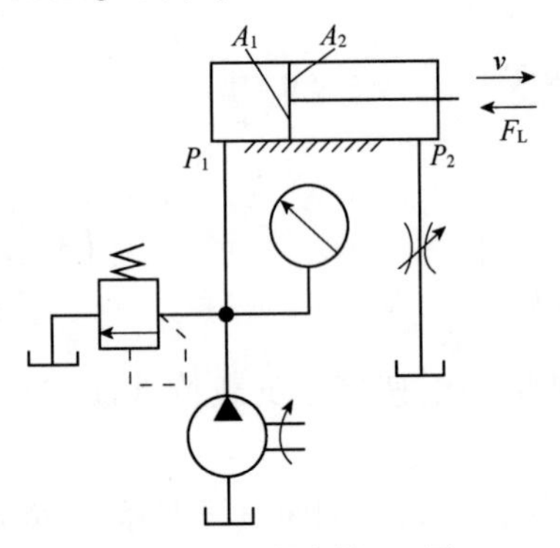

图 3-20 应用案例 3-1 图

(1)为使节流阀前后压差 $\Delta p_T=0.3\text{MPa}$，溢流阀的调定压力为多少？

(2)若溢流阀的调定压力不变，当负载降为 15000N 时，节流阀的前后压差为多少？

(3)若节流阀口面积 $A_T=0.03\times10^{-4}\text{m}^2$，允许活塞最大前冲速度为 0.05m/s，则活塞承受的最大负值负载应为多少？设流量系数取 $C_d=0.62$，密度 $\rho=900\text{kg/m}^3$。

(4)若节流阀的最小稳定流量为 $50\text{cm}^3/\text{min}$ 时，该回路的最低稳定速度为多少？

(5)若节流阀的最小稳定流量为 $50\text{cm}^3/\text{min}$ 时，将其改装在进油路上，在液压缸有杆腔接油箱时，活塞的最低稳定速度是多少？与问题(4)的最低稳定速度相比说明了什么问题？

解：(1)溢流阀的调定压力 p_y。列出液压缸力平衡方程为：

$$p_1 A_1 = p_2 A_2 + F_L = \Delta p_T A_2 + F_L$$

液压缸有杆腔的工作压力 p_2 就是节流阀的阀前压力，也就是节流阀前后压差 Δp_T，其中：

$$A_1 = \pi D^2/4 = \pi\times0.1^2/4 = 0.785\times10^{-2}(\text{m}^2)$$

$$A_2 = \pi(D^2-d^2)/4 = \pi\times(0.1^2-0.07^2)/4 = 0.4\times10^{-2}(\text{m}^2)$$

故溢流阀的调定压力为：

$$p_y = p_1 = \frac{\Delta p_T A_2 + F_L}{A_1} = \frac{0.3 \times 10^6 \times 0.4 \times 10^{-2} + 25000}{0.785 \times 10^{-2}} = 3.34(\text{MPa})$$

(2)溢流阀的调定压力为3.34MPa、$F = 15000\text{N}$时，节流阀的前后压差Δp_T。

由液压缸受力平衡方程式有：

$$\Delta p_T = p_2 = \frac{p_1 A_1 - F_L}{A_2} = \frac{p_y A_1 - F_L}{A_2}$$

$$= \frac{3.34 \times 10^6 \times 0.785 \times 10^{-2} - 15000}{0.4 \times 10^{-2}} = 2.8(\text{MPa})$$

(3)活塞能承受的最大负值负载。当活塞最大前冲速度$v_{max} = 0.05\text{m/s}$时，则：

$$q_T = 0.05 \times 0.4 \times 10^{-2} = 2 \times 10^{-4}(\text{m}^3/\text{s})$$

由薄壁小孔压力流量公式得出节流阀入口处，也即液压缸有杆腔的工作压力为：

$$p_2 = \frac{\rho}{2} \times \left(\frac{q_T}{C_d A_T}\right) = \frac{900}{2} \times \left(\frac{2 \times 10^{-4}}{0.62 \times 0.05 \times 10^{-4}}\right) = 1.873(\text{MPa})$$

此力作用于有杆腔的有效工作面积上，故所能承受的最大负值负载力为：

$$F'_{Lm} = p_2 A_2 = 1.873 \times 10^6 \times 0.4 \times 10^{-2} = 4492(\text{N})$$

(4)最低稳定速度v_{min}。当节流阀最小稳定流量为$q_{Tmin} = 50\text{cm}^3/\text{min}$时，回路的最低稳定速度为：

$$v_{min} = \frac{q_{Tmin}}{A_2} = \frac{50 \times 10^{-6}/60}{0.4 \times 10^{-2}} = 2.083 \times 10^{-4}(\text{m/s})$$

(5)最低稳定速度v'_{min}。当节流阀最小稳定流量为$q_{Tmin} = 50\text{cm}^3/\text{min}$时，回路的最低稳定速度为：

$$v'_{min} = \frac{q_{Tmin}}{A_2} = \frac{50 \times 10^{-6}/60}{0.785 \times 10^{-2}} = 1.062 \times 10^{-4}(\text{m/s})$$

比较v_{min}和v'_{min}计算结果，表明：在节流阀开口量相同时，进口节流调速比出口节流调速能得到的最低稳定速度低。

【应用案例3-2】

节流调速回路马达转速计算

如图3-21所示液压回路中，液压泵的排量$V_p = 160\text{mL/r}$，转速$n_P = 1000\text{r/min}$，容积效率$\eta_{vp} = 0.95$，溢流阀的调定压力$p_y = 7\text{MPa}$，液压马达的排量$V_m = 160\text{mL/r}$，容积效率$\eta_{vm} = 0.95$，机械效率$\eta_{mm} = 0.80$，负载转矩$T_m = 140\text{N} \cdot \text{m}$，节流阀的最大开度$A_{Tmax} = 2 \times 10^{-4} m^2$，流量系数$C_d = 0.67$，油液密度$\rho = 900\text{kg/m}^3$。试求：

(1)通过节流阀的流量和液压马达的最大转速n_{max}是多少？

(2)当$p_y = 8.5\text{MPa}$，其余条件不变时，液压马达的最大转速将为多少？

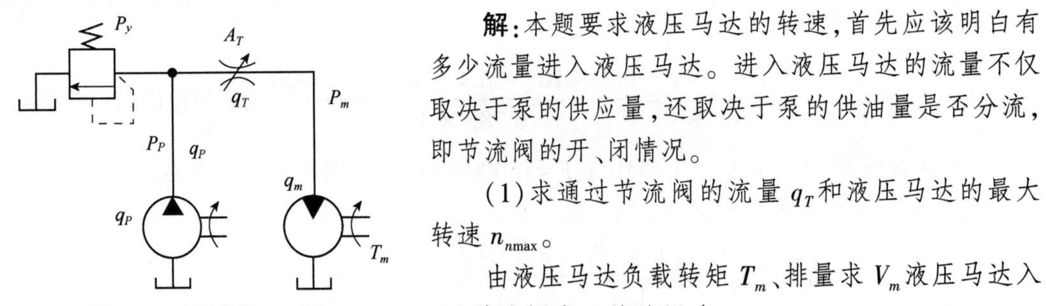

图 3-21　应用案例 3-2 图

解:本题要求液压马达的转速,首先应该明白有多少流量进入液压马达。进入液压马达的流量不仅取决于泵的供应量,还取决于泵的供油量是否分流,即节流阀的开、闭情况。

(1)求通过节流阀的流量 q_T和液压马达的最大转速 $n_{n\max}$。

由液压马达负载转矩 T_m、排量求 V_m液压马达入口,节流阀出口的油压为:

$$p_m = \frac{T_m 2\pi}{V_m \eta_{mm}} = \frac{140 \times 2\pi}{160 \times 10^{-6} \times 0.8} = 6.87(\text{MPa})$$

此时通过节流阀的流量为多少?假设溢流阀开启,此时节流阀前的压力为 p_y = 7MPa,则:

$$q_T = C_d A_{T\max} \sqrt{\frac{2\Delta p_T}{\rho}} = C_d A_{T\max} \sqrt{\frac{2(p_y - p_m)}{\rho}}$$

$$= 0.67 \times 2 \times 10^{-4} \times \sqrt{\frac{2(7 - 6.87) \times 10^6}{900}} = 2.28 \times 10^{-3}(\text{m}^3/\text{s})$$

液压泵的实际流量为:

$$q_p = n_p V_p \eta_{\text{vm}} = (1000/60) \times 160 \times 10^6 \times 0.95 = 2.53 \times 10^{-3}(\text{m}^3/\text{s})$$

由于 $q_T<q_p$,溢流阀开启的假设正确,液压泵多余的油液经溢流阀流回油箱,所以液压马达的最大转速为:

$$n_{n\max} = \frac{q_T \eta_{vm}}{V_m} = \frac{0.00228 \times 0.95}{160 \times 10^{-6}} = 812.3(\text{r/min})$$

(2)当 p_y =8.5MPa 时,流过节流阀相应的流量为:

$$q_T = 0.67 \times 2 \times 10^{-4} \times \sqrt{\frac{2 \times (8.5 - 6.87) \times 10^6}{900}} = 8.1 \times 10^{-3}(\text{m}^3/\text{s})$$

将 q_T与 q_p比较,发现 $q_T>q_P$,这在实际中是不可能的。通过节流阀的最大流量为液压泵的供油量 q_p。

可以断定,当 $q_T=q_p$时,节流阀的入口压力小于 p_y,此时溢流阀关闭,液压泵的全部流量经节流阀进入液压马达。此时,液压马达的转速为:

$$n_{n\max} = \frac{q_m \eta_m}{V_m} = \frac{q_T \eta_{vm}}{V_m} = \frac{q_p \eta_{vm}}{V_m} = \frac{2.53 \times 10^{-3} \times 0.95}{160 \times 10^{-6}} = 901.3(\text{r/min})$$

3.3.2　容积调速回路(Volume Adjusting Speed Control Circuits)

容积调速回路是通过改变变量液压泵或变量液压马达的排量来调节液压执行元件的运动速度。在容积调速回路中,液压泵输出的压力油直接进入液压执行元件,没有溢流损失和节流损失,温升小、效率高,适用于农业机械、工程机械、矿山机械和大型机床等高速、大功率的调速系统中。

根据油路的循环方式不同，容积调速回路可分为开式回路和闭式回路。在开式循环回路中，液压泵从液压油箱中吸油后压送到液压执行元件里，液压执行元件排出的油液直接流回液压油箱。开式循环回路的优点是油液在液压油箱中能够进行良好的冷却和便于沉淀杂质，但是液压油箱体积比较大，空气和脏物容易进入回路，影响液压系统正常工作。在闭式循环回路中，液压执行元件的回油直接与液压泵的吸油腔相连。闭式循环回路的优点是结构紧凑，只需要很小的补油箱，空气和脏物不易进入回路。其缺点是散热条件差，需要设置补油泵和冷却系统。补油泵的流量一般为液压系统主液压泵流量的10%～15%，压力通常为0.3～1.0MPa。

根据液压泵和液压执行元件组合方式的不同，容积调速回路被分为3种基本形式：变量液压泵和定量液压执行元件组成的容积调速回路；定量液压泵和变量液压马达组成的容积调速回路；变量液压泵和变量液压马达组成的容积调速回路。

3.3.2.1 变量液压泵和定量液压执行元件组成的容积调速回路（Volume Adjusting Speed Control Circuits of Variable Displacement Hydraulic Pump and Fixed Displacement Hydraulic Actuator）

（1）变量液压泵和液压缸组成的容积调速回路

变量液压泵1、溢流阀2和液压缸3组成了开式容积调速回路，如图3-22a）所示。溢流阀2的作用是限制液压系统的最大工作压力，通过改变变量液泵1的排量V_P，便可调节液压缸3活塞的运动速度，即外负载的运动速度。

若不考虑油液的压缩、液压缸3和管路及其他控制元件的泄漏和压力损失，只考虑变量液压泵1泄漏的影响，则液压缸3活塞的运动速度为：

$$v=\frac{q_P-k_1\left(\frac{F}{A_1}\right)}{A_1}=\frac{V_P n_P-k_1\left(\frac{F}{A_1}\right)}{A_1} \tag{3-25}$$

式中：q_P、n_P、V_P——变量液压泵1的流量、转速和排量；

F、A_1——液压缸3活塞杆承受的外负载和进油腔活塞的有效承压面积；

k_1——变量液压泵1的泄漏系数。

在式（3-35）中，当液压缸3的有效工作面积A_1是常数，变量液压泵1的转速n_p不变时，选取不同的排量V_P，可以得出一组相互平行的速度—负载特性曲线，如图3-22b）所示。在图3-22b）中虚线代表不考虑泄漏的速度—负载特性曲线，实线表示考虑液压泵泄漏时的速度—负载特性曲线。从实线上可以发现，液压缸3活塞的运动速度，按线性规律下降，当外负载F增加到某一值时，液压缸3活塞速度为零，这是因为变量液压泵1提供给液压系统的流量全部用于补偿变量液压泵的泄漏，此值为该排量下回路的最大承载能力F_{max}。

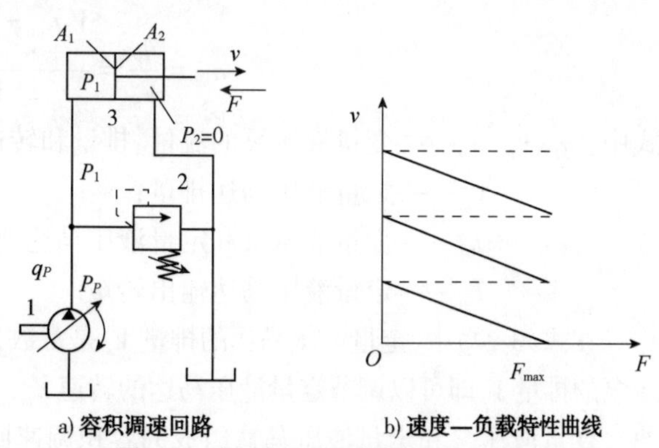

a）容积调速回路　b）速度—负载特性曲线

图3-22 变量液压泵和定量液压执行元件组成的容积调速回路

1-液压泵；2-溢流阀；3-液压缸

变量液压泵和液压缸组成的容积调速回路的速度刚性 T_v 为：

$$T_v = \frac{A_1^2}{k_1} \tag{3-26}$$

由式(3-26)可知，该容积调速回路的速度刚性 T_v 只与参数 A_1 和 k_1 有关，与外负载和速度无关。减小变量液压泵 1 的泄漏系数 k_1 或增大液压缸 3 活塞的有效工作面积 A_1 均可提高回路的速度刚性。

(2)变量液压泵和定量液压马达组成的容积调速回路

变量液压泵 1 和定量液压马达 3 组成的闭式容积调速回路如图 3-23a)所示。通过改变变量液压泵 1 的排量 V_p 便可调节定量液压马达 3 的转速。溢流阀 2 为安全阀，用来限定回路的最大工作压力，起过载保护作用。液压泵 5 为补油液压泵，用来使变量液压泵 1 的吸油口具有较低的压力，改善变量液压泵的吸油性能，防止回路产生气穴现象和空气渗入，同时还起到置换部分发热油液和冷却的作用，并将多余的流量溢回液压油箱。溢流阀 4 的作用是调节补油液压泵 5 的输出压力。

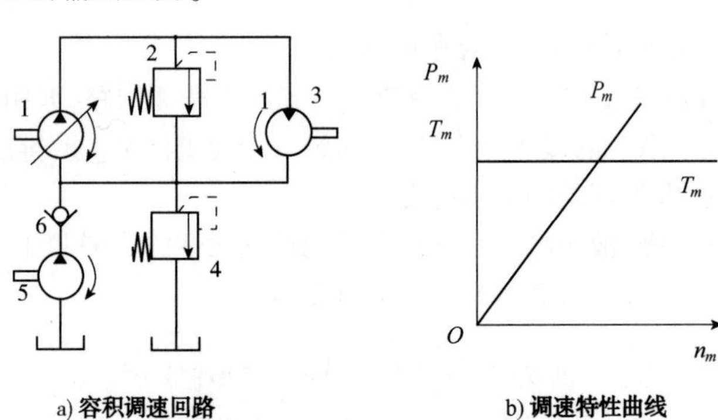

a) 容积调速回路　　b) 调速特性曲线

图 3-23　定量液压泵与变量液压马达组成的容积调速回路

1-变量泵；2-安全阀；3-定量马达；4-溢流阀；5-定量泵；6-单向阀

若不考虑管路压力损失和泄漏时，分析回路的主要特性。

①定量液压马达的转速 n_m

$$n_m = \frac{q_p}{V_m} = \frac{V_p n_p - k_1 \dfrac{2\pi T_m}{V_m}}{V_m} \tag{3-27}$$

式中：q_P、V_P、n_P——变量液压泵的流量、排量和转速；

V_m——定量液压马达排量；

k_1——变量液压泵和定量液压马达泄漏系数之和；

T_m——定量液压马达输出转矩。

在式(3-27)中，定量液压马达的排量 V_m 是常数，变量液压泵在一定转速 n_P 下，调节变量液压泵的排量 V_p 即可以调节定量液压马达的转速 n_m。调速范围 n_{mmax}/n_{mmin} 较宽，一般可达 40。

变量液压泵和定量液压马达组成的容积调速回路的速度刚性 T_v 为：

$$T_v = \frac{V_m^2}{2\pi k_1} \tag{3-28}$$

由式(3-28)可知,减小变量液压泵和定量液压马达的泄漏系数 k_1 或增大定量液压马达排量 V_m 均可提高回路的速度刚性。

②定量液压马达的输出转矩 T_m

$$T_m = \frac{\Delta p V_m}{2\pi} \tag{3-29}$$

式中:Δp——定量液压马达的进出口压力差。

该回路的最大输出转矩不受变量液压泵排量 V_p 的影响,与调速无关,是恒定值,故称这种回路为恒转矩调速回路。变量液压泵和定量液压马达组成的闭式容积调速回路的调速特性曲线如图 3-23b)所示。

③定量液压马达的输出功率 P_m

$$P_m = T_m \omega = \Delta p n_p V_p \tag{3-30}$$

该回路的工作特性曲线 $n_m - V_p$、$T_m - V_P$、$P_m - V_p$。如图 3-24 所示。回路的输出功率与变量液压泵排量 V_p 调节呈线性变化的。这种回路多用于液压起重机、船用绞车和小型内燃机车的有关液压传动装置上。

3.3.2.2 定量液压泵和变量液压马达组成的容积调速回路(Volume Adjusting Speed Control Circuits of Fixed Displacement Hydraulic Pump and Variable Displacement Hydraulic Motor)

定量液压泵与变量液压马达组成的闭式容积调速回路与图 3-23a)类似,如图 3-25a)所示。主液压泵 1 是定量液压泵,输出流量为定值,变量液压马达 3 的转速通过改变它自身的排量 V_m 进行调节。

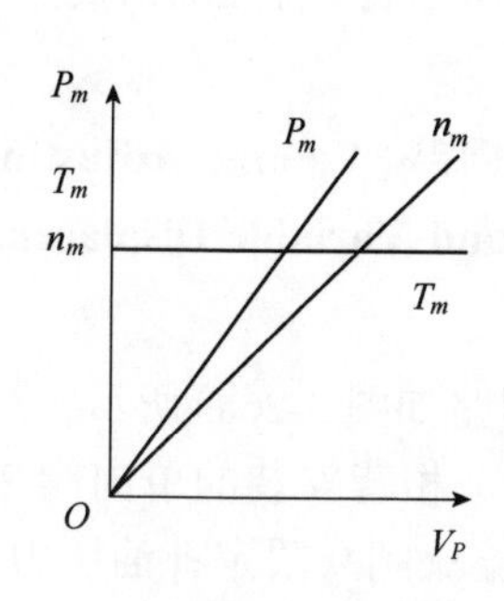

图 3-24 变量液压泵与定量液压马达容积调速回路工作特性曲线

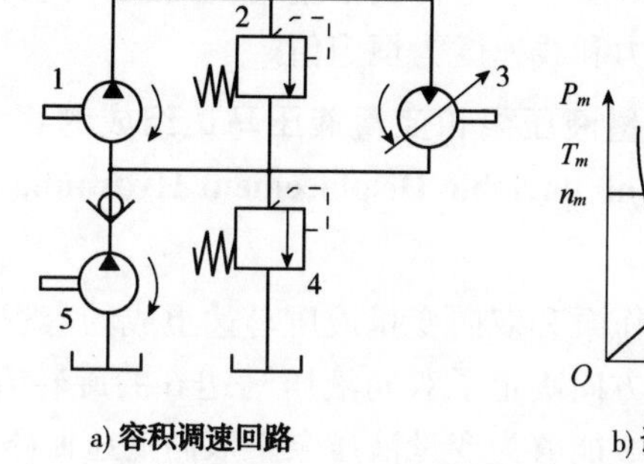

a) 容积调速回路

b) 调速特性曲线

图 3-25 定量液压泵与变量液压马达组成的容积调速回路
1、5-定量泵;2-安全阀;3-变量马达;4-溢流阀

若不考虑管路压力损失和泄漏时,分析回路的主要特性。

(1)变量液压马达的转速 n_m

$$n_m = \frac{q_p}{V_m} = \frac{V_p n_p - k_1 \dfrac{2\pi T_m}{V_m}}{V_m} \tag{3-31}$$

由式(3-31)可知,减小变量液压马达排量 V_m 可使其转速 n_m 增大。根据式(3-31)按不同

的 V_m 值作图，可得定量液压泵与变量液压马达组成的闭式容积调速回路的调速特性曲线如图 3-25b）所示。

定量液压泵和变量液压马达组成的容积调速回路的速度刚性 T_v 为：

$$T_v = \frac{V_m^2}{2\pi k_1} \tag{3-32}$$

由式(3-32)可知，减小定量液压泵和变量液压马达的泄漏系数 k_1 或增大变量液压马达排量 V_m 均可提高回路的速度刚性。当变量液压马达排量 V_m 较小做高速运转时，回路的速度刚性很低，运动平稳性差。

（2）变量液压马达的输出转矩 T_m

$$T_m = \frac{\Delta p V_m}{2\pi} \tag{3-33}$$

该回路的最大输出转矩由安全阀调定压力限定，与变量液压马达的排量 V_m 成正比。

（3）变量液压马达的输出功率 P_m

$$P_m = T_m \omega = \Delta p n_p V_p \tag{3-34}$$

由式(3-34)可以看出，定量液压泵和变量液压马达组成的容积调速回路，其输出功率与调速参数变量液压马达的排量 V_m 无关。在调节速度过程中，功率不发生变化是恒定值，因此这种回路又称为恒功率调速回路。

综上所述，定量液压泵和变量液压马达容积调速回路的调速范围很小，一般小于 3。减小排量 V_m 可以提高液压马达的转速，但是 V_m 不能调得太小，否则可能会出现转矩太小无法带动外负载的情况，这也就限制了转速的提高；由于液压泵和液压马达的泄漏使其在低转速时承载能力差，因此转速不能太小。定量液压泵和变量液压马达容积调速回路在纺织和造纸等行业的卷曲液压装置中得到了应用，它能使被卷材料在不断加大直径的情况下，基本上保持被卷件的拉力和线速度为恒定值。

3.3.2.3 变量液压泵和变量液压马达组成的容积调速回路（Volume Adjusting Speed Control Circuits of Variable Displacement Hydraulic Pump and Variable Displacement Hydraulic Motor）

双向变量液压泵和双向变量液压马达组成的容积调速回路如图 3-26a）所示。双向变量液压泵 1 供油的方向决定了双向液压马达 6 的旋转方向，两个相背安装的单向阀 2 和单向阀 3 保证补油泵 8 能够为变量液压泵 1 双向低压回路补油，溢流阀 9 限定补油压力，两个相向安装的单向阀 4 和单向阀 5 使安全阀 7 双向高压回路都能起过载保护作用。

这种容积调速回路是上述两种回路的组合。由于液压泵和液压马达的排量均可以调节，故增大了调速范围，并扩大了液压马达输出转矩和功率的选择余地，其调速特性曲线如图 3-26b）所示。

为了合理地利用变量液压泵和变量液压马达在调速中各自的优点，克服其缺点，在实际应用时，该回路液压马达转速的调节可分为低速和高速两阶段进行。

（1）低速阶段

先将变量液压马达的排量 V_m 调到最大值后并使之恒定，然后再调节变量液压泵的排量 V_p 从最小值逐渐调到最大值，变量液压马达的转速 n_m 便随 V_p 从最小逐渐升高到相应的最大值，输出功率 P_m 也随 V_p 线性增加，而变量液压马达的输出转矩 T_m 不变，所以该阶段调速属于恒转矩调速。这一阶段为变量液压泵定量液压马达容积调速回路的工作特性。

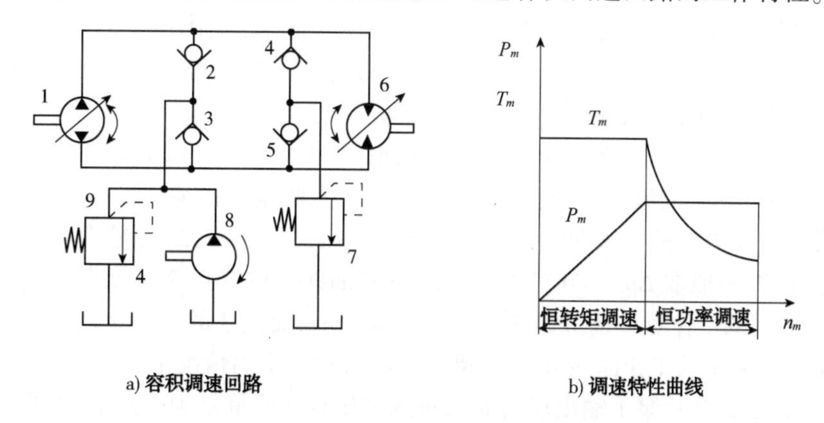

a) 容积调速回路　　b) 调速特性曲线

图 3-26　变量液压泵和变量液压马达组成的容积调速回路

1-双向变量泵；2、3、4、5-单向阀；6-双向变量马达；7、9-溢流阀；8-补油泵

（2）高速阶段

将变量液压泵的排量 V_p 调到最大值后并使之固定不变，然后调节变量液压马达的排量 V_m 从最大值逐渐调到最小值，此时变量液压马达的转速 n_m 从最小值逐渐调到最大值，液压马达的输出转矩 T_m 逐渐减小，而输出功率 P_m 不变，所以该阶段属于恒功率调速。这一阶段为定量液压泵变量液压马达容积调速回路的工作特性。

由此可知，该回路的调速范围是变量液压泵的调速范围与变量液压马达的调速范围之积。调速范围很大，可达 100 左右，多用于大功率液压系统，如矿山采掘机械、牵引机、港口起重运输机械及各种行走机械等大功率设备。

3.3.3　容积节流调速回路（Adjusting Speed Control Circuits with Volume and Throttle）

容积节流调速回路采用压力补偿型变量叶片泵供油，用流量控制阀调节进入或者流出液压缸的流量来调节活塞运动速度，并且使变量叶片泵的输出流量自动地与液压缸所需要的流量相适应。容积节流调速回路有节流损失，但不存在溢流损失，效率较高，速度稳定性也比容积调速回路好，常用在速度调节范围大，中小功率的场合，如组合机床的进给系统。常用的容积节流调速回路有以下两种。

（1）限压式变量叶片泵和调速阀组成的容积节流调速回路

限压式变量叶片泵和调速阀组成的容积节流调速回路如图 3-27a）所示。它由限压式变量叶片泵 1、调速阀 4 和液压缸 7 等主要液压元件组成。限压式变量叶片泵 1 输出的流量，与进入液压缸 7 的流量 q_1 相适应，即 $q_P=q_1$。其工作原理如下：空载时，电磁换向阀 3 和 5 断电，限压式变量叶片泵 1 输出最大流量进入液压缸 7 无杆腔实现活塞的快进；当活塞快进结束时，活塞杆碰触行程开关 8 使电磁换向阀 3 通电，压力油经过调速阀 4 进入液压缸 7 无杆腔，活塞的运动速度由调速阀 4 中节流阀的通流面积 A_T 控制，实现活塞的工进，此时限压式变量叶片泵 1 输出的流量 q_p 还没来得及变小，于是出现 $q_P>q_1$，液压泵的出口压力升高，根据限压式变量泵的工作原理，其输出流量会随压力 p_p 的升高而自动减小到 $q_P=q_1$；当活塞工进结束后，液压泵的出口压力升高到压力继电器 6 的调定值时，压力继电器 6 发出电信号，使电磁换向阀 3 断电和电磁换向阀 5 通电，实现活塞的快退，此时限压式变量叶片泵 1 输出的流量 q_p 还没来得及变大，于是出现 $q_P<q_1$，液压泵的出口压力降低，其输出流量自动增加，直至 $q_P=q_1$。至此，液压系统完成了一个工作循环。

限压式变量叶片泵和调速阀容积节流调速回路的调速特性曲线如图 3-27b）所示。曲线 c 为限压式变量叶片泵的流量压力特性曲线，曲线 d 为调速阀在某一开口 A_T 工作时通过的流量与其进出口压力差的关系曲线，Δp 为调速阀进出口压力差，$\Delta p_{\min}$ 是为获得稳定速度所允许的最小压差，一般取 $\Delta p_{\min}=0.5\text{MPa}$。曲线 c 和曲线 d 的交点 3 是该调速回路在调速阀开口面积为 A_T 时的工作点。调节调速阀的开口面积 A_T，交点 3 的位置也随之发生变化。在限压式变量叶片泵 1 的工作曲线和调速阀 4 开口面积一定的情况下，交点 3 的位置为一定点，此时限压式变量叶片泵 1 输出压力 p_p 和进入液压缸 7 流量 q_1 为一定值，不受外负载的变化影响，图 3-27b）所示，交点 3 左面为一段水平直线。这种回路也称为定压式容积节流调速回路。回路中的调速阀 4 也可安装在回油路上，它的承载能力、运动平稳性和速度刚性与相应采用调速阀的节流调速回路相同。

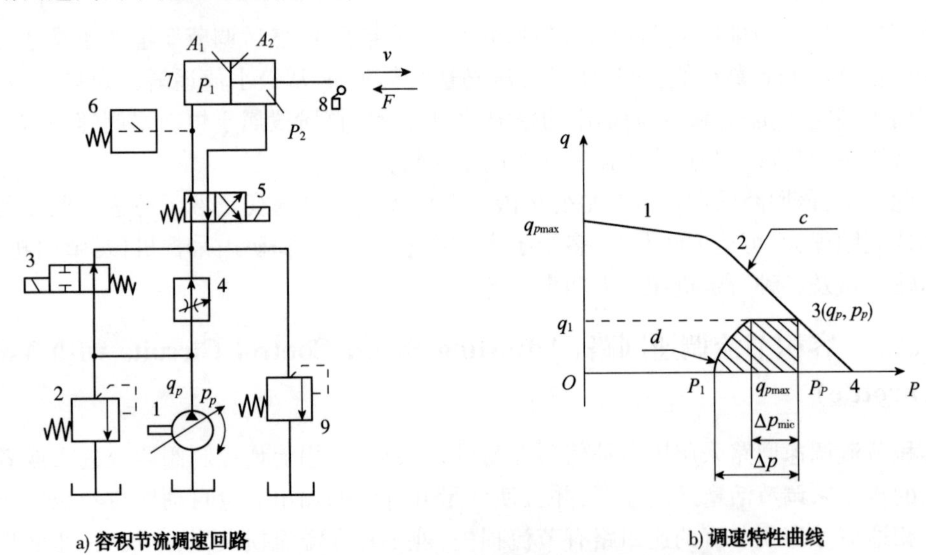

图 3-27　限压式变量叶片泵和调速阀组成的容积节流调速回路

1-变量泵；2、9-溢流阀；3、5-换向阀；4-调速阀；6-压力继电器；7-液压缸；8-行程开关

由图 3-27b）可知，容积节流调速回路虽无溢流损失，但仍有节流损失，其大小与液压缸工作腔压力 p_1 有关。液压缸工作腔压力 p_1 的正常工作范围是：

$$p_2\frac{A_2}{A_1}\leqslant p_1\leqslant(p_p-\Delta p) \tag{3-35}$$

限压式变量叶片泵和调速阀容积节流调速回路的效率为：

$$\eta=\frac{\left(p_1-p_2\frac{A_2}{A_1}\right)q_1}{p_pq_p}=\frac{p_1-p_2\frac{A_2}{A_1}}{p_p} \tag{3-36}$$

式(3-36)没有考虑限压式变量叶片泵的泄漏损失,当液压泵达到最大工作压力时,其泄漏量为8%左右。液压泵输出流量q_p越小,其工作压力p_p就越大;外负载越小,则式(3-36)中的液压缸工作腔压力p_1便越小,曲线d就会向左边移动,这样Δp便会增大,节流损失增加。可见在速度低、外负载小的场合,限压式变量叶片泵和调速阀容积节流调速回路的效率就很低。

(2)差压式变量叶片泵和节流阀组成的容积节流调速回路

差压式变量叶片泵和节流阀组成的容积节流调速回路如图3-28所示。该回路的工作原理与限压式变量叶片泵和调速阀容积节流调速回路基本相似。

当电磁换向阀5处于通电状态时,差压式变量叶片泵1输出的压力油经过节流阀4流进液压缸。调节节流阀4的通流面积A_T即可调节进入液压缸7的流量q_1,并且使液压泵1的输出流量q_p和q_1自动相匹配,即$q_p=q_1$。当A_T是常数时,通过其流量q_1便不受外负载的变化影响,基本稳定不变;当$q_p>q_1$时,液压泵1的供油压力上升,液压泵1内的左右两个柱塞进一步压缩弹簧,推动定子向右移动,减小液压泵1的偏心距e,使液压泵1的流量减小到$q_p=q_1$;当$q_p<q_1$时,液压泵1的供油压力下降,液压泵1内的弹簧释放能量推动定子向左移动,增大液压泵1的偏心距e,使液压泵1的流量增大到$q_p=q_1$。

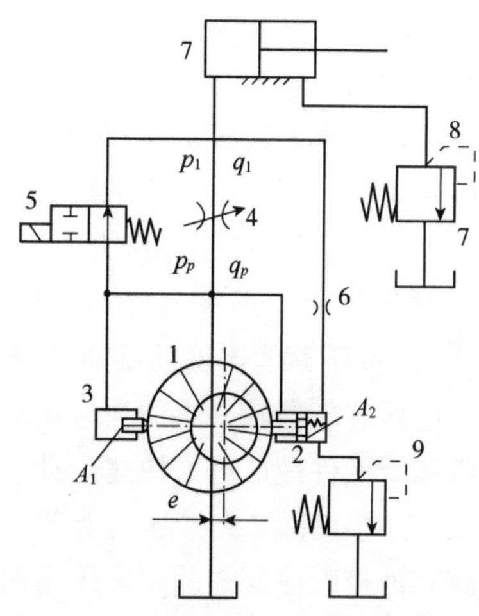

图3-28 差压式变量叶片泵和节流阀组成的容积节流调速回路

在这种调速回路中,作用在液压泵1定子上的力平衡方程为:

$$p_pA_1+p_p(A_2-A_1)=p_1A_2+F_s \tag{3-37}$$

式中:A_1——控制缸3中的柱塞承压面积等于控制缸2中的活塞杆承压面积;

A_2——控制缸2中的活塞承压面积;

F_s——控制缸2中的弹簧力。

由式(3-37)可得:

$$p_p-p_1=\frac{F_s}{A_2} \tag{3-38}$$

由式(3-38)可知,因为弹簧的刚度很小,工作中的伸缩量也很小,F_s基本恒定,节流阀4进出口的压力差$\Delta p=p_p-p_1=F_s/A_2$也近似为常数,所以通过节流阀4的流量q_1就不会随外负载而变化,这与调速阀的工作原理相似。这种调速回路的调速范围只受节流阀4的调节范围限制。该调速回路中液压泵1输出压力随外负载而变化,因此它也称为变压式容积节流调速回路。

差压式变量叶片泵和节流阀容积节流调速回路的效率为:

$$\eta=\frac{\left(p_1-p_2\dfrac{A_2}{A_1}\right)q_1}{p_pq_p}=\frac{p_1-p_2\dfrac{A_2}{A_1}}{p_p} \tag{3-39}$$

由式(3-39)可知,这种调速回路在变载荷情况下,节流损失比限压式变量叶片泵和调速阀容积节流调速回路小得多,回路发热少,效率高,主要适用于外负载变化大、速度较低的中小功率场合,如某些组合机床的进给液压系统中。

3.3.4 快速运动回路(High Speed Control Circuits)

快速运动回路又称为增速回路,其功用是使液压执行元件获得所需的高速,缩短机械设备空行程运动时间,以提高液压系统的工作效率或充分利用功率。常用的快速运动回路有以下几种。

(1)双液压泵供油快速运动回路

双液压泵供油快速运动回路如图3-29所示。高压小流量液压泵1与低压大流量液压泵2并联,在液压执行元件快速运动时,液压泵2输出的压力油经单向阀3与液压泵1输出的压力油同时进入液压系统;在液压执行元件进入工作行程时,液压系统压力升高,打开液控顺序阀4使低压大流量液压泵2卸荷,单向阀3关闭,由高压小流量液压泵1单独向液压系统供油,液压系统的工作压力由溢流阀5调定。这种双液压泵供油快速运动回路的优点是功率损耗小、系统效率高,因此应用较为普遍。

(2)液压蓄能器辅助供油快速运动回路

液压蓄能器辅助供油快速运动回路如图3-30所示。采用一个大容量的液压蓄能器6使液压执行元件液压缸5快速运动。当电磁换向阀4处于中位时,液压缸5活塞停止不动,液压泵1经单向阀2向液压蓄能器6充液,使液压蓄能器6储存能量。当液压蓄能器6的压力升高到液控顺序阀3的调定压力时,液压泵1卸荷,此时,由单向阀2保持液压蓄能器6的压力。当电磁换向阀4左位或右位处于工作状态时,液压泵1和液压蓄能器6同时向液压缸5供油。实现液压缸5快速运动。这种快速运动回路适用于短时间内需要大流量,采用小流量液压泵使液压执行元件获得较大运动速度的场合。但是,液压系统在液压执行元件的一个工作循环内必须有足够的停歇时间,使液压泵对液压蓄能器进行充分地充液。

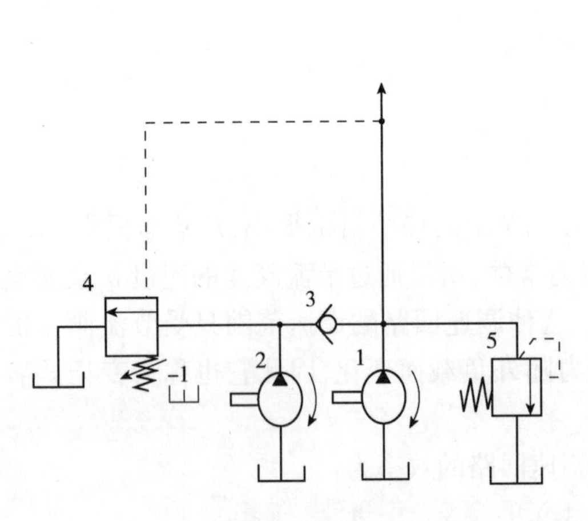

图3-29 双液压泵供油快速运动回路

1、2-液压泵;3-单向阀;4、5-溢流阀

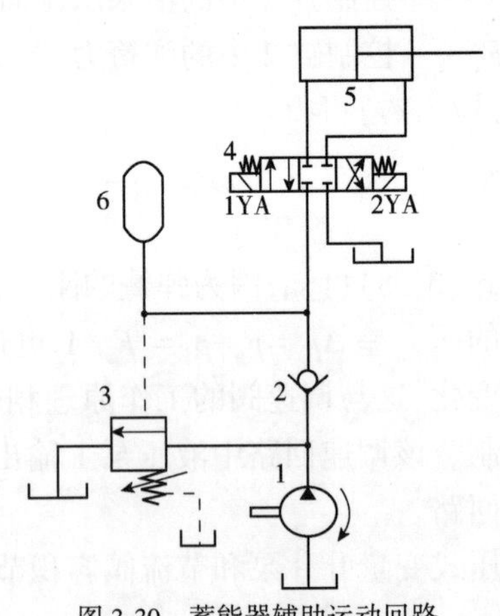

图3-30 蓄能器辅助运动回路

1-液压泵;2-单向阀;3-溢流阀;4-换向阀;5-液压缸;6-蓄能器

(3)液压缸差动连接快速运动回路

液压缸差动连接快速运动回路如图 3-31 所示。当三位四通电磁换向阀 3 电磁铁 1YA 通电、二位三通电磁换向阀 4 电磁铁 3YA 断电时,三位四通电磁换向阀 3 左位和二位三通电磁换向阀 4 左位处于工作状态,液压缸 5 差动连接。液压泵 1 输出的油液和液压缸 5 有杆腔排出的油液合流,同时进入液压缸 5 无杆腔,使液压缸 5 活塞快速运动。当液压缸 5 无杆腔和有杆腔的活塞有效面积比为 2∶1 时,快进速度是非差动连接的 2 倍。液压缸差动连接也可用 P 型中位机能的三位四通换向阀来实现。

3.3.5 速度换接回路(Speed Conversion Control Circuits)

速度换接回路的功用是使液压执行元件在一个工作循环中从一种运动速度转换到另一种运动速度。这种转换不仅包括液压执行元件从快速到慢速的换接,而且也包括两个慢速之间的换接。实现这些功能的回路应该具有较高的速度换接平稳性和速度换接精度。

(1)快速与慢速的换接回路

能够实现快速转慢速换接的方法有很多。用行程阀来实现快、慢速换接回路如图 3-32 所示。当二位四通电磁换向阀 2 断电左位处于工作状态时,液压泵 1 输出的高压油经二位四通电磁换向阀 2 左位流入液压缸 3 无杆腔,液压缸 3 有杆腔的回油经行程阀 4 右位和二位四通电磁换向阀 2 左位流回液压油箱,使活塞快进向下运动;当活塞快速运动完成后,活塞杆上挡块压下行程阀 4,使其左位处于工作状态,这时液压缸 3 有杆腔的回油就必须经过节流阀 5 流回液压油箱,活塞运动速度转变为慢速工进;当二位四通电磁换向阀 2 通电右位处于工作状态时,压力油可经二位四通电磁换向阀 2 右位和单向阀 6 进入液压缸 3 有杆腔,液压缸 3 无杆腔油液经二位四通电磁换向阀 2 右位流回液压油箱,使活塞快速向上返回。

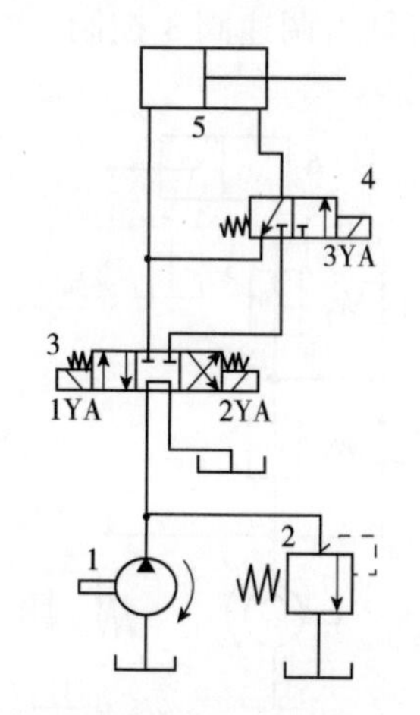

图 3-31 液压缸差动连接回路

1-液压泵;2-溢流阀;

3、4-换向阀;5-液压缸

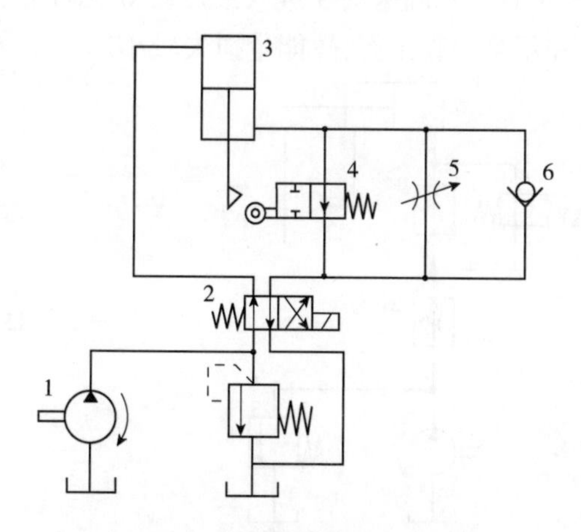

图 3-32 用行程阀的速度换接回路

1-液压泵;2-换向阀;3-液压缸;4-行程阀;

5-节流阀;6-单向阀

这种回路的快、慢速换接过程是由液压缸3活塞的行程控制行程阀4阀芯移动来逐渐关闭其通油路,因此换接过程比较平稳,换接点的位置比较准确。其缺点是行程阀的安装位置不能任意布置,管路连接较为复杂。若将行程阀4改为电磁换向阀,安装连接比较方便,但是速度换接的平稳性、可靠性及换向精度都较差。

(2)两种慢速的换接回路

某些机床要求工作行程有两种进给速度,一般第一进给速度大于第二进给速度,为实现两次工进速度,常用两个调速阀串联或者并联在回路中,用换向阀进行切换。

两个调速阀串联的速度换接回路如图3-33a)所示。当二位二通电磁换向阀4电磁铁断电右位处于工作状态时,液压泵1输出的压力油经调速阀2和二位二通电磁换向阀4右位流入液压缸5无杆腔,进入液压缸5无杆腔的流量由调速阀2控制,有杆腔排油直接流回液压油箱,实现第一种工作进给速度。当第一工进结束,二位二通电磁换向阀4电磁铁通电左位处于工作状态时,由于人为调节使通过调速阀3的流量比调速阀2小,所以液压泵1输出的压力油先经调速阀2,再经调速阀3进入液压缸5无杆腔,实现第二种工作进给速度。在这种回路中,调速阀2一直处于工作状态,在速度换接时,该阀限制了进入调速阀3的流量,因此该回路速度换接平稳性较好,但因油液经过两个调速阀,所以回路能量损失较大。

两个调速阀串联的另一种速度换接回路如图3-33b)所示。当二位二通电磁换向阀4和5电磁铁断电右位处于工作状态时,液压泵1输出的压力油经二位二通电磁换向阀4和5右位进入液压缸6无杆腔,有杆腔排油直接流回液压油箱,实现快进;当快进结束二位二通电磁换向阀4电磁铁通电,其左位处于工作状态时,液压泵1输出的压力油先经调速阀2,再经二位二通电磁换向阀5右位进入液压缸6无杆腔,流量由调速阀2控制,实现第一工进;当第一工进结束二位二通电磁换向阀4电磁铁断电右位处于工作状态,二位二通电磁换向阀5电磁铁通电,二位二通电磁换向阀5右位处于工作状态时,液压泵1输出的压力油经二位二通电磁换向阀4右位和调速阀3进入液压缸6无杆腔,流量由调速阀3控制。在这种回路中,调速阀2并不是一直工作,故能量损失较小。

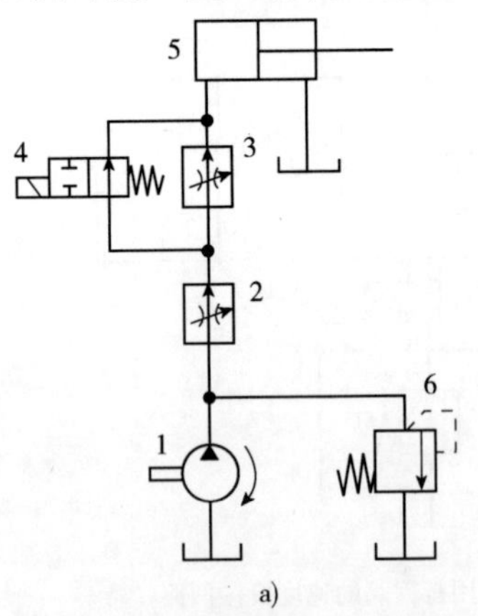

a)

1-液压泵;2、3-调速阀;4-换向阀;
5-液压缸;6-溢流阀

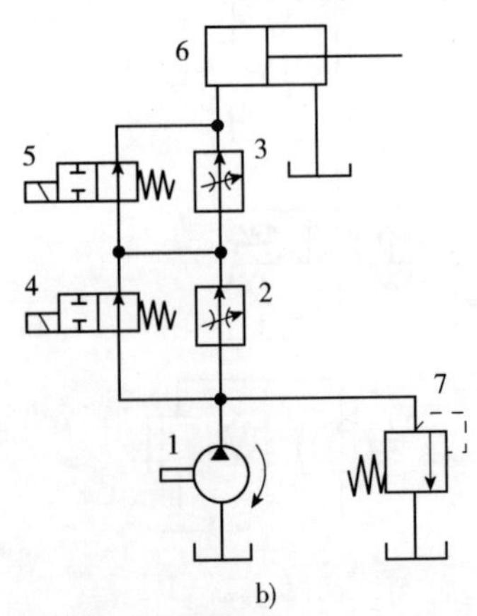

b)

1-液压泵;2、3-调速阀;4、5-换向阀;
6-液压缸;7-溢流阀

图3-33 两个调速阀串联的速度换接回路

两个调速阀并联的速度换接回路如图3-34所示。当二位三通电磁换向阀4电磁铁通电左位处于工作状态时,液压泵1输出的压力油经调速阀2和二位三通电磁换向阀4左位进入液压缸5无杆腔,实现第一工进;当二位三通电磁换向阀4电磁铁断电右位处于工作状态时,液压泵1输出的压力油经调速阀3和二位三通电磁换向阀4右位进入液压缸5无杆腔,实现第二工进。这种回路的优点是两个调速阀可以独立地调节各自的流量,互不影响。其缺点是当一个调速阀工作,而另一个调速阀没有油液通过时,没有油液通过的调速阀内的定差减压阀处于完全打开的位置,在速度换接开始的瞬间不能起减压作用,使工作部件产生突然前冲现象。因此,这种回路不宜用于工作过程中的速度换接,一般用于速度预选的场合。

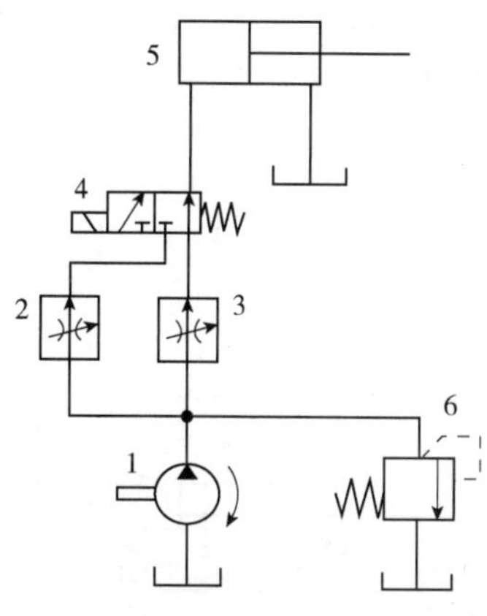

图3-34 两个调速阀并联的速度换接回路
1-液压泵;2、3-调速阀;4-换向阀;5-液压缸;6-溢流阀

3.4 顺序动作回路

(Sequence Motion Control Circuits)

顺序动作回路的功能是使液压系统中的多个液压执行元件严格按照预定顺序动作。顺序动作回路按其控制方式不同,分为压力控制、行程控制和时间控制三类。其中前两类应用比较广泛。

3.4.1 压力控制顺序动作回路(Pressure Controls Sequence Motion Control Circuits)

(1)顺序阀控制的顺序动作回路

采用两个单向顺序阀的压力控制顺序动作的回路如图3-35a)所示。当三位四通电磁换向阀2电磁铁2YA通电左位处于工作状态时,液压泵1输出的压力油经三位四通电磁换向阀2左位进入液压缸5的无杆腔推动活塞右行,产生动作①,有杆腔油液经单向阀4和三位四通电磁换向阀2左位流回液压油箱。由于此时压力比较低,顺序阀7仍处于关闭状态,液压缸6的活塞不动。在液压缸5的活塞运动至终点时,油压升高达到顺序阀7的调定压力时,顺序阀7打开,压力油进入液压缸6的无杆腔推动活塞右行,产生动作②,有杆腔油液经三位四通电磁换向阀2左位流回液压油箱。

当液压缸6的活塞右移到达终点后,三位四通电磁换向阀2电磁铁1YA通电右位处于工作状态时,液压泵1输出的压力油经三位四通电磁换向阀2右位进入液压缸6的有杆腔,无杆腔油液经单向阀8和三位四通电磁换向阀2右位流回液压油箱,使液压缸6的活塞向左返回,实现动作③,活塞向左到达终点时,油压升高打开顺序阀3,压力油进入液压缸5的有杆腔,无杆腔油液经三位四通电磁换向阀2右位流回液压油箱,推动活塞左行返回,实现动作④。

为了避免在液压系统压力波动时发生错误动作,顺序阀3和7的调整压力要比先动作的液压缸的工作压力高出0.8~1.0MPa。该回路的主要优点是安装连接方便、动作灵敏，其缺点是位置精度和可靠性不高，主要取决于顺序阀的性能及其压力调整值。

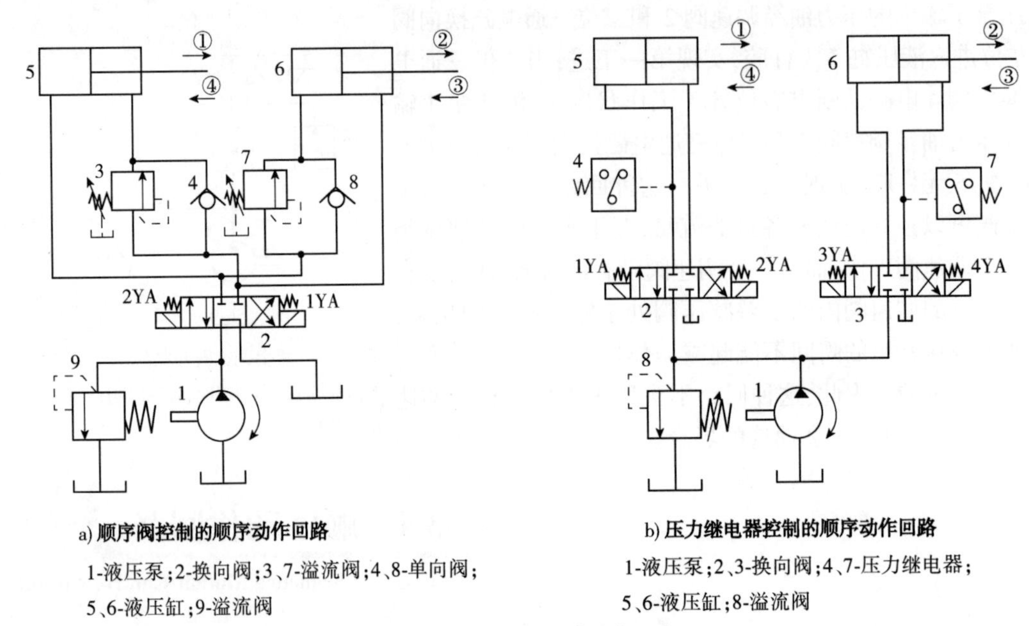

a) 顺序阀控制的顺序动作回路

1-液压泵；2-换向阀；3、7-溢流阀；4、8-单向阀；5、6-液压缸；9-溢流阀

b) 压力继电器控制的顺序动作回路

1-液压泵；2、3-换向阀；4、7-压力继电器；5、6-液压缸；8-溢流阀

图3-35　压力控制顺序动作回路

(2)压力继电器控制的顺序动作回路

采用压力继电器控制实现顺序动作的回路，如图3-35b)所示。当三位四通电磁换向阀2电磁铁1YA通电左位处于工作状态时，液压泵1输出的压力油通过电磁换向阀2左位进入液压缸5无杆腔，有杆腔油液经三位四通电磁换向阀2左位流回液压油箱，活塞向右运动，实现动作①；当活塞运行到终点时，液压缸5无杆腔的压力升高达到压力继电器4的调定值时，压力继电器4发出电信号，三位四通电磁换向阀3电磁铁3YA通电，液压油经三位四通电磁换向阀3左位进入液压缸6无杆腔，有杆腔油液经电磁换向阀3左位流回液压油箱，活塞向右运动，实现动作②；当三位四通电磁换向阀3电磁铁3YA断电，4YA通电时，液压泵1输出的压力油通过三位四通电磁换向阀3右位进入液压缸6有杆腔，无杆腔油液经三位四通电磁换向阀3右位流回液压油箱，液压缸6的活塞左行实现动作③；当活塞运行到终点时，液压缸6有杆腔的压力升高达到压力继电器7的调定值时，压力继电器7发出电信号，使三位四通电磁换向阀2电磁铁1YA断电、2YA通电，液压油进入液压缸5有杆腔，无杆腔油液经三位四通电磁换向阀2右位流回液压油箱，活塞向左运动，实现动作④，至此液压系统完成一个工作循环。该回路优点是动作的顺序控制比较方便，灵敏度高，其缺点是当液压系统存在液压冲击时，易发生误动作，因此压力继电器的调整压力应比液压缸运动时的最大工作压力高出10%~15%。

3.4.2　行程控制顺序动作回路(Position Controls Sequence Motion Control Circuits)

在液压设备中，当工作部件到达指定位置时，利用行程开关和行程阀等液压元件发出信号来控制液压执行元件先后动作的顺序回路,称为行程控制顺序动作回路。

(1)行程阀控制的顺序动作的回路

采用行程阀控制顺序动作回路如图3-36a)所示。在图示位置,两个液压缸3和5的活塞均处于最左端,当二位四通电磁换向阀2电磁铁通电左位处于工作状态时,液压泵1输出的压力油进入液压缸3的无杆腔推动活塞先向右运动,而液压缸5活塞在有杆腔油液的作用下仍然处于最左端。

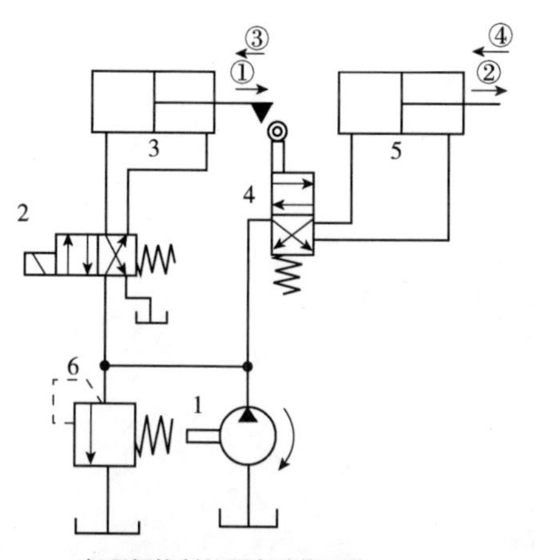

a)行程阀控制的顺序动作回路

1-液压泵;2-换向阀;3、5-液压缸;4-行程阀;6-溢流阀

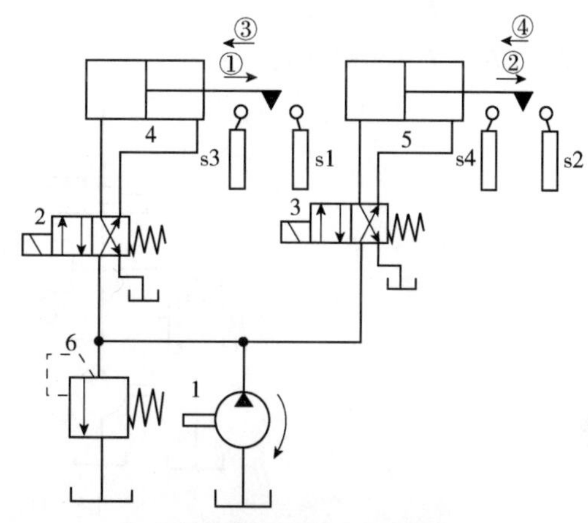

b)行程开关控制的顺序动作回路

1-液压泵;2、3-换向阀;4、5-液压缸;6-溢流阀

图3-36 行程控制顺序动作回路

当液压缸3活塞运动到指定位置时,活塞杆上的挡块便会压下行程阀4,使行程阀4上位处于工作状态,液压泵1输出的压力油进入液压缸5的无杆腔,推动活塞向右运动。当二位四通电磁换向阀2断电右位处于工作状态时,液压缸3的活塞先退回,其挡块离开行程阀4后,液压缸5的活塞才开始返回。

(2)行程开关控制的顺序动作回路

采用行程开关控制顺序动作的回路如图3-36b)所示。当二位四通电磁换向阀2通电左位处于工作状态时,液压泵1输出的压力油进入液压缸4的无杆腔推动活塞先向右运动,当其运动到指定位置活塞杆上的挡铁触动行程开关s_1时,行程开关s_1发电信号使二位四通电磁换向阀3电磁铁通电左位处于工作状态,液压缸5活塞右行;当液压缸5活塞右行至行程终点触动行程开关s_2时,行程开关s_2发电信号使二位四通电磁换向阀2电磁铁断电右位处于工作状态,液压缸4活塞左行;液压缸5活塞左行至行程终点触动行程开关s_3时;行程开关s_3发电信号使二位四通电磁换向阀3断电右位处于工作状态,液压缸5活塞左行,至此完成了液压缸4、5的顺序动作的一个循环。该回路优点是采用电气行程开关控制,比较方便地改变动作顺序和调整行程大小,可靠性比较高。

小 结

本章通过一些工程实例,讲述了比较典型的液压基本回路,重点分析了压力控制回路、方向控制回路、速度控制回路和多执行元件运动控制回路的组成、工作原理和特点,指出了各类液压基本回路的功能,强调了液压基本回路的优缺点,为正确分析研究和设计液压系统打下必要的基础。

习　题

(1)如图3-37所示,溢流阀2的调定压力为10MPa,顺序阀4的调定压力为6MPa,液压缸无杆腔有效面积为60cm²。当换向阀处于图示位置时,试问下列条件下,活塞运动时和活塞到终点停止运动时,A和B两点的压力各为多大?(管路损失忽略不计)

①当负载 $F=20\text{kN}$ 时;

②当负载 $F=30\text{kN}$ 时。

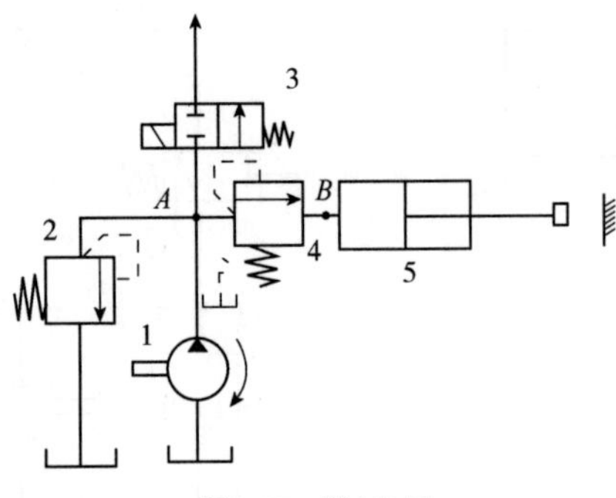

图3-37　题(1)图

(2)如图3-38所示,已知活塞运动时的负载 $F=3\text{kN}$,无杆腔活塞面积 $A=20\text{cm}^2$,溢流阀2调定值为 $P_y=10\text{MPa}$,两个减压阀的调定值分别为 $P_{j1}=6\text{MPa}$ 和 $P_{j2}=4\text{MPa}$,如油液流过减压阀及管路时的损失可忽略不计,试确定活塞在运动时和运动到终点时,A、B、C 三点的压力值。

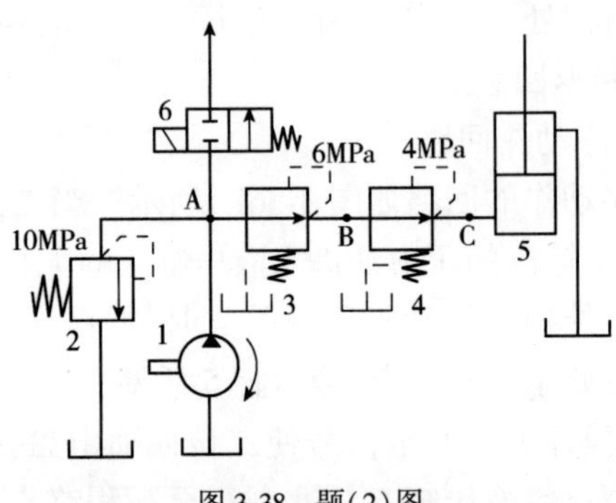

图3-38　题(2)图

(3)如图3-39所示的液压系统,两液压缸的有效面积 $A_1=A_2=80\text{cm}^2$,液压缸6负载 $F=40000\text{N}$,液压缸7运动时负载为零,溢流阀8、顺序阀2和减压阀3的调定压力分别为10MPa、8MPa和3MPa。若不计摩擦阻力、惯性力和管路损失,分析下列三种情况下 A、B 和 C 处的压力:

①液压泵1启动后,两电磁换向阀均处于中位时;

②若电磁换向阀4的1YA通电,液压缸6的活塞移动时及活塞运动到终点时;

③若电磁换向阀5的3YA通电,液压缸7活塞运动时及活塞碰到固定挡块时;

④若电磁换向阀 4、5 电磁铁 1YA、3YA 同时通电,试分析两活塞的运动情况。

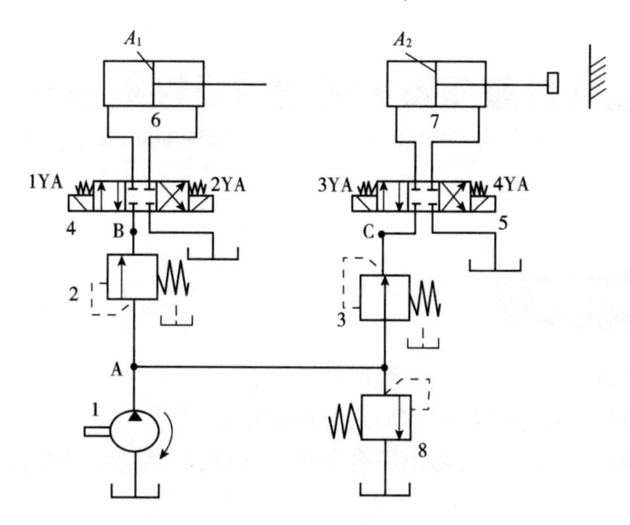

图 3-39 题(3)图

(4)根据要求,画出下列基本回路。

①能够实现液压缸的上、下运动,并能够在任意位置停止,要求液压泵实现卸荷;

②试画出采用液控单向阀的单向和双向锁紧回路;

③采用调速阀的同步回路。

第4章 工程机械液压系统的要求及性能指标

Requirement and Performance Index of Construction Machinery Hydraulic System

学习目的和要求

(1)正确理解工程机械液压系统的组成及要求;

(2)掌握工程机械液压系统的基本形式及性能指标;

(3)学会对工程机械液压系统做出综合分析及评价,归纳总结整个液压系统的特点。

学习指南

(1)主要内容:主要讲述了工程机械液压系统的组成及要求,基本形式及其评价。结合液压系统的基本知识和基本原理,分析了工程机械液压系统的性能指标与要求。

(2)重点:理解工程机械液压系统的形式及性能指标。

(3)难点:正确分析、评价工程机械液压系统。

(4)关键术语:工程机械;液压系统;组成;形式;性能指标;要求与评价。

本章要点

(1)工程机械液压系统不外乎是由一些基本液压回路所组成。每个液压基本回路在系统中一般只用来完成某一项作用,例如压力回路用于调压、减压、增压、卸荷等;调速回路用于调速、限速、制动、同步等。这些液压系统基本回路又是由液压元件所组成。

Hydraulic systems of construction machinery are just composed of some basic hydraulic circuits, one of which is normally to complete a certain role. For example, pressure control circuits could be used to achieve such task as pressure adjusting, pressure reducing, pressure increasing, load pressure releasing; speed control circuits could be used to achieve such task as adjusting speed, limiting speed, braking and synchronous speed regulation, etc. All these basic circuits are composed of hydraulic components.

(2)工程机械液压系统的形式主要包括:开式与闭式系统、单泵与双泵和多泵系统、并联与串联和顺序单动系统、分功率和总功率变量系统等。

Types of construction machinery's hydraulic system mainly include: open and closed system; single pump, double pump and multi-pump system; parallel, serial and single-action sequence system; part power and total power variable system and so on.

(3)工程机械液压系统的性能指标主要有液压系统的效率、功率利用、调速范围、液压系统刚度和负载能力等。

The main performance index of construction machinery' s hydraulic system are efficiency, power utilization, speed adjusting range, hydraulic system stiffness and load capacity, etc.

【导入案例】

开式和闭式液压系统

工程机械液压系统和机械传动系统、电传动系统一样,是工程机械整机传动系统的一种重要的传动系统之一。由于它具有结构简单、重量轻、工作平稳冲击小、无级调速及调速范围大、易于实现自动化等优点,近年来发展得很迅速,已成为高科技的重要领域之一。

各种工程机械液压的系统可以不一样,但它总不外乎是由一些基本液压回路所组成。每个液压基本回路在系统中一般只用来完成某一项作用,例如调压、减压、增压、卸荷、缓冲补油等压力回路,调速、限速、制动、同步等调速回路,换向、顺序、锁紧、浮动等换向回路等。这些液压系统基本回路又是由有关的液压元件所组成。例如调压回路,一般是利用溢流阀来调定系统的最大工作压力。在执行机构进程和回程所需工作压力相差悬殊的工况下,还可以利用两个或两个以上溢流阀与二位二通电磁阀组成双级或多级调压回路等。

按照液压油液循环的方式不同,液压系统可以分成开式系统与闭式系统,分别如图 4-1 和图 4-2 所示。

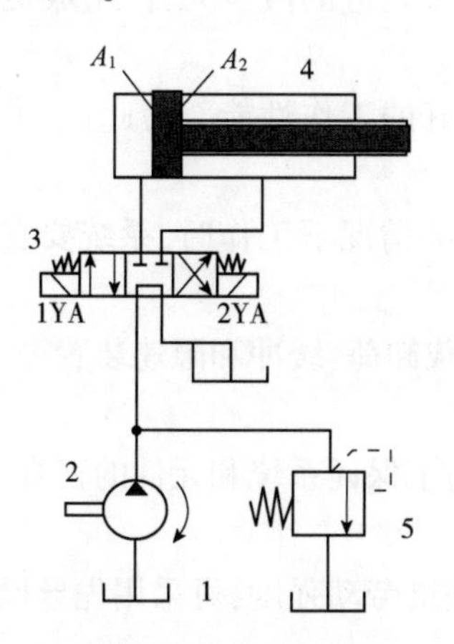

图 4-1 开式液压系统

1-油箱;2-液压泵;3-换向阀;
4-液压缸;5-溢流阀

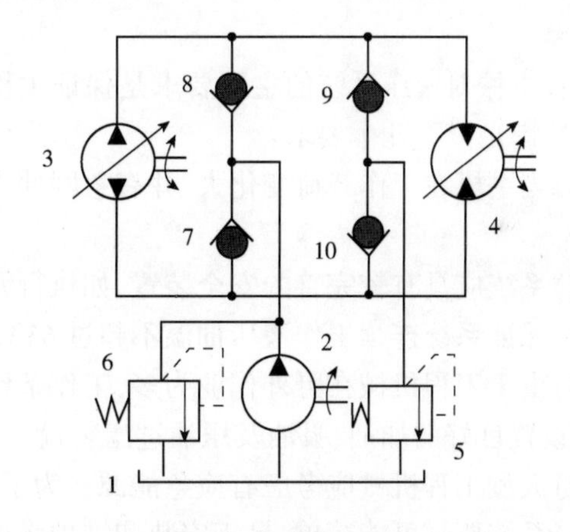

图 4-2 闭式液压系统

1-油箱;2-补油泵;3-主泵;4-液压马达;5-安全阀;
6-补油压力控制阀;7、8、9、10-单向阀

开式系统如图 4-1 所示。在这种系统中,当电磁换向阀 3 处于左位工作时,液压泵 2 运转后直接从油箱吸油,输出液压油驱动液压缸 4 运动,回油经换向阀 3 流回油箱,形成一个循环过程。因油箱与大气相通,故称开式系统。溢流阀 5 的作用是限制系统压力,保证系统安全。系统本身具有油箱,可以发挥其散热、沉淀杂质等作用。油箱常与空气接通,使空气易于进入系统,导致运动不平稳及其他不良后果。开式系统结构简单,仍为大多数工程机械所采用。

闭式系统如图 4-2 所示。在这种系统中,液压油的循环是:主泵 3 输出液压油直接进入驱动液压马达4入口,而马达回油直接进入泵的吸油口,形成一个闭式循环回路。因泵和马达运转时有泄漏,会产生吸油不足现象,需要一个低压补油泵2。液体进行封闭循环,空气不易进入,故平稳性好。避免了开式系统换向的冲击和能量损失。闭式系统本身没有油箱,系统散热和过滤的条件比开式差。闭式系统执行元件一般为液压马达,而且多数作成半闭式。主要应用于大型液压挖掘机、液压起重机中的回转系统,全液压压路机的振动系统及行走系统。

问　题:

(1)请分析工程机械液压系统的优点主要有哪些?

(2)请问什么是开式系统,什么是闭式系统?各有什么优缺点?

(3)请分析开式系统和闭式系统主要应用于哪些工程机械中?

4.1　工程机械液压系统的要求

(Requirements of Construction Machinery Hydraulic System)

学习和掌握液压系统基本回路的组成、原理及其特点,是为了能对实际工程机械液压系统变复杂为简单地去认识和分析。但必须指出,任何一个具体的回路方案都不是一成不变的,随着人们对液压技术的进一步掌握,必然会创造出更多先进的液压元件,组成更合理的液压回路。

工程机械对液压系统的主要要求是保证主机具有良好的工作性能。为此,一个好的液压系统应满足以下几个要求:

(1)当主机在工作载荷变化大,并有急剧冲击和振动的情况下工作时,系统要有足够的可靠性。

(2)系统应具有较完善的安全装置,如执行元件的过载卸荷、缓冲和限速装置等。

(3)保证系统连续工作液压油温不超过65℃。

(4)由于工程机械在野外作业为多,工作条件恶劣,为了保证系统和元件的正常工作,系统必须设置良好的加油、吸油及压油过滤装置。

(5)大型工程机械应考虑有应急能源。为了减轻驾驶员劳动强度,可采用先导操纵。

(6)系统要尽可能简单、易于安装和维护修理。

4.2　工程机械液压系统基本形式

(Model of Construction Machinery Hydraulic System)

根据不同分类方法,工程机械液压系统的基本形式主要有以下几种。

(1)并联、串联和顺序单动系统

按泵源对执行元件的供油方式不同,系统可分为并联系统、串联系统和顺序单动系统,这些系统应用广泛。只有两个以上执行元件同时工作时,才会显示系统特性。

①并联系统

并联系统中泵同时向若干个执行元件供油,如图4-3所示。如同时操纵换向阀3、4时,泵1压力油并联进入液压缸8、7,驱动两缸运行。

一般并联系统有如下特点:

(a)当几个同时工作的执行元件负载压力不等时,泵1压力按各液压缸小负载值建立,流量流入负载压力小的执行元件,造成一快一停现象,即不能同时工作。要使两者同时动作,必须通过小负载换向阀节流,泵压力达到大负载压力时,才能同时工作。

(b)通常在并联系统中,换向阀处中位时有一条零串油路,泵排油通过换向阀中位油路接回油箱,泵压力为零,形成中位卸荷,避免执行元件不工作时泵的过大压力损失。

(c)泵的最大工作压力应按执行元件中最大负载压力选取,其值由溢流阀2限定。泵供油量应按要求同时工作执行元件流量之和选取。

并联系统只能应用于对复合动作要求不高的场合。若要求在不同负载下同时工作,需装分集流装置或刚性同步措施才能实现。

②串联系统

串联系统是指若干执行元件同时工作时,前一元件的回油作为后一元件的进油,如图4-4所示。如同时操纵换向阀3、4于左位。泵1压力油经换向阀3进入液压缸8大腔,其小腔回油经换向阀4进入液压缸7大腔,其回油经阀4、5回油箱,8、7活塞杆同时伸出。三阀同时工作,运行原理是相同的。

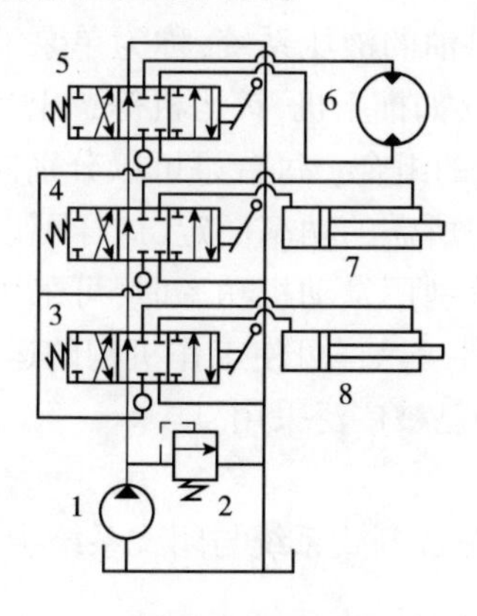

图4-3 并联系统

1-泵;2-溢流阀;3、4、5换向阀;6-马达;7、8-液压缸

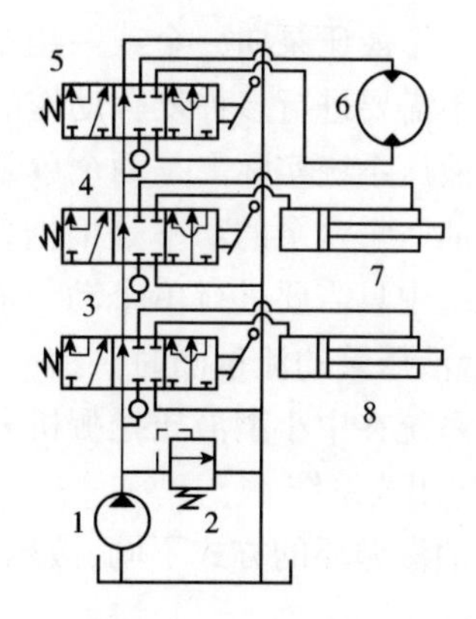

图4-4 串联系统

1-泵;2-溢流阀;3、4、5-换向阀;6-马达;7、8-液压缸

串联系统一般有如下特点:

(a)因执行元件是强行排油,串联系统可以同时工作,泵1最大工作压力应大于同时工作元件负载压力之和,其值由溢流阀2的调定压力决定,即泵的最大工作压力应按同时工作执行元件负载压力之和选取。若不要求所有执行元件在所有工况下同时工作,则按综合工况确定泵压力,以降低泵的使用压力。

(b)通常在串联系统中,所有换向阀处中位时,有一条零串油路,泵排油通过换向阀中位直接回油箱,泵压力为零,形成中位卸荷,避免执行元件不工作时泵产生过大压力损失。

(c)液压泵的最大流量应按执行元件中要求的最大流量选取。

串联系统适用于要求执行元件同时工作的高压系统。

③顺序单动系统

顺序单动系统只能进行单个执行元件工作,不能完成两个执行元件复合动作,如图4-5所示。由图可知,系统只有一条主供油路。操纵换向阀3,换向阀4、5供油即被切断。而且,对于换向阀3、4、5,获得供油顺序也是3、4、5,也就是说前面的执行元件有优先供油权,所以顺序单动系统,也称优先系统。

顺序单动系统一般有如下特点:

(a)顺序单动系统,只能完成单个执行元件工作,不能复合动作,而且前面执行元件有优先供油权。

(b)所有换向阀均处中位时,有一条零串油路,泵排油通过阀中位的零串油路直接回油箱,泵压力为零,避免执行元件不工作时,泵高压工作造成能量浪费,油温上升。

(c)泵的最大工作压力应等于执行元件中最大负载压力,而泵输出流量应等于执行元件中最大要求流量。

实际上,上述三种系统均以组合式换向阀组形式出现,也称多路阀组,均有标准产品供应。通过以上二种系统的不同组合,还可组成各种复合系统,以完成主机要求。

(2)单泵、双泵与多泵系统

根据实际工程机械液压系统中采用的液压泵的数目可将其分为单泵系统、双泵系统和多泵系统。由一个液压泵向一个或一组执行元件供油的液压系统,称为单泵液压系统。单泵系统适用于不需要进行多种复合动作的工程机械,如推土机、铲运机等铲土运输机械的液压系统。双泵液压系统实际上是两个单泵液压系统的组合。每台泵可以分别向各自回路中的执行元件供油。每台泵的功率是根据各自回路中所需的功率而定,这样可以保证进行复合动作。当系统中只需要进行单个动作而又要充分利用发动机功率时,可采用合流供油的方式,即将两台液压泵的流量同时供给一个执行元件。这样可使工作机构的运动速度加快。这种双泵液压系统在中小型液压挖掘机和起重机中已被广泛采用。

(3)开式与闭式系统

按照液压油液循环的方式不同,液压系统可以分成开式系统与闭式系统。

①开式系统

开式系统如图4-6所示。在这种系统中,油的循环路线是:液压泵1运转后直接从油箱吸油,输出液压油驱动执行元件液压缸或液压马达运转。回油流回油箱,形成一个循环过程,因油箱与大气相通,故称开式系统。换向阀3的作用是保证执行元件换向和停止。溢流阀2的作用是限制系统压力,保证系统安全。

开式系统结构较简单,而且有一个较大油箱,油液在油箱中可充分冷却和沉淀杂质,散热性能较好。由于油箱较大,液压系统结构不够紧凑,多用于固定设备液压系统。若要减小油箱尺寸则会导致系统散热不足,需增加冷却器帮助散热,以维持系统热平衡。开式系统移动设备,通常都是通过这种方法解决开式系统结构紧凑的问题。

为解决泵自吸能力不足的问题,提高泵的使用转速,特别对大流量泵,需对泵吸油口增压供油,一般有如下两种方法:

(a)使用低压辅助泵5作为主泵1的供油泵,如图4-7所示。辅助泵5的流量应大于主泵1的流量,其供油压力由溢流阀6进行控制调节。供油压力值由泵1样本中提供。

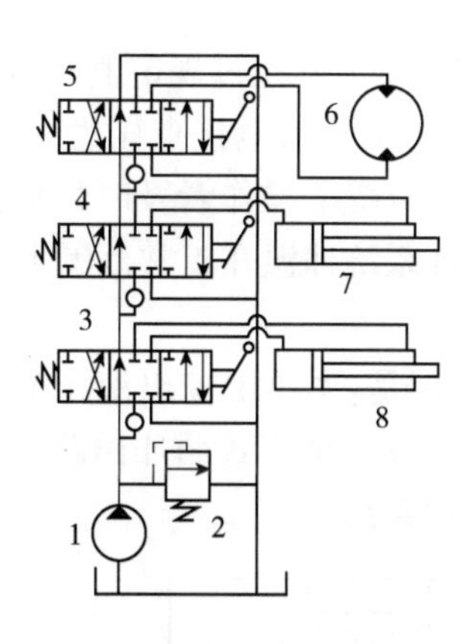

图4-5 顺序单动系统

1-泵;2-溢流阀;3、4、5-换向阀;6-马达;7、8-液压缸

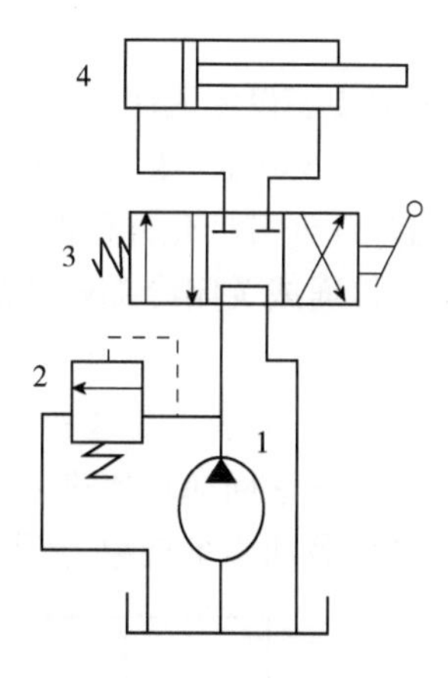

图4-6 开式系统

1-液压泵;2-溢流阀;3-换向阀;4-液压缸

(b)使用密闭压力油箱。将油箱做成密闭形式,如图4-8所示。当由于液压泵转速较高自吸能力较差,若装设补油泵不经济或不方便时,可以考虑使用压力油箱。压力油箱上部通以压缩空气,使油面上方经常保持一定的压力,一般为0.05~0.15MPa。所用压缩空气可取自制或控制系统的压缩空气源,也可单设压力为0.7~0.8MPa小型空气压缩机,把压缩空气充入储气罐。压缩空气从储气罐引出,经分水滤气器7滤清、干燥,并经减压阀6减压后,进入油箱中最高油面之上,对油形成压力。减压阀6可自动保持油箱内压力在规定范围内。不经滤清和干燥的空气会加速油液的劣化。

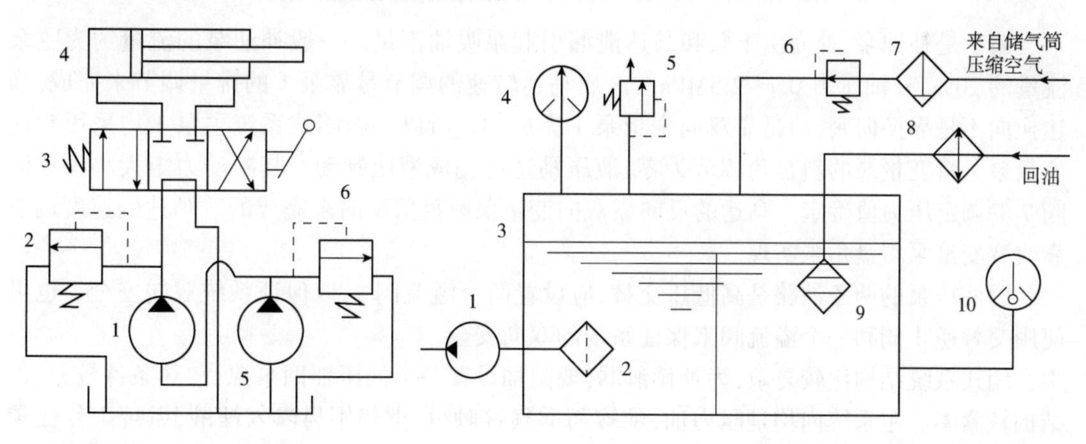

图4-7 有补油泵开式系统

1-主泵;2-主溢流阀;3-换向阀;4-液压缸;5-辅助泵;6-溢流阀

图4-8 压力油箱原理图

1-液压泵;2-粗滤油器;3-压力油箱;4-电接点压力表;5-空气溢流阀;6-减压阀;7-分水滤气器;8-冷却器;9-精滤油器;10-电接点温度表

据试验,压力油箱在改善液压泵吸油能力的同时,还可减少或消除噪声和振动。油箱中的空气压力以0. 5~0.07MPa为宜,压力过高效果不大。由于空气在油液中的溶解量与绝对压力成正比,所以压力油箱中溶解的空气比开式油箱中的略高,压力油箱不利于油液中空气

的析出。

压力油箱顶部要装设溢流阀5,以保证油箱中空气压力不超过规定值。溢流阀5的调定压力通常取0.07~0.15MPa。压力油箱上还应设置压力信号器电接点压力表4,在油箱中的压力因某种原因降低到最低允许值时,自动发出信号,以提醒操作者及时采取措施。电接点温度表10是用于接通或关闭冷却器8的工作,以保证系统油温在正常范围工作。

②闭式系统

闭式系统如图4-9所示。在这种系统中,油的循环是:主泵1输出液压油直接进入驱动液压马达8入口,而马达回油直接进入泵的吸油口,形成一个闭式循环回路。因泵和马达运转时有泄漏,会产生吸油不足现象,需要一个低压补油系统。

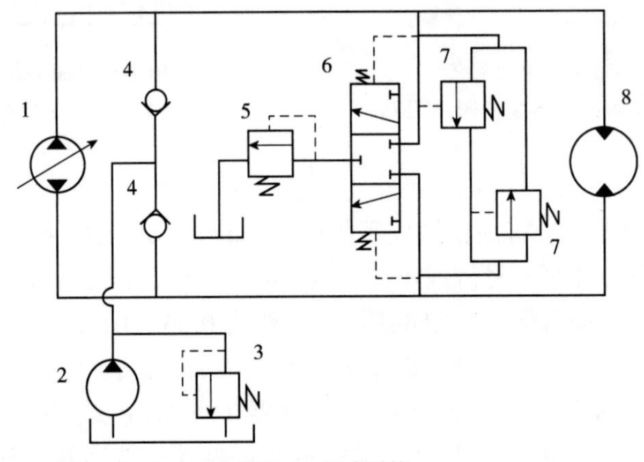

图4-9 闭式系统

1-双向泵;2-补油泵;3-安全阀;4-单向阀;5-限压阀;6-新油更换阀;7-溢流阀;8-马达

泵2是补油泵,补充由于泵和马达泄漏引起泵吸油不足。一般补油泵的流量约为主泵流量的20%,补油压力0.7~2.5MPa。液压马达转速的调节是靠泵1的排量调节来完成,马达换向不是靠换向阀,而是靠双向变量泵1完成的。所以一般闭式系统主泵1均采用双向变量泵。将变量泵的斜盘角调节为零,液压马达可完成液压制动。其制动力矩大小由溢流阀7的调定压力值确定。马达的反向靠双向变量泵斜盘角反向来完成的。马达的速度调节靠改变变量泵斜盘角来实现。

因液压泵的两条油路是高低压交替,应设置两个溢流阀7,以保证系统双向安全。也可使用交替逆止阀和一个溢流阀来保证系统的双向安全。

闭式系统结构比较复杂,为补偿泄漏,要附加设置一个低压辅助泵源,散热条件较差,但结构较紧凑。主系统内均是压力油,油液与空气接触少,空气不易渗入油液,系统工作比较平稳。

为解决闭式系统散热不良,系统采用新老油更换阀6进行新老油更换。原理如下:如泵1上管路高压,下管路为低压,液动阀6上位工作;此时,泵2补充经冷却后新油进入下管路,将管道内原有热油,经阀6、阀5挤回油箱,达到新老油更换及散热目的。这个过程持续不断,经过一个循环,老油会被不断更换。此时,阀3调定压力较阀5略高,高0.1 ~0.2MPa,阀3起安全阀作用,而阀5则起限定补油压力作用。

闭式系统适用于液压马达驱动系统,在工程机械行走机构和回转机构中应用较多。一般不适用液压缸驱动系统。使用双活塞杆等面积液压缸的闭式系统，因缸行程有限，只能通过变量泵正反向完成缸的往复运动。而单活塞杆液压缸，因两腔面积不等，造成进排油量不等，不能应用闭式系统。

(4)分功率、总功率变量系统

变量系统按其对发动机功率利用情况的不同，可分为分功率变量系统和总功率变量系统。由于变量系统一般多为双泵回路，所以分为分功率调节变量系统和总功率调节变量系统。

①分功率调节变量系统

分功率调节系统中的两个主泵，各有一个恒功率调节器，如图4-10所示。每一个泵的流量只受泵所在回路负载压力的影响，而不受另一回路负载的影响，不能保证相应的同步关系。每一回路所利用的发动机功率最多不超过50%。为了改善功率利用，在进行单回路动作时，分功率变量系统可采用合流供油。

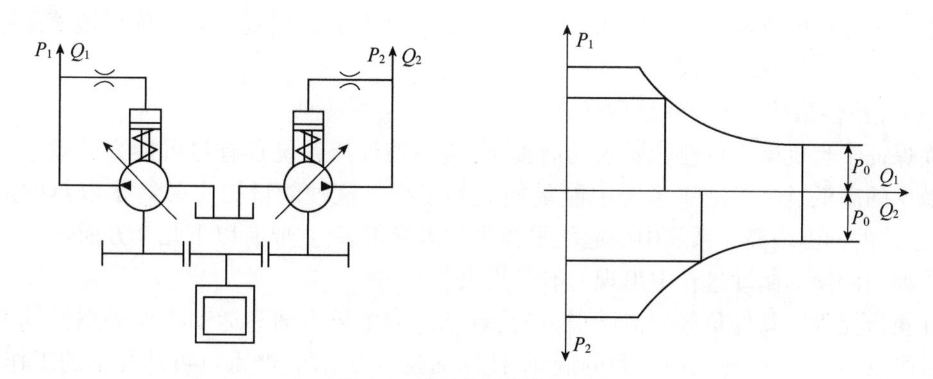

图4-10　分功率调节变量系统

②总功率变量系统

总功率变量系统如图4-11所示。图4-11a)是采用机械联动调节总功率变量系统。两个泵的缸体连接在一起，由一个直接作用调节缸来调节双泵的摆角。泵1和泵2的压力油通过阻尼孔分别作用于调节缸的a腔和b腔，因此是按两台泵工作压力之和$p_z=p_1+p_2$来进行流量调节的，如图4-11c)所示。调节过程中，两泵摆角相等。输出流量相等。两台泵功率总和始终保持恒定，使其不超过发动机的驱动功率。图4-11b)是液压联动总功率调节变量系统。每台泵各自有调节器，同样，它们的摆角是按两台泵工作压力之和来调节的，而实现双泵同步变量。

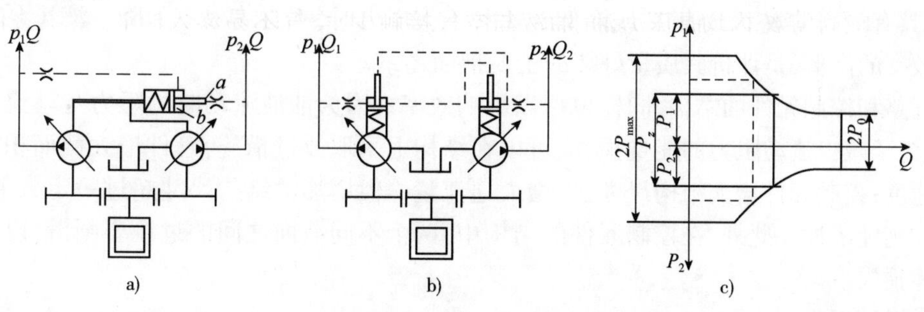

图4-11　总功率变量系统

总功率变量系统有以下特点：

(a)发动机功率能得到充分利用。发动机功率可按实际需要在两泵之间自动分配与调节。在极限情况下，当一台泵空载时，另一台泵可以输出全部功率。

(b)两台泵流量始终相等。例如，保证履带式全液压挖掘机两条履带同步运行，便于驾驶员掌控速度。

(c)两泵传递功率不等，因此其中的某个泵有时可能在超载工况下运行，对泵的寿命有一定的影响。

4.3 工程机械液压系统性能指标

(Performance Index of Construction Machinery Hydraulic System)

工程机械系统性能的优劣取决于液压系统性能的好坏。而液压系统性能的好坏则又以系统中所用元件的质量好坏和所选择的基本回路恰当与否为前提。对工程机械液压系统的评价，应从以下几个指标考虑。

(1)经济性指标—液压系统的效率

在保证工程机械主机性能要求的前提下，应该使液压系统具有尽可能高的效率。液压系统效率的高低反映了液压系统中能量损失的多少。这种能量损失最终是以热的形式出现，使系统的油温增高。系统中引起能量损失的因素很多，主要有以下几个方面：

①换向阀换向制动过程中出现的能量损失

在执行元件及其外负载的惯性很大时，制动过程中压力油和运动机构的惯性都迫使执行元件继续运动，同时压入回油腔的液体，使回油腔压力增高，严重时可达几倍的工作压力。液体在此高压作用下，将从换向阀或制动阀的开口缝隙中挤出，从而使运动机构的惯性能变为热耗，造成系统油温升高。在一些换向频繁、负载惯性很大的系统中，如挖掘机的回转系统，由于换向制动而产生的热耗是十分可观的，有可能成为系统发热的主要因素。

②元件本身的热量损失

元件的能量损失包括液压泵、液压马达、液压缸和控制阀类元件等能量损失，其中以液压泵和液压马达的损失为最大。

液压泵和液压马达中能量损失的多少，可用效率来表示。液压泵和液压马达效率等于机械效率和容积效率的乘积。机械效率和容积效率与多种因素有关，如工作压力、转速和油液的黏度等。一般而言，每一台液压泵和液压马达在一个额定的工作点，即一定的压力和转速下，具有最高的效率，当增加或降低转速和工作压力时，都会使效率下降。液压泵和液压马达效率的高低，是评价其质量好坏的主要指标之一。

管路和控制元件的结构，同样也可以影响效率。因为油液流动时的阻力与其流动状态有关，为了减少流动阻力的能量损失，可以在结构上采取改进措施：管件增大截面积以降低流动速度；控制元件增大结构尺寸，以增大通流量。但增加的结构尺寸超过一定数值时，就会影响到经济性。此外，在控制元件的结构中，两个不同截面之间的过渡要圆滑，以尽量减少摩擦损失。

③溢流损失

当液压系统工作时，工作压力超过溢流阀的开启压力时，溢流阀开启，液压泵输出流量全部或部分地通过溢流阀溢流。出现溢流工况是：回转机构的启动与制动过程；负载太大，液压缸中的工作压力超过溢流阀的开启压力而继续工作；工作机构液压缸到达终点极限位置，而换向阀尚未回到中位。

在系统工作时，应尽量减少溢流损失。这可以从设计和操作两个方面采取措施。

④背压损失

为保证工作机构运动的平稳性，常在执行元件的回油路上设置背压阀。背压越大，能量损失亦越大。一般液压马达的背压要比液压缸大；低速液压马达的背压要比高速马达大。

为减少因背压引起的发热，在保证工作机构运动平稳性的条件下，应尽可能减少回油背压，或利用这种背压做功。

(2)节能性指标—功率利用

液压系统的功率利用反映了主机的生产率。一般来说，采用恒功率变量泵的变量系统，其功率利用要比定量系统高。在双泵系统中，为了提高功率利用，除采用变量系统外，还可采用合流供油。

(3)调速指标—调速范围

工程机械的特点是工作机构的负载及其速度的变化范围比较大，这就要求工程机械的液压系统应具有较大的调速范围。不同的工程机械其调速范围是不同的，即使在同一工程机械中，不同的工作机构其调速范围也不一样。调速范围的大小可以用速比 i 来衡量。

对液压马达

$$i_M = \frac{n_{M\cdot \max}}{n_{M\cdot \min}} \tag{4-1}$$

式中：$n_{M\cdot \max}$——液压马达最大转速(r/min)；

$n_{M\cdot \min}$——液压马达最小转速(r/min)。

对液压缸

$$i_C = \frac{v_{C\cdot \max}}{v_{C\cdot \min}} \tag{4-2}$$

式中：$v_{C\cdot \max}$——液压缸最大速度(m/s)；

$v_{C\cdot \min}$——液压缸最小速度(m/s)。

(4)机械特性指标—液压系统刚度

液压系统的速度受外负载影响的程度，常用刚度来评定。液压系统刚度越大，说明该系统速度受负载波动的影响越小。例如在节流调速系统中，复合节流调速系统刚度大，最差的是旁路节流调速系统。又如，对于容积调速系统，对定量马达而言，所选排量越大，回路刚度越大；对变量液压马达，当最大排量选定后，其调节参数 r_m 越大，回路刚度越大，即低速时回路刚度较高速时为好。

对于一般的液压系统，除满足上述性能指标外，还有以下基本要求：

①系统尽可能简单，所用液压元件尽可能少，做到既满足工况要求，又达到效率高、成本低、使用维护方便、寿命长；

②结构紧凑，尽可能选用系列元件；

③控制简单、灵活、正确；

④工作性能稳定、安全可靠、振动和噪声小等。

上述性能指标和基本要求，仅作为分析和鉴别一般液压系统“好”、“坏”的相对标准，对于具体系统的实际定量要求和特殊要求，则应首先满足。

小 结

本章简明扼要地介绍了工程机械液压系统的优缺点及其应用。分析了工程机械液压系统的主要要求，强调工程机械液压系统可以不一样，但它总不外乎是由一些基本液压回路所组成。每个液压基本回路在系统中一般只用来完成某一项作用，而液压系统基本回路又是由有关的液压元件所组成。同时指出，任何一个具体的回路方案都不是一成固定不变的，随着人们对液压技术的进一步掌握，必然会创造出更多先进的液压元件，组成更合理的液压回路。重点分析了工程机械液压系统的开式与闭式系统、单泵、双泵与多泵系统、并联、串联和顺序单动系统、分功率、总功率变量系统等主要形式，并分别对其进行评价。明确了效率、功率利用、调速范围以及液压系统刚度工作性能等工程机械液压系统的主要性能指标。

习 题

(1)工程机械液压系统的优点主要有哪些？它应满足哪些要求？

(2)什么是开式系统，什么是闭式系统？各有什么优缺点？主要应用于哪些工程机械中？

(3)什么是工程机械液压系统执行元件的并联、串联和顺序单动系统？各有哪些特点？

(4)什么是分功率、总功率变量系统？各有哪些特点？

(5)工程机械液压系统的性能指标主要有哪些？

第5章 土石方工程机械液压系统

Hydraulic System of Earth-Stonework Construction Machinery

学习目的和要求

(1)正确理解典型土石方工程机械液压系统的组成、工作原理和特点;

(2)掌握土石方工程机械液压系统中各个基本回路的原理和控制方法;

(3)学会对液压系统做出综合分析,归纳总结整个液压系统的特点。

学习指南

(1)主要内容:主要讲述了几种常见的铲土运输机械如装载机、推土机、铲运机、平地机、挖掘机、振动压路机等的液压系统的组成、工作原理、特点及故障诊断与排除。结合液压系统的基本知识和基本原理,分析了液压基本回路。

(2)重点:正确分析典型土石方工程机械液压系统的工作原理和特点。

(3)难点:掌握根据土石方工程机械的作业工况特点,正确分析及合理设计其液压系统的知识和方法。

(4)关键术语:装载机;推土机;铲运机;平地机;挖掘机;振动压路机;稳定土拌和机;液压系统;液压组成回路;原理及功用。

本章要点

(1)铲土运输机械是在施工过程中,利用刀形或斗形工作装置完成土壤的铲土、运土、卸土和空载返回作业四个过程的工程机械,主要包括推土机、装载机、铲运机、平地机等施工机械。目前,大多数铲土运输机械均采用液压系统。

Shoveling transport machines are construction ones that use knife or bucket type of working devices to finish such four processes as soil-shoveling, earthmoving, soil-unloading, and empty-returnig. They mainly include bulldozers, loaders, scrapers, graders and other construction machines. At present, the majority of them adopt hydraulic drive system.

(2)挖掘机械利用工作装置完成土石方的开挖及装卸。单斗刚性连接式挖掘机的工作装置、行走装置、回转机构和其他装置都是用液压缸或液压马达驱动的。

Excavation machinery adopt working member to complete excavation and unloading. In single-bucket excavators with rigid suspension the working member, running gear, slewing mechanism and other units are actuated by means of hydraulic cylinders or motors.

(3)压实机械是利用机械力使材料填层密实的土石方机械。目前,液压系统在压实机械上得到了广泛的应用。

Compaction machinery is a kind of earth machinery that use force to compact filling layer material. At present, the hydraulic system has been widely used for the compaction machinery.

【导入案例】

工程机械动力转向系统

转向性能是工程机械性能的重要方面,不论是直线行驶或者转向,由于地面条件变化的随机性,要保证机械沿一定方向行驶,就必须不时地调整其行驶方向,因此转向性能直接影响到工程机械的整体性能,图5-1所示为工程机械机械式转向系统示意图。

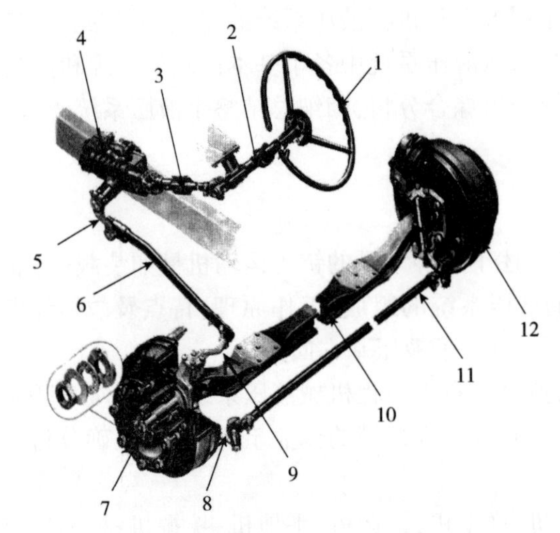

图5-1 工程机械机械式转向系统示意图

1-转向盘;2-转向轴;3-万向传动;4-转向器;5-转向垂臂;6-转向节直拉杆;
7-左转向节;8-右转向节;9-直拉杆臂;10-前轴;11-横拉杆;12-转向轮

工程机械和重型汽车由于转向阻力很大,为使操纵轻便,大多数工程机械普遍采用的是液压式动力转向。按分配阀形式,液压式动力转向可以分为轴向动作的滑阀式与旋转动作的转阀式。滑阀式目前用得较多,性能较好,能满足使用要求,有一定的使用经验;转阀式的应用有增多趋势,与滑阀式相比它有零件少、密封件少、灵敏度高等优点。一般来讲,动力转向由方向盘1、转向器2、分配阀3、动力缸4等部件组成。图5-2所示为工程机械液压式动力转向系统原理图。

工程机械液压转向沉重,大多数是由于系统压力低或流量不足引起的。油箱中液压油油位低或吸油滤芯堵塞,使液压泵吸油不足;液压泵严重磨损,泄漏严重,使输出流量或油压不足;油管或管接头泄漏,导致液压泵吸入空气而使输出压力降低,并伴随有噪声;溢流阀损坏或压力调得低;计量马达或转向阀内严重磨损而造成内漏等现象,都会使转向沉重。由于工程机械转向时所需克服的转向阻力比较大,如果油液压力不足,从计量马达排出到转向缸的压力油不足,驾驶员必须连续快速转动转向盘,通过拔销带动计量马达转子转动,从而将计量马达中的油液压入转向缸,使计量马达处于泵的工况,向转向缸供油驱动轮子转向,故而引起转向沉重。如果流量不足,虽然有足够的压力可以克服转向阻力后转向,但是由于进入转向缸的压力油比较少,使转向缸的活塞移动缓慢,转向迟缓、不灵敏。而要达到正常的转向速度,驾驶员只能快速转动转向盘,这时又会使计量马达处于泵的工况,引起转向沉重。

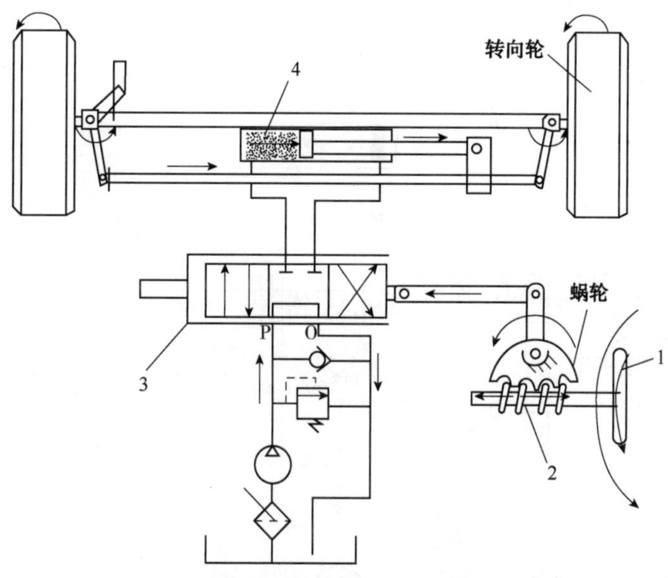

图 5-2 工程机械液压式动力转向系统原理图
1-方向盘;2-转向轴;3-分配阀;4-动力缸

问 题:

(1)目前工程机械普遍采用的动力转向系统是什么系统?

(2)工程机械液压式动力转向系统的组成有哪些?

(3)工程机械出现液压转向沉重的原因主要有哪些?

5.1 铲土运输机械液压系统

(Hydraulic System of Shoveling Transport Machinery)

铲土运输机械是机械在行进过程中,利用刀形或斗形工作装置进行铲土、运土、填土的土方机械,主要有推土机、铲运机、装载机、平地机等。

5.1.1 装载机液压系统(Hydraulic System of Loader)

5.1.1.1 ZL50 型装载机液压系统(Hydraulic System of ZL50 Loader)

目前工程建设中广泛使用的国产 ZL 系列装载机中,ZL50、ZL100 两种同型的结构基本相同,其转向系、工作装置和变速箱等采用液压系统。

(1)转向液压系统

ZL50 型轮胎式装载机转向液压系统按其所用的转向阀不同,分为滑阀式和转阀式两种形式,其中滑阀常流式转向液压系统使用较多。

该装载机采用折腰式液压转向,车架的前后两部分铰接,转向液压缸的活塞杆和缸筒分别与前、后车架铰接,操纵转向盘时液压系统使左、右转向液压缸分别作伸、缩运动,从而实现转向。该装载机转向液压系统如图 5-3 所示,主要由转向泵、恒流阀、转向阀和转向液压缸等组成。

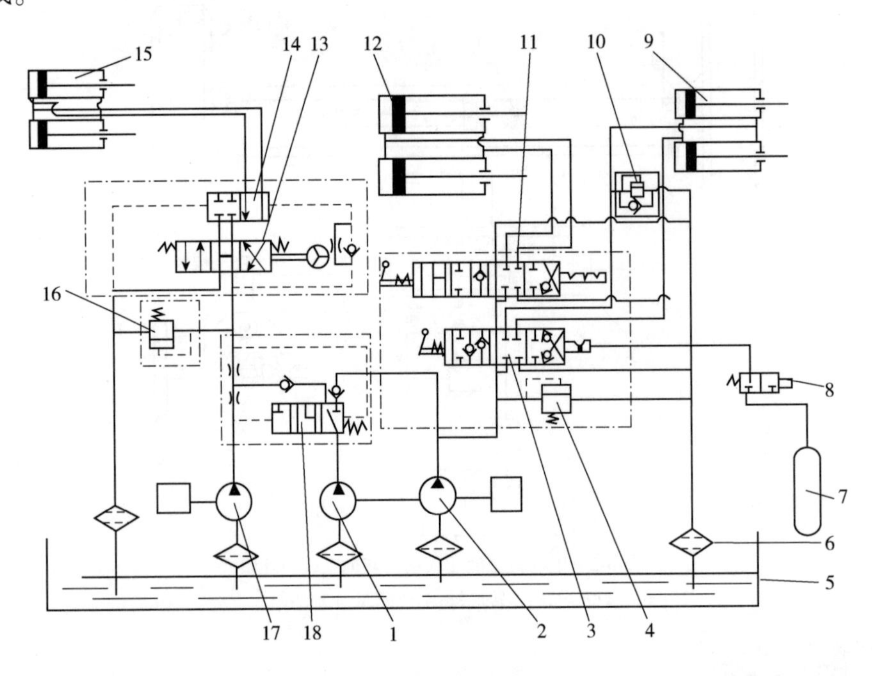

图 5-3 ZL50 型轮胎式装载机液压系统

1-辅助泵;2-主泵;3-转斗滑阀;4-安全阀;5-油箱;6-;滤油器;7-储气筒;8-电磁开关;9-转斗液压缸;10-双作用安全阀;11-动臂滑阀;12-动臂液压缸;13、14 转向阀;15-转向液压缸;16-安全阀;17-转向泵;18-溢流换向阀

不转向时转向阀处于中位,转向泵的输出油液经转向阀流回油箱。因转向阀芯和阀体的轴向间隙在制造时已得到严格控制,此时虽然转向液压缸两腔都通回油,但因滑阀的阻尼作用,使液压缸中能形成一定的压力,使转向反应灵敏,而且该阻尼作用能维持装载机直线行驶的稳定性。转向时转向阀芯的移动使转向液压缸一腔通压力油,另一腔通回油路,从而实现转向。

该装载机的转向阀与转向器制成一体,借助螺栓连接并固定在后车架上。

转向阀属于三位四通阀,中位为 X 型机能。合理的阻尼作用使得转向系既反应灵敏,又具有较高的效率,且结构较常压式的简单。不转动转向盘时滑阀处于中间位置,转向阀的中位机能保证转向液压缸两腔建立较小的压力,维持装载机直线行驶;向右转动转向盘时,螺杆和滑阀一起轴向向下移动,于是两转向液压缸一个伸长、一个缩短,使装载机转向。与此同时,前后车架的相对转动,通过反馈杆的反馈作用,使滑阀回到中位,停止转向;反之,向左转动转向盘时装载机向左转向。

为使转向过程不受柴油机转速变化的影响,该转向液压系统中设有恒流阀。它由节流板 2、调压阀 3 和锥阀 6 等组成,如图 5-4 所示。工作时油液由进油口 1 进入恒流阀,并经节流板孔进入转向阀,通过阀体内部的孔道使节流板两端的压力分别作用于调压阀的两端,柴油机转速升高时因液压泵的输出流量增大,通过节流板孔的流量加大,从而节流板两端压力差增大。当通过节流板孔的流量达到一定值时，节流板两端的压力差将克服调压阀弹簧的预紧力，使调压阀左移，调压阀开启，一部分油液流回油箱，使进入转向阀的流量受到限制，转向液压缸移动速度将不会因柴油机转速的变化而忽快忽慢。

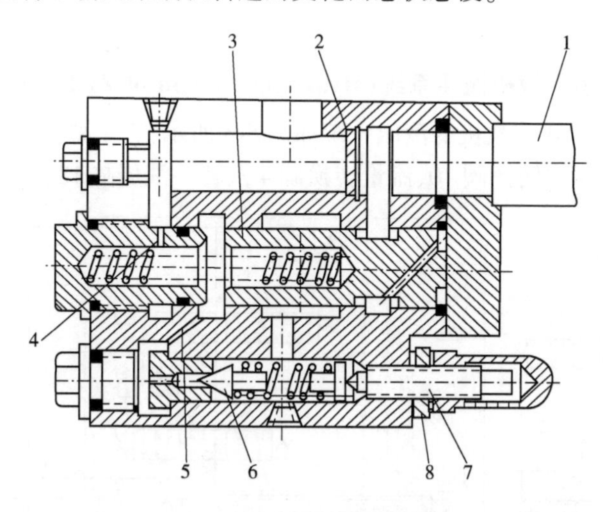

图 5-4 ZL50 型装载机用恒流阀

1-进油口；2-节流板；3-调压阀；4-阻尼孔；5-锥杆；6-锥阀；7-调压杆；8-锁紧螺母

当装载机转向阻力过大时，恒流阀中的锥阀开启，保证转向液压系统的安全。阻尼孔的作用是防止调压阀移动速度过快而造成的转向运动不稳定现象的发生。

ZL50 型轮胎式装载机的转向液压系统和工作装置液压系统均采用 CBG 型齿轮泵，该泵采用固定侧板二次间隙密封结构，工作压力高，泄漏量小。

(2)工作装置液压系统

ZL50 型轮胎式装载机工作装置液压系统由换向阀、液压泵、动臂液压缸和转斗液压缸等组成。两转斗液压缸和两动臂液压缸分别采用并联连接，而换向阀油路则采用串并联连接，即两组执行元件的进油路串联、回油路并联，使两组执行元件不能同时动作，具有互锁功能，以防止误操作。

动臂液压缸的进油路由工作液压泵和辅助液压泵供油。流量总和最大可达 320L/min。分配阀采用串并联油路的多种阀，其中控制动臂的阀为四位阀。当四位阀处于图示中位时，液压缸锁紧而液压泵卸荷。此外，还能实现空斗迅速下降，甚至在发动机熄火的情况下也能降下铲斗。回路工作压力由分配阀中的安全溢流阀调定为 150kg/cm^2。

装载机在铲取物料时一般要求先转斗后提升动臂，所以转斗液压缸与动臂液压缸采用串并联油路连接，并将控制转斗压缸的三位阀放置在动臂液压缸的四位阀之前，以保证转斗液压缸能优先动作。

在转斗液压缸的小腔油路中设有双作用安全阀。它的作用是在动臂升降过程中，转斗的连杆机构由于动作不相协调而受到某种程度的干涉时，双作用安全阀可起到缓冲补油作用。

在工作装置和分流阀上装有自动复位装置，以实现工作中铲斗自动放平，动臂提升自动限位等动作。在动臂后铰点和转斗液压缸处装有自动复位行程开关，当行程开关脱开触点，电磁阀断电而复位,关闭进气通道,阀体内的压缩空气从放气孔排出。

工作装置液压系统工作压力为13.5~14MPa,泵型号是CBG160;转向液压系统工作压力为9.8~10.8MPa,泵型号是CBG2080;变速泵工作压力为1.1~1.5MPa,泵型号是CB130,液力变矩器出口油压为0.28~0.35MPa。

5.1.1.2 ZL100型装载机液压系统(Hydraulic System of ZL100 Loader)

国产ZL100型轮胎式装载机的液压系统如图5-5所示,它主要由主泵3、辅助泵2、先导阀13、方向控制阀6、压力转换阀10、流量转换阀4及转斗液压缸18、动臂液压缸17等组成。

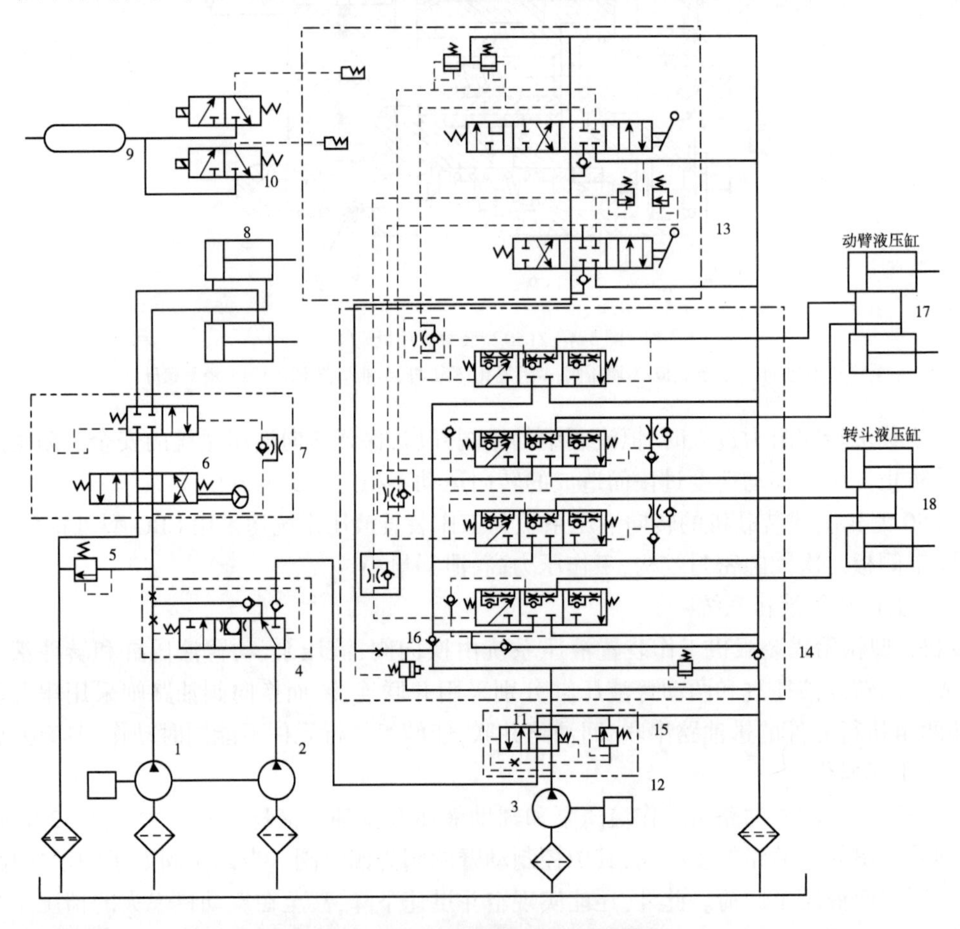

图5-5 ZL100型装载机液压系统原理图

1-转向液压泵;2-辅助供油泵;3-工作主泵;4-流量转换阀;5-溢流阀;6-转向阀;7-单向节流阀;8-转向液压缸;9-储气筒;10-压力电磁阀;11-合流阀;12-溢流阀;13-手动先导阀组;14-液动多路换向阀组;15-压力转换阀组;16-卸荷阀;17-动臂液压缸;18-转斗液压缸

该液压系统是在吸取了ZL50型装载机制造和使用方面的经验,参考了国外一些装载机的先进液压系统的基础上而设计的。主泵采用CBG型齿轮泵,工作压力为16MPa,流量为320L/min;辅助泵与转向泵串联组成双联泵,其流量为300L/min。主泵与辅助泵由发动机驱动。在发动机低转速时,辅助泵与转向泵合流供给转向液压系统,以保证必要的转向时间和速度;当发动机高转速时,辅助泵与主泵合流供给工作装置液压系统,以加快作业速度,提高作业效率。因此该液压系统是大中型装载机的一种比较典型的液压系统。

(1)转向液压系统

ZL100 型装载机液压转向系统由转向泵、转向机、转向阀、锁紧阀、随动杆和转向液压缸等组成。转向泵的工作压力为 12MPa,流量为 300L/min。YF-L32E 型溢流阀限制液压转向系统的工作压力。发动机怠速运转时,辅助泵的输出油液经流量转换阀向转向系统油路供油,保证此时全部转向时间为 5s。

转向机、转向阀和锁紧阀装在一起。转向器的结构与 ZL50 型装载机的相同,操纵轻便,可逆性好。转向阀连接在转向机的下部,由转向盘操纵控制左右转向。锁紧阀装在转向阀的侧面,为常闭式二位四通控制阀,可随时锁闭两个转向液压缸,保证装载机直线行驶性和折腰偏切作业。在锁紧阀的单向阀上开有小孔,使液压油缓慢地排出,以减少转向时的冲击。

ZL100 型装载机也采用了机械反馈随动系统。

(2)工作装置液压系统

为了改善驾驶员的工作条件,使操纵省力,该系统采用了小型先导阀控制大容量分配阀的油液换向操纵机构。

先导阀为分片组合双联滑阀式多路换向阀。控制转斗液压缸换向阀的先导阀是一个三位六通阀,它可控制铲斗的后倾、保持和前倾三个动作。控制动臂液压缸换向阀的先导阀为四位六通阀,它可控制动臂上升、保持、下降和浮动等四个动作。先导阀内有过载阀,其调整压力为 18.5MPa,起减少液压冲击、保护液压元件的作用。先导阀的末端装有阀杆自动复位装置,以便实现动臂自动限位和铲斗自动放平。

分配阀由进油阀片、转斗阀片、动臂阀片和回油阀片组合而成。转斗或动臂阀片的两个出油口与转斗或动臂液压缸的上下腔管道接通,当操纵转斗或动臂先导阀(杆)时,通过压力油控制分配阀相应的转斗或动臂阀片内的阀杆运动,使转斗或动臂液压缸的油路切换,完成转斗或动臂升降的动作。进油阀片内装有安全阀,其调整压力为 16MPa。进油道装有单向节流阀和补油阀,回油道装有背压阀,以防止产生局部真空、增加液压缸运动的稳定性。

上述液压先导阀控制分配阀有如下优点:控制油路为主油路的分支,可节省泵阀元件;利用先导阀杆的微动,可控制进油阀片中卸荷阀的开口的大小,实现转斗或动臂升降的微动;发动机熄火或停车时仍能操作铲斗前倾或动臂的下降,提高了装载机的安全性,转斗和动臂阀片内部都设有上、下小锥阀,起补油和对液压缸上、下腔起双作用安全阀的作用;分片组合式分配阀,内部油路简单。

为了充分发挥辅助泵的作用,在液压系统中采用流量转换阀。该阀利用通向转向系统油路的液压油经两个固定的阻尼孔产生的压力降,自动控制由辅助泵供给转向和工作装置液压系统的流量。当发动机转速低于 600r/min 时,转向泵和辅助泵流量较小,流经两个固定节流孔所产生的压差较小,不足以使阀芯克服弹簧力而移动,阀芯位于左端位置,辅助泵的输出油液全部供给转向系统油路;当发动机转速逐渐增加到 1300r/min 时,通过二节流孔流量增加,使得二节流孔前后的压差增加,阀芯克服弹簧力,略向右移,辅助泵同时向转向和工作装置液压系统供油;随着发动机转速进一步增加,二节流孔前后的压差进一步增大,辅助泵供给转向系统的油量逐渐减少,而供给工作装置系统的油量逐渐增加,当发动机转速超过 1300r/min 时，阀芯克服弹簧力移向右端极限位置，辅助泵流向转向系统的油道关闭，油液全部进入工作装置，并与主泵输出的油液合流，给工作装置系统供油。

为了使辅助泵经流量转换阀的压力油，在工作装置不铲掘时与主泵输出油液合流，在高负荷铲掘时不与主泵输出油液合流，而卸荷流回油箱，使发动机功率得到合理的利用，在液压系统中采用了压力转换阀 3，其工作压力为 12MPa。当工作装置液压系统压力超过 12MPa 时。压力转换阀打开，由辅助泵经流量转换阀来的高压油流回油箱，形成无压空循环，主泵单独工作装置液压系统供油。当工作装置液压系统的压力低于 12MPa 时，压力转换阀关闭，由辅助泵经流量转换阀来的压力油与主泵来的压力油合流到分配阀，供给工作装置操纵油路。

5.1.1.3 CAT966D 型装载机液压系统(Hydraulic System of CAT966D Loader)

美国卡特彼勒公司生产的 966D 型装载机，采用反转六连杆机构的工作装置，其液压系统如图 5-6 所示。该系统采用先导式液压控制系统，由主油路系统和先导油路系统组成。主油路多路换向阀由先导油路系统控制，操纵十分轻便。

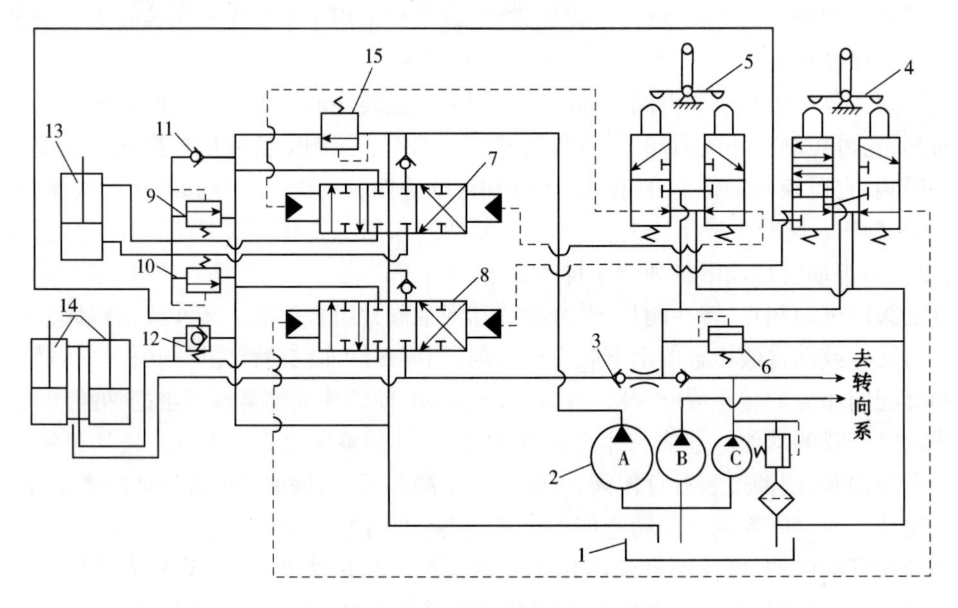

图 5-6 966D 型装载机工作装置液压系统

1-油箱；2-泵组(A-主泵；B-转向泵；C-先导泵)；3-单向阀；4-举升先导阀；5-转斗先导阀；6-先导油路调压阀；7-转斗液压缸换向阀；8-举升液压缸换向阀；9、10-安全阀；11-补油阀；12-液控单向阀；13-转斗液压缸；14-动臂举升液压缸；15-主油路限压阀

先导控制油路是一个低压油路，由先导泵 C 供油，由举升先导手动操纵阀 4 和转斗先导手动操纵阀 5，分别控制动臂举升液压缸换向阀 8 和转斗液压缸换向阀 7 的阀杆亦称主阀芯向左或向右移动，改变工作液压缸多路换向阀的工作位置，使工作液压缸处于相应的工作状态。以实现铲斗升降、转斗或闭锁。

先导控制回路建立的多路换向控制阀杆的推移压力为二次压力，该压力与先导阀手柄的行程成比例。先导阀手柄行程大，控制油路的二次压力也大，主阀芯的位移量也相应增大。先导阀手柄不仅可以改变主阀芯的移动方向,而且其手柄行程与主阀芯的位移量成正比。因工作装置多路换向阀或称主阀阀芯的面积大于先导阀芯的面积,故可实现操纵力放大,减轻驾驶员的劳动强度。通过合理选择和调整主阀芯复位弹簧的刚度及弹力,还可实现主阀芯的行程放大,有利于提高主控制回路的速度微调性能。

在先导控制回路上设有先导油路调压阀6,在动臂举升液压缸无杆腔与先导油路的连接管路上设有单向阀3。在发动机突然熄火的情况下先导泵无法向先导控制油路提供压力油时,举升液压缸在动臂和铲斗的自重作用下,无杆腔的液压油可通过单向阀3向先导控制回路供油,同样可以操纵举升先导阀4和转斗先导阀5,使铲斗下落,可实现铲斗前倾或后转。

在转斗液压缸13的两腔油路上,分别设有安全阀9和10,转斗液压缸过载时两腔的压力油可分别通过安全阀卸荷而流回油箱。

当铲斗前倾卸料速度过快时,转斗液压缸的活塞杆将加快收缩运动,有杆腔可能出现供油不足。此时可通过补油阀11从油箱向转斗液压缸有杆腔补油,避免气穴现象的产生,消除机械振动和液压噪声。同理,工作装置的左、右动臂举升液压缸在铲斗快速下降时,也可通过液控单向阀12从油箱向举升液压缸上腔补油液,防止液压缸内形成局部真空,影响系统正常工作。

966D型装载机的工作装置设有两组自动限位机构,分别控制铲斗的最高举升位置和铲斗最佳切削角的位置。自动限位机构设在先导阀操纵杆的下方,通过动臂液压缸举升定位传感器和转斗液压缸定位传感器的无触点开关,自动实现铲斗限位。当定位传感器的无触点开关闭合时,对应的定位电磁铁通电,限位连杆机构产生少许位移,铲斗回转定位器或动臂举升定位器与支承滚轮之间出现间隙,在先导阀回位弹簧的作用下,先导阀操纵杆即可从“回转”或“举升”位置自动回到“中立”位置,停止铲斗回转或举升。

5.1.2 推土机液压系统(Hydraulic System of Dozer)

液压控制技术的迅速发展,使推土机的技术性能日趋完善,控制精度越来越高。现代大、中型推土机采用液压控制系统后具有切土力大、平整质量好、生产效率高等优点,可满足现代化大型建设工程对施工质量的要求。

推土机工作装置液压系统可根据作业需要,迅速提升或下降工作装置,或使其缓慢就位,操纵液压系统还可改变推土铲的作业方式,调整铲刀或松土器的切削角。对推土机的液压系统有如下基本要求:

(1)液压系统的设计要结合推土机总体性能的要求,综合考虑各种因素的影响。例如铲刀升降液压缸的参数、个数、布置,由铲刀升降载荷和铲刀升降速度确定,而且还需要考虑铲刀结构、推土速度、驾驶员劳动强度等因素。

(2)工作可靠,回路简单。例如推土机的载荷变化急骤,但要求其液压系统能平稳可靠地工作,无冲击。过载时不发生故障及损坏机件。

(3)注意标准化、通用化、系列化。尽量采用标准液压元件,这不仅可缩短生产周期、降低成本,而且工作可靠,配件方便。

(4)液压系统效率高,系统匹配合理,主要包括参数确定、基本回路组合、元件与附件的选择以及管路布置等。

(5)操作简便,维修容易。

推土机普遍采用开式液压回路,这是因为开式液压回路具有结构简单、散热性能好、工作可靠等优点。

5.1.2.1 TY180 型推土机液压系统(Hydraulic System of TY180 Dozer)

(1)工作装置液压系统

如图 5-7 所示,国产 TY180 型推土机的工作装置液压系统主要由液压泵 3,换向阀 7、8,溢流阀 4 和液压缸 11、12 等液压元件组成。其中的液压泵为 CB-F32C 型齿轮泵,松土器液压缸换向阀和推土铲液压缸换向阀组成双联滑阀,构成串联回路;控制松土器、推土铲的执行元件分别是两个双作用液压缸 11、12。

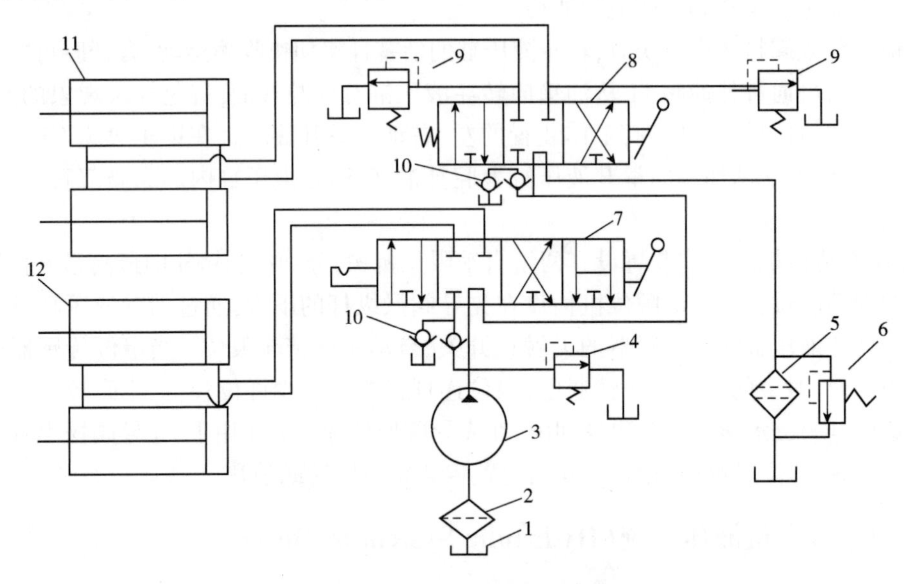

图 5-7 TY180 型推土机工作装置液压系统

1-油箱;2-粗滤油器;3-液压泵;4-溢流阀;5-精滤油器;6-安全阀;7-推土铲液压缸换向阀;8-松土器液压缸换向阀;9-过载阀;10-补油单向阀;11-松土器液压缸;12-推土铲液压缸

为防止因松土器过载而损坏液压元件,在松土器液压缸两腔的油路中均设有过载阀 9,油压超过规定值时过载阀开启而卸载。

在换向阀上设有进油单向阀和补油单向阀。其中的进油单向阀的作用是防止油液倒流。例如,在提升推土铲时,若发动机突然熄火,液压泵则停止供油,此时进油单向阀使液压缸锁止,使推土铲刀维持在已提升的位置上,而不致因重力作用突然落地造成事故;补油单向阀的作用是防止液压系统产生气穴现象。液压缸下行时因重力作用会使其进油腔产生真空,此时补油单向阀工作,油液自油箱进入液压缸,从而防止气穴现象的产生。

操纵推土铲的滑阀为四位五通阀,通过操纵手柄可以实现推土铲的上升、下降、中位和浮动等四种动作。其中液压缸浮动是为了推土机平整场地作业时,铲刀能随地面的起伏而作上下浮动。松土器液压缸通过三位五通阀的控制,可以实现松土器的上升、下降和中位等三种动作。

操纵滑阀的一端设有回位弹簧和弹簧座,回位弹簧有一定的预紧力,它使阀芯保持中位。

为保持油液清洁,该液压系统的所有控制阀均安装在油箱内,油箱采用封闭式结构。此外,液压泵的入口处和液压系统的回油路上设有滤油器。为使回油滤清器堵塞时不影响液压系统正常工作,该滤油器并联一安全阀,即滤油器堵塞时回油背压使安全阀打开,使液压系统正常回油。

(2)转向液压系统

TY180 型推土机的转向液压系统如图 5-8 所示,它主要由液压泵 3,控制阀 7、9,转向离合器 6、10 等组成。系统工作压力为 1MPa,用溢流调压阀 8 调定。左、右离合器为常闭式,分别用一个二位换向阀控制。不操纵换向阀时左、右离合器均接合,推土机保持直线行驶;操纵换向阀使油液进入左或右离合器,使该离合器分离,推土机进行转向运动;若同时操纵两个换向阀,可使油液同时进入左、右离合器,中断牵引动力的传递,推土机则停止运动。

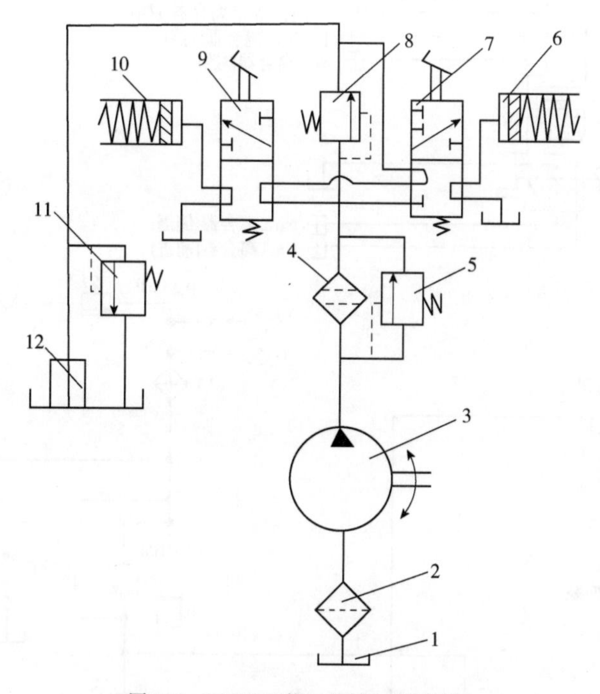

图 5-8 TY180 型推土机转向液压系统

1-油箱;2-精滤油器;3-液压泵;4-精滤油器;5-安全阀;6-右离合器;7、9-控制阀;8-调压阀;10-左离合器;11-背压阀;12-变速箱

为保证油液清洁,在进油路上设有精滤油器 4。回油路背压阀 11 的压力设定为 0.15MPa,以便对变速箱 12 进行强制润滑。

5.1.2.2 TY320 型推土机液压系统(Hydraulic System of TY320 Dozer)

TY320 型履带推土机的液压系统包括换挡操纵液压系统、转向液压系统、工作装置液压系统。

(1)换挡操纵液压系统

换挡操纵与液力变矩器液压系统如图 5-9 所示。换挡操纵部分由调压器 4、快速回位阀 5、减压阀 6、变速阀 7、启动安全阀 9 和换向阀 8 等六个阀组成。所有这些阀由三层阀体组成一个操纵阀,组装在动力换挡变速箱上。

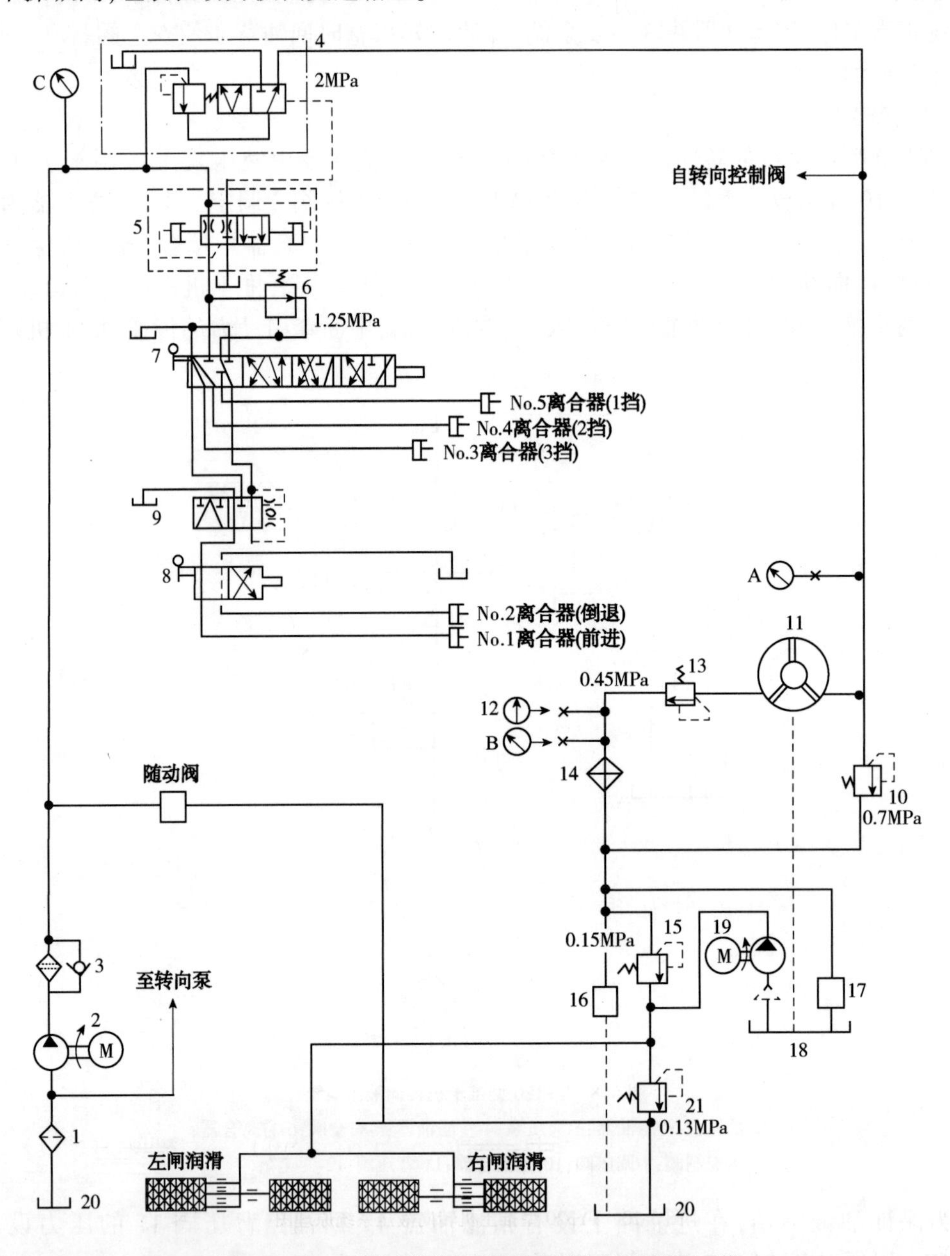

图 5-9 TY320 型推土机的换挡操纵与液力变矩器液压系统

1-磁性粗滤器;2-液压泵;3-精滤器;4-调压阀;5-快速回位阀;6-减压阀;7-变速阀;8-换向阀;9-安全阀;10-变矩器进口压力阀;11-液力变矩器;12-油温计;13-变矩器出口压力阀;14-油冷却器;15-润滑油压力控制阀;16-变速箱润滑;17-P,T,O 润滑;18-变矩器油底壳;19-回油泵;20-后桥油底壳;21-制动器润滑油压力阀;A、B、C-压力表接口

液压泵2排出的油分两路：一路以0.7MPa的压力向液力变矩器11供油，液力变矩器的出油经油冷却器14后少部分供变速箱润滑，大部分回后桥油底壳20，回油泵19将变矩器内泄油排入后桥油底壳；另一路以2MPa的压力向变速箱系统供油，经变速箱控制阀总成，供变速箱各离合器换挡变速时用。不变速时，液压油经减压阀6以1.25MPa的压力向No.5离合器即1挡供油。

(2)转向液压系统

转向液压系统原理图如图5-10所示。它是由磁性粗滤器1和细滤器3、齿轮泵2、流量分配阀4、主油路溢流阀6、转向离合器7与8和调压阀9组成。当转向液压系统不工作时，液压油通往变矩器后再排出。当转向离合器控制阀开度一定，充入转向离合器的油液压力上升较快，转向容易产生急动现象。为了改善转向的平顺性和减轻操作，在转向液压系统中增设了调压阀9，由液压泵通往转向控制阀的油路改由调压阀控制。其作用原理如下：

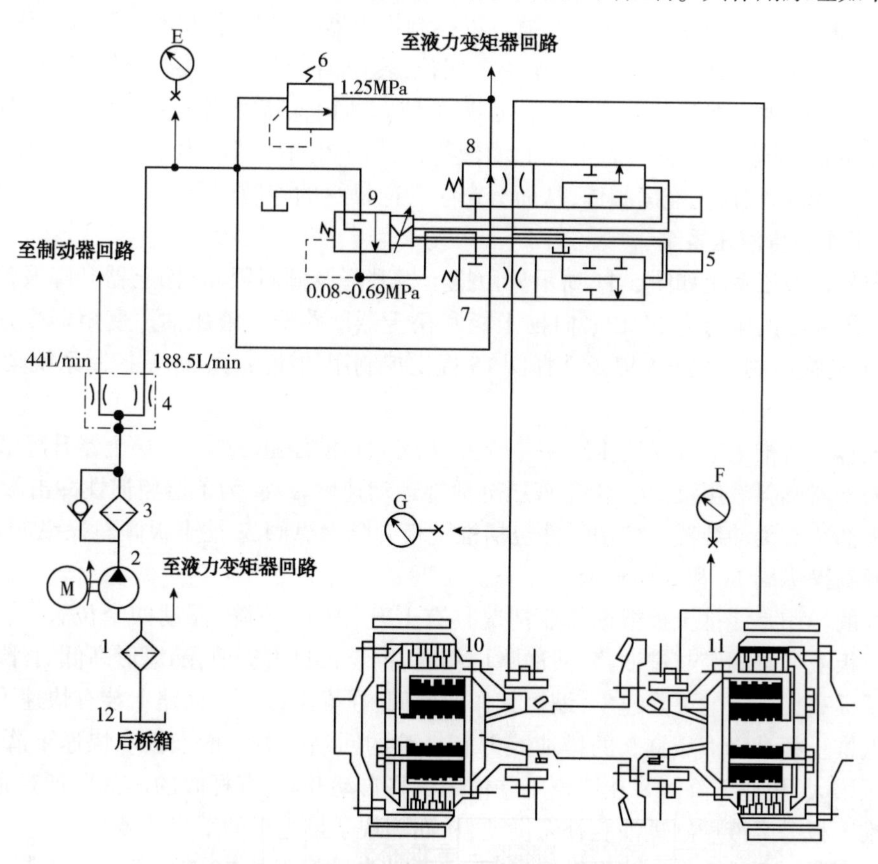

图5-10 TY320型推土机转向液压系统原理图

1-磁性粗滤器；2-齿轮泵；3-细滤器；4-流量分配阀；5-柱塞；6-主油路溢流阀；7-左转向离合器控制阀；8-右转向离合器控制阀；9-调压阀；10-左转向离合器；11-右转向离合器；12-后桥箱壳；E-主油路接压力表处；F-右转向离合器接压力表处；G-左转向离合器接压力表处

当转向液压系统的操纵杆处于放松位置时，两个控制阀处于中立位置，两个控制阀分别关闭通往左、右转向离合器的油路，因此，转向离合器处于接合状态。

当要分离一侧转向离合器时，则应拉动该侧操纵杆，此时操纵杠杆推动滑阀向一侧移动，同时带动调压阀向同侧移动。调压阀与滑阀开启液压泵通向该侧转向离合器液压缸的通路，使转向离合器分离。同时，液压油经调压阀一端的小孔，充入柱塞一侧的空腔，液压对柱塞的反作用力克服回位弹簧的张力，帮助操纵杆带着控制滑阀一起移动，直到经调压阀一端小孔进入柱塞另一侧空腔的油液压力与它平衡为止。调压阀的最大位移，用回位弹簧的导管限位。

如果将操纵杆停在一定位置，则由于调压阀控制的进油口与出油口之间的压力差，使调压阀处于不平衡状态，从而使调压阀反复左右移动，也即断续开闭由阀体通向转向内侧转向离合器液压缸的通路，使转向离合器处于半接合状态下转向。

阀4、7和12为串并联连接，可以实现顺序单动。铲刀倾斜由换向阀4控制液压缸5实现。换向阀1控制一对并联液压缸8实现铲刀的提升、保持、下降和浮动等功能要求。操纵换向阀12通过松土器液压缸13的伸缩可以控制松土器的提升、保持和下降等动作。

当释放操纵杆时，调压阀在弹簧作用下回位，转向离合器重新接合，转向液压缸中的油液经阀座上的泄油管泄放到后桥箱壳内。为了使阀体内保持充满油液，泄放油管顶端与阀体之间仅4mm间隙，使得高出管上端的油液排出。因为如果阀体内不保持充满油液，拉动操纵滑阀时，液压油得先充满阀体，从而会产生转向操纵的滞后现象。

(3)工作装置液压系统

工作装置液压系统如图5-11所示。由推土板升降及倾斜回路、松土器升降及倾斜回路组成。液压泵2的压力为14MPa，向推土板和松土器回路输送液压油。变矩器变速箱液压泵25向液动换向阀11、21、5以及选择阀15提供控制用的油液，泵25是控制系统动力源，压力为1.2~2MPa。

系统有一对推土板升降液压缸9，一个推土板倾斜液压缸22，一对松土器升降液压缸16和一对松土器倾斜液压缸19。由于液压缸活塞运动速度较高，为了避免惯性冲击噪声，液压缸内部大都装有缓冲装置。控制元件包括推土板升降操纵阀5、推土板倾斜操纵阀21、松土器升降倾斜操纵阀11和选择阀15。

阀5的作用是使推土板根据作业情况具有上升、固定、下降、浮动四个位置。浮动位置是使推土板液压缸两腔与进油路、回油路均相通，推土板自由支地，随地形高低而浮动。

为了提高推土板的下降速度，缩短其作业时间，在推土板升降回路上装有快速下降阀8，用以降低推土板升降液压缸9的排油腔即有杆腔的回油阻力。推土板在快速下降过程中，回油背压增大，快速下降阀8在液控压差作用下将自动开启，有杆腔的回油即通过速降单阀直接向推土板升降液压缸进油腔补充供油，从而加快了推土板的下降速度。

操纵阀5、11、21为先导式操纵换向阀，由手动先导伺服阀26、27、28分别控制上述三个换向阀。与一般液动式换向阀不同，它们并不受液压油直接作用，而是通过连杆机构推动阀芯移动，连杆由伺服液压缸带动，伺服液压缸的动作是由先导阀操纵的。现以先导伺服阀26为例说明其工作过程。将手动式先导阀芯向左拉，右位处于工作位置，液压泵25的液压油分别进入伺服液压缸的无杆腔和有杆腔。由于有面积差所以活塞杆右移，拉动换向阀5的阀芯右移。在换向阀5右移时，连杆机构以活塞杆为支点，又带动先导伺服阀26的阀体左移，从而使阀26回复中位，处于图示位置，主阀5就处于左位工作。

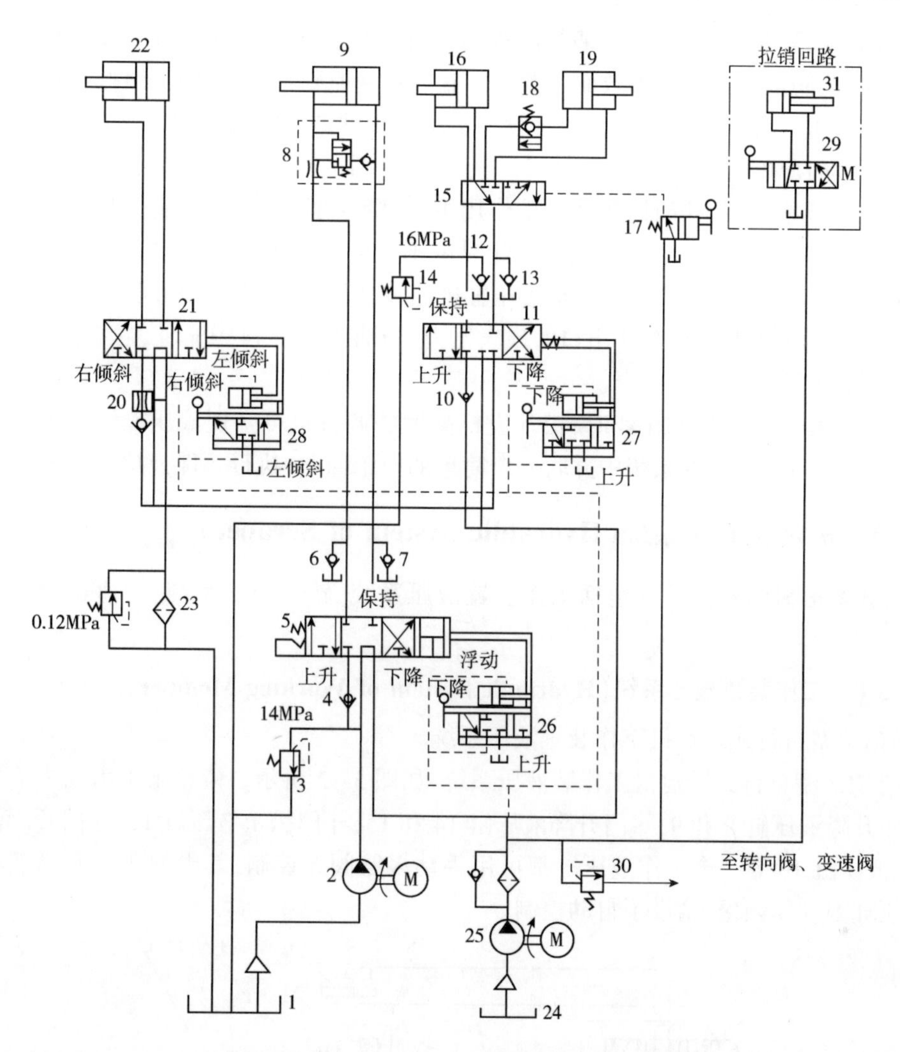

图5-11 T'Y320型推土机工作装置液压系统原理图

1、24-油箱;2-液压泵;3-主溢流阀;4、10-单向阀;5-推土板换向阀;6、7、12、13-吸入阀(补油阀);8-快速下降阀;9-推土板升降液压缸;11-松土器换向阀;14-过载阀;15-选择阀;16-松土器液压缸;17-手动先导阀;18-锁紧阀;19-松土器倾斜液压缸;20-单向节流阀;21-推土板倾斜液压缸换向阀;22-推土板倾斜液压缸;23-过滤器;25-变矩器变速箱液压泵;26-推土板液压缸先导伺服阀;27-松土器液压缸先导伺服阀;28-推土板倾斜液压缸先导伺服阀;29-拉销换向阀;30-变矩器、变速箱溢流阀;31-拉销液压缸

单向节流阀20装置在推土板倾斜操纵阀21的进油路上,调节液压缸进油流量保持稳定的倾斜速度。

松土器升降与倾斜两个动作并不同时进行,两个液压缸用一个换向阀操纵,配置一个选择阀15,可根据作业要求分别调节升降和倾斜。选择阀15由手动先导阀17操纵,由液压泵25供给控制液压油。

锁紧阀18安装于松土器倾斜液压缸19无杆腔管路上。松土器作业时,液压缸大小腔闭锁,特别是大腔承受较大的载荷,该腔闭锁压力相应也很大,完全靠换向阀中位闭锁不可靠,用单向阀闭锁既简单又可靠。

过载阀14是当松土器固定于某个位置作业，在受到突然的载荷，造成液压缸一腔油压瞬间骤增时，为防液压缸闭锁失效而设置的。它的安装原则是靠近执行元件，载荷变化能迅速反应到该阀上。过载阀的调定压力一般大于溢流阀的调定压力15%～25%。此处过载阀14调定压力为16MPa。

当推土板或松土器下降时，在其自重作用下，下降速度会加快，可能引起供油不足形成液压缸进油腔局部真空，发生气蚀现象。此时由于进油腔压力下降，在压力差作用下，单向补油阀6、7、12、13打开，从油箱补油至液压缸进油腔，以避免真空并使液压缸动作平稳。

溢流阀3用来限制液压泵2出口的最大压力，当油压超过14MPa时，主溢流阀3开启溢流，保护系统安全。

采用单齿松土器换向阀作业时，松开齿杆高度的调整也可实现液压操纵。用液压控制齿杆高度固定拉销，只需在系统中并联一个简单的拉销回路，执行元件为拉销液压缸31。

5.1.3 铲运机液压系统(Hydraulic System of Scraper)

自行式铲运机的液压系统包括工作装置液压系统、转向液压系统、变速箱变速液压系统等。

5.1.3.1 工作装置液压系统(Hydraulic System of Working Member)

(1)CL7型自行式铲运机工作装置液压系统

国产CL7型自行式铲运机工作装液压系统，如图5-12所示。齿轮泵1由动力输出箱驱动。铲斗升降液压缸8和9，斗门升降液压缸14和15，斗门扒土液压缸12，斗门开闭液压缸13，卸土液压缸10等7个工作液压缸都可用手动多路阀5控制，其中的斗门升降液压缸及扒土液压缸因动作频繁，增设了自动控制。

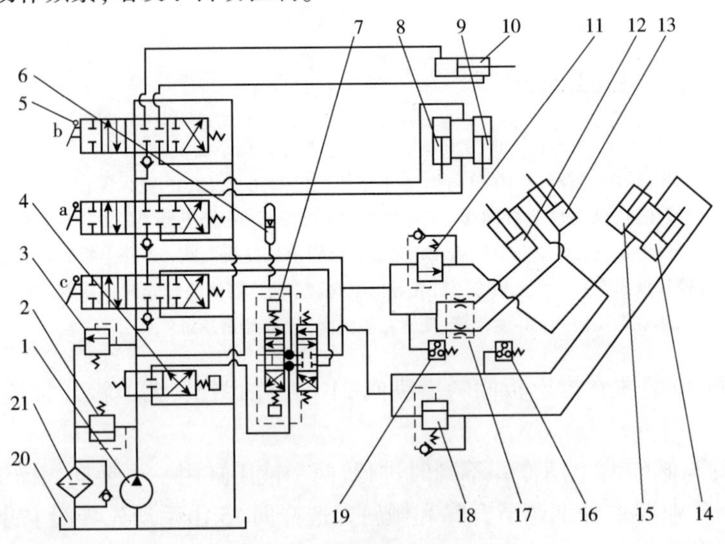

图5-12　CL7型自行式铲运机工作装置液压系统

1-泵；2、3-溢流阀；4-电液切换阀；5-多路阀；6-缓冲器；7-电液换向阀；8、9-铲斗升降液压缸；10-卸土液压缸；11、18-顺序阀；12-斗门扒土液压缸；13-斗门开闭液压缸；14、15-斗门升降液压缸；16、19-压力继电器；17-同步阀；20-油箱；21-滤油器；a、b、c-手动阀

当泵压力油先流经二位四通电液切换阀4,此阀不通电时,压力油进入手动三联多路阀5。该阀三个手柄都处于中位时,压力油将流回油箱,形成卸荷回路。当手动阀c左移,压力油便进入顺序阀11和同步阀17。由于顺序阀调定压力为7MPa,所以压力油先经同步阀进入斗门扒土液压缸的下端,使其活塞上移,斗门便收拢扒土。斗门扒土液压缸的活塞上移到顶,油压大于7MPa时,压力油顶开顺序阀,进入斗门升降液压缸的下端,使其活塞上移并带动斗门上升。斗门上升到顶后将手动阀换向,压力油便先后进入斗门开闭液压缸和斗门升降液压缸的上端。由斗门升降液压缸上端的进油要经过顺序阀18,所以压力油先进入斗门开闭液压缸的上端,其活塞下移使斗门开启。活塞下移到底后液压缸上端油压增高,油压大于2MPa时油液便顶开斗门下降,因此,由于顺序阀的作用,手动阀每一次换向,斗门就可以完成扒土→上升和开启→下降两个动作。

铲运机装满一斗土,需要扒土5~6次,手动阀需换向10~12次,这将造成驾驶员操作的频繁、紧张。为了改善铲运机的操作性能,液压系统中增加了电液换向阀7和压力继电器16、19,使斗门运动自动控制。其工作原理是:当电液切换阀4励磁后,泵输出的油液被切换到电液换向阀,向斗门开闭液压缸、斗门升降液压缸供油。液压缸动作顺序与手动阀控制相同。斗门上升到顶时油压升高,压力继电器16动作,产生电信号,使电液换向阀7自动换向。反之,斗门下降到底后压力继电器19动作,又产生一个电信号,电液换向阀7又自动换向。如此循环5~6次后自动停止。

铲斗的升降及卸土板的前后移动由手动阀a、b控制:当电液切换阀不通电时,泵输出的油液便进入手动多路阀5,操纵阀a,压力油进入铲斗升降液压缸可实现铲斗升降;操纵阀b,压力油进入卸土液压缸10,可实现卸土和卸土板回位。回油均从多路阀5流回油箱。

为了防止泵过载,系统中设有先导式大通径溢流阀3,因为该阀灵敏度低,所以增设了小通径直动式溢流阀2。

为了减小液压系统中电液换向阀换向时的压力脉冲,系统中装有囊式缓冲器6。

考虑到斗门扒土负载不可能两侧相等,又要求斗门扒土液压缸活塞的伸缩在两侧负载不同时基本同步,所以装有同步阀17。

(2)627B型自行式铲运机工作装置液压系统

美国卡特彼勒公司生产的627B型自行式铲运机工作装置液压系统,如图5-13所示。它包括铲斗回路、斗门回路和卸土板回路等。

①铲斗回路的铲斗操纵阀8共有四个工位。

(a)铲斗快落:压力油进入铲斗液压缸6大腔的同时,其小腔的回路通过单向速降阀7也通向液压缸大腔,即可实现铲斗快落。

(b)铲斗下降。

(c)中位:铲斗保持不动。

(d)提升铲斗、放下斗门:铲斗操纵阀8阀杆向前推,可控制图中未示出的气阀,使铲斗提升的同时斗门放下,这样可以用同一手柄控制铲斗和斗门。

②斗门回路的斗门操纵阀5共有四个工位。

(a)斗门浮动:斗门液压缸的两腔相通,斗门根据地面反力大小而自由升降。

(b)斗门下降:由压缩空气作用操纵阀实现,此时由铲斗操纵杆控制,由于压力油作用于顺序阀,使其不能开启,不全由顺序阀回油。

(c)中位:斗门固定不动,若此时铲斗提升迫使斗门开启时,由于顺序阀的开启压力较低为 7kPa,液压缸小腔压出的油液经顺序阀排至液压缸大腔。

(d)斗门开启。

③卸土板回路卸土板操纵阀 2 也有四个工位。

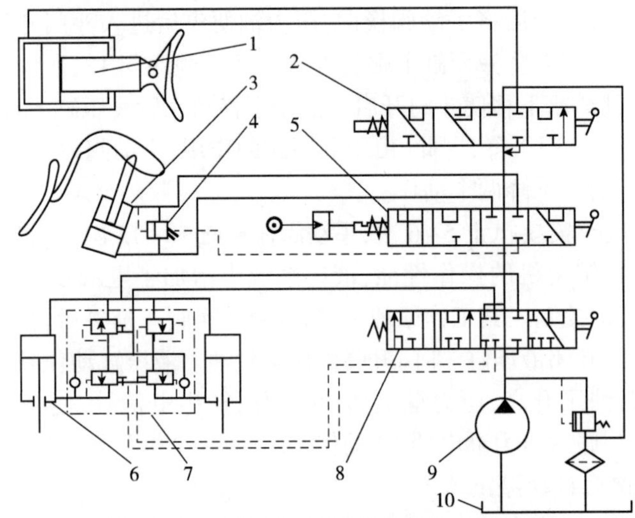

图 5-13　627B 型自行式铲运机工作装置液压系统

1-卸土板液压缸;2-卸土板操纵阀;3-斗门液压缸;4-顺序阀;5-斗门操纵阀;6-铲斗液压缸;7-单向速降阀;8-铲斗操纵阀;9-泵;10-油箱

(a)卸土板收回:操纵阀杆锁定,卸土板完全收回后阀杆可自动复位。

(b)卸土板快速收回。

(c)中位:卸土板固定。

(d)卸土板推土卸料。

5.1.3.2　转向液压系统(Hydraulic System of Steering)

国产 CLZ9 型自行式铲运机转向液压系统主要由转向器 20、泵 3、转向阀 7、滤油器 2、油箱 1、双作用安全阀 11、换向阀 17、转向液压缸 14 等组成,如图 5-14 所示。

转向器由方向盘操纵,其结构为球面蜗杆滚轮式。转向泵为整个系统提供压力油,由转向阀控制油液的流向。转向阀为单阀式由转向器通过摇臂和拉杆使其滑阀拉出或推入。油液通过双作用安全阀、换向阀 17 进入转向液压缸,从而控制辕架牵引座的左右回转,达到转向的目的。

双作用安全阀是一旁通流油装置,它有两个装于阀体内的阀芯和弹簧,其作用是消除由于道路凹凸不平或驱动轮碰到石块等障碍物而引起的作用在转向液压缸上的冲击载荷,进而引起铲运机行驶方向的改变。当转向液压缸一端的冲击载荷引起高压油由换向阀进入双作用安全阀时,过高的压力作用在阀芯中段两端面上,由于弹簧一端面积比另一端的大,因而阀芯向压缩弹簧方向移动,高压油进入阀芯和阀体的通道,使单向阀打开,并进入转向液压缸的另一腔,多余的油液流回油箱。此时高压消除,阀芯返回正常的封闭位置。

换向阀保证铲运机能持续转向达 90°。转向液压缸为双作用式,这是因为转向液压缸的活塞杆伸出和收进时,都有相当的作用力。它铰接在辕架牵引座和牵引车转向驱架之间,因而活塞杆伸出时转向液压缸能将两者推离,活塞杆收进时转向液压缸将两者靠拢,使铲运机顺利进行转向。

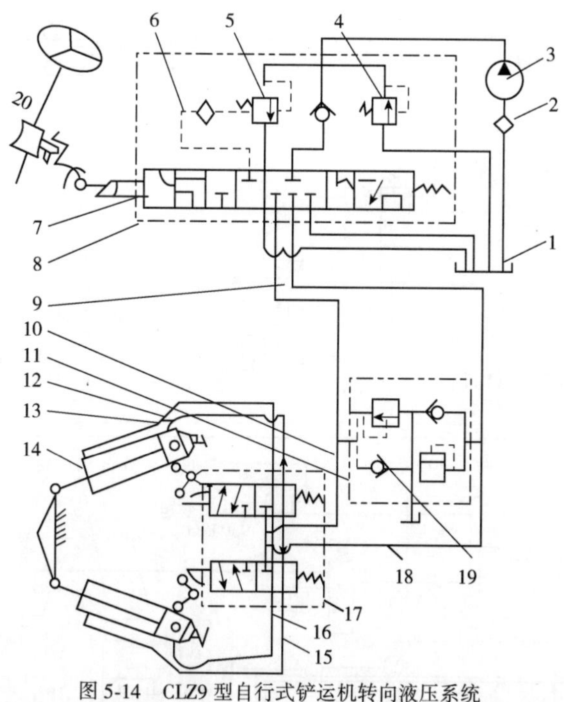

图 5-14 CLZ9 型自行式铲运机转向液压系统

1-油箱;2-滤油器;3-油泵;4-溢流阀;5-流量控制阀;6-控制油路;7-转向阀;8-分配阀组;9、10、12、13、15、16、18-外管路;11-双作用安全阀;14-转向液压缸;17-换向阀;19-换向阀;20-转向器

5.1.3.3 牵引车变速箱变速液压系统(Shifting Hydraulic System of Gearbox)

美国卡特彼勒公司生产的 627B 型自行式铲运机的牵引车变速箱变速液压系统,如图5-15所示,它主要包括调压阀组 3、操纵阀组 4、切断阀组 5、液压调节器 17 及压力控制阀组 2、变速换挡阀组 1 等。

切断阀组 5 用以防止换挡时调节器 17 至操纵阀组 4 间的油压冲击。操纵阀组 4 由液动阀 7、手动阀 8 和 6 个自动控制阀 18~23 等构成。液动阀的阀杆经一套连杆机构变速换挡阀组 l 连接。油液压力可以推动此阀杆,使变速箱既可以手动也可以自动换挡。自动控制阀在来自调压阀组 3 标定的基准油压和液压调节器实际运行速度所反映的油压相互作用下,控制通向液动阀的油液流动,达到自动地进行加挡和减挡。

调压阀组 3 由顺序阀 24、减压阀 25、挡位保持阀 26 和基准油压减压阀 27~29 等构成。顺序阀将压力 880kPa 的油液供给半自动控制阀组。减压阀保持半自动控制系统中的油压高于 880kPa,此阀也向液压调节器供油。减压阀的调节会影响变速箱减挡的早晚,而基准油压减压阀的调节则影响加挡时的早晚。

变速换挡阀组 1 安装在换挡离合器壳体上,其四根换挡阀杆经连杆机构和液动阀的阀杆相连,并由其推动。换挡阀杆操纵各离合器以决定变速箱挡位。

压力控制阀组 2 由节流阀 30、切断阀 31、变矩器减压阀 32、主减压阀组 33 和减压阀组

34 等构成。它保持通向变矩器的油压不超过 930kPa,系统压力的最大值为 2880kPa;供给换挡离合器的油液流量为 56.8L/min。

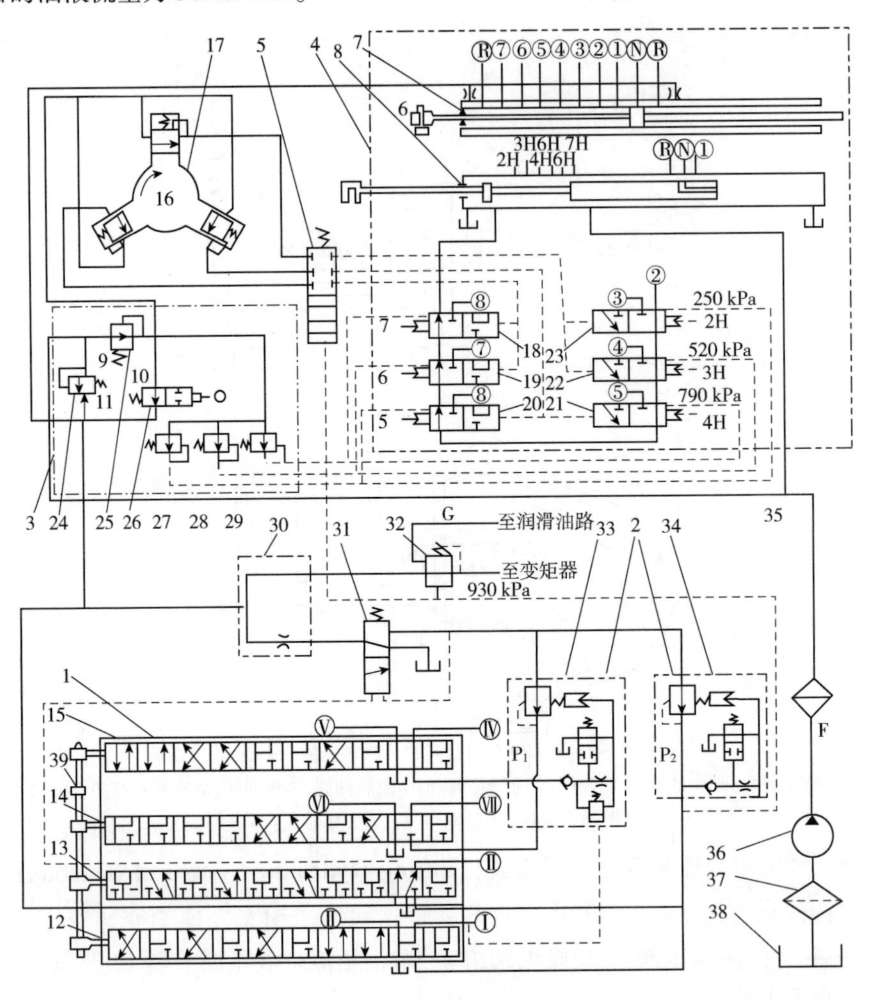

图 5-15　627B 型自行式铲运机变速箱变速液压系统

1-变速换挡阀组;2-压力控制阀组;3-调压阀组;4-操纵阀组;5-切断阀组;6-转轴;7-液动阀;8-手动阀;9~11-调压螺钉;12~15-离合器换向阀;16-旋转电极;17-液压调节器;18~23-自动控制阀;24-顺序阀;25-减压阀;26-挡位保持阀;27~29-基准油压减压阀;30-节流阀;31-切断阀;32-变矩器减压阀;33-主减压阀组;34-减压阀组;35-油冷却器;36-泵;37-滤清器;38-油池;39-连杆

液压调节器 17 安装在变速箱壳体上,经轴接到变速箱的输出轴上。其内部有三个质量不同的阀,随着输出轴转速的提高,在离心力作用下,三个阀在不同时间、转速下向外移动,通过对输出油液的控制,使操纵阀组发挥自动控制阀的作用,进而使变速箱实现液压控制换挡。其自动控制过程的工作原理如下。

来自泵 36 的压力油通过减压阀 25 及挡位保持阀 26 送入液动阀 7 的活塞两端。当活塞两侧的油口①~Ⓡ与回油路没有接通时,活塞受力平衡,阀杆保持不动,变速箱挡位不变。如果某侧的一个油口与油路接通时,则活塞该侧压力下降,另一侧压力推动活塞移动。当活塞移动到堵住该油口位置时,活塞达到新的平衡状态。活塞的移动通过连杆带动变速换挡阀挡位变位,实现换挡。

在自动变速挡位3~8挡之间上,①~Ⓡ油口的回油主要取决于6个自动控制阀的变位,各自动控制阀的变位取决于:①来自手动阀2H~7H油路的锁定油压;②来自液压调节器17和基准油压,减压阀27、28、29之间的压力差。

手动阀8在自动变速的某一挡位时,例如V挡,则5H、6H、7 H接通来自泵的压力油,相应的自动控制阀20、19、18被锁定,而2H、3H、4H与回油路相通,相应的自动控制阀23、22、21允许变位,此时变速箱最高速度仅能到V挡,即变速手柄所处挡位是给定的最高挡位。液压调节器17可根据铲运机实际行驶速度依次送出不同压力的信号,共三路六个信号,顺序加至六个自动控制阀内侧。一旦作用在自动控制阀上两端的作用力不相等,则自动控制阀就会动作,打开相应的油路,使液动阀7移动,实现换挡。

手动换挡过程的工作原理是:在倒挡、空挡和I挡位置时,变速手柄控制手动阀8分别接通Ⓡ、⑩和①的回油通路通过阀8右端通路。在II挡位置时,②中油液经各自动控制阀18~23、手动阀8左端流回油箱。手动阀的移动引起液动阀的移动,进而带动变速换挡阀组1的移动,实现选定挡位。变速箱I、II及倒挡时用液力变矩器传动,只能由驾驶员操纵手动阀8来选定,此时压力油经顺序阀24分别进入压力控制阀组2和变速换挡阀组1。进入压力控制阀组2的压力油分成几路,分别到液力变矩器补油路、润滑油路、节流阀30、切断阀31、主减压阀组33和减压阀组34中。主减压阀组的出油口与变速换挡阀组接通操纵离合器⑧~⑩;减压阀组的出油口与变速换挡阀组连通,操纵换挡离合器⑦~⑧。手动换挡时变速换挡阀组的位置决定手阀选定的挡位。

5.1.4 平地机液压系统(Hydraulic System of Grader)

平地机液压系统包括工作装置液压系统、转向液压系统和牵引控制液压系统等。

工作装置液压系统用来控制平地机各种工作装置—刮刀、耙土器、推土铲的运动,包括刮刀的左侧或右侧提升与下降、刮刀回转、刮刀相对于回转圈侧移或随回转圈一起侧移、刮刀切削角的改变、回转圈转动、耙土器及推土铲的收放等。

平地机转向系统除少数采用液压助力转向系统外,多数则采用全液压转向系统,即由转向盘直接驱动液压转向器实现动力转向。

平地机传动系统形式有:发动机—主离合器—机械换挡变速箱,如日本小松公司生产的GD200-1型、GD300A-1型、GD600R-1型,意大利菲亚特·阿里斯公司生产的F65A型平地机等;发动机—液力变速箱—主离合器—机械换挡变速箱,如国产PY160A型平地机等;发动机—动力换挡变速箱,如日本小松公司生产的GD405A-1型、GD505A-2型、GD655-3型,三菱公司生产的MG系列平地机,美国约翰·迪尔公司生产的5708型、6708型平地机等;发动机—液力变矩器—动力换挡变速箱,如法国O&K公司生产的F系列平地机,美国法莱赛公司生产的800系列平地机,意大利菲亚特·阿里斯公司生产的FG85型平地机等;发动机—液压泵—液压马达—变速箱,如美国Bla-stcrete公司生产的688D型,Huber公司生产的M-850A型平地机等。其中第一种为纯机械传动,第五种为静压传动,其余的为液力机械传动。

对平地机操纵系统的要求主要是操纵控制精度和动作响应速度,这与其他某些工程建设机械如装载机、挖掘机等有所区别。因此,对其液压系统的主要要求是平稳的速度和较大的流量。平稳的速度有利于驾驶员掌握操作手柄的时间与执行元件的移动距离之间的稳定比例关系,使操纵有较好的可预测性,便于操作精度控制;大的流量可以提高执行元件的工作速度,使动作响应及时;此外,还须考虑能量损失要小,能实现复合动作。

平地机工作装置的液压操纵系统目前有以下几种类型。

(1)按液压泵的类型分为定量系统和变量系统。

(2)按液压泵的数目分为单泵系统和双泵系统。后者一般用双液压回路。

(3)按液压回路的数目分为单回路液压系统和双回路液压系统。

(4)按工作装置液压系统与转向液压系统的关系分为独立式液压系统和混合式液压系统。

5.1.4.1 PY160A 型平地机液压系统(Hydraulic System of PY160A Grader)

国产 PY160A 型平地机的液压系统如图 5-16 所示。该系统由工作装置液压系统和转向液压系统两部分组成,采用串联回路,共用一个泵源。为保证平地机转向运动的准确性和可靠性,整个液压系统优先保证前轮转向。

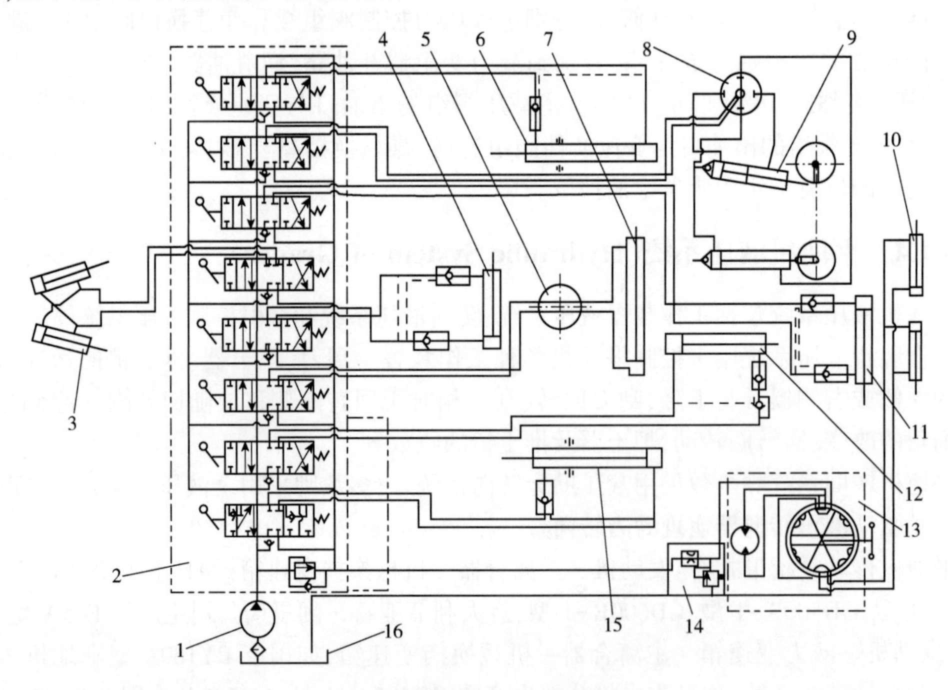

图 5-16 PY160A 型平地机液压系统

1-齿轮泵;2-多路换向阀;3-后轮转向液压缸;4-牵引架引出液压缸;5-回转接头;6-刮刀左升降液压缸;7-刮刀侧移液压缸;8-回转阀;9-回转驱动液压缸;10-前轮转向液压缸;11-前轮倾斜液压缸;12-耙土器收放液压缸;13-转向器;14-流量控制阀;15-刮刀右升降液压缸;16-油箱

该液压系统的液压泵为 CB-F32C-FL 型齿轮泵。操纵阀为 ZFS-L20C 型多路阀,分为两组,用于控制工作装置执行元件的动作。每多路阀分为四联,两个多路阀共有八个操纵杆,操纵相应的阀杆以实现平地机的八个基本动作:刮刀左侧升降、右侧升降、左右旋转、左右侧伸、左右向机外倾斜、铲土角调整、耙土器升降及中后轮转向。

为了使两执行元件能以相同的速度控制同一动作，又能单独工作，在液压系统中采用串联油路，操纵阀对称布置。具体情况如下。

(1)刮刀左右升降液压缸6、15分别与串联的两组多路阀2连接，既可以单独操纵一个刮刀升降液压缸，调整刮刀倾斜角，又可同时操纵两个刮刀升降液压缸，使刮刀两边同步升降。且两个换向阀对称布置在多路阀的两边，便于驾驶员识别。

(2)因为使刮刀直立需同时操纵刮刀倾斜液压缸和刮刀侧移液压缸7，因此，为了使两个液压缸能同时等速动作，它们的操纵阀分别布置在串联的两组多路阀中。

因刮刀侧伸液压缸与刮刀铲土角度变换液压缸的一端安装在与回转圈相连的耳环上，另一端安装在刮刀上，回转圈转动时液压缸将随其转动，因此由多路阀到液压缸的管路的中间用回转接头5连接。

PY160A型平地机转向液压系统包括前轮转向和中后轮转向两部分。中后轮转向是用后轮转向操纵阀控制后轮转向液压缸3的动作来实现。前轮转向则是用全液压转向器13控制前轮转向液压缸10实现的。为了保证前轮转向的可靠性，液压系统中主溢流阀的出口未直接连通油箱，而是经全液压转向器后流回油箱。这样，不会发生前轮转向与工作装置复合动作时因工作装置负载大，溢流阀开启而无法保证前轮转向的现象。另一方面由于溢流和流量控制阀14及转向器串联，液压系统的工作压力将提高，从而要求液压元件的耐压能力要高。

在两组多路阀的入口各有一单向阀和溢流阀。单向阀用来防止油液倒流对液压泵产生冲击。溢流阀起安全作用，防止系统压力超载。

在刮刀机外倾斜液压缸和刮刀两升降液压缸的油路中，装有单向节流阀，用来控制刮刀下降速度，防止刮刀因重力下降速度过快，猛力切入土中，但遇到较大阻力时刮刀能迅速上升。

刮刀升降液压缸和耙土器收放液压缸因重力作用使有杆腔受压，油液会在滑阀处不断泄漏而引起液压缸下沉，为此在管路中设有液控单向阀，牵引架引出液压缸和前轮倾斜液压缸受力是双向的，故不需设置双向液压锁。

5.1.4.2 PY180型平地机的液压系统(Hydraulic System of PY180 Grader)

国产PY180型平地机的液压系统如图5-17所示，它包括工作装置液压系统、转向液压系统和控制液压系统。

(1)工作装置液压系统

PY180型平地机的工作装置液压系统由高压双联齿轮泵13、手动操纵阀19和20、单双油路转换阀18、补油阀25、限压阀16、双向液压锁26、单向节流阀27、蓄能器31、进排气阀30、压力油箱24、刮刀左右升降液压缸7和8、刮刀摆动液压缸6、刮刀引出液压缸5，铲土角度变换液压缸3、推土铲升降液压缸1、松土器升降液压缸10、刮刀回转液压马达2等液压元件组成。其中双联可通过多路操纵阀20给推土铲升降液压缸、刮刀回转马达、前轮倾斜液压缸11、刮刀摆动液压缸和刮刀右升降液压缸提供压力油。泵I向制动单回路液压系统提供压力油。当两个蓄能器的油压达到15MPa时，限压阀将自动中断制动系统的油路，同时接通连接多路操纵阀19的油路，并可通过多路操纵阀19分别向松土器升降液压缸、刮刀铲土角变换液压缸、铰接转向液压缸 9、刮刀引出液压缸和刮刀左升降液压缸提供压力油。

双联泵 I 和 II 分别向两个独立的工作装置液压回路供油时，两液压回路的流量相同。当泵 I 和 II 置两个液压回路的多路操纵阀都处于“中位”位置时，则两回路的油液将通过油路转换阀中与之对应的溢流阀，并经滤清器直接流回封闭式的压力油箱，此时多路操纵阀中的各工作装置换向阀的常通油口均通油箱，所对应的工作装置液压缸和液压马达均处于液压闭锁状态。

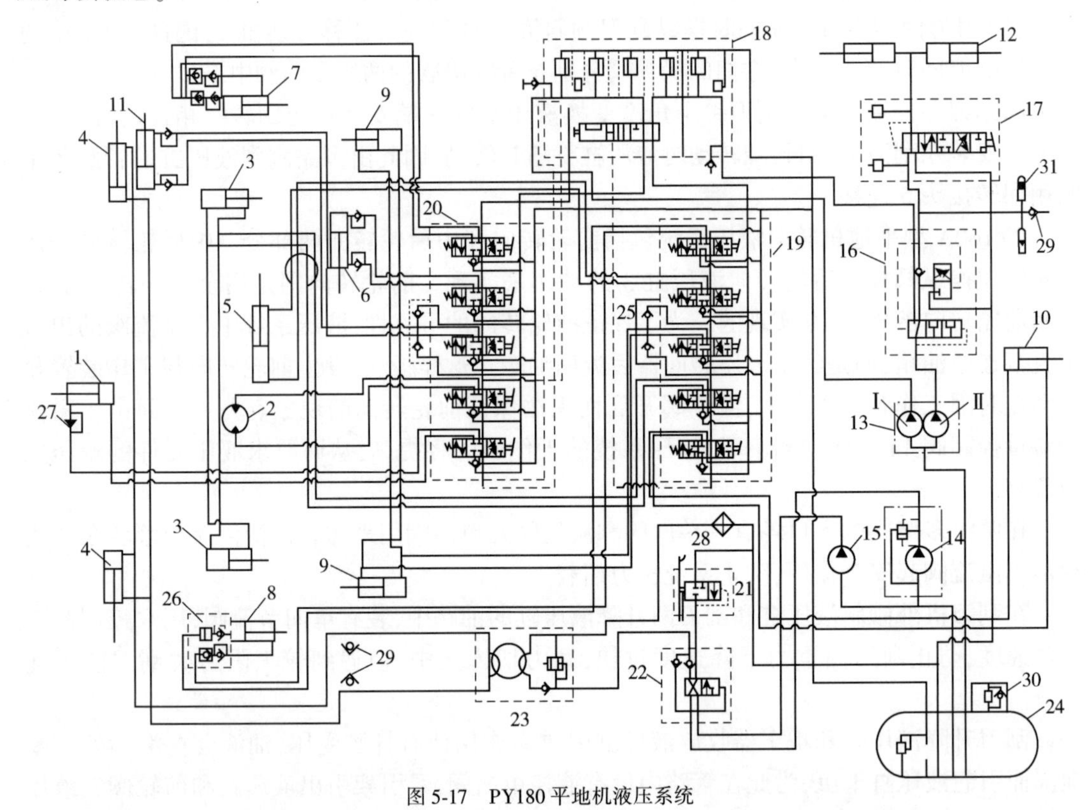

图 5-17　PY180 平地机液压系统

1-推土铲升降液压缸；2-刮刀回转液压马达；3-铲土角度变换液压缸；4-前轮转向液压缸；5-刮刀引出液压缸；6-刮刀摆动液压缸；7、8-刮刀左右升降液压缸；9-铰接转向液压缸；10-松土器升降液压缸；11-前轮倾斜液压缸；12-制动缸；13-双联泵；14-转向泵；15-紧急转向泵；16-限压阀；17-制动阀；18-油路转换阀；19、20-上下多路操纵阀；21-旁通指示阀；22-转向阀；23-液压转向器；24-压力油箱；25-补油阀；26-双向液压锁；27-单向节流阀；28-冷却器；29-微型测量接头；30-进排气阀；31-蓄能器

PY180 型平地机工作装置的液压缸和液压马达均为双作用式，当操纵其中一个或几个，手动换向阀进入左位或右位时，压力油将进入相应的液压缸工作腔，相关的工作装置即开始按预定要求动作；其他处于“中立”位置的换向阀全部油口被锁闭，与之相应的工作装置液压缸或液压马达仍处于液压闭锁状态。任何一个液压缸或液压马达进入左位或右位工作状态时，在所对应的液压回路泵 I 或泵 II 工作回路中，因油路转换阀 18 内分别设有流量控制阀，可使液压缸或液压马达的运动速度保持基本稳定，以提高平地机工作装置运动的平稳性。

当液压系统超载时，双回路均可通过设在油路转换阀 18 内的安全阀开启卸荷，保证系统安全，系统安全压力为 13MPa。因刮刀回转液压马达和推土铲升降液压缸工作时所耗用的功率较大，故在泵 11 液压回路中单独增设了一个刮刀回转和推土铲升降油路的安全阀，系统安全压力为18MPa。

当油路转换阀18处于图示位置时,泵I和泵II所形成的双回路可以分别独立工作,平地机的工作装置可通过操纵对应的手动换向阀,改变和调整其工作位置。调节刮刀升降位置时则应采用双回路同时工作,保证刮刀左、右升降液压缸同步移动,提高工作效率。为了提高工作装置的运动速度,可将油路转换阀18置于左位工作,此时可将泵I和泵II双液压回路合为一个回路为合流回路,流量提高一倍,工作装置的运动速度也提高一倍,缩短了平地机作业时的辅助时间,有利于提高平地机的生产率。

在刮刀左右升降液压缸上设有双向液压锁26,以防止牵引架后端悬挂重量和地面仅作用垂直载荷冲击引起闭锁液压缸产生位移。为实现推土铲平稳下降和刮刀左右平稳摆动,在推土铲升降液压缸的下腔即有杆腔和刮刀摆动液压缸的上下腔均设有单向节流阀,控制油液的回流速度,确保推土铲和刮刀运动无惯性冲击。在前轮倾斜液压缸的两腔设有两个节流阀,保证前轮倾斜的换向操纵阀上还设有两个单向补油阀,倾斜液压缸供油不足时可通过此阀从压力油箱中补充供油,以防汽蚀造成前轮抖动,确保平地机行驶和转向运动时的安全。为满足左右铰接转向液压缸9对铰接转向和前后机架定位的要求,在铰接转向换向操纵阀的回油路上设有补油阀25,系统供油不足时可直接从压力油箱中补油,以实现平地机稳定铰接转向和可靠定位。

在平地机各种工作装置的并联液压回路中,由于刮刀左、右升降液压缸的两端均装有液压锁,故刮刀升降液压缸进油腔的油液在液压缸活塞到达极限位置时,不可能倒流回油箱。其他工作装置液压缸和刮刀回转马达均未设置双向液压锁,为防止各工作装置液压缸或液压马达进油腔及换向阀进入“中位”时发生油液倒流现象,在松土器、刮刀铲土角变换,铰接转向,刮刀引出,推土铲,刮刀摆动,前轮倾斜和刮刀回转等中,负封闭式换向操纵阀的进油日均设有单向阀。

PY180型平地机采用封闭式压力油箱,其上装有进、排气阀,可控制油箱内压力0.07MPa,有助于工作装置泵和转向泵正常吸油,并可防止汽蚀现象的产生,油液污染减少液压系统故障,延长液压元件使用寿命。

(2)转向液压系统

PY180型平地机的转向液压系统由转向泵14、紧急转向泵15、转向阀22、液压转向器23、转向液压缸4、冷却器28、旁通指示阀21和封闭式压力油箱24等主要液压元件组成。平地机转向由转向泵提供的压力油经流量控制阀和转向阀,以稳定的流量进入液压转向器,然后进入前桥左、右转向液压缸的反向工作腔,推动左、右前轮的转向节臂,偏转车轮,实现向左或向右转向。在液压转向器内的转向器安全阀,可保护转向液压系统的安全,即系统过载,系统压力超过15MPa时,安全阀开启、卸荷。

当转向泵出现故障,无法提供压力油时,转向阀则自动接通由变速箱输出轴驱动的紧急转向泵,由该泵提供的压力油即可进入前轮转向系统,确保转向运动正常进行。当转向泵或紧急转向泵发生故障时,旁通指示阀接通,监控指示灯显示,以提醒驾驶员注意。

5.1.4.3 CAT16G型平地机液压系统(Hydraulic System of CAT16G Grader)

美国卡特彼勒公司的16G型平地机液压系统如图5-18所示,它包括工作装置液压系统和转向液压系统。该系统采用的主泵为变量柱塞泵,通过组合阀分别供给工作装置液压系统和转向液压系统。

工作装置液压系统为中位关闭系统，为恒压控制回路。多路换向阀分为两组：一组为四联换向阀，控制刮刀右侧升降，前轮倾斜，牵引架引出和铰接架转向等动作；另一组为五联换向阀，控制刮刀铲土角变换，刮刀回转，刮刀侧向移动，刮刀左侧升降及松土器升降等动作。转向液压系统则进行前轮转向动作。

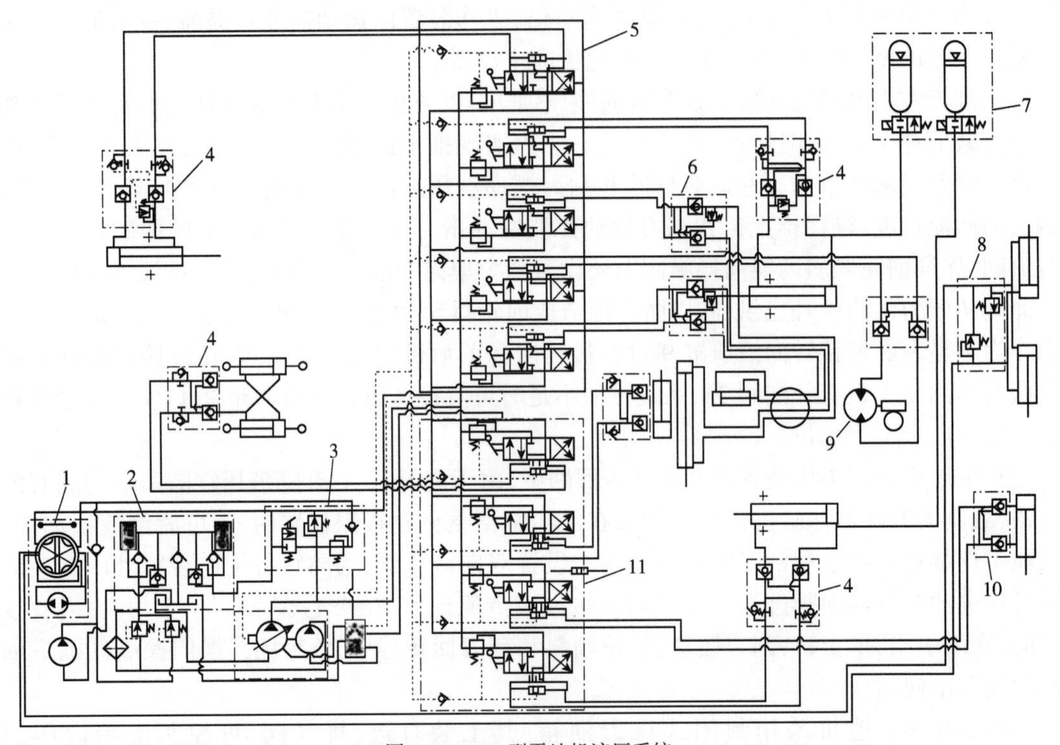

图 5-18　16G 型平地机液压系统

1-转向器；2-油箱；3-组合阀；4、6、10-液压锁；5、11-多路换向阀；7-蓄能器；8-过载阀；9-回转马达

组合泵包含主泵和冷却泵，由发动机直接驱动。主泵向系统中各操纵阀供油，冷却泵专门用来将油箱的油液循环冷却，而主泵回路中的油液不经过散热器。

进入油箱的油液要经过两个精滤器和粗滤器。两个精滤器各有一个分路阀，如果精滤器被油污堵塞，油压上升，分路阀则打开，油液经分路阀直接进入粗滤器并流回油箱。此时指示器显示，提醒驾驶员清洗或更换精滤器。

液压油散热器的入口处设有旁通溢流阀，散热器堵塞时溢流阀打开，油液不经散热器而直接通过滤清器流回油箱，但此时油温会上升。

轴向柱塞变量泵为了恒压变量控制，用斜盘控制柱塞泵的输出功率。柱塞泵有两级压力，第一级为 14.8MPa，第二级为 24.1MPa，压力级别的改变由工作装置液压系统执行元件的负载大小决定，即由通向柱塞泵的控制油路来控制。当所有的操纵阀处于中位或执行元件的负载较小时，泵按第一级压力进行调节；当执行元件遇到大的阻力时，控制油路的压力上升，当压力达到 12.35MPa 时，推动泵内的往复阀，将泵的压力转换到较高的工作压力上，泵入回路中的油压随负载的增加而上升；当压力小于 19.2MPa 时，泵以最大流量输出油液，当压力大于此值时，随压力升高，泵输出的流量减少。

泵的流量为11.4~250L/min，根据工况泵流量将自动改变，使系统压力保持正常。例如，复合动作时油量将自动增大；当整个系统处于非工作状态即阀处于中位时，泵的流量达到最小，减少发动机功率的消耗。两级工作压力可以分别适应不同的压力档次，从而可减少能量损失。

组合阀包括卸荷阀、安全阀和减压阀。其中的卸荷阀主要用来减小发动机的启动负荷。由于液压系统是中位关闭系统，环境温度较低时油路中的油液流动速度较慢，此时卸荷阀打开，使液压泵的输出油液直接流回油箱，便减小了发动机的启动负荷。当平地机进入正常工作状态时卸荷阀则关闭。安全阀将系统压力控制在26.85MPa。减压阀安装在通往转向液压系统的回路上，转向负荷压力超过12.35MPa时减压阀则关闭。

多路换向阀的每一联由换向阀、减压阀、分辨阀、单向阀等组成。其中的减压阀使泵到换向阀之间的油路建立起正常的工作压力，无论换向阀工作与否都可以保证转向系统正常工作。由于减压阀及恒压变量控制的作用，在多数情况下可以实现执行元件的复合动作。由于减压阀的结构特点，它具有稳定流量的功能，使执行元件的运动速度较少地受外在负载变化的影响。液压缸的大小腔活塞工作面积不同，在相同流量时活塞杆的伸、缩速率不同，为此在换向阀通往液压缸的油口上，按照液压缸活塞杆伸、缩速率相等的要求设置节流孔，使进入液压缸小腔的油液阻力较大，从而保持液压缸活塞杆伸缩的速率相等；单向阀和分辨阀的作用是将执行元件高压腔油压通过控制油路反馈到变量泵的往复阀，供泵压力升级控制使用。

所有的换向阀的滑阀机能为“Y”型，所以在换向阀与所有的执行元件之间均设置锁阀。它们具有三种功能：防止工作装置发生位置漂移，保证其定位可靠；防止软管受到意外的油液压力冲击；兼作中间管接头。

为了保护刮刀装置，在左、右升降液压缸大腔油路上各装一储能缓冲器，它由电磁阀控制。电磁阀在接通位置时压力油进入储能器底部，当刮刀遇到坚硬障碍物时，充入氮气的储能器使刮刀抬起。电磁阀在关闭位置时液压缸中的油液不能进入储能器，升降液压缸没有缓冲作用，可保证刮刀作业定位准确。储能器安装在机架上部，靠近升降液压缸的地方，使液压缸到储能器的管路短，可减小液体惯性。

转向液压系统采用液压转向器，此时中位关闭，工作压力由组合阀中的减压阀控制为12.35MPa，在转向液压缸的油路上装有双作用过载阀，以防止外部过高的冲击负荷损坏转向管路与机械杆体。转向液压系统还装有辅助转向装置。发动机熄火，原转向系统丧失向转向器供油的能力时，组合阀中减压阀的出口油压下降，此处的压力传感器自动接通辅助转向电机，驱动辅助泵运转，继续向转向器供油，起到安全保护作用。在辅助转向泵油路上装有安全阀，控制转向系统压力仍为12.35MPa，压力超过此值时安全阀开启，油液经滤油器流回油箱。

5.2 挖掘机液压系统

(Hydraulic System of Excavator)

挖掘机是70%的土石方开挖的主要机械设备，包括有各种类型与功能的挖掘机。单斗挖掘机不仅作土石方的挖掘工作，而且通过工作装置的更换，还可以用作起重、装载、抓取、打桩、钻孔等多种作业。它在各种工程施工中已经成为首要机械化施工设备考虑之一。

单斗液压挖掘机由工作装置、回转机构和行走机构3大部分组成。工作装置包括动臂、斗杆以及根据施工需要而可以更换的各种换装设备,如正铲、反铲、装载斗及抓斗等。

5.2.1 YW100型履带式挖掘机液压系统(Hydraulic System of YW100 Crawler Excavator)

YW100型履带式全液压单斗挖掘机是一种自行式土石方工程机械,铲斗容量为1m^3,图5-19是其组成示意图。其工作机构有铲斗1、斗杆2和动臂3,分别由相应液压缸6、7、8驱动;回转机构4和行走机构5由各自的液压马达驱动,整个机器的动力由柴油发动机提供。

将铲斗更换为振动镐等工具,挖掘机还可用于废旧建筑物拆除等作业。单斗挖掘机的工作循环是:铲斗切削土壤入斗,装满后提升回转到卸料点卸空,再回到挖掘位置并开始下次作业。其作业程序及其动作特性见表5-1,此外,挖掘机还具有工作循环时间短12~25s的特点,并要求主要执行机构能实现复合动作。故单斗挖掘机的液压系统是典型的以多路换向为主的系统。

单斗挖掘机作业程序及其动作特性 表5-1

作业程序		动作特性
顺序	部件动作	
挖掘	挖掘和铲斗回转,铲斗提升到回转位置	挖掘坚硬土壤以斗杆液压缸动作为主;挖掘松散土壤三个液压缸复合动作,以铲斗液压缸动作为主
提升回转	铲斗提升 转台回转到卸料位置	铲斗液压缸推出,动臂抬起,满斗提升,回转马达使工作装置转至卸料位置
卸料	斗杆缩回,铲斗旋转卸载	铲斗液压缸缩回,斗杆液压缸动作,根据卸料高度,动臂液压缸配合动作
复位	转台回转,斗杆伸出,工作装置下降	回转机构将工作装置转到工作挖掘面,动臂和斗杆液压缸配合动作将铲斗降至地面

图5-20是YW100型履带式全液压单斗挖掘机液压系统,它是一个双泵双回路系统,采用多路换向阀的串联油路、手控合流方式。

系统的油源为由内燃发动机驱动的双联液压泵1、2,泵1、2与两个多路换向阀组15、13及相关执行元件分别构成两个独立串联油路。泵1经阀组15向回转马达6、左行走马达9、铲斗液压缸22和调幅用辅助液压缸20供油,该油路压力由安全阀23设定为27MPa。泵2经阀组13向动臂缸19,斗杆缸21、右行走马达8和推土板升降缸11供油,该油路压力由安全阀24设定为27MPa。泵1和泵2回路可通过合流阀16实现某一执行机构的快速动作,一般用于动臂缸和斗杆缸的合流。各执行元件的进、出油口都设有过载溢流阀,其中与回转马达相配的过载阀设定压力为25MPa,低于安全阀23的设定压力,其余的过载阀均设定为30~32MPa。

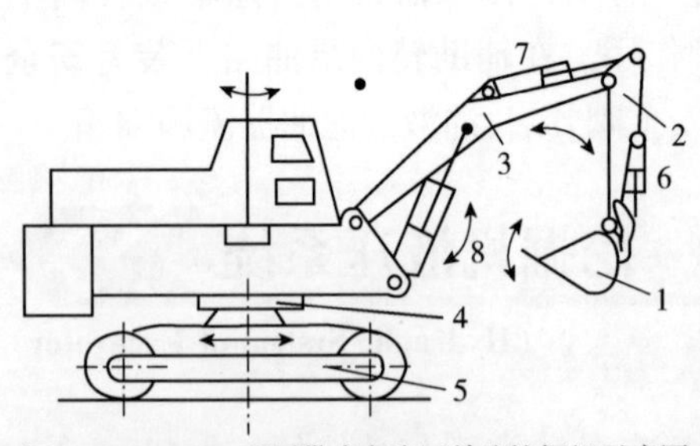

图5-19 YW100型履带式全液压单斗挖掘机示意图
1-铲斗;2-斗杆;3-动臂;4-回转机构;5-行走机构;6-铲斗液压缸;7-斗杆液压缸;8-动臂液压缸

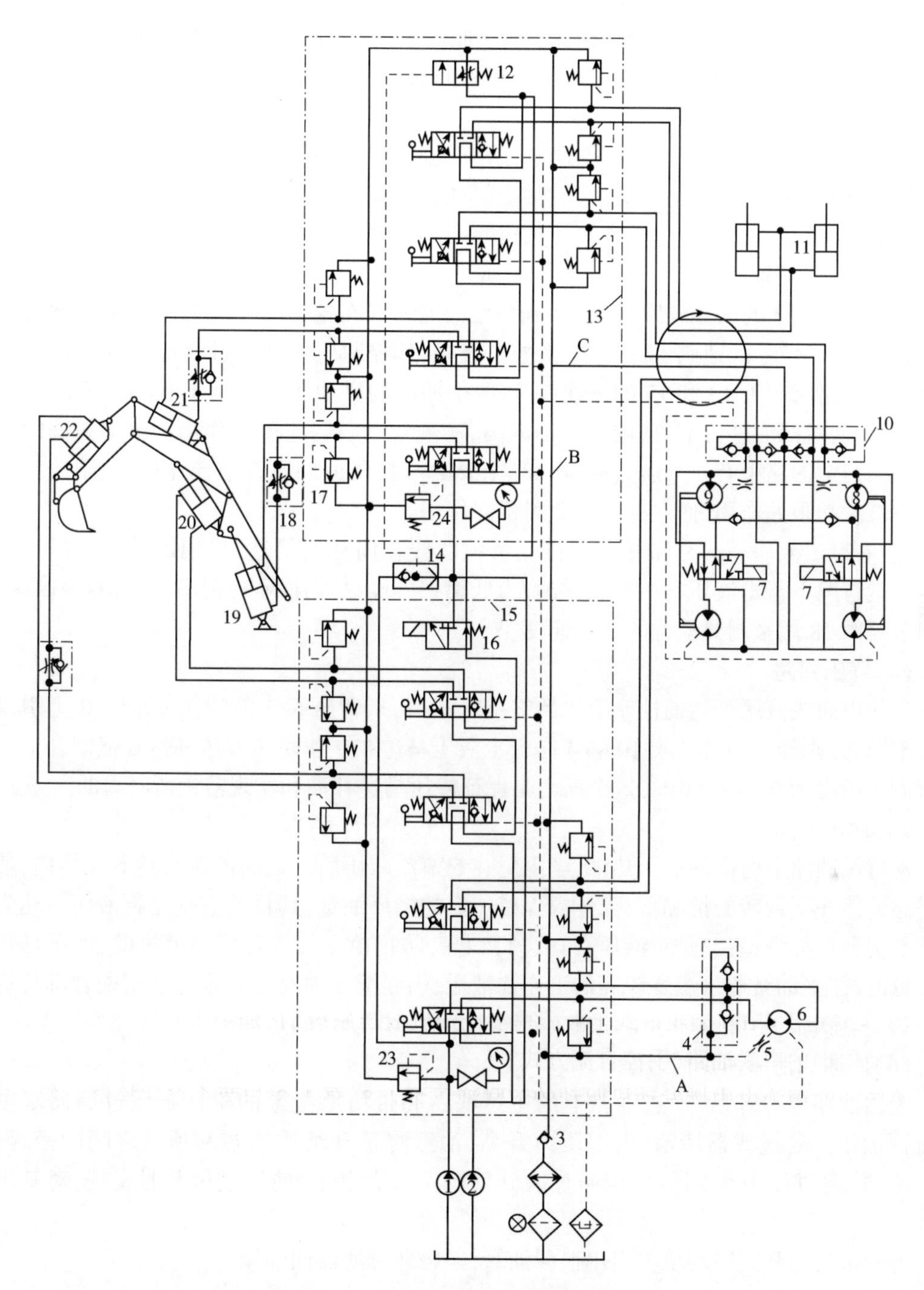

图 5-20 YW100 型液压挖掘机液压系统

1、2-液压泵;3-背压阀;4、10-补油阀;5-阻尼孔;6、8、9-液压马达;7-双速阀;11、19~22-液压缸;12-限速阀;13、15-阀组;14-梭阀;16-合流阀;17-溢流阀;18-单向节流阀;23、24-安全阀

(1)一般操作回路

单个执行机构动作时,操纵某一换向阀,切断卸荷回路,使压力油进入相应的执行机构。回油通过多路换向阀、限速阀 12,阀组 15 的回油还需通过合流阀 16 回到回油总管 B。

串联供油时,同时操纵几个换向阀,压力油进入第一个执行机构,其回油就成了后一个执行机构的进油,以此类推,最后一个执行机构的回油排到回油总管。

(2)合流回路

电磁合流阀16在正常情况下不通电,两液压泵分别向各自的多路阀组供油。需要合流时,手动接通合流阀16的电磁铁使其切换至左位,液压泵1的压力油经阀组15中的合流阀16导入阀组13,使两泵合流,提高执行机构的工作速度,同时也充分利用发动机功率。

(3)限速与调速回路

阀组15和13的回油经限速阀12到回油总管B。在挖掘机下坡时可自动控制行走速度,防止超速溜坡。限速阀12是一个液控节流阀,其控制压力油通过装在阀组上的梭阀14取自两组多路阀组工13和15的进油口,当两个回路的进油压力均低于0.8~1.5MPa时,限速阀12自动对回油进行节流,增加回油阻力,实现自动限制速度的作用。由于梭阀的选择作用。当两个回路中有一个压力高至0.8~1.5MPa时,限速阀不起节流作用,故限速阀只有行走下坡时起限速作用,而在挖掘作业时不起作用。

左、右行走液压马达8和9为双排变量内曲线径向柱塞马达,采用串并联液压马达回路。一般情况下行走液压马达并联供油,为低速挡。操纵双速阀7,则串联供油,为高速挡。单向节流阀18用来调节动臂的下降速度。

(4)背压回路

为使内曲线液压马达的柱塞滚轮始终接触滚道,从背压阀3前的回油总管B上引出管路C和A,分别经双向补油阀10和4向行走液压马达8、9和回转液压马达6强制补油。背压阀调节压力为0.8~1.4MPa,这个压力是保证液压马达补油和实现液控所必需的。

(5)加热回路

从背压油路上引出的低压热油,经阻尼孔5节流减压后。通向液压马达6壳体内,使液压马达即使在不运转的情况下,壳体内保持一定的循环油量,其目的之一是将液压马达壳体内的磨损颗粒冲洗掉;二是对液压马达进行预热,防止由于外界环境温度过低、液压马达温度较低时,往主油路通入温度较高的工作油液后,引起配油轴及柱塞副等精密配合部位局部不均匀的热膨胀,使液压马达卡住或咬死而产生故障即所谓的热冲击。

(6)回油和泄漏油路的过滤

主回油路经冷却后,通过油箱上的主过滤器和带堵塞报警的磁性纸质过滤器双重过滤流回油箱。若过滤器堵塞,内部压力升高,油液将顶开纸质滤芯和顶盖之间的密封,实现溢流,并通过压力传感器将信号反映到驾驶室仪表盘上,使驾驶员及时发现,对其进行冲洗。

各液压马达和阀组均单独引出泄漏油管,经磁性过滤器回油箱。

5.2.2 EX400型全液压挖掘机液压系统(Hydraulic System of EX400 Excavator)

图5-21是日立公司生产的EX400型全液压挖掘机液压系统工作原理图。动力装置是一台四冲程六缸水冷带涡轮增压器的206kW额定功率的柴油发动机。挖掘机铲斗容量为1.82m^3。整机工作装置包括动臂、斗杆、铲斗、回转及行走机构等。因此,整机的液压系统也

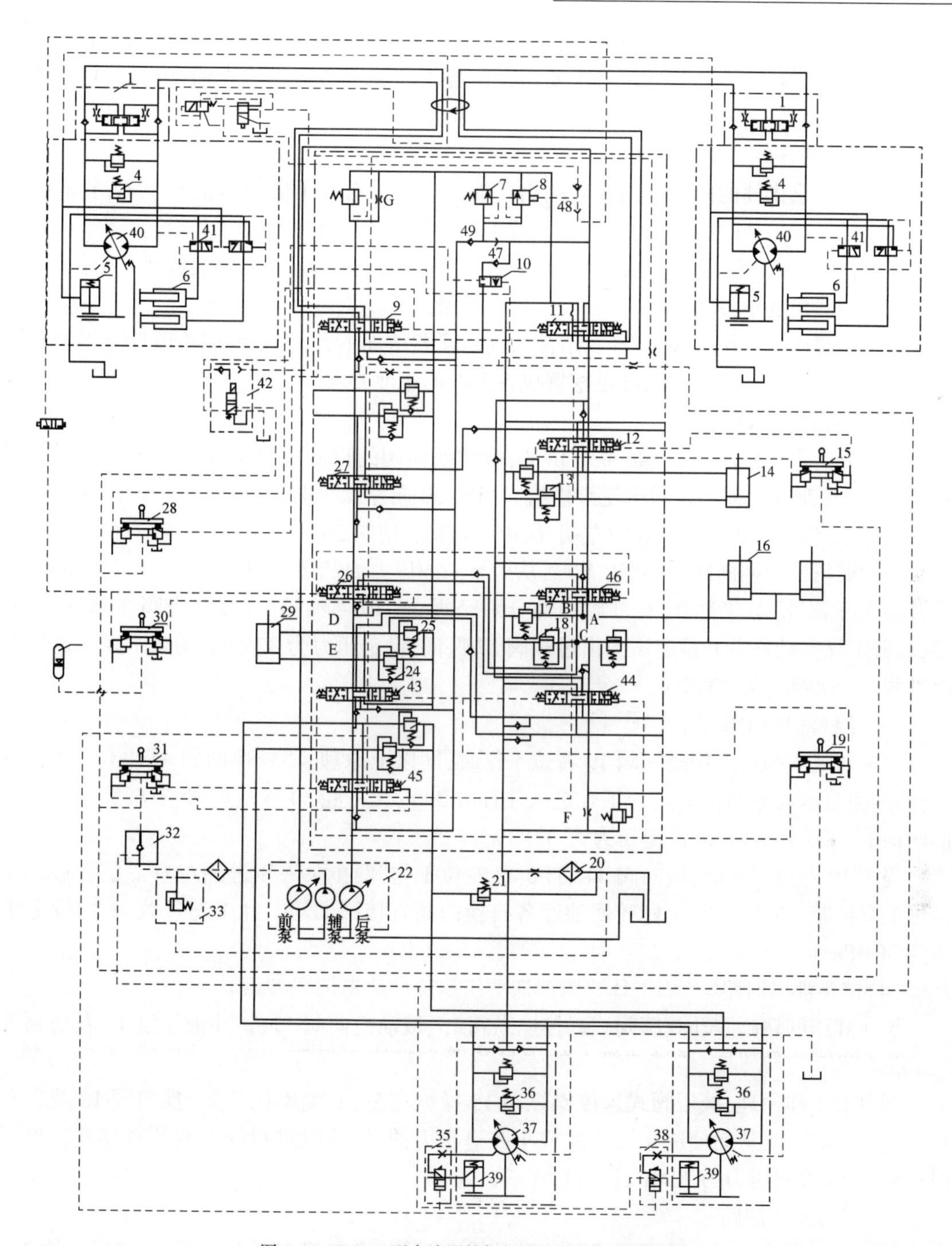

图 5-21 EX400 型全液压挖掘机液压系统工作原理图

1-平衡阀;2-二位三通液动阀;3-二位三通电磁阀;4、36-过载阀;5-刹车制动缸;6-斜轴倾转活塞;7-高压主安全阀;8-低压主安全阀;9、11、26、44、46-三位八通液控换向阀;10-液压开关液动阀;12-液控三位八通换向阀;13、17、18、23、24、25-过载补油阀;14-铲斗液压缸;15、19、28、30、31-减压阀式远程操纵阀;16-动臂液压缸;20-油温冷却器;21-背压阀;22-泵组;27-三位九通液动阀;29-斗杆缸;32、47-单向阀;33-溢流阀;34-蓄能器;35、38-制动阀;37-回转液压马达;39-制动液压缸;40-液压行走马达;41-速度调节阀;42-电液阀;43-液控三位十通阀;45-液控三位八通阀(回转);48、49-梭阀

是由各工作装置的液压系统所组成,属多泵变量系统。泵组22中含三台液压泵,前后泵为主泵,是恒功率斜轴式轴向柱塞泵,主要用于向各工作装置回路供压力油;中间的是辅助性齿轮泵,主要用于向各工作装置提供操作控制用压油。

(1)主泵液压调节回路

由两台主泵供油的两组多路换向阀出口油路端各设有一个固定节流阀F、G,它的作用是调节液压泵在空载时的流量,使之流量减小。当各换向阀处中位不工作时,由于节流阀的节流作用,阀前压力增大,此增大的压力油反馈进入变量泵控制调节缸内,推动调节缸移动,使斜轴泵倾斜角变小,从而减少了该泵的输出流量。

当多路阀内任一换向阀工作时,节流阀前后压差增加不大,不影响或不改变泵斜轴斜倾角,从而使泵输出流量增加,以满足挖掘机各工况的速度要求。

(2)动臂液压回路

动臂的动作由换向阀26、46联合供油,液动换向阀的控制由手动减压阀式远控操纵阀30控制,其控制油由辅助泵即齿轮泵供给。当阀30向左操纵时,从辅助泵来的操纵压力油经单向阀32到达阀30及阀26的左端、阀46的右端,使阀26左位工作,阀46右位工作。从前泵来的液压油经换向阀46到达A点,从后泵来的压力油经换向阀26到达B点,共同流入动臂的无杆腔,使动臂举升,有杆腔的油分别经阀26、46回油箱。同理,当阀30向右操纵时,动臂下降。动臂举升设定压力由过载阀17保证,设定压力为32MPa;动臂下降设定压力由过载阀18保证,为30MPa。

(3)斗杆液压回路

当手动减压阀式远控操纵阀19右位工作时,同以上原理,斗杆换向阀44左位、43右位工作,两主泵压力进油在E点处汇合进入斗杆缸29的无杆腔,斗杆缸伸出,有杆腔回油经换向阀回油,工况过载阀24设定压力为32MPa。

当阀19左位工作时,换向阀44右位、43左位工作,两主泵液压进油在D点汇合进入斗杆缸的有杆腔,斗杆缩回,无杆腔回油经各自换向阀直接回油箱。此工况过载阀25设定压力为30MPa。

(4)铲斗液压回路

铲斗液压回路由手动减压阀式远控操纵阀15、液动换向阀12、铲斗液压缸14及前泵等组成。

同以上工作原理,减压阀式远控操纵阀15操纵在左、右侧不同位置,换向阀12就在左位、右位不同工作,从而使铲斗缸大腔或小腔进压力油,铲斗就进行挖掘或卸料作业。挖掘时过载阀13设定压力为30MPa。

(5)回转液压回路

回转液压回路由手动减压阀式远控操纵阀31、回转换向阀45、斜盘式回转液压马达37、二位三通液动阀38、制动液压缸39及后泵等组成。

当减压阀式远控操纵阀31处于左、右侧时,换向阀45就在右位或左位工作,从而使液压马达向左、向右转动。

液压马达的过载及真空补油由各自回转液压马达回路上的过载阀36及单向阀解决。过载压力设定为24.5MPa,两个反向单向阀供真空补油用。

当换向阀45处于中位时,从辅助泵来的压力控制油流到二位三通液动阀液控端,使二位三通阀处于下位工作,此时从辅助泵来的压力油又进入制动液压缸39的下腔即有杆腔,压缩制动缸上腔即无杆腔弹簧,活塞上升,从而带动制动机构装置抱紧液压马达,实现液压马达制动停止运转。

当换向阀45处于左、右位工作位置时,由于二位三通阀无控制液压油,阀处上位工作,刹车控制缸处于不刹车的放松状态。

(6)履带行走液压回路

履带行走液压回路由液压泵包括前泵、后泵及辅助泵、三位八通液动换向阀9、11、平衡阀组1、过载阀组4/电磁阀3、二位三通液动阀2、二位二通液动阀41、斜轴式液压行走马达40 、斜轴液压马达转角控制缸6、斜轴液压马达制动缸5、高低压力安全阀7、8、梭阀及减压阀式手动远控操纵阀28等组成。

当操纵手动减压阀式远控操纵阀28处于左、右不同位置时,液动换向阀9、11也同时处于右、左不同工作位置,后、前泵来的压力油经液动换向阀到达左、右行走液压马达,驱动履带朝前或朝后运动。

液压回路中,为了限速、平衡、调速、制动等要求,设立了较多的控制阀或阀组,其简要工作原理及作用介绍如下。

为了使行走马达能实现限速、真空补油,设有液压平衡阀组1,含单向阀及液控三位四通平衡阀;为了能选择回路压力,设有二位三通电磁阀3,以便通过梭阀能实现选择高压安全阀7及低压安全阀8的控制;为了能实现制动液压马达及控制斜轴液压马达的倾斜转角,回路中设置了二位三通液控阀41、制动缸5及斜轴转角控制缸6。

整机液压系统内的许多回路,可以实现合流复合操作。它们是:动臂回路与斗杆回路的合流复合操作;回转回路与行走回路的合流复合操作;动臂回路与行走回路的合流复合操作;斗杆回路与行走回路的合流复合操作;铲斗回路与行走回路的合流复合操作。

动臂回路与斗杆回路的合流复合动作是通过阀30、19左位,以实现动臂、斗杆的上举及外伸;回转回路与行走回路的合流复合动作是通过阀31的操作,使阀45处左、右工作位后,再操纵阀42为上位,使阀10左端卸荷,则可使二位二通液动阀10右位工作,从而使既要供回转回路,又要供左行走液压马达的负荷大的后泵得到了由前泵通过阀47来的补充流量;动臂回路与行走回路的合流复合动作、斗杆回路与行走回路的合流复合动作以及铲斗回路与行走回路的合流复合动作其基本工作原理与上述相同。

5.3 压路机液压系统

(Hydraulic System of Roller)

5.3.1 CA25型振动压路机液压系统(Hydraulic System of CA25 Vibratory Roller)

瑞典戴纳帕克Dynapac公司生产的CA25型振动压路机的转向、振动及行走系统均采用液压驱动,其液压系统如图5-22所示。

CA25 型振动压路机的转向和振动回路用一个双联泵 11，各自独立供油，其型号为 Commercia130。转向回路采用 Orbirrol 公司生产的 DanfossOPB500 型全液压转向器。两转向液压缸 1 的有杆腔和无杆腔并联连接，以保证其转向动作的对称性。转向回路缓冲阀 3 的作用是，转向液压缸受到冲击载荷时防止转向回路的过载，以保证安全。转向回路的最高工作压力设定为 14MPa，由溢流阀控制。为了防止转向泵不供油时转向回路的油流倒流回油箱而不能进行手动转向，在溢流阀的入口处设置止逆单向阀 23。转向回路的缓冲阀、安全阀和转向阀构成转向器总成。

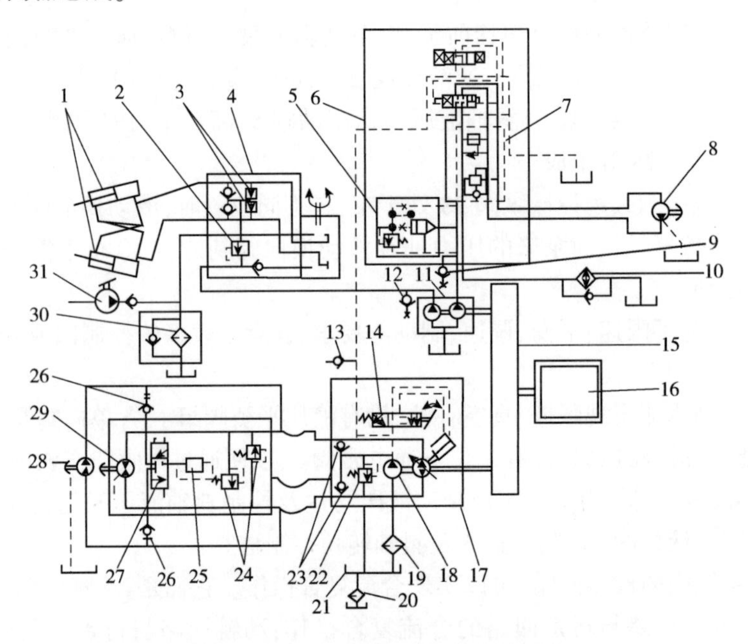

图 5-22 CA25 型振动压路机液压系统

1-转向液压缸；2-转向回路安全阀；3-转向回路缓冲阀；4-转向阀；5-振动回路安全阀；6-电液换向阀；7-缓冲补油阀；8-振动马达；9-振动回路测量接口；10-冷却器；11-转向、振动双联泵；12、13-供油回路测量接口；14-前进、后退伺服阀；15-液压泵驱动装置；16-柴油机；17-泵阀集成块；18-行走补油泵；19、30-滤油器；20-油箱通气口；21-油箱；22-行走进油安全阀；23-单向阀；24-行走回路安全阀；25-行走进油回路安全阀；26-传动系测量接口；27-梭阀；28-前轮液压马达；29-后轮液压马达；31-手动泵

定量泵与定量马达构成液压振动回路，振动马达型号为 Commercial 50 型。型号为 VickersD，U5 V 的振动阀包括安全阀 5、缓冲补油阀 7 及电液换向阀 6。因振动马达的转速高、流量大，故振动回路的换向阀采用 M 型机能的电液换向阀，以便在振动马达停止工作时振动回路卸荷。振动回路的工作压力为 14MPa，由安全阀 5 调定。由于动回路的功率较大，发热严重，为保证回路的正常工作，设置冷却器，使工作油液冷却后流回油箱，保证了油液正常的温度。

CA25 型振动压路机行走回路采用变量泵—定量马达容积调速回路，最大工作压力为 35MPa，由安全阀 24 控制。定量泵型号为 SauerSPV21 型，定量马达型号为 AsuerSMlr21 型。系统图中的液压马达 28 为前轮驱动马达，仅适用于 CA25D/PD 机型。

该压路机行走回路由补油泵 18 供油，同时还输出两路控制油液，一路经伺服阀 14 进入泵的变量控制机构,以控制泵的排量;另一路则用于液压振动回路的电液换向阀。该泵的压力由安全阀22调定,在测量点13处检测。

行走回路中设梭阀27,其工作受液压马达的进、出口压力差来控制。当压路机行驶负载增大,行走马达的进、出口压力差达到一定值时,梭阀即开始工作,将行走马达的回油路和安全阀25的入口接通,一部分工作油液经安全阀泄入马达壳体,对其进行冲洗,及时带走磨屑和热量。该闭式回路中损失的油液由补油泵18补充。为了对变量泵壳体进行冷却和冲洗,进油回路安全阀25的溢出油液直接进入变量泵壳体内。为使工作过程中放出高温油液,补充低温油液,安全阀25的调定压力应低于行走进油回路安全阀22的调定压力。行走马达和变量泵的壳体的泄漏油液经泄漏管连接,一并进入油箱。

CAZS型振动压路机液压系统中,在行走回路补油泵18的入口处以及转向回路的回油路上均设有过滤精度为10μm的滤油器。为加油方便,系统中设有手动泵31。

5.3.2 BW系列振动压路机液压系统(Hydraulic System of BW Series Vibratory Roller)

BW系列振动压路机是德国宝马BOMAG公司生产的具有当今领先世界水平的现代化超重型振动压路机,它包括BW217D型光轮振动压路机和BW2l7D/PD型凸块式振动压路机。采用单轮振动、全轮驱动的结构形式。工作质量大,激振力大,具有压实效果好、使用范围宽、适应性强、工作可靠性高和使用寿命长等优点。

5.3.2.1 BW217D型振动压路机液压系统(Hydraulic System of BW217D Vibratory Roller)

洛阳建筑机械厂引进宝马公司的先进技术,生产了该型压路机。它采用前、后机架铰接,液压缸推动的折腰转向,使转向轻便灵活;换向行驶利用先进的换向装置控制。该装置采用液压伺服联动机构,通过改变行走变量柱塞泵斜盘的倾角方向来改变油液流动方向,实现压路机换向行驶。行走泵的流量伺服阀由行走拉杆操纵控制,它具有“前进”和“后退”两个工作位置,换向时无冲击,改善了压路机的行驶性能。

(1)行走回路

该压路机通过液控压力位移比例阀实现调速,具有稳定行驶速度的作用。当负载在一定范围内变化时,压路机的行驶速度可基本稳定不变。另外,在行走马达的进、回油的回路上装有背压平衡装置,可提高压路机换向、变速的平稳性。稳定和平稳的行驶速度特性,保证了振动压实质量,可获得最佳的均匀压实度。

(2)振动回路

BW217D型振动压路机的液压振动回路具有调频、调幅功能,可选用高幅低频或低幅高频,以满足不同铺筑材料和厚度的压实作业需要。通常,压实厚铺层黏性土或粗粒度填筑材料时应选用高幅低频振动;压实薄铺层非黏性材料或压实面层,宜选用低幅高频振动。

该压路机的激振器采用两个分体式偏心块。偏心轴的旋转方向不同时偏心质量和偏心距也不同。通过振动马达的旋转方向,即可获得两个不同的名义振幅值,达到调幅的目的。该机振动马达高幅旋转方向时为低频振动,低幅旋转方向时为高频振动。

该压路机的调幅机构为偏心块质量调节式。具有调幅功能的激振器安装在振动轮的一侧,振动轴上装有两个独立的分体式偏心块:一个是固定式;一个是质量可调式。它们与振动轴用花键连接,一起旋转。固定式偏心块的偏心质量和偏心距为定值,不随振动轴的旋转方向而改变;质量可调式偏心块的偏心质量和偏心距,可通过改变振动轴的旋转方向而得到调节。质量可调式偏心块的结构如图 5-23a)所示,它由偏心壳体 4、偏心壳盖 2、内偏心块 7 和振动轴 6 等组成。偏心壳体与振动轴用平键 5 连接,偏心块通过振动轴和平键由振动马达 1 驱动。在偏心壳体与偏心壳盖的封闭空腔内,装有一定质量的硅油。硅油密度大而流动性好,可随振动马达旋转方向的变化而改变其在偏心块内上、下腔的位置[见图 5-23b)、c)],达到调节偏心质量和偏心距的目的。此外,硅油具有良好的阻尼吸振作用,当振动轮改变振幅时,偏心块因改变旋转方向会产生较大的惯性冲击,偏心块内的硅油缓冲阻尼就起到、衰减振动的作用,从而可以减轻机件的冲击载荷。

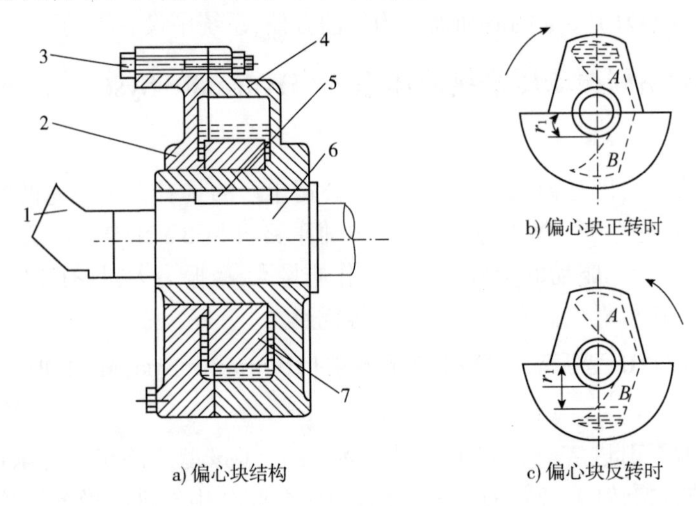

图 5-23　BW217D 型质量可调式偏心块

1-振动马达;2-偏心壳盖;3-螺栓;4-偏心壳体;5-平键;6-振动轴;7-内偏心块

5.3.2.2　BW217D/PD 型振动压路机液压系统(Hydraulic System of BW217D/PD Vibratory Roller)

BW217D/PD 型振动压路机液压系统如图 5-24 所示,它由转向、行走、振动和行车制动等形成四个并联液压回路。

转向泵 13 由柴油机曲轴前端驱动,行走泵 11 与振动泵 10 串联,由曲轴后端驱动。

(1)行走回路

行走泵为双向变量柱塞泵,同时驱动振动轮和左、右车轮的双向变量马达 6、7。拧动在驾驶室内仪表板上的行走速度选择开关,可选择压路机的行驶速度,范围与 BW217D 相同,有四个行驶速度范围,每一速度范围都可以操纵行走拉杆 14 实现无级调速。行走拉杆也是前进、倒退换向装置的操纵杆,可平稳地改变压路机的行驶方向,操纵十分简便。

压路机换向装置由手动三位四通流量伺服阀、液控压力位移比例阀和行走泵双向变量联动机构组成。其工作原理是:流量伺服阀的入口压力油由辅助定量泵提供,辅助泵输出的压力油经滤清器过滤后,以低于 1. 6MPa 的恒定压力输入流量伺服阀的入口,当油压超过

1. 6MPa时,溢流阀即开启溢流卸荷。这样,压路机在前进或后退的运行过程中,以流量伺服阀输出的油控压力油可稳定控制压力位移比例阀阀芯的位移量,并通过行走泵双向变量联动机构保持行走泵斜盘的倾角不变,从而保证行走泵柱塞的排油行程不变,排油量不变,即可稳定其输出流量,使压路机在一定负载范围内具有稳定的作业和行驶速度。当压路机在作业或行驶过程中突然过载时,行走泵的输出油压将随之迅速上升,若回路压力超过42MPa,行走泵的双向溢流安全阀则立即单向开启、卸荷,确保行走回路安全。

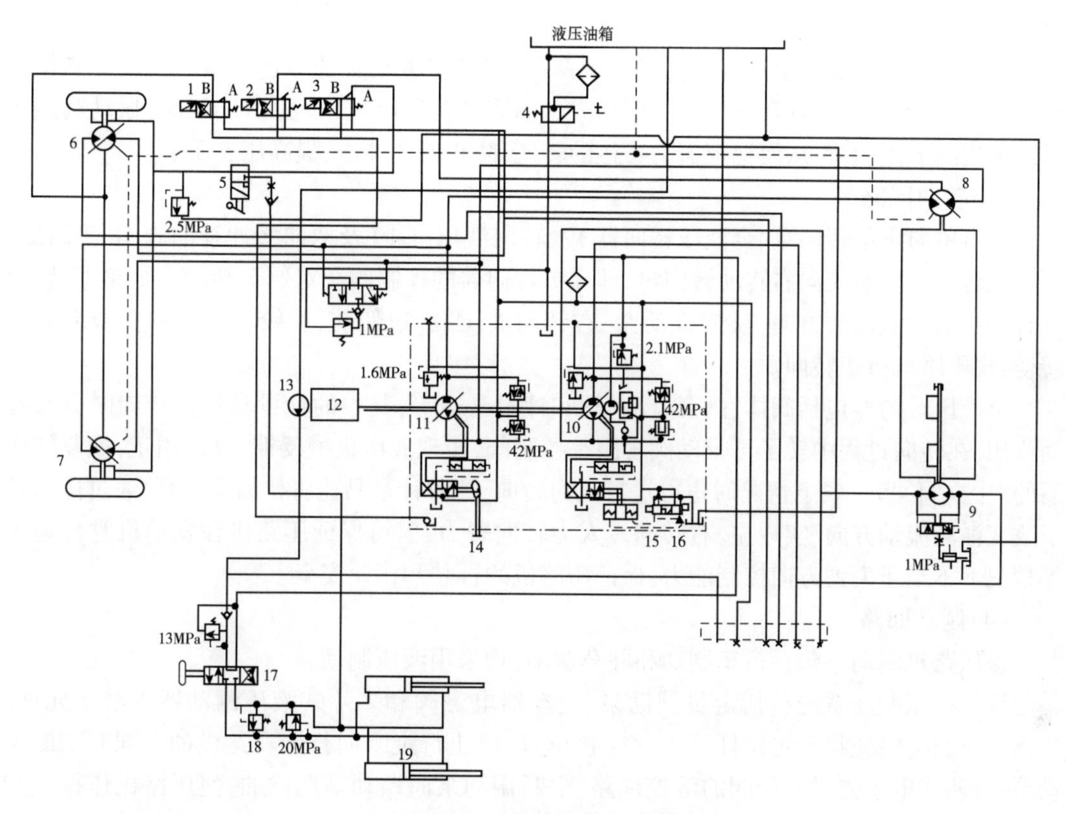

图 5-24 BW217D/PD 型振动压路机液压系统

1、2-行走电磁阀;3-电磁控制阀;4-油温控制阀;5-锁定阀;6、7-左、右后轮行走马达;8-振动轮行走马达;9-振动马达;10-振动泵;11-行走泵;12-发动机;13-转向泵;14-行走拉杆;15、16-可调式电磁先导减压阀;17-转向器;18-缓冲补油阀;19-转向液压缸

为了减轻压路机作业由频繁换向、调速带来的冲击,提高压路机的行驶平稳性,在低速大扭矩行走马达6,7的进、排油回路上,装有液控背压平衡阀,压路机前进或后退时的回油压力即背压超过1MPa时溢流阀开启,并通过平衡阀出口节流卸荷。这样,不仅方向和速度变换平稳,提高压实均匀度和密实度,同时也提高了驾驶员的舒适性。

(2)振动回路

该压路机的液压振动回路由变量柱塞泵10、可调式电磁先导减压阀15和16、双向定量振动马达9及流量伺服调频装置、背压平衡阀等组成。柴油机达到额定转速后激振器才能正常启振。振动马达可双向驱动激振器,可得到高、低两个相应的固定振动频率。确定振动频率后先接通与之对应的可调式电磁先导减压阀。此时由振动辅助泵提供的压力油,其油压与行走泵流量伺服调速装置液控油路压力相等,通过电磁先导减压阀减压后,控制压力位移比例阀,推动振动柱塞泵的流量伺服阀及其联动机构,即可确定柱塞振动泵斜盘的倾角方向,使振动马达按预定的旋转方向转动。然后再通过液控压力位移比例阀改变振动泵的斜盘倾角,调节振动泵的流量,获得所需的固定振动频率。

振动马达正、反旋转状态分别由两个可调式电磁先导减压阀15、16控制。当振动泵输出的压力油改变流动方向时,振动马达的旋转方向、转速也随之改变,因此压路机的振动频率得到了调节。

振动马达的排油路上设有液控背压平衡阀,以稳定振动轴的转速,实现正、反方向旋转时的平稳振动,使振动轮具有均匀的振动力。当回油背压超过设定值1MPa时,振动马达将通过溢流阀节流卸荷,从而稳定振动马达的转速,防止惯性冲击,提高压实质量。

(3)转向回路

它由单向定量转向泵、全液压转向器17、转向液压缸19及双向缓冲补油阀18等组成。压路机转向时向左或向右转动转向盘,即操纵转向器的控制阀相对阀套转动一个角度,则改变转向阀的油液流动方向,反向推动左、右转向液压缸,迫使前、后铰接机架向左或向右偏转,实现压路机折腰转向。

全液压转向器包括阀体、阀套、控制阀和计量马达等,其中的计量马达在转向时具有随动作用,在转向过程中转子可带动阀套跟踪控制阀,实现液压机械反馈,自动回正,恢复转向器的"中立"位置。紧急情况时也可进行人力转向,此时计量马达将作为手动泵,通过操纵转子改变油液流动方向,实现左、右转向。人力转向费力,但可保证压路机在发动机意外熄火等情况下不至于失去方向控制能力,保证压路机的行驶和作业安全。

(4)制动回路

该压路机制动系包括行车制动和驻车制动,均采用液压制动。

液压行车制动系统包括定量辅助泵、制动器电磁阀和多片式液压制动器等液压元件。实施行车制动时先将行走拉杆置于"空挡"位置,停止行走泵向行走马达供油。同时切断振动泵、可调式电磁先导减压阀的液控油路,中断振动泵向振动马达供油,使压路机作振动和空挡滑行状态,然后接通制动器电磁控制阀3,制动液压回路则进入制动状态,辅助泵和转向泵同时向制动器提供压力油,制动油压为1. 6MPa,进行迅速制动。

该压路机的驻车制动是通过锁止锁定阀5实现可靠的机械式制动。BW217D/PD型振动压路机液压系统油温通过油温控制阀4进行有效的控制,油温度过高时油温控制阀自动换向,系统回油经冷却器降温。

5.3.3 G系列和GD系列振动压路机液压系统(Hydraulic System of G and GD Series Vibratory Roller)

洛阳建筑机械厂引进德国宝马公司的技术生产了G系列和GD系列振动压路机。它们的行走传动系统均采用液压机械式传动,振动轮采用液压马达驱动偏心块进行振动。所不同的是G系列振动压路机采用单轴轮胎驱动;GD系列则为单轴和全轮驱动两种形式。

(1)YZ10G型振动压路机

该机为G系列中的重型振动压路机,采用全液压驱动,其液压系统如图5-25所示。它包括行走回路、振动回路和转向回路。振动泵 7、转向泵 8 由发动机 4 前端输出的动力驱动，而行走泵 10 由发动机后端输出的动力驱动。

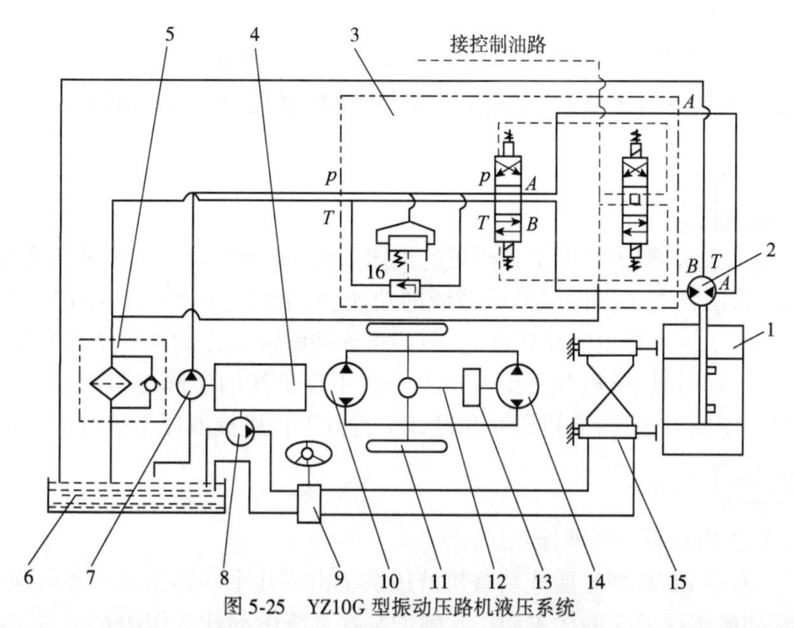

图 5-25　YZ10G 型振动压路机液压系统

1-振动轮；2-振动马达；3-电液启振阀；4-发动机；5-滤油器；6-油箱；7-振动泵；8-转向泵；9-转向器；10-行走泵；11-驱动轮；12-传动轴；13-减速箱；14-行走马达；15-转向液压缸

①行走回路

由行走泵 10、行走马达 14、减速箱 13、传动轴 12、驱动轮 11 等组成。行走泵直接驱动行走马达，经减速箱、传动轴、中央传动、左右半轴、轮边行星齿轮减速装置传动后，驱动车轮行驶。

YZ10G 型及 GD 系列振动压路机具有两个速度范围，通过速度范围选择器进行选择，并且每一速度范围内的行走速度可通过移动行走操纵杆实现无级调节。行走操纵杆还兼有换向的功能。当行走操纵杆在“前进”和“倒退”位置间转换时，即改变行走柱塞泵的进、排油方向，改变压路机的行驶方向。若将行走操纵杆置于中间位置，压路机将减速行驶，反之，压路机则加速行驶。当行走操纵杆在“前进”、“倒退”的极限位置时。压路机可获得某一速度范围内的最高行驶速度。

②振动回路

由振动泵 7、振动马达 2、电液启振阀 3 和激振器等组成。振动泵驱动位于振动轮 1 左侧的振动马达，使激振器产生激振力。电液启振阀断开时振动器则不工作，振动油路卸荷，其油液流回油箱，压路机可空载行驶，或作静力压路机使用。振动轮启振时压路机处于满负荷工作状态，发动机必须以额定转速运转。

振动马达可双向转动，正、反转时的振动频率相同。YZ10G 型及 GD 系列振动压路机具有双振幅调幅机构，通过改变偏心轴的旋转方向即可改变偏心力矩，获得高、低两个振幅值。试验证明，该压路机用于沥青混合料压实的最佳振幅为 0.4~0.6mm，对于较难压实材料或较厚铺层的压实，振幅应增加到 1mm。

③转向回路

由转向泵 8、液压转向器 9、转向液压缸 15 和油箱 6 等组成。采用转阀式伺服转向装置，控制铰接在前、后机架上的两个转向液压缸，实现压路机折腰转向。

属于G系列的还有YZ12G型振动压路机等。

(2)GD系列振动压路机

GD系列振动压路机液压系统组成及工作原理与G系列振动压路机的基本相同，所不同的是振动轮右侧也装有行走马达，实现全轮驱动。GD系列中有YZ10GD、YZ12GD、YZ14GD型等振动压路机。

小　结

本章介绍了3类典型土石方工程机械的液压系统，重点分析了每个液压系统的组成、工作原理和特点；指出各类工程机械液压系统的功能、复杂程度虽然有所不同，但均有一个共同点，即每个液压系统均是由回路构成的；强调正确理解液压传动基础知识和基本原理的重要意义在于运用这些知识分析和解决典型土石方工程机械的实际工程问题；详细说明了阅读液压系统原理图的方法，为分析研究和设计土石方工程机械液压系统打下必要的基础。

习　题

(1)怎样阅读和分析一个液压系统图？

(2)图5-3所示ZL50型轮胎式装载机液压系统由哪几个回路组成？如何保证装载机转向的稳定性？如何实现铲斗的优先动作？辅助泵在系统中起什么作用？

(3)请分析TY320型推土机液压系统的组成和特点？

(4)PY180型平地机工作装置液压系统中多路换向阀采用哪种连接方式，为什么？

(5)YW100、YW160、EX400型液压挖掘机工作装置液压系统各有何特点？

(6)如图5-26所示为YZ180振动压路机的液压系统图，请分析该液压系统主要包括哪几个回路，各有什么特点？如何实现调频、调幅？

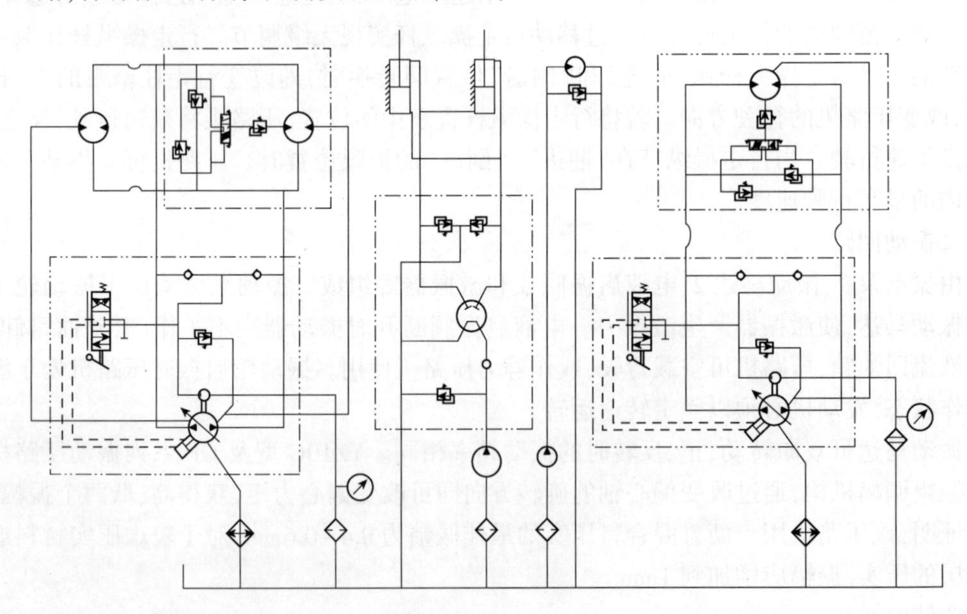

图5-26　题(6)图

第6章 路面施工机械液压系统

The Hydraulic System of Road Construction Machinery

学习目的和要求

(1)正确理解典型路面施工机械液压系统的组成、工作原理和特点;

(2)掌握路面施工机械液压系统中各个基本回路的原理和控制方法;

(3)学会对路面施工机械液压系统做出综合分析,归纳总结整个液压系统的特点。

学习指南

(1)主要内容:主要讲述了常见的路面施工机械的液压系统的组成、工作原理、特点及其功能。结合液压传动的基本知识和基本原理,分析了路面施工机械液压系统的基本回路的原理及其控制方法。

(2)重点:正确分析典型路面施工机械液压系统的工作原理和特点。

(3)难点:能够根据路面施工作业的工况特点,进行分析和设计其液压系统。

(4)关键术语:沥青混凝土摊铺机;水泥沥青混凝土摊铺机;稳定土拌和设备;水泥混凝土搅拌输送车;液压系统;液压组成回路;特点及功用。

本章要点

(1)摊铺机械是将拌制好的混合料按一定的技术要求均匀地摊铺在路基或基层上,并给予初步捣实和整平的专用机械。摊铺机械液压基本回路主要由行走回路、供料回路、振动及振捣回路、自动调平回路、自动延伸提升回路,边料斗翻转回路及出料闸门启闭回路等组成。

Pavers are special machines which can rapidly and uniformly pave mixture on the subgrade and pavement. Basic circuit of pavers are mainly composed of travelling hydraulic circuits, feeding hydraulic circuits, vibrating and tamping hydraulic circuits, automatic leveling circuit, hydraulic circuits of automatic extension of screed, hydraulic circuits of hopper turnover, discharging gate opening and closing loop, etc.

(2)稳定土拌和设备是一种将土壤粉碎,并与稳定剂均匀拌和,以提高土壤稳定性,修建稳定土路面或加强路基的机械。稳定土拌和机的行走、转子驱动、转向等功能均由液压系统实现。

Stabilized soil mixing plants are machinery which build or reinforce roadbed stabilized soil pavement by soil crushing, uniform mixing with stabilizer to improve the stability of soil. The functions of stabilized soil mixing plant such as travelling, rotor driving, steering, and so on are implemented by hydraulic system.

(3)混凝土搅拌输送车是搅拌运输混凝土的专用机械。它兼有载运和搅拌混凝土的双重功能,允许适当延长运距或运送时间。搅拌输送车的典型液压系统是由双向伺服变量柱塞泵和定量柱塞液压马达以及随动控制阀等组成。

Concrete truck mixers are special machines which could carry concrete and, at the same time, agitate it during prolonged transport. Typical hydraulic system of truck mixers is composed of two-way servo variable plunger pump and quantitative piston hydraulic motor and servo control valve, etc.

【导入案例】

沥青混合料摊铺机工作装置液压系统

沥青混合料摊铺机为用来摊铺各种沥青混合料、稳定土材料、铁路道砟等筑路材料的专用机械,它将拌和好的混合料按照一定截面形状和厚度的要求迅速而均匀地摊铺在已经整好的路面基层上,并给以初步捣实和整平,既可以大大增加铺筑路面的速度和节省成本,又可以提高路面的质量。履带式沥青混合料摊铺机总体构造如图6-1所示。

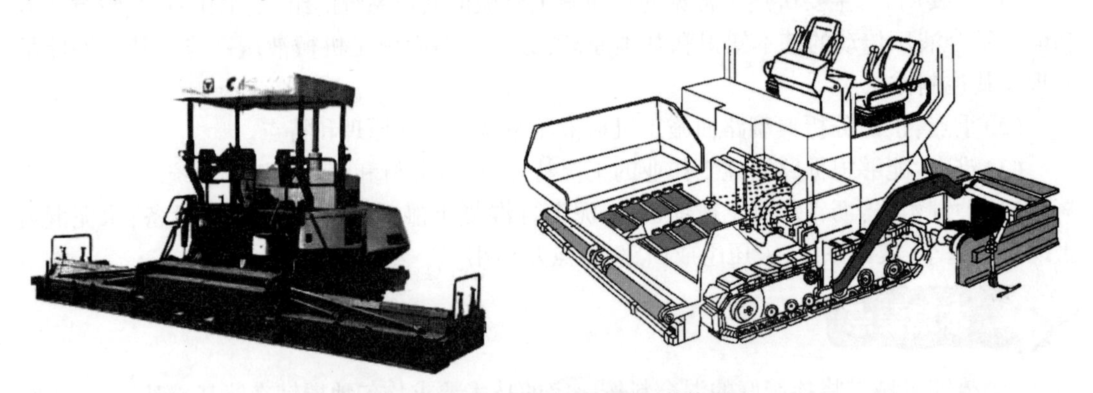

图6-1 履带式沥青混合料摊铺机总体构造图

目前,沥青混合料摊铺机通常采用液压系统实现以下基本运动:转向、行走、刮板送料器与螺旋分料器驱动、熨平装置的升降、熨平装置的自动延伸、熨平装置的振动、受料斗的两边斗的翻转及出料门的升降、螺旋分料器长度调节、自动调平装置的调节等。行走和供料系统均采用液压驱动的摊铺机,称为全液压摊铺机。为获得良好的摊铺质量,便于操纵和控制,先进的摊铺机都采用全液压技术。下面以熨平板提升液压系统为例,进行摊铺机工作装置液压系统分析。

熨平板提升液压系统原理如图6-2所示。齿轮泵1部分油经节流阀2、单向阀3、换向阀4至熨平板提升液压缸6、7。另一部分经单向阀5、换向阀4至提升液压缸6、7。系统没通电时,电磁换向阀8处于左位,液压油由卸荷阀9卸荷,提升液压缸处于闭锁状态。电磁换向阀电源由操纵杆控制,当摊铺机停止运行时,熨平板提升液压缸闭锁,保证摊铺路面的平整度。系统通电时,电磁换向阀处于右位,整个系统开始工作。

电磁换向阀10置上位,熨平板处于浮动位置,升降液压缸油腔浮动;处于第二位时,来油进入液压缸大腔,熨平板下降,此时油压由调压式溢流阀12调定,调定值为3MPa,处于第三位时,熨平板处于静止状态;此时来油进入液压缸小腔,熨平板上升,经节流阀2的油压也进入液压缸的小腔,为熨平板的上升增加了辅助油压,油压由调压式溢流阀11调定2~7MPa。

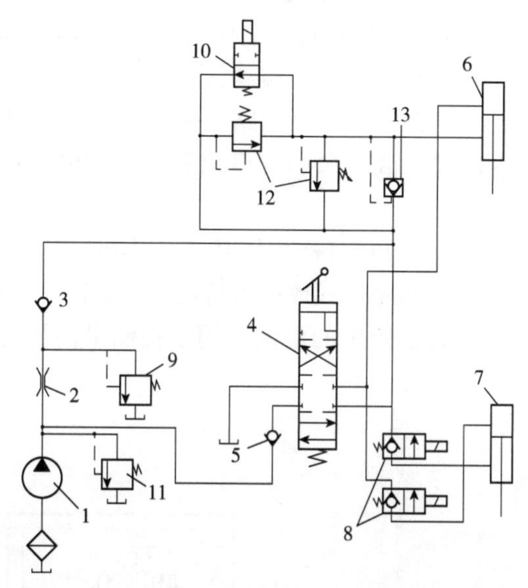

图6-2 熨平板提升液压系统原理图

1-齿轮泵;2-节流阀;3、5-单向阀;4-换向阀;6、7-熨平板得升液压缸;8-电磁换向阀;9-卸荷阀;10-电磁换向阀;11、12-溢流阀;13-液控单向阀

问 题:

(1)沥青混合料摊铺机主要能够实现哪些功能?

(2)沥青混合料摊铺机的工作装置液压系统主要包括哪些?

(3)熨平板提升液压系统如何保证路面摊铺的平整度?

6.1 沥青混合料摊铺机液压系统

(Hydraulic Systems of Asphalt Concrete Paver)

6.1.1 沥青混合料摊铺机液压基本回路(Basic Hydraulic Circuits of Asphalt Paver)

沥青摊铺机的液压基本回路包括行走回路、供料回路、熨平板振动及振捣回路、自动调平回路、熨平板自动延伸及提升回路、边料斗翻转及出料门启闭回路,以及转向回路等。

6.1.1.1 行走回路(Travelling Hydraulic Circuits)

摊铺机的行走回路根据轮胎式和履带式两种行走装置可分为两种。其中轮胎式摊铺机行走回路如6-3所示。该回路是由变量泵、变量马达组成的双回路变量调整闭式回路,其液压泵和马达一般为轴向柱塞式,结构紧凑,工作转速和压力较高。液压泵由发动机经分动箱驱动,液压马达通过减速器驱动车轮。这种液压回路可采用电子控制,由比例电磁控制阀控制液压泵和液压马达的斜盘倾斜角度,实现流量的连续变化,调速范围大,效率高,换向操纵轻便。

行走回路的工作压力一般为34~42MPa,由溢流阀调定。该回路的流量损失由补油泵补充,补油压力一般为2~3.5MPa。回路中的控制油液也由补油泵供给。为了使回路在大功率工作时散热良好,在液压马达的两端并联一个梭阀,其出口通过卸荷阀与油箱连通,液压马达两端的压力差达到一定值时梭阀的阀芯移动,将液压马达的回油口与卸荷阀入口接通,使做功后的高温油液流入油箱散热。为提高回路效率,液压马达一般为高速马达,液压泵与液压马达的速比为1∶1.5~1∶2。液压泵的变量控制方式为电子比例控制,液压马达一般采用电子控制方式。

履带式摊铺机通常采用左、右两套对称的回路,它们同时动作时摊铺机进行直线行驶,分别动作时进行转向运动。典型的履带式摊铺机行走回路如图6-4所示。行走马达的输出轴安装有制动器,用于紧急制动,系统中的溢流阀用于控制最高压力,单向阀在制动时起补油作用。

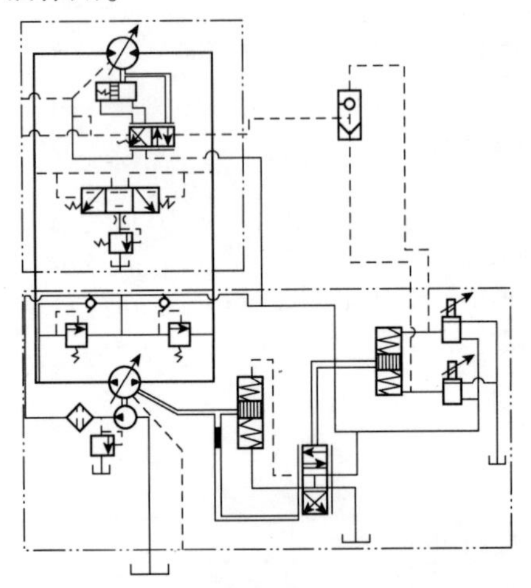

图6-3 轮胎式摊铺机行走回路原理图

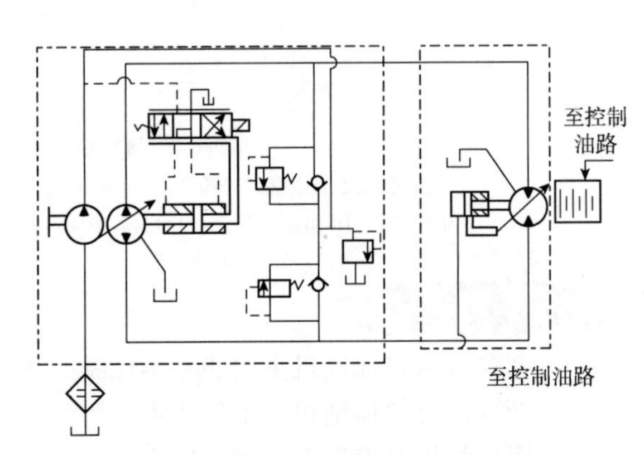

图6-4 履带式摊铺机行走回路原理图

6.1.1.2 供料回路(Feeding Hydraulic Circuits)

摊铺机供料系统由左、右两套独立的液压回路组成,国内外摊铺机供油回路各有特色,但主要有三种:变量泵—定量高速马达;定量泵—变量高速马达和变量泵—定量低速马达。其中变量泵组成的闭式回路、定量泵组成的开式回路,如图6-5所示。两种供料回路有一个共同特点,即回路的变量方式为电子控制,这是摊铺工作的特殊要求,在摊铺机自动控制工况作业时,熨平板前面的沥青混合料由料位控制器自动控制:料多时减缓或停止供料;料少时加快供料。另外,除自动控制供料速度外,还备有手动多挡控制。

供料回路的功率大,通常占发动机功率的60%以上。变量泵—定量马达组成的供油回路的压力为21~25MPa,由溢流阀调定。回路的补油压力为2~2.5MPa,补油泵排量通常为10~15mL/r。而定量泵—变量马达组成的供油回路的压力通常为16~25MPa,定量泵常选用齿轮泵,变量马达一般为柱塞马达。液压泵与发动机连在一起,两个液压马达连接在链轮箱两侧,通过行星齿轮减速器、链传动而驱动螺旋分料器和刮板送料器。

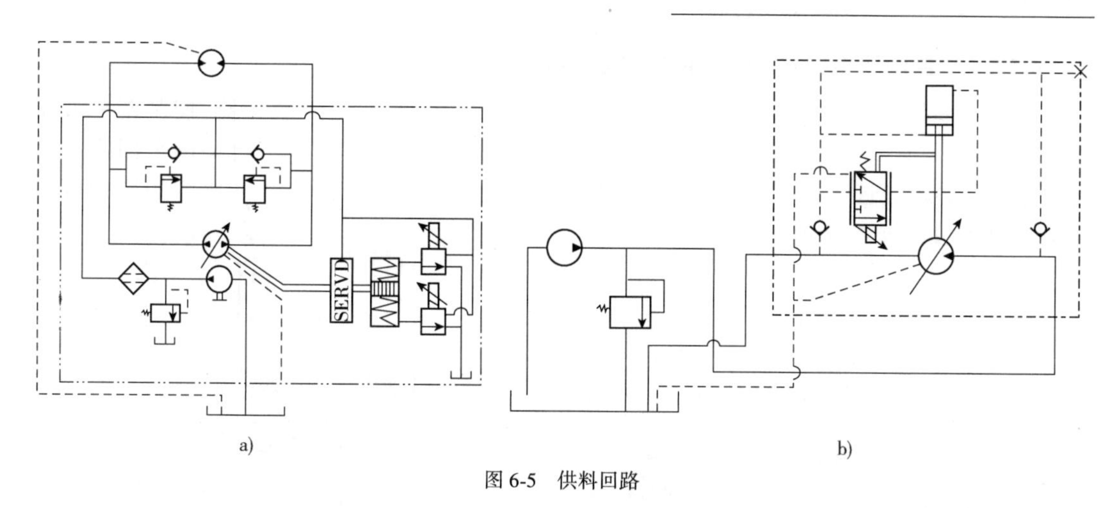

图 6-5 供料回路

6.1.1.3 熨平板振动及振捣回路(Vibrating and Tamping Drives Hydraulic Circuits of Screed)

典型的熨平板振动及振捣回路如图 6-6 所示,它是两套独立的开式回路,工作压力为 14~16MPa,振动马达转速为 3000~4000r/min,振捣马达转速为 1500~3000r/min。通过该回路中的液压马达驱动振动装置的偏心轴高速旋转,产生激振力,完成对沥青混合料铺层的熨平与预压实,提高路面的平整度与密实度。振动与振捣的频率应根据摊铺机的工况确定,振捣频率要与摊铺机行走速度相匹配,一般要求摊铺机每前进 5mm 振捣一次,振动频率要根据铺层厚度确定,铺层厚度越大,振动频率越高。

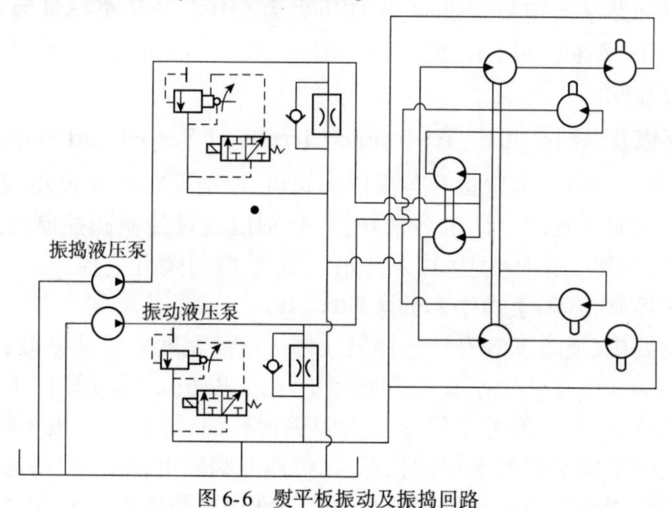

图 6-6 熨平板振动及振捣回路

熨平板振动和振捣回路实际上是定量泵—定量马达组成的旁路节流调速回路。改变节流阀的开度,可以改变进入液压马达的流量,进而改变液压马达的转速,实现对振动、振捣频率的调整。图中的电磁阀通电后可以使该回路卸荷。

基本熨平板上振动和振捣回路各有两个液压马达。为保证振动或振捣的频率分别一致,同型号液压马达用机械方式连接在一起。液压马达并联后再与延伸熨平板上同型号液压马达并联,因此基本熨平板上液压马达的回油背压较大。

6.1.1.4 自动调平回路(Automatic Leveling Loop)

摊铺机作业时其自动调平装置沿基准运动,并产生控制信号,经放大器、控制调平液压阀组,控制调平液压缸的运动,以改变摊铺厚度,保证铺筑层的平整度。自动调平回路的控制阀分为开关式电磁换向阀和比例阀,前者在自动调平回路中应用广泛。典型的摊铺机自动调平回路,如图6-7所示。

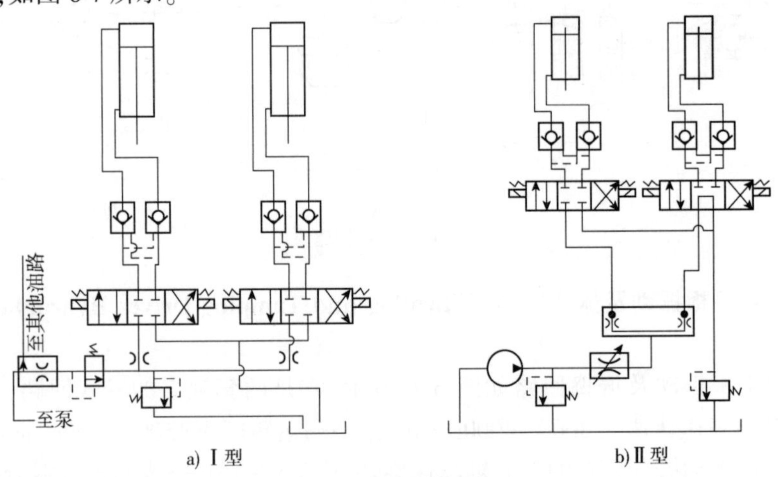

图6-7 自动调平回路

Ⅰ型自动调平回路中采用定量泵供油,用分流阀确保一定量的液压油进入液压缸,控制其工作速度。为保证调平精度,自动调平回路中设有液压锁和调速阀。回路工作压力为3MPa。

Ⅱ型自动调平回路采用定量泵供油,工作压力为5MPa,叶片泵排量为6mL/r,回油背压为1.5MPa。为了保证液压缸的工作速度与自动控制装置的速度相适应,液压泵出口安装有调速阀和自动式分流阀。

6.1.1.5 熨平板及边料斗回路(Hydraulic Circuits of Screed and Hopper)

左、右边料斗翻转与熨平装置提升各采用一阀组,控制设在摊铺机左、右两侧的液压缸;熨平板的自动延伸及出料闸门启闭的各液压缸,分别由流量控制阀控制。这四组执行元件由一个液压泵驱动,回路工作压力为12~16MPa,流量控制阀可电控,也可手控。但熨平板延伸液压缸为电子控制,有利于操作人员操纵。

熨平板延伸回路中,通常安装有液压锁紧元件。摊铺宽度一经调整好,在整个摊铺过程中不受外载荷的影响而改变。熨平板提升时由液压缸驱动;下降时靠自重下落。压力油一部分经单向阀流回油箱,另一部分给液压缸大腔进行补油,防止熨平板下降速度太快,造成吸空现象。摊铺过程中熨平板处于浮动状态,二位四通阀通电,且三位四通阀在中位。摊铺机运输工况时熨平板提升后由机械装置锁紧。上述液压回路如图6-8所示。

6.1.2 LTU4型沥青混凝土摊铺机液压系统(Hydraulic System of LTU4 Asphalt Paver)

斗容量为4t的LTU4型全液压履带式沥青混凝土摊铺机是由机架、工作装置、履带行走装置、液压系统、电气系统、发电机及机械传动系统、顶推轮、操纵系统等部分组成。工作装置包括料斗、斗门、螺旋分料器。熨平装置包括调厚机构、调拱机构、振动器及延伸熨平板。履带行走装置包括三级链轮减速器、履带、轮组。液压系统由液压泵、阀、液压缸、液压马达、散热器、滤清器、油箱、管路等组成。电气系统包括蓄电池、电流表、发电机、启动器等。机械传动系统包括三组带传动及张紧装置等。其中工作装置及履带行走装置全部为液压驱动。

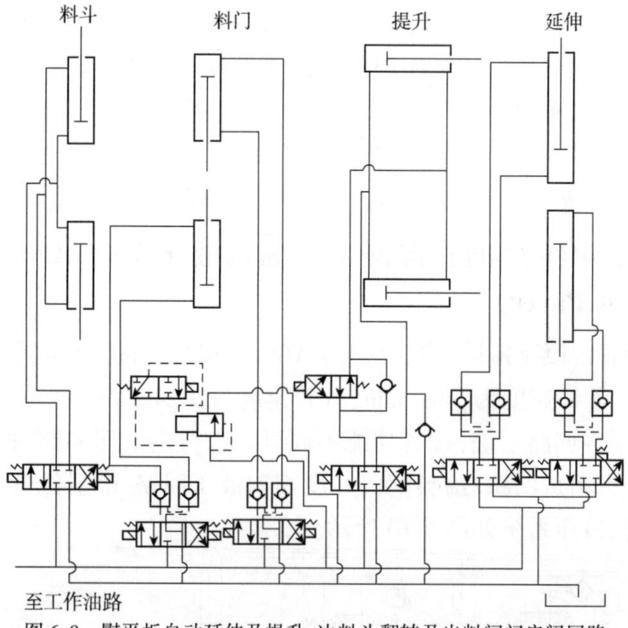

图 6-8 熨平板自动延伸及提升、边料斗翻转及出料闸门启闭回路

图 6-9 为 LTU4 型全液压履带式沥青混凝土摊铺机液压系统图。该液压系统为开式多泵系统。除行走回路采用变量泵系统外，其余回路如工作装置回路、螺旋分料和振动熨平回路为定量泵系统。

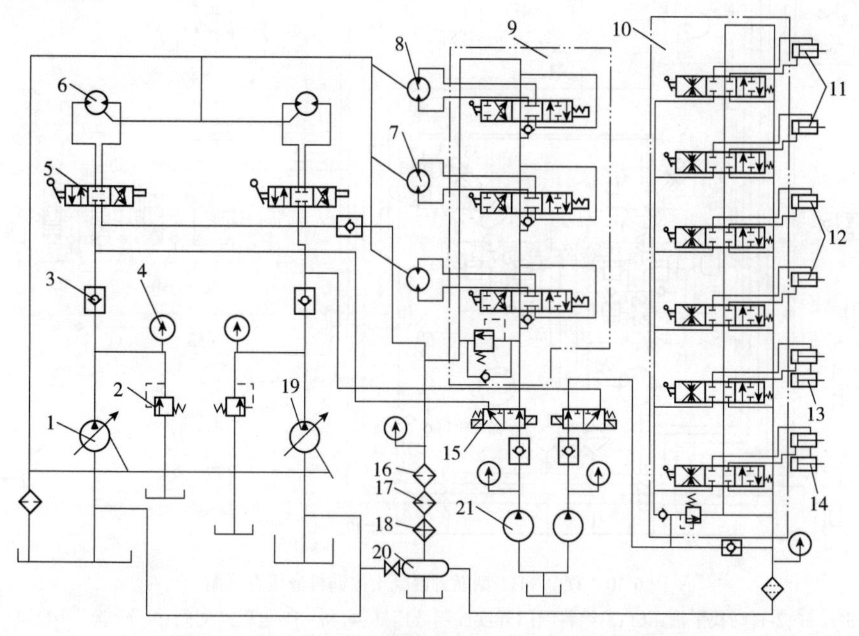

图 6-9 LTU4 型全液压履带式沥青混凝土摊铺机液压系统

1、19、21-液压泵；2-安全阀；3-单向阀；4-压力表；5-手动换向阀；6～8-液压马达；9、10-多路换向阀；11-熨平板伸缩液压缸；12-料斗门液压缸；13-熨平板升降液压缸；14-料斗液压缸；15-电磁阀；16-粗滤网；17-纸质滤油器；18-液压油冷却器；20-小液压油箱

手动换向阀 5 可操纵整机的前进、后退、转弯及停止；两个液压马达 6、7 和液压马达 8 分别带动两台螺旋分料器和熨平板；熨平板伸缩液压缸 11 供延伸熨平板加大摊铺宽度用；熨平板升降液压缸 13 可将熨平板升起或下落；料斗液压缸 14 可合拢料斗使物料形成料堆；料斗门液压缸 12 用来调节闸门的开闭程度以改变料流。本机还装有两个合流换向阀即电磁阀 15，可有效增加行走转移速度。

LTU4 型全液压履带式沥青混凝土摊铺机液压系统压力为 12.5MPa，合流行走速度可达 1.2km/h。爬坡时，若柱塞变量泵吸油不足，可打开位置较高的小油箱的开关，补充供油。

6.1.3 TITAN411 型沥青混凝土摊铺机液压系统（Hydraulic System of TITAN411 Asphalt Paver）

TITAN411 型沥青混凝土摊铺机是由德国 ABG 公司生产的，其摊铺宽度为 2.5～9m，摊铺厚度为 30cm，最大摊铺速度为 54m/min，行驶速度为 3.24km/h，料斗容量为 13t。该机的液压系统是一个多泵多回路系统，按其功能不同可分为行走液压回路、振捣液压回路、自动找平液压回路、料斗臂折放回路、给料闸门开度控制液压回路、牵引侧臂提升液压回路和供料液压回路等。整机液压系统如图 6-10 所示。

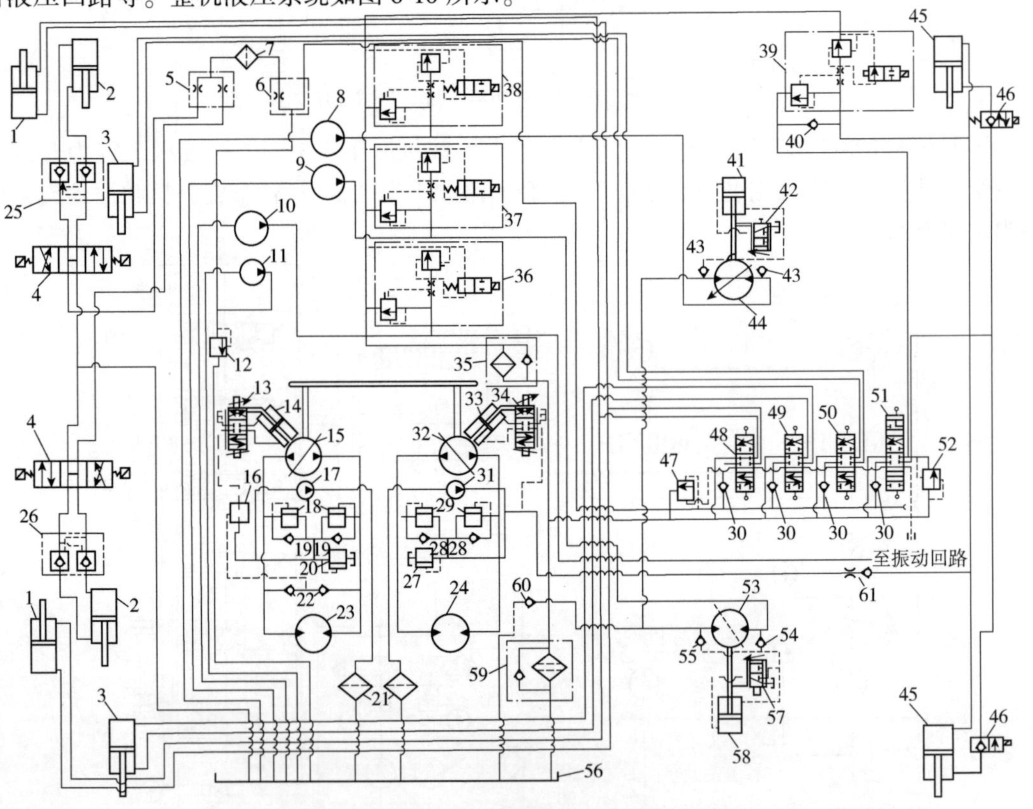

图 6-10　TITAN411 型沥青混凝土摊铺机液压系统图

1-斗臂折放液压缸；2-自动找平液压缸；3-给料闸门开度控制液压缸；4、48～51-电磁换向阀；5-分流阀；6-稳流阀；7、21-滤清器；8～11、15、17、31、32-液压泵；12、20、27、35、47、52-溢流阀；13、42、57-比例伺服阀；14、33、41、58-伺服液压缸 16-减压阀；18、29-过载阀；19、28、30、40、43、54、55、60-单向阀；22-梭阀；23、24、44、53-液压马达；25、26-液压锁；34-伺服阀；36～39-两级调压阀；45-侧臂升降液压缸；46-电磁阀；56-液压油箱；59-滤油器阀组；61-补油阀

(1)行走液压回路

该回路是变量泵闭式回路。其主要由液压泵32、液压马达24、伺服阀34、伺服液压缸33和溢流阀27以及由过载阀29和单向阀28构成的过载补油阀组等组成。

操作伺服阀34,使伺服液压缸33的上腔或下腔进油,改变液压泵斜盘的倾角,从而使液压泵32的流量和流向都可变,实现液压马达24的转速和转向的改变,使摊铺机行驶速度和行驶方向可变。

(2)振捣回路

振捣回路和行走回路类似,也是液压泵闭式回路。其主要由液压泵15、振捣液压马达23、减压阀16、比例伺服阀13、伺服液压缸14以及由过载阀18、单向阀19组成的过载补油阀组等组成。

此回路分析与行走回路基本相同,所不同的是,液压泵15流量和流向的控制采用比例伺服控制,使振捣液压马达23的转速即振捣棒的振动速度与行走液压马达24即摊铺作业速度相适应。此外,通过对液压马达的调速,可使之适用于任何厚度的混合料的摊铺,并与熨平板上的不同振动频率相适应,使摊铺层达到最佳振实效果。

从系统图上还可看出,液压泵一启动,就有一部分压力油推开单向阀作用到减压阀16上,使从液压泵17泵出的油经减压阀16到比例伺服阀13,并由比例伺服阀根据不同情况决定伺服液压缸14的哪一腔进油,达到改变液压泵15的流量和流向之目的,从而改变振捣速度。

(3)自动找平液压回路

液压回路是开式单泵定量并联系统回路。其主要由液压泵11、溢流阀12、稳流阀6、分流阀5、电磁换向阀4、液压锁25、26和自动找平液压缸2组成。当路基不平时,路基平整度的变化由传感器感应后转化成电信号,使电磁换向阀4的某一端电磁阀通电,从而使其在左位或右位工作。此时,从液压泵11来的压力油顺次经过稳流阀6、滤清器7、分流阀5、电磁换向阀4、液压锁25,进入自动找平液压缸2的下腔或上腔,实现自动找平。此回路中设有稳流阀6和分流阀5,使得此回路中的找平稳定,能实现两个自动找平液压缸2的同步动作,且整平精度高。回路的压力由溢流阀12调定。

(4)料斗臂折放液压回路

该回路也是开式单泵液压并联系统回路。主要由液压泵11、稳流阀6、单向阀30、电磁换向阀48、溢流阀47和斗臂折放液压缸1组成。操纵电磁换向阀48,从稳流阀6来的压力油推开单向阀30,经过电磁换向阀48到达斗臂折放液压缸1,使两个料斗臂能够在电磁换向阀48的操纵下同时同步折放。回油经电磁换向阀48和滤油器阀组59至油箱。此回路压力以及闸门开度压力由溢流阀47调定。溢流阀47的调定压力低于溢流阀12的调定压力。单向阀30的作用是防止电磁换向阀48换向时回油。

(5)给料闸门开度控制液压回路

该回路主要由液压泵11、稳流阀6、电磁换向阀49、50和单向阀30以及给料闸门开度控制液压缸3等组成。操纵电磁换向阀49、50,使阀的某一阀位工作,此时从稳流阀来的压力油推开单向阀30,进入电磁换向阀49、50后到达给料闸门开度控制液压缸3使其工作,控制给料闸门开度,改变摊铺机螺旋摊铺器的供料量。由于两电磁换向阀49、50采用的是并联方式,故两给料闸门开度控制液压缸 3 只能单独动作,而不能同时动作,从而使得摊铺机螺旋摊铺器的供料尽量安全、合理。

(6)牵引侧臂提升液压回路

该回路是开式并联回路。主要由液压泵 11 和 31、电磁换向阀 51、单向阀 30 和 40、两级调压阀 39、电磁阀 46、侧臂升降液压缸 45、溢流阀 52 以及补油阀 61 等组成。

当电磁换向阀 51 下位工作时,从稳流阀 6 来的液压油顺次经单向阀 30、电磁换向阀 51、电磁阀 46 的左位,到达侧臂升降液压缸 45 的下腔,使侧臂下降,回油经两级调压阀 39 回油—液压缸 45 工作时,二位二通电磁阀为右位工作,起两级调压作用;液压缸 45 不工作时,二位二通电磁阀左位泄油。当电磁换向阀 51 上面第一位即靠近中位的工作位工作时,从稳流阀 6 来的压力油依次经单向阀 30,电磁换向阀 51,单向阀 40 到达侧臂升降液压缸 45 的上腔,使侧臂上升;回油经电磁阀 46 右位和电磁换向阀 51 回油箱。当摊铺机摊铺作业时,电磁换向阀 51 位于上面第二位,此时,侧臂升降液压缸处于浮动状态,熨平板有可能上下移动,液压缸 45 中的压力不太高时,经两级调压阀 39 上面的一个溢流阀回油,此处两个阻尼孔起稳流作用,当液压缸 45 中的压力较高时,高压油又打开两级调压阀 39 下面的一个溢流阀回油。电磁阀 46 的作用是:锁定侧臂,使之与自动找平液压缸 2 相适应,从而达到更高的摊铺精度。液压泵 31 除供伺服阀操作控制油外,通过补油阀即节流单向阀 61 还为本油路提供提辅助补油用。

(7)螺旋供料液压回路

该回路是液压开式并联回路。由液压泵 8、9,螺旋器液压马达 44、53,单向阀 43、54、55、60,伺服液压缸 41、58,两级调压阀 37、38 和比例伺服阀 42、57 等组成。

摊铺机前物料的多少,经传感器感应后以电信号的形式传给比例伺服阀 42 或 57,使其某一位工作,从而改变液压马达 44 或 53 的斜盘倾角,使液压马达向某边分配物料。在进油路上旁接的两级调压阀 37、38 的作用是:根据系统中工况的不同使回路中有不同的工作压力,可节省动力,降低油温。

6.1.4 SA125 型履带式沥青混凝土摊铺机液压系统(Hydraulic System of SA125 Asphalt Paver)

SA125 型履带式沥青混凝土摊铺机是美国 BARBER-GREEN 公司生产的产品。整机液压系统由行走液压回路、供料液压回路和坡度控制及振动成形等液压回路组成。行走液压回路采用双向变量液压泵、双向变量液压马达来控制摊铺机行走方向和速度,液压马达斜盘倾角有 18°和 7°两个位置,可适用于不同的调速范围。供料回路有左右两个供料输送系统,分别向两个螺旋摊铺器输送沥青混合料。供料器和螺旋摊铺器均由同一液压马达通过机械传动来驱动,且设有两套装置来调节供料量,都有开关控制和自动控制。供料器只能向一个方向输送物料,而螺旋摊铺器则可向两个方向输送物料;坡度控制采用自动控制,控制精度较高,振动成形采用熨平板成形装置。SA125 型履带式沥青混凝土摊铺机整车液压系统如图 6-11 所示。

现将其液压系统的回路工作原理介绍如下:

(1)行走液压回路

该回路是闭式多泵液压回路,主要由变量液压泵 1,定量液压泵 2,单向阀 3、12,溢流阀

4、6、13,过载阀 7,换向阀 5,行走液压马达 8 和电磁换向阀 10、11 等组成。

变量液压泵 1 的压力油直接驱动行走液压马达 8,使其旋转,使摊铺机行走。此时行走液压泵出口的压力油使换向阀 5 在高压油侧位工作。由于溢流阀 6 的卸荷作用,使低压侧的油可去冷却行走液压马达 8 和行走液压泵 1 后,再回油箱。溢流阀 6 的调定压力较溢流阀 4 使泵 2 控制压力为低。整个闭式回路压力由过载阀 7 调定,调定值为 38.5MPa。操纵电磁换向阀 10 可控制行走液压马达斜盘的倾角,使其在 18°或 7°倾角位置工作,满足不同工况的要求。在通往行走液压马达斜盘伺服液压缸油路上设有节流口,使液压马达斜盘倾角变化缓慢,从而使摊铺机行驶速度变化不剧烈。

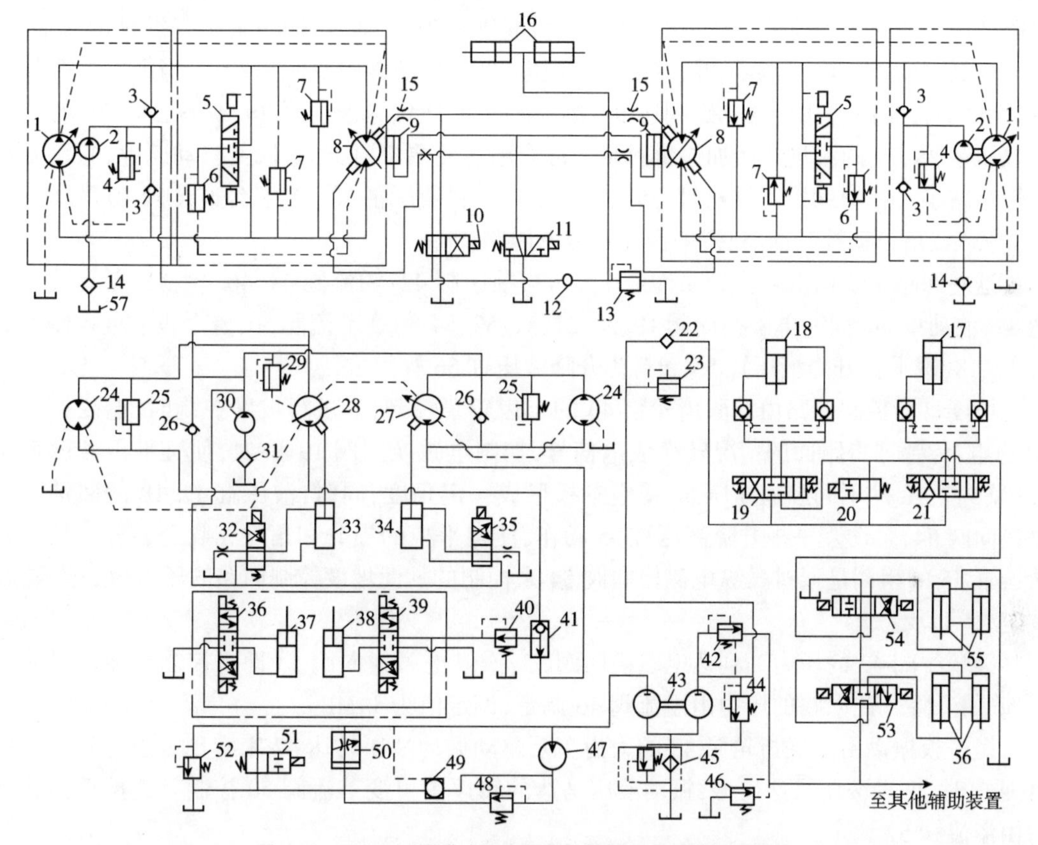

图 6-11　SA125 型履带式沥青混凝土摊铺机液压系统原理图

1、2、27、28、30、43-液压泵;3、12、26-单向阀;4、6、13、44、46、48、52-溢流阀;5-换向阀;7、23、25、29-过载阀;8、24、47-液压马达;9-液压制动器;10、11、19~21、32、35、36、39、51、53、54-电磁换向阀;14、22、31-滤油器;15-节流小孔;16~18、33、34、37、38、55、56-液压缸;40-减压阀;41-梭阀;42-顺序阀;45-背压阀组;49-液动单向阀;50-可变节流阀;57-液压油箱

液压泵 2 作辅助供油泵用,通过单向阀 3 给闭式回路补油同时,给控制液压马达斜盘倾角和常闭式液压制动器 9 提供控制压力油,以及通过单向阀 12 推动履带张紧液压缸 16,使履带张紧,张紧力由溢流阀 13 控制,溢流阀 13 的调定压力为 21MPa。液压泵 2 的压力由溢流阀 4 调定,调定压力为 1.4MPa。

(2)螺旋供料液压回路

供料液压回路是多泵液压并联回路。主要由供料液压泵 28、27,供料液压马达 24,单向阀26,过载阀25、29,液压泵30,电磁换向阀32、35、36、39和液压缸33、34、37、38及梭阀41、减压阀40等组成。当供料时,从供料液压泵28或27来的压力油直接输入螺旋供料液压马达24,使其旋转,给摊铺机供料,回油直接回到供料液压泵吸口。供料回路的压力由过载阀25调定,调定值为28MPa。单向阀26给闭式回油路补油。螺旋摊铺器和供料器都分别由两个供料液压马达24驱动,供料器和螺旋摊铺器之间通过机械传动来驱动,供料器只能向一个方向供料,而螺旋摊铺器通过操纵机械结构来改变其旋转方向,实现不同的摊铺需求。

供料的多少是通过改变供料液压泵油量来实现的。摊铺机设有主控装置和辅助控制装置,可自控和手控,保证供料精度。在主控装置中,手动时,直接操纵驾驶台上的按钮开关使电磁换向阀32、35上位或下位工作,改变供料液压泵28、27斜盘倾角来调节供料量的多少;自动控制时,若沥青混合料足够,则开关不通电,保持原状即斜盘倾角最小,当沥青混合料降到最低线时,与闸门相连的电磁阀通电,液压缸移动,使供料液压泵28、27斜盘倾角增大,增加液压泵28、27的流量从而加大供料量。混合料达到要求时,电磁阀又自动断电,斜盘倾角又慢慢减小。在辅助控制供料时,其控制油来自供料液压泵28、27,且经减压阀40减压。

(3)坡角自动控制回路、熨平振动等液压回路

这些回路主要由双联齿轮泵即液压泵43,顺序阀42,溢流阀44、46、48、52,振捣液压马达47,液动单向阀49,电磁换向阀19、20、21、51、53、54,可变节流阀50,熨平板坡度控制液压缸17、18,熨平板升降液压缸55和料斗升降液压缸56等组成。

坡度自动控制回路由双联齿轮泵43的小齿轮泵控制,当进行坡度控制时,电磁换向阀20通电,传感器将路面的情况转变成电信号,控制电磁换向阀19和21,使熨平板坡度控制液压缸17、18的不同腔通高压油,使熨平板形成一定角度,同时,液压缸17、18的回油经电磁换向阀54,带动熨平板升降液压缸55动作,使熨平板的提升和角度相吻合。熨平板升降液压缸55的粗调是通过操纵电磁换向阀54来控制的。此坡度控制回路的压力由溢流阀44调定。

经顺序阀42的压力油到达电磁换向阀53,操纵电磁换向阀53即可控制料斗升降液压缸56的升降。此回路的压力由溢流阀46调定,调定值为14MPa。

熨平板振动由双联齿轮泵43的大齿轮泵驱动振动液压马达47来实现。当电磁换向阀51通电时,振动液压马达启振,振动液压马达的转速由可变节流阀50控制。此振动回路压力由溢流阀52调定。

6.2 水泥混凝土摊铺机液压系统

(Hydraulic System of Cement Concrete Paver)

水泥混凝土路面与沥青混凝土路面相比较,具有原材料来源有保证、路面承载能力大、防滑性能好、寿命长等优点,所以近年来在我国得到了迅速的发展。

机械化施工水泥混凝土公路路面的摊铺设备,常用形式是滑模式摊铺机。滑模式摊铺机集计算机、自动控制、精密机械制造及现代高等级公路工程技术于一体,一次性完成布料、振动、整平及精整等工序,是现代化新型水泥混凝土摊铺机。下面以SF-350型四履带滑模式摊铺机为例,阐述其液压系统。

SF-350型四履带滑模式水泥混凝土摊铺机摊铺宽度为3.7~9.75m，最大摊铺水泥混凝土厚度为610mm，工作速度为0~9m/min，行走速度为1km/h，最大摊铺能力为10~21.5m^3/min，发动机型号为8V四冲程增压柴油机，功率为186kW，转速为2550r/min。该机可以一次完成螺旋摊铺器布料、进料控制板限料、振动棒作倾斜式振动、捣实板捣实、成形模板成形、浮动抹光板整平、拖布精整平及吸水。而路面拉毛、喷养生剂养护及伸缩缝切割等有关工序则由其他机械完成。

滑模式摊铺机行走装置为四条履带，滑动模板在其内侧，沿机器行走方向安装；行走方向和路面摊铺高度，均靠路面两侧板上拉紧的基准线控制自动调平装置——自动找平和自动转向传感器构成的自动控制系统装置来进行。为确保水泥混凝土有良好的振压效果，液压振动器可以集中或独立控制，可变频及深度位置控制等。整机液压系统可分为以下几个独立的系统或回路。

6.2.1 行走液压系统(Travelling Hydraulic System)

行走液压系统如图6-12所示。系统主要由液压泵组1(由行走变量泵、辅助定量泵、三位四通电磁阀、辅助泵溢流阀、单向节流阀、单向阀和过载阀等组成)，正向履带阀3，液压马达8、9、11、12，速度选择阀7，梭阀2等组成。

行走主泵是双向变量泵，其正反向供油及流量大小的控制由辅助泵提供操纵用油。辅助泵不仅为主泵提供斜盘操纵用油，而且还具有下面3个用途：①可向速度选择阀7提供操纵控制行走液压马达总成内二位三通伺服阀的操纵控制用油；②可向主泵与行走液压马达组成的闭式回路低压侧提供补油；③可向主泵体内通过溢流阀提供一定量的冷却油。行走液压马达的液压装置由二位三通伺服阀及控制缸组成。当速度选择阀7不来操纵控制油时，伺服调节阀处弹簧端位，控制缸活塞大腔进压力油，液压马达在控制缸弹簧作用下斜盘处最大倾角位置，从而输出最小流量和最大转矩；当从速度选择阀7来控制油使伺服阀处液控端位工作时，控制缸活塞腔进油，斜盘被推到最小转角位置，液压马达可输出最大流量和最小转矩。行走液压马达的正反转决定于液压主泵供油的方向，而液压主泵的正反供油方向决定于泵组内的三位四通电磁阀方向的改变。液压马达内泄漏油、液压马达调节阀组内的回油均可流入在泵体内，增加泵体内冷却效果。梭阀2用于接压力表，它能保证高压油口始终与压力表相通，使压力表能测出其工作压力。

正向履带阀的主要作用是：使履带前进作业时，由主泵来的压力油可等量分流到4个行走液压马达中去；而当履带后退不作业时，主泵压力油不经阀内而直接去4个液压马达。

具体工作过程如下：当履带前进时，二位四通电磁阀右端位工作，由主泵来的液压油经电磁阀右位同时作用在4个二位二通液动阀顶部。4个阀上位工作，从而使主泵来的液压油直接顶开单向阀经中位两个二位二通液动阀等分流量后再到下部的4个二位二通液动阀。液流经二次流量分配后到液压马达，每个液压马达所得到的流量均是正向履带阀从主泵来油进口流量的1/4。从而实现了每个液压马达的流量相等的同步动作。履带倒退时，由于主泵来油直接流到液压马达，不经正向履带阀，所以后退时没有流量分流的问题，只是液压马达的回油经正向履带阀上部的4个液动二位二通阀下位流向出油口。速度选择阀7实际上是一个二位四通电磁阀,它由速度选择阀速度选择电开关控制。其主要作用就是控制由辅助泵来油给液压马达控制操纵作用油的通与断的问题。

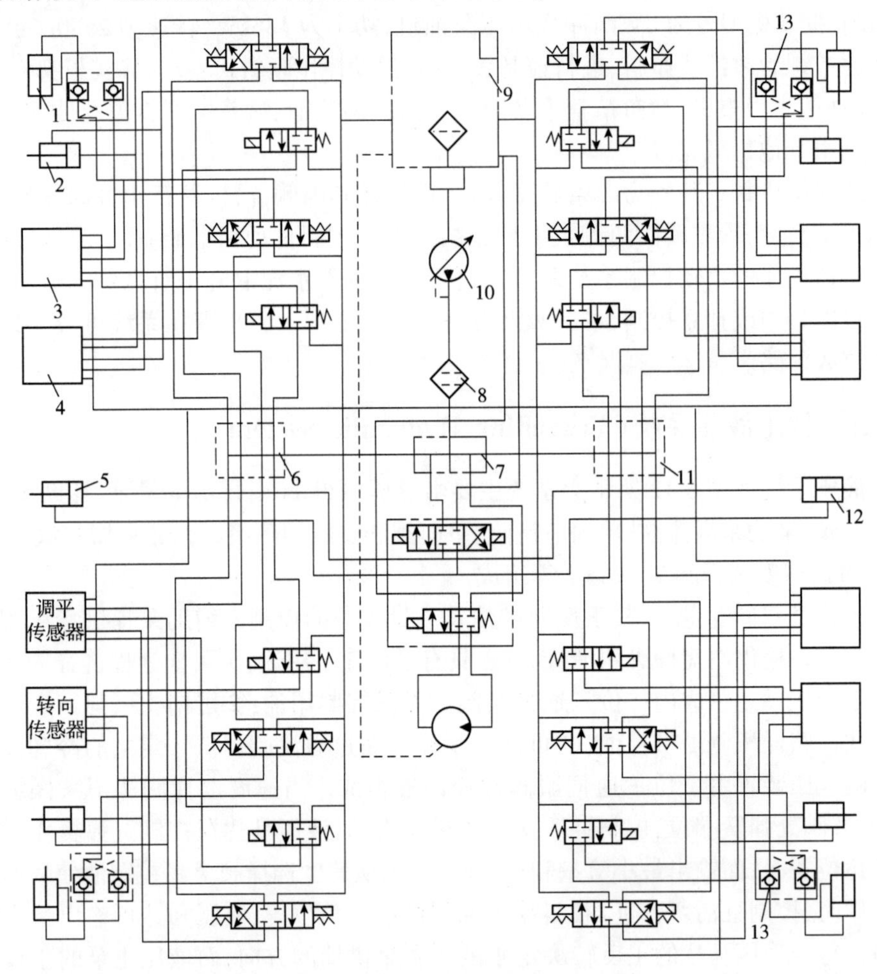

图 6-12　行走液压系统图

1-液压泵组;2-梭阀;3-前进流量分配阀(正向履带阀);4-液压油箱;5-滤清器;6-截止阀;7-速度选择阀;8-右前行走液压马达;9-右后行走液压马达;10-右端架歧管;11-左后行走液压马达;12-左前行走液压马达;13-左端架歧管

6.2.2　螺旋布料器布料液压系统(Hydraulic System of Auger)

螺旋布料液压系统也是一个单独的系统,它是由两组变量液压泵、一个定量液压马达组成的闭式回路,从而可以获得速度可调、转矩恒定、功率可变的性能。液压系统如图 6-13 所示。

变量液压泵 1、3 通过三位四通电磁阀 5 实现液压斜盘的正负角变化和流量的控制,控制油来自辅助液压泵 6。

辅助液压泵由溢流阀 8 进行压力控制,从而满足操纵油压的要求。从溢流阀溢出来的液压油直接进入液压泵壳体内,又达到了冷却主泵壳体的作用。当液压泵停止供油,液压马达制动时,尤其是当快速突然制动时,液压马达有可能因惯性造成一侧真空一侧过载现象。辅助泵将可通过单向阀7向液压马达实现真空补油。阀9是过载阀,与单向阀共同起到对液压马达过载补油的作用。

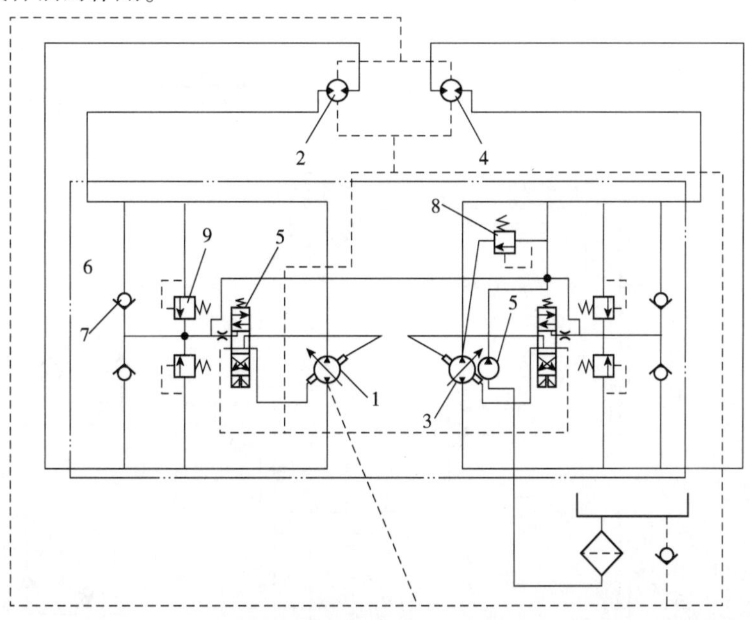

图6-13 螺旋布料器液压系统图

1、3-左、右布料液压泵—主泵;2、4-左、右布料液压马达;5-三位四通电磁阀—电位移控制器;6-辅助液压泵;7-单向阀;8-溢流阀;9-过载阀

由上述可知,每个回路中的液压马达可以单独正反转,两个回路液压马达的配合则可组成对水泥混凝土混合料的许多组合形式布料的要求。

6.2.3 振动棒振动液压系统(Hydraulic System of Vibrator)

滑模式摊铺机的混合料振实及获得一定的密实度是由若干个振动棒组成的振动装置完成的。由于施工中对不同性质的混凝土如材料、级配、水灰比、坍落度、干硬性等的要求经常在变化,所以它的振幅、频率也要求随时可调。悬挂振动棒的支撑横梁也是通过液压缸操作的,当操作者首先把支撑横梁调定到合适位置后,振动棒振动液压系统工作才有效。

振动棒振动液压系统主要由作为主泵的振动变量泵5、作为辅助泵的振动增压泵10、流量分配阀组1、三联电磁阀组3、电磁卸荷阀4、液压油冷却器13及压力歧管2等组成,如图6-14所示。

泵5从液压油箱经单向阀8或滤清器6进油后,压力油直接进入压力歧管2,再从压力歧管分配到系统流量分配阀组1中去,每组流量分配阀都有5个独立的流量调节阀,每一组流量调节阀就可接10个振动棒,图示有三组阀,总共可接30个可调频的振动棒供系统使用。由于振动变量泵是压力补偿变量泵,其压力补偿控制器可控制调节轴向柱塞泵斜盘向一个方向倾斜由零到最大的角度,在确保出口压力恒定的情况下,以供给系统需要的无级调整泵流量。振动辅助泵10又称振动增压泵,主要是将从油箱吸入的液压油压入压力歧管12

后经冷却器至滤清器 6,使经过一定加压及过滤的压力油,一路经单向阀 9 可重返液压油箱,相当于给液压油箱内的液压油加压,一路可供主泵增压吸油,提高振动主泵的自吸效果。与振动辅助泵装在一起的尚有行走辅助泵、捣实泵,图 6-14 中未将该两泵画出。

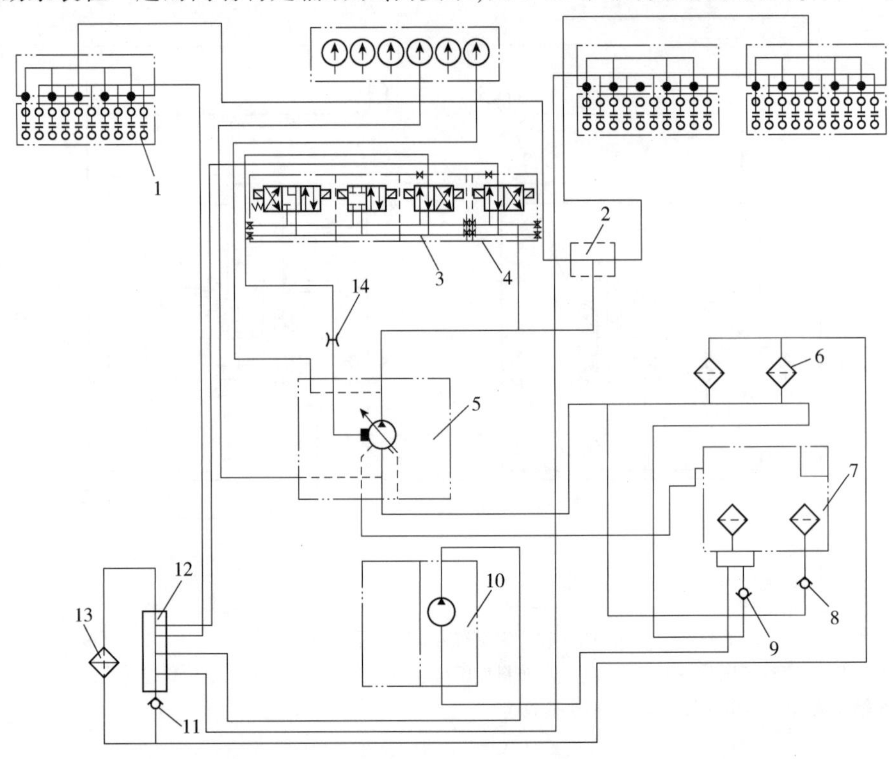

图 6-14 振动棒液压系统图

1-流量分配阀组;2、12-压力歧管;3-三联电磁阀组;4-电磁卸荷阀;5-振动变量泵;6-滤清器;7-液压油油箱;8、9、11-单向阀;10-振动辅助泵;13-冷却器;14-节流阀

二位四通电磁阀 4 是个电磁卸荷阀,当内燃机启动时,主泵流量可通过同时接通电磁阀端电路的二位四通阀右位卸荷。发动机正常工作后,阀又回位到左位,切断主泵的卸荷。主泵供应起振压力油后,电磁阀端电磁线路自动通电,使右位工作,从主泵来油进该阀右位,经节流阀节流减压成低压操作油,作压力补偿器操纵控制油用。可见,振动棒振动流量的大小供应完全是通过自泵压力油随外负荷变化提供相适应的操纵控制油,从而达到泵斜盘角度相应的变化,使振动棒振动流量得到相应的保证。三联电磁阀组 3 中左边的三位四通电磁阀是机架伸缩控制用阀,三联电磁阀组 3 中间的二位四通阀是供喷水清洗设备用阀。

6.2.4 捣实液压系统(Hydraulic System of Tamper)

经振动棒振动过的水泥混凝土,尚需要经捣实梁捣实,以便把表面上的粗骨料压入混凝土中,然后再到下一成形工序。捣实工作原理是:当液压马达转动时,带动偏心轮运动,偏心轮把动力通过连杆机构、驱动棒、支撑杆等一系列机构设置,使捣实梁可做上下和左右运动,从而起到使混凝土进一步捣实的作用。捣实液压系统主要由捣实液压泵 1、流量调节阀 3 和捣实液压马达 6 等组成,其液压系统如图 6-15 所示。

当振捣作业开始时二位三通电磁阀通电且左位工作,捣实液压泵即齿轮泵1通过滤清器7从冷却油路并通过单向阀9从液压油箱吸油后,经阀组内调速阀稳流后通过二位三通电磁阀将压力油压入调节阀组3,再进入捣实液压马达6,捣实液压马达旋转带动振动捣实梁工作,捣实液压马达回油经回油歧管2、冷却器4或旁通单向阀5、滤清器7、单向阀8回到液压油箱10。如果捣实液压马达尚不需要工作,二位三通电磁阀通常处右位,液压泵从二位三通阀右位卸荷。

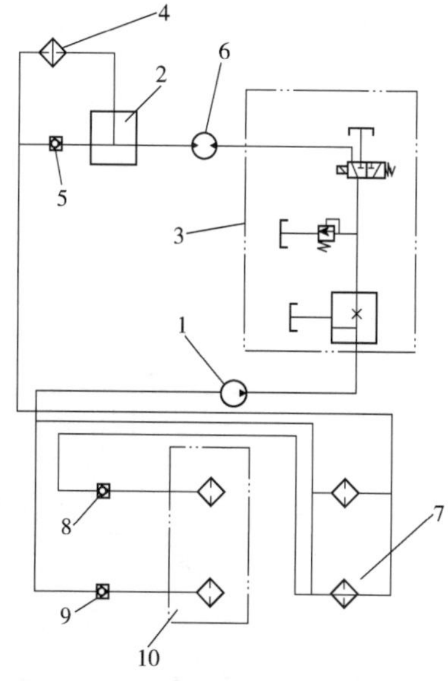

图6-15 捣实液压系统

1-捣实液压泵;2-回油歧管;3-调节阀组;4-冷却器;5、8、9-单向阀;6-捣实液压马达;7-滤清器;10-液压油箱

6.2.5 辅助液压系统(Subsidiary Hydraulic System)

辅助液压系统是由摊铺机主机架宽度伸缩回路、整机自动调平回路、整机自动转向回路、水喷洗回路及摊铺机摊铺控制装置各回路,包括混合料进机高度控制、振动棒提升、成形模板拱度调节及浮动盘控制等液压控制回路等组成。系统供油是一台液压辅助系统变量泵提供,压力油由液压辅助系统泵10出来经压力滤清器8、压力歧管7后流向各工作回路的。为清楚起见,下面将该辅助液压系统分为图6-16和图6-17来简要分析如下。

(1)主机架伸缩、自动调平、自动转向、喷水等回路组成的系统图

图6-16所示为主机架伸缩、自动调平、自动转向、喷水等回路组成的系统图。

①主机架伸缩液压回路

如图6-16所示,来自辅助系统泵10的液压油经压力油滤清器8、压力歧管7到达电磁组合阀22的三位四通双向电磁阀,从而控制主机架两并联的伸缩液压缸5、12的伸出或缩回的动作。

②水喷洗液压回路

如图6-16所示,来自辅助系统泵的压力油同样经压力油滤清器、压力歧管后到达电磁阀组22的二位四通电磁阀,控制液压马达23旋转,使冲洗水带有一定压力喷出。

③整机自动调平液压回路

摊铺机作业时,具有不管路基高低而使混凝土摊铺层保持在预定设计的高度上。其工作原理:在4个行走机构的支腿升降液压缸上分别安装有水平传感器—液压随动器,其上铰接有触杆,触杆的一端靠自重始终压紧在侧边路基上接紧的尼龙绳上。当机器作业时因路基高低而下降、抬高时,与压紧在尼龙绳端对应的偏心轴相接的触杆端便会相应地升高、下降,从而使液压传感器内阀芯移动,使泵来的高压油相应地只进入升降液压缸的上腔、下腔,使机器又上升、下降。

如图6-16所示,调平液压系统压回路由辅助系统泵10、压力歧管2、端架歧管6、11调平电磁阀组,即由一个三位四通双向电磁阀和一个二位四通单向电磁阀组成、调平传感器3、14、27、21、液压锁13及支腿升降液压缸1、17、24、18等组成。

在调平回路中,4个支腿内的升降液压缸各有一个调平传感器。传感器主要由带有水平触杆的偏心轴及与偏心轴上偏心轮相接触可上下移动的滑阀式伺服阀组成。水平触杆上下移动使偏心轴可产生逆时针或顺时针转动,从而带动伺服阀滑阀芯的上下移动,滑阀芯的移动使得伺服阀两个油口中的一个油口打开,另一个油口关闭,从而使支腿升降液压缸伸出或缩回。

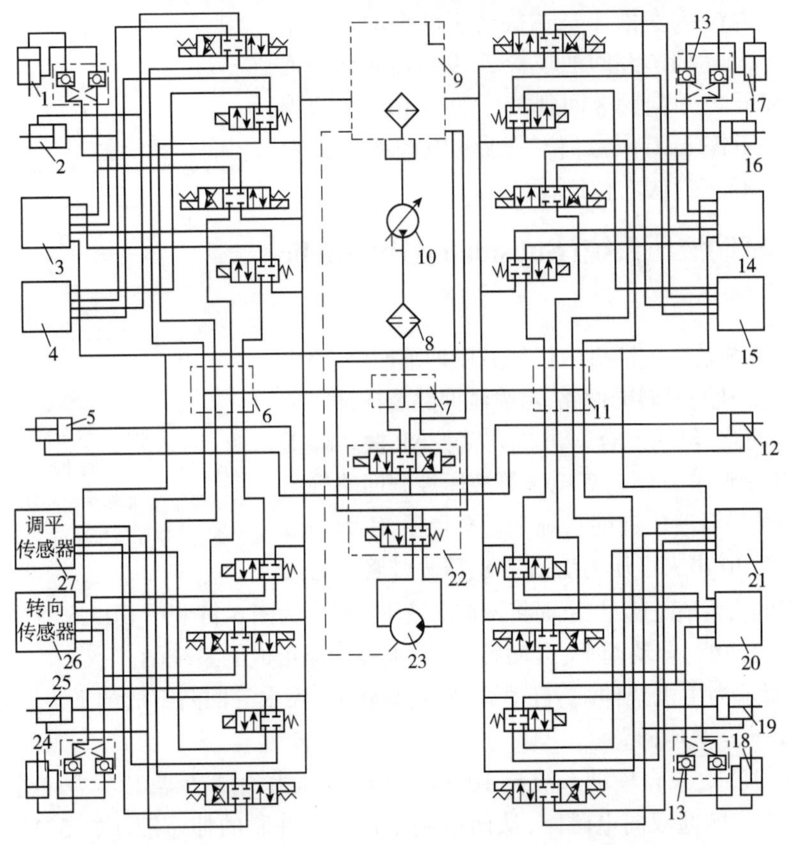

图6-16 调平、转向、主机架伸缩及喷水液压系统图

1、17-左前、右前支腿升降液压缸;2、16-左前、右前转向液压缸;3、14-左前、右前调平传感器;4、15-左前、右前转向传感器;5、12-主机架伸缩液压缸;6、11-左、右端架压力歧管;7-压力歧管;8-压力滤清器;9-液压油箱;10-辅助系统泵;11-端架歧管;13-液压锁;18、24-左后、右后支腿升降液压缸;19、25-右后、左后转向液压缸;20、26-右后、左后转向传感器;21、27-右后左后调平传感器;22-电磁组合阀;23-喷水液压马达

电磁阀组由控制台上一系列调平开关控制,可手动或通过传感器自动调平。

④整机自动液压转向回路

在摊铺机行走机构的前后4个支腿上,各安装有一个方向传感器。方向传感器根据是否在放样线侧,分别称为转向传感器和反馈阀,它们的构造及作用原理完全一样,而且同调平传感器的构造及作用原理也完全一样,都是带触杆的偏心轴转动后推动伺服阀滑阀上下移动的结果。传感器的动作将使支腿上的转向液压缸动作,从而使履带偏转,履带轮的偏转才使得转向臂动作,并带动对应的转向液压缸动作,从而使履带轮实现转向。放样线一侧是由转向传感器的触杆信号输入,没有放样线的一侧则是由通过转向反馈缆绳实现反馈信号输入,以实现4个履带轮转向同步。转向液压回路是个电控液压回路,其作用是:通过转向液压缸的伸出和缩回,使机器进行手动或自动转向。从辅助泵来的压力油经压力滤清器、压力歧管、支腿电磁组合阀,到达支腿转向液压缸,实现履带偏转继而达到转向。

电磁阀由控制台上的一系列转向开关控制,可手动转向,也可通过传感器实现自动转向。

(2)摊铺机各控制装置的液压回路图

图6-17所示为摊铺机各控制装置的液压回路图,主要由以下4个回路组成。

①混合料高度控制梁操作液压回路

混合料高度控制梁,又称虚方控制梁,主要用来控制水泥混凝土进入成形模板的数量,保证摊铺质量。一般调整到高于底拱板3cm效果最好。它由3个液压缸操作,可单独或整体升降。最大升降高度为30cm。液压缸的上端固定于主机架。其液压回路由辅助系统泵、压力歧管、双作用电磁阀4及液压缸1组成。

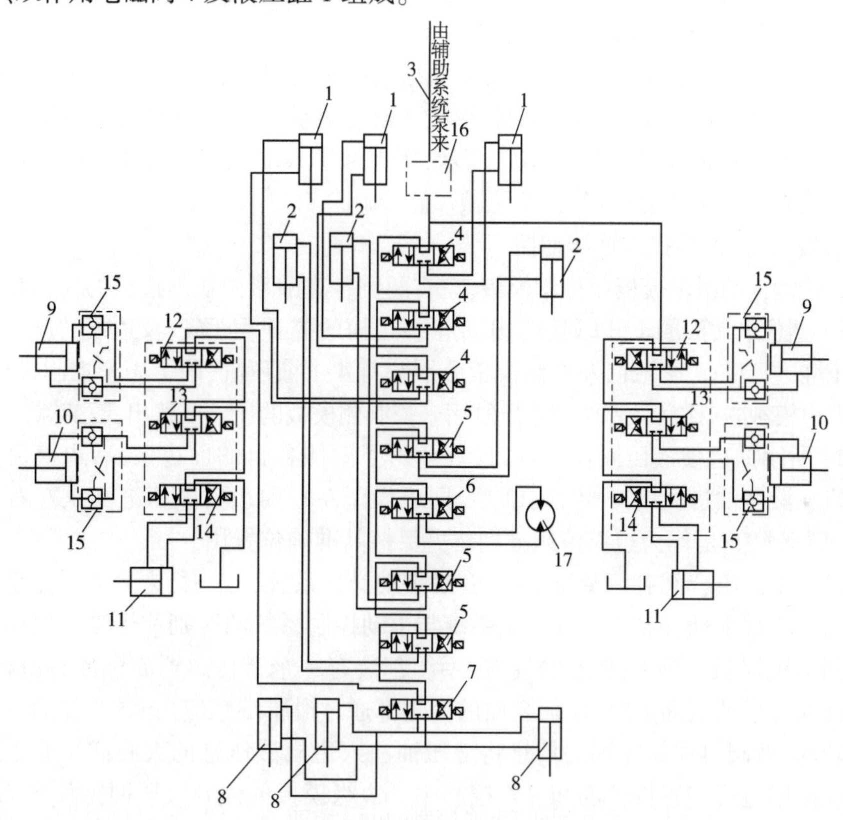

图6-17 摊铺装置液压系统图

1-混合料高度控制(虚方控制)梁液压缸;2-振动棒提升液压缸;3-由辅助系统泵来压力油;4-混合料高度控制梁电磁阀;5-振动棒提升电磁阀;6-成形盘路拱液压马达电磁阀;7-浮动盘电磁阀;8-浮动盘提升液压缸;9-前边模液压缸;10-后边模液压缸;11-边缘液压缸;12-前边模电磁阀;13-后边模电磁阀;14-边缘电磁阀;15-液压锁;16-压力歧管;17-路拱液压马达

②成形盘—成形模板操作液压回路

经振动捣实的混凝土进入成形盘后经进一步挤压成形后为所设计截面的水泥混凝土路面。成形模板宽度即摊铺宽度为3.6~9.7m,它由每块1.5m长的标准块组成,相互间用螺栓连接;中间部分是铰接形式,以保证路面路拱调节的需要。路拱调节装置不仅用于摊铺时用以调节路拱,而且也对机架的中央部分起支持作用。路拱调节上部装置与主机架相连接,而下部装置用销与成形模板的中央部分相连接。上部总成由两对摊铺轴承、两个调拱链轮、一个主动链轮、路拱液压马达和驱动链条而组成。

当压力油进入电磁阀6、液压马达17后,驱动主动链轮再驱动链条、带动驱动链轮和路拱轴旋转,使得铰接的成形模板可上下移动,从而形成路面的路拱。在弯道作业时,通过液压装置可以改变路面模板一侧的拱度,以使中央路拱消失,直至成为单边坡施工;成形模板还可以根据施工需要调整仰角大小,仰角一般控制在6mm之内,过大会影响摊铺质量;成形模板与机器左、右两侧模板组合,可调整成前宽后窄的喇叭口,从而使混凝土受到挤压,增加边缘密实度;为减少路边施工塌落,在成形模板左、右两侧设置一块超铺板,它与侧模板组合,可调整成为一个内八字形,可防止摊铺过后的混凝土边缘的塌落。

③浮动盘(浮动模板)的液压回路

浮动模板位于成形模板后端,是一块刚性结构的弹性悬挂浮动盘。浮动模块由若干每个长1m的小模板组成,不振,以较小的变形在混凝土表面上用来对路面进行第二次平整之用。浮动模板的悬挂液压回路如图6-17所示,压力油进入电磁阀7后即可操作液压缸8的提升。浮动模板两侧的扩张、收缩由边缘液压缸控制。

④边模板、边缘板的操作液压回路

边模即摊铺机的滑动模板或称侧模板,左右两侧各有前后两块。边模的作用是在摊铺过程中,从两边挡住水泥混凝土,以利于挤压成形。边模的提升、下降以及边模的压入或移出均由边模液压缸进行操作。为此,左右侧模板分别装有4个液压缸,两个用来控制模板的升降,也可前后端边模独立升降,另外两个液压缸用来控制侧模板的压入或移出,改变摊铺宽度。

图6-17所示的边模液压操作系统,仅表示出了两侧各自的前边模、后边模提升液压缸的液压回路。液压油进入电磁阀12、13后,即可操作左右前边模液压缸9及左右后边模液压缸10。液压锁15是作为边模液压缸到位后保持其准确位置用。

边模操作电磁组合阀有两套系统:一套是手动操作系统,另一套为自动操作系统。自动操作系统也可实现手动控制。自动控制系统与手动控制系统的区别在于是否启用由传感器控制的转阀系统控制。每个自动边模控制系统都装有一个带传感器亦称传感滑靴,当传感滑靴抵在已经完成的表面上时,任何表面的变化都通过滑靴端感应出来,并能通过连杆装置直接传给转阀,转阀再根据收到的信息将液压油注入边模液压缸的大腔或小腔。边缘模板的作用是在摊铺过程中置放拉筋和打入拉筋用。边缘模板的提升液压回路如图6-17所示,它的电磁阀14与前边模电磁阀12、后边模电磁阀13组合成左右端架组合阀。

6.3 稳定土拌和设备液压系统

(Hydraulic System of Stabilized Soil Mixing Devices)

稳定土拌和设备可以分为路拌设备和厂拌设备。稳定土拌和机用于道路或机场等工程基层土壤的加固工作。通过它完成土壤混合料的制备,包括粉碎土壤、喷洒黏结料、混合料拌和及摊铺。铣刀式稳定土拌和机又称路铣机。它的关键设置是有一个铣削筒又称转子,用于粉碎土壤、搅拌混合料,并使黏结料发生搅拌。铣削筒与机器纵轴垂直安装,在沿筒轴的长度方向上,安装有一定数量及角度的叶片铣头。铣筒带有外罩,罩内为粉碎土壤、喷洒黏结剂、搅拌混合料等的密闭工作腔。稳定土拌和机按机组数、履带式还是轮胎式、机械传动还是液压传压传动、铣筒数量等分为许多种。

在我国的公路建设中,为了满足交通量和车辆负载日益增长的需要,对道路的整体强度、水稳性以及平整度等质量要求越来越高。经过多年的研究和施工实践,证明采用稳定土补强道路的基层和底基层,对提高道路的整体强度、水稳性以及延长道路的使用寿命等方面是一种非常有效的措施。因此,在我国的高等级公路建设中,规定了必须采用稳定土混合料补强道路的基层和底基层,同时还规定了高等级公路基层的稳定土混合料必须使用厂拌设备拌制。目前所使用的稳定土有以下几种类型:水泥稳定土、石灰稳定土、石灰工业废渣稳定土和水泥石灰综合稳定土等。在修建高等级公路时,根据不同地区的不同气候、地质、料源和具体要求,可以选用不同类型的稳定土。

稳定土厂拌设备是路面机械的主要机种之一,专门用于拌制各种以水、硬性材料为结合剂的稳定混合料。混合料的拌制是在固定场地集中进行的,厂拌设备具有材料级配准确、拌和均匀、节省材料、便于计算机自动控制统计打印各种数据等优点,因而广泛用于公路和城市道路的基层、底基层施工。稳定土厂拌设备也适用于其他货场、停车场、航空机场等工程建设中所需的稳定材料的拌制任务。

6.3.1 WBY210 型全液压稳定土拌和机液压系统(Hydraulic System of WBY210 Stabilized Soil Mixer)

WBY210 型全液压稳定土拌和机,适用于道路、机场、货场等工程施工现场土壤稳定土的拌和作业。其主要技术参数如表 6-1 所示。

WBY210 型全液压稳定土拌和机主要技术参数 表 6-1

柴油发动机型号	6135K-5	功率(kW)	117.6
工作装置形式	单转子后悬挂式	转子转速(r/min)	137、164
拌和宽度(mm)	2100	拌和深度(mm)	100~130
工作速度(km/h)	0~1	最高运动速度(km/h)	5.5
主传动系统压力(MPa)	32	辅助传动系统压力(MPa)	14

该机采用了封闭式专用刀具拌和、转子滚切、粉碎、拌和的工作原理,通过切、撞、磨等作用实现均匀拌和的目的。拌和工作装置为后悬挂式,它由悬挂架、转子、浮动罩及升降机构等部件组成。

悬挂架与后机架相铰接,用来支撑转子并借助液压缸控制拌和深度或将转子提升到拌和机的运行状态。在悬挂左右侧板上附有链条减速机构。定量柱塞马达通过侧减速装置带动转子工作。

转子是直接拌和装置。在转子轴上焊有几个刀盘,每个刀盘上均布 4 把拌和刀,拌和刀在转子轴线方向按螺旋线方式排列。随拌和材料的改变选用相应的刀具。

浮动罩装置由吊架、罩壳和平衡杠杆组成。在非拌和状态时,罩壳随转子的升降而升降;在拌和状态时,罩壳不随转子拌和深度的变化而改变高低位置,始终浮动在地面上。浮动罩装置保证了转子拌和室有良好的密封性,还有利于材料的刮平工作。平衡杠杆使浮动罩在浮动过程中相对轴线保持平移运动，借以防止在铺料不平或碰到障碍物时浮动罩与转子之间出现卡滞现象。

该机的液压系统如图6-18所示。柴油发动机动力输出轴通过传动万向节传动轴与分动箱相连接，从而带动安装在分动变速器上的5个泵，分别为2、3、28、26、35工作。

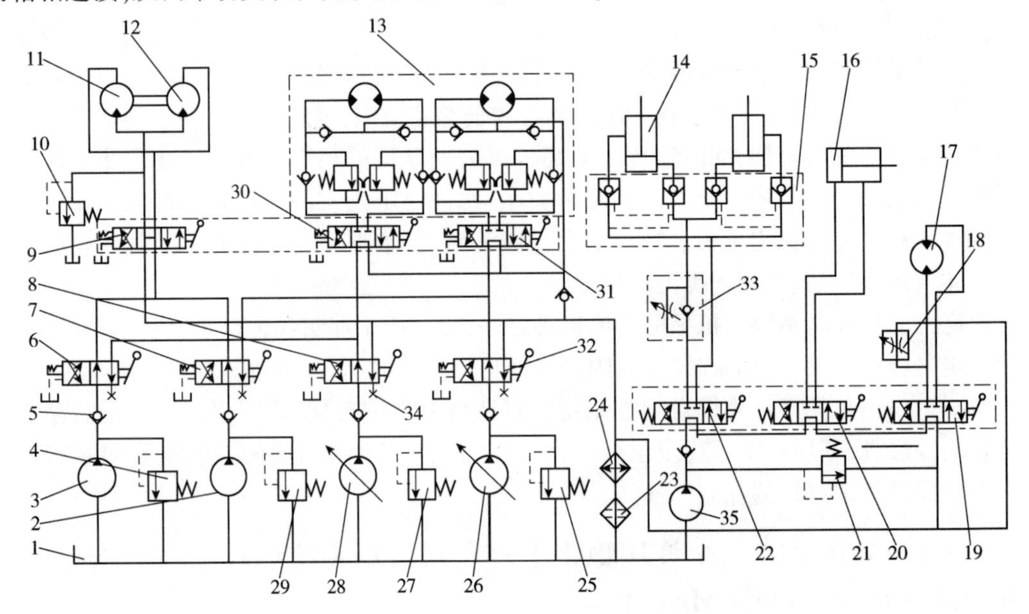

图6-18　WBY210稳定土拌和机液压系统图

1-液压油箱；2、3、35-定量泵；4、21、25、27、29-溢流阀；5-单向阀；6、7、8、32、34-合流阀；9、19、20、22、30、31-三位四通换向阀；10-过载阀；11、12-转子液压马达；13-行走液压马达；14-工作装置(转子)升降液压缸；15-液压锁；16-尾门液压缸；17-风冷却液压马达；18-节流阀；23-精滤油器；24-液压油冷却器；26、28-变量泵；33-单向节流阀

该液压系统为多泵开式系统。分动变速器为一有两挡速度和5个动力输出的箱体。5个液压泵中，其中有两台大流量的斜轴式定量柱塞泵2和3，两台小流量的轴向手动变量柱塞泵26和28和一台齿轮泵35。该系统由转子驱动回路、行走回路以及控制回路等组成。

(1)转子驱动回路由两台斜轴式定量柱塞泵2和3、两个二位三通手动换向阀6和7、两个溢流阀4和29、一个过载保护安全阀10以及两台斜轴式定量马达11和12等组成。两台斜轴式定量泵排出的高压油合流后经三位四通手动换向阀9驱动定量马达11和12。当手动换向阀9位于中位时，压力油经过换向阀9再经过冷却器24和精滤油器23流回油箱。当手动换向阀9位于左、右位时，就驱动两个马达11和12正、反向旋转，从而带动转子工作。溢流阀10是防止转子过载，起安全保护作用，一定程度上保证刀具的使用寿命。由于分动变速器有两个挡位，相应的液压泵的流量也得到改变，因此转子的转速也可得到两挡速度。二位四通手动阀6和7为合流阀。

(2)行走驱动回路由两个手动变量柱塞泵28和26、三位四通手动换向阀30和31以及内曲线液压马达13等组成。通过调节手动变量泵26、28的排量，其行走速度可实现无级变速。当换向阀30和31均在左、右位，阀8和32均在右位时，就实现了整机的前进、后退。当换向阀30、31中一个在中位，另一个不在中位时，即一个马达旋转，一个不旋转，就实现了拌和机的左或右转向。

各自的溢流阀25、27起过载保护作用。二位四通手动阀34、32为合流阀。

(3)控制回路是由齿轮泵35,多路换向阀19、20、22,工作装置升降液压缸14和尾门液压缸16等组成的开式回路。

齿轮泵35排出的高压油通过组合阀分别控制工作装置液压缸14的升降、尾门液压缸16的开启以及风冷却液压马达17的运转。当换向阀19、20、22均位于中位时,齿轮泵排出的高压油经过冷却器24、滤油器23流回油箱。当手动换向阀22在左、右位时,高压油只控制工作装置液压缸14的升降,单向节流阀33的作用是控制升降速度。两个液压锁是为了保证工作装置保持其一定的升降速度,保证一定的拌和深度。当换向阀20位于左、右位时,就实现尾门液压缸的下降、上升。当换向阀19位于左、右位时,就只驱动风冷马达17运转,启用冷却液系统。可变节流阀18的作用是根据气温情况调节控制马达17的转速。

6.3.2 MPH-100型稳定土拌和机液压系统(Hydraulic System of MPH100 Stabilized Soil Mixer)

MPH-100型液压稳定土拌和机是德国宝马BOMAG公司生产的。该机具有操作轻便,自动控制,行走系统采用轮胎式底盘运行速度快,全液压转向,转向灵活轻便,转子可以进行无级调速和无冲击换向等优点。该机的主要参数如表6-2所示。

MPH-100型全液压稳定土拌和机主要技术参数 表6-2

发动机型号	GMC8U-71	功率(kW)	223.4
工作速度(m/min)	0~6.4	运行速度(km/h)	0~25
转子转速(r/min)	破碎0~135;拌和0~270		

PH-100型液压稳定土拌和机前面为轮胎式拖拉机,后面悬挂着路铣工作装置。该机的液压系统如图6-19所示。整个液压系统由行走回路、转子回路、转向回路、转子升降回路、尾门开闭回路、制动回路等构成。

(1)行走回路

由斜轴式变量泵(泵组总成)17以及定量马达22等组成。主泵向定量马达22提供高压油带动马达旋转,驱动行走机构行走。辅助泵一方面向主油路的低压管路提供一定的补偿油,另一方面向控制回路提供控制油。控制油通过液动二位三通阀和三位四通阀控制主泵的两个伺服液压缸,使其斜盘倾角变化,从而达到控制主泵的输出流量和液流方向,实现无级变速和无冲击换向。节流阀作用是调节进入控制油路的流量。二位二通液动阀控制油是由转子泵总成18提供的。

(2)转子回路

该回路由一个变量泵18、两个转子马达11、过载阀13、单向阀14以及滤油器15等组成。主泵通过手动两挡速度阀12进入液压马达,驱动转子工作。

单向阀14起补油作用。当发动机突然停止工作或换向阀突然处中位时,主泵不能向主油路提供压力油,由于转子的惯性作用,转子马达就暂时处于泵的工作状态,使进油路的油吸空,此时单向阀14打开,向进油路补油,防止主进油路气蚀现象的产生。

手动两挡速度控制阀12可使转子得到两个速度:破碎时为0~135r/min、拌和时为0~270r/min。

滤油器 15 的作用是过滤主油路的工作油液中的杂质，使工作油始终保持清洁，保证工作的顺利进行。

当转子遇到大的石块或其他障碍物时，主油路的进油路压力升高。此时高压油就打开单向阀，推动变量泵中的二位三通液动阀，使其处右位工作，变量泵操纵油路卸荷，保证了转子的安全。

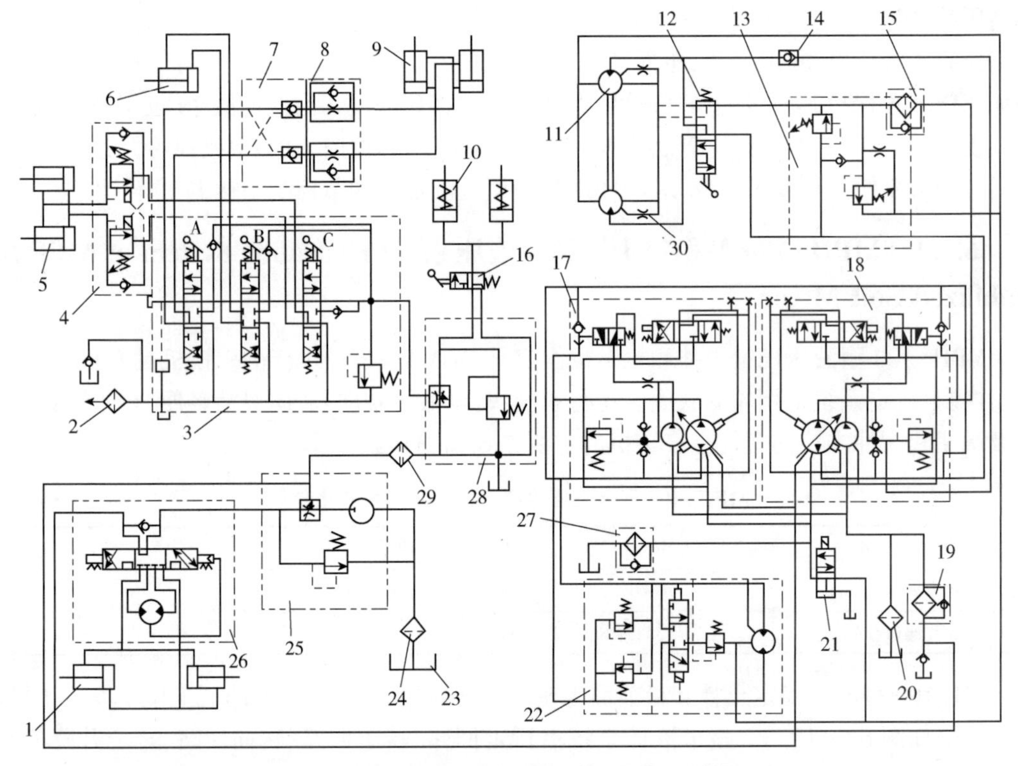

图 6-19 MPH-100 型液压稳定土拌和机液压系统图

1-转向液压缸；2、20、24、29-滤油器；3-多路换向阀；4-换向阀；5-转子升降缸控制阀；6-尾门液压缸；7-液压锁；8-单向节流阀合流阀；9-伸缩液压缸；10-制动液压缸；11-转子液压马达；12-行走两档速度控制阀；13-过载阀；14-单向阀；15、19-过滤器；16-手动二位三通制动阀；17-行走液压泵总成；18-转子液压泵总成；21-二位四通电磁阀；22-行走液压马达总成；23-油箱；25-转向泵总成；26-转向器；27-冷却器；28-流量调节阀

(3) 转向回路

该回路通过一个辅助泵 25 提供压力油。通过全液压转向器 26 控制转向液压缸 1 的收缩，从而实现转向。全液压转向器为开式有反应型，驾驶员有一定的路感。

(4) 控制回路

辅助泵 25 的另一部分油通过滤油器 29 再经过流量控制阀 28 分别进入控制制动回路和尾门、转子升降回路。

手动阀 16 是控制制动液压缸的，当阀芯位于左腔时，制动液压缸工作起制动作用；位于右腔时，工作油就通过手动阀回油，制动解除。3 个三位六通手动控制阀组 3 分别控制转子升降液压缸 5 的升降和尾门升降液压缸 6 的升降，以及伸缩液压缸 9 的伸缩。C 阀控制转子的升降，从而控制拌和机拌和的深度。B 阀控制尾门的开启。A 控制液压缸 9 的伸缩。

辅助泵25 通过滤油器 24 从油箱中吸油。

转子回路、行走回路的回油和泄漏油通过油冷却器 27,使油温不致过高,以保证系统的正常工作。

6.3.3 稳定土厂拌设备液压系统(Hydraulic System of Stabilized Soil Mixing Plant)

稳定土厂拌设备拌制水泥稳定土、石灰稳定土、石炭工业废渣稳定土。这里的水泥稳定土和石灰稳定土都是一个广义的名称,它既包括各种稳定细粒土如塑性指数不同的各种黏性土、砂和石屑等,也包括各种稳定中粒土和粗粒土如沙砾土、碎石上、级配沙砾、级配碎石等。厂拌设备的结构主要由配料机组、集料皮带输送机和成品料皮带输送机、结合料配给系统、搅拌器、供水系统和成品料仓组成。

成品料仓是稳定土厂拌设备的一个独立部分,其功用是在运输车辆交替或短时间内无运输车辆时,为使厂拌设备连续工作而将成品料暂时储存起来。成品料仓常见的结构形式有:直接安装在搅拌器底部;直接悬挂在成品料皮带输送机上;带有固定支腿,安装在预先设置好的水泥混凝土基础上。为了防止卸料时混合料产生离析现象,需控制卸料高度。卸料高度越大时,其离析现象也越严重。因此,有些设备的料仓设计成能调节卸料高度的结构形式。成品料仓的容积通常设计成 5~8m^3的储量,特别是悬挂式的成品料仓,其容量不能过大。使用小容量成品料仓的厂拌设备时,运输车辆的调度等生产组织管理必须要精确安排,否则会发生停机候车现象。稳定土厂拌设备在一个台班工作时间内有多次停机、启动时,不但耽误工时造成生产率不能充分发挥,也会使稳定土的拌制质量受到影响。

固定安装式成品料仓由立柱、料斗及放料斗门启闭机构等组成。放料斗门通常采用双扇摆动形式,斗门的启闭动作可用电动、气动或液压控制。图 6-20 为 WCB200 型稳定土厂拌设备的成品料仓简图和斗门启闭机构液压控制系统原理图。不论气动还是液压控制斗门的启闭,通常都采用电磁阀操纵。

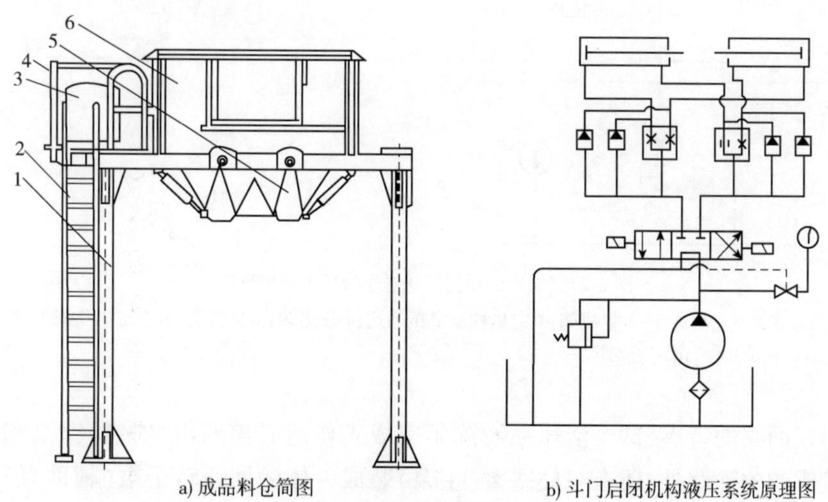

a) 成品料仓简图 b) 斗门启闭机构液压系统原理图

图 6-20 WCB200 型稳定土厂拌设备成品料仓简图和斗门启闭机构液压系统图

1-立柱;2-爬梯;3-液压装置;4-栏杆;5-斗门;6-仓体

6.4 水泥混凝土搅拌输送车液压系统

(Hydraulic System of Cement Concrete Mixing Truck)

在公路或建筑施工中,为了把混凝土从制备地点及时送到施工现场进行浇灌,必须使用运输机械。当混凝土的运送距离或运送时间超过某一限度时,使用一般的运输机械进行运送,混凝土就可能在运送途中发生分层离析,甚至初凝等现象,严重影响混凝土的质量,这是施工所不允许的。因此,为适应商品混凝土的输送,发展了一种混凝土专用运输机械——混凝土搅拌输送车,以下简称搅拌运输车。

混凝土搅拌输送车实际上就是在载货汽车或专用汽车底盘上安装一种独特的混凝土搅拌装置的组合机械。它兼有载运和搅拌混凝土的双重功能,可以在运送混凝土的同时对其进行搅拌或扰动。因此能保证输送的混凝土质量,允许适当延长运距或运送时间。

图 6-21 是搅拌输送车的一个比较典型的液压系统。它由双向伺服变量柱塞泵和定量柱塞液压马达以及随动控制阀等组成,是一个闭式液压系统,采用了典型的变量泵容积式无级调速。

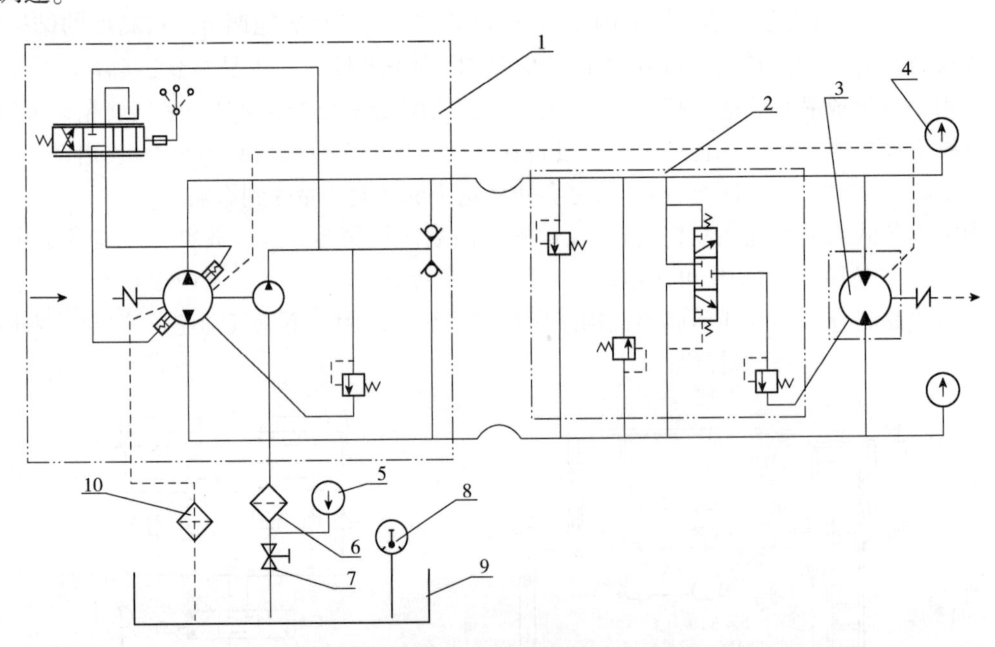

图 6-21 大中容量搅拌输送车液压系统原理图

1-手动伺服变量柱塞泵;2-集成阀;3-定量柱塞液压马达;4-压力表;5-真空表;6-滤油器;7-截止阀;8-温度计;9-油箱;10-冷却器

根据闭式回路的特点,这个液压系统除了完成工作所必需的由变量柱塞泵和定量柱塞液压马达组成的主油路外,还有与柱塞泵(主泵)装成一体的摆线转子泵(辅助泵)和由它组成的辅助低压回路以及冷却回路等。辅助泵一路通过两个单向阀向主回路低压区补油;一路经手动伺服控制阀与调节主泵斜盘倾摆角度的伺服液压缸相通,组成液压泵的伺服变量机构油路;还有一路是经溢流阀通入主泵和液压马达壳体,最后经冷却器回油箱,对工作中的泵和液压马达进行冷却保护。

为完成工作所需要的性能,在主油路中设置了手动伺服控制阀。它是主泵斜盘伺服液压缸的随动阀,与主泵斜盘伺服液压缸一起配合控制其排油量,它经常与主泵做成一体。工作中,可根据搅拌筒的不同工况操作此控制阀的手柄,实现对搅拌筒的速度调节。此阀的操作手柄从中间位置向左、右的操作方向和幅度,相应确定主泵的斜盘方向和倾摆角度,决定主泵的排油方向和排油流量,从而通过液压马达的转换去控制搅拌筒的转向和转速。因属于随动控制,主泵流量的变化是连续的,因而可实现对搅拌筒的无级调速。但为便于准确掌握不同工况时搅拌筒需要的转速,一般在控制阀操作手柄的面板上相应注明加料搅拌—搅动—停止—卸料 4 个具体位置,以指示手柄应该操作的幅度。从这里可以看出,这种液压驱动的搅拌筒其调速操作十分简单方便,而动作又可以十分灵敏和平顺。

在主回路中,为了保证闭式传动系统的正常工作,还设置了由两个安全阀、一个梭阀和一个低压溢流阀组成的集成阀块,安装在液压马达上。两个安全阀可防止主回路在任何一个方向超载时过载溢流及液压马达制动时过载补油用,并可起制动作用。梭阀确保工作时给主回路低压油路提供一个溢流通道,并由低压溢流阀保持低压区压力——此压力低于辅助泵的补油溢流阀的压力,同时也使其溢流油加入冷却油路。

冷却回路使冷却油带走液压马达在工作时所产生的热量,保证它们的正常运转。其油流由辅助泵的溢流阀和集成阀的低压溢流阀供给。这个液压系统可实现无级调节,控制平稳,结构也十分紧凑,操作只用一个手柄,集中简便。

小结

本章介绍了典型路面施工机械的液压系统,重点分析了每个液压系统的组成、工作原理和特点;指出各类路面施工机械液压系统的功能、复杂程度虽然有所不同,但均有一个共同点,即每个液压系统均是由回路构成的;强调正确理解液压传动基础知识和基本原理的重要意义在于运用这些知识分析和解决路面施工机械的实际工程问题;为路面施工机械液压系统的分析、设计和工程运用打下必要的基础。

习题

(1)沥青混合料摊铺机液压系统主要包括哪几个基本回路?各有什么特点?

(2)图 6-9 所示 LTU4 型沥青混凝土摊铺机液压系统由哪几个回路组成?如何实现机械前进、后退、转弯及停止?如何加大摊铺宽度和控制料流?

(3)请分析 TITAN411 型沥青混合料摊铺机如何实现自动找平。

(4)滑模式水泥混凝土辅助液压系统的功用是什么?

(5)如图 6-22 所示为 LTY4500 型沥青混合料摊铺机工作装置液压系统图,请分析该液压系统主要包括哪几个回路?能够实现哪些功能?

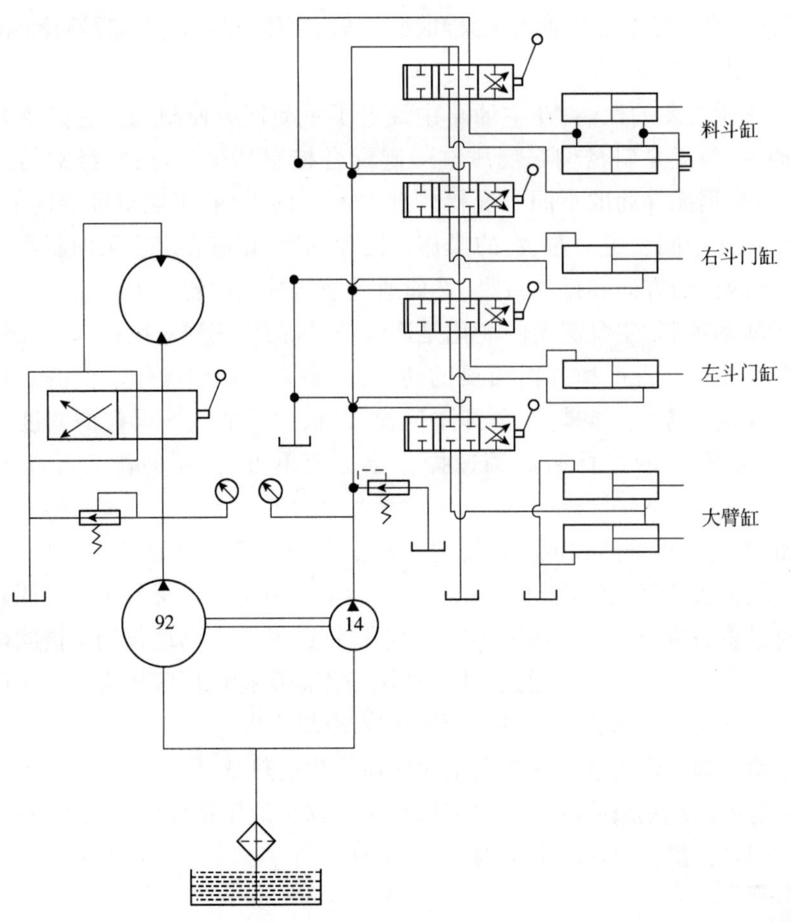

图6-22　题(5)图

第7章 起重机液压系统

The Hydraulic System of Crane

学习目的和要求

(1)正确理解典型起重机液压系统的组成、工作原理和特点;

(2)掌握起重机液压系统中各个基本回路的原理和控制方法;

(3)学会对起重机液压系统做出综合分析,归纳总结整个液压系统的特点。

学习指南

(1)主要内容:主要讲述常见起重机的液压系统的组成、工作原理、特点及其功能。结合液压基本知识和基本原理,分析典型起重机液压系统基本回路的原理及其控制方法。

(2)重点:正确分析典型起重机液压系统的工作原理和特点。

(3)难点:能够根据起重机作业的工况特点,进行分析和设计其液压系统。

(4)关键术语:QY2-8 汽车起重机;QY16 汽车起重机;QY20B 汽车起重机;QY65 汽车起重机;履带式起重机。

本章要点

(1)起重机指的是一种能提升重物并使之沿水平方向移动的机器。换言之,起重机能提升重物并能把重物移动到水平面内不同的地点。

We can define a crane as a machine which lifts heavy loads and displace them horizontally. In other words, a crane can lifts loads and move them to a different position in the horizontal plane, unlike a hoist which is only a lifting device.

(2)汽车起重机液压基本回路主要包括:起升机构液压回路、伸缩臂机构液压回路、变幅机构液压回路、回转机构液压回路、支腿机构液压回路,转向机构液压回路等。

Basic circuits of an truck crane mainly includes: the hydraulic circuits of lifting mechanism, the hydraulic circuits of telescope boom, the hydraulic circuits of luffing mechanism , the hydraulic circuits of slewing mechanism, the hydraulic circuits of leg mechanism, the hydraulic circuits of steering mechanism, etc.

(3)KH100 型起重机是履带式桁架臂起重机,最大起重量为 30t,它同时还可以改装成塔式起重机、打桩机、挖掘机、拉铲及蛤壳式抓斗,是一种多用途的起重、桩工机械。KH100 型履带式起重机中,由 1 台发动机驱动 4 台液压泵,担负起整个液压系统的供油工作。

KH100 crane is a crawler crane with truss arm, and its lifting capacity is of 30t.It can also be converted into a tower crane, pile driver, excavator, shovel and clamshell bucket, so it is a multipurpose lifting, pile driving machinery. KH100 crawler crane has one engine which drives four hydraulic pumps which supply pressure oil for the hydraulic system.

【导入案例】

汽车起重机起升机构液压回路

汽车起重机是将起重机安装在汽车底盘上的一种起重运输设备。通过吊臂的伸缩、变幅,起升机构的升降,工作台的转动,可在某一作业区域内对货物进行搬运。汽车起重机外观如图 7-1 所示。

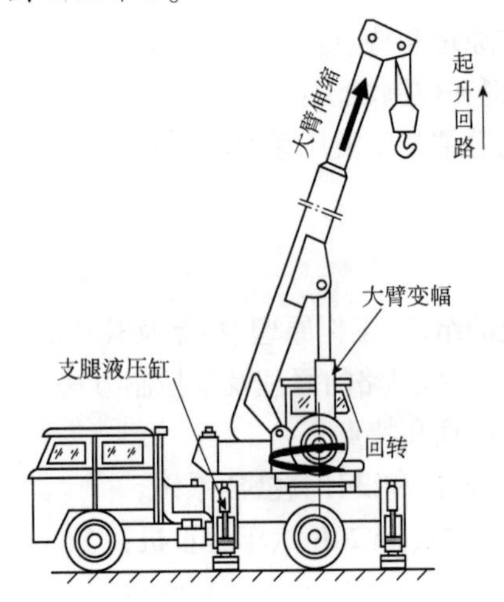

图 7-1　汽车起重机外观图

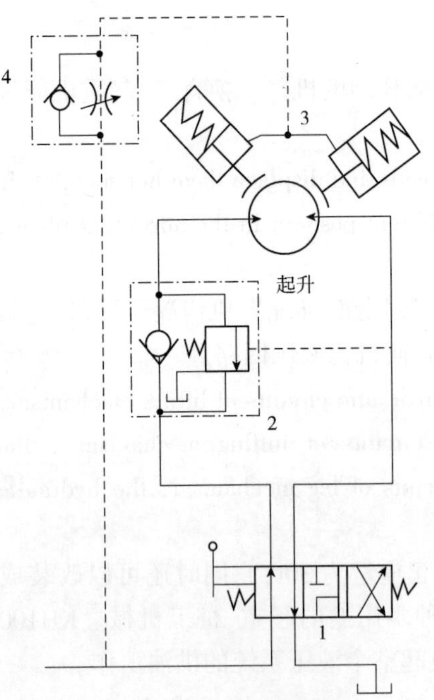

图 7-2　起升机构液压回路

1-换向阀;2-平衡阀;3-制动缸;4-节流阀

它主要由起升、回转、变幅、伸缩和支腿等工作机构组成,这些动作的完成由液压系统来实现。对于汽车起重机的液压系统,一般要求输出力大、动作要平稳、耐冲击、操作要灵活、方便、可靠、安全。

图 7-2 所示为起升机构液压系统原理图。采用柱塞马达带动卷扬机旋转,从而卷动钢丝绳使得重物升降,用平衡阀 2 来限制重物超速下降。液压缸 3 是制动缸,单向节流阀 4 是保证液压油先进入马达,使马达产生一定的转矩,再解除制动。

重物上升时,手动换向阀 1 切换至左位工作,进油经平衡阀 2 的单向阀进入液压马达使其旋转,回油经阀 1 左位回油箱。

重物下降时,手动换向阀 1 切换至右位工作,液压马达反转,回油经平衡阀 2 的顺序阀产生一定背压,再经阀 1 右位回油箱。从而有效防止重物超速下降。

当停止作业时,阀 1 处于中位,泵卸荷。制动缸 3 上的制动瓦在弹簧作用下使液压马达制动。

问　题：

(1)汽车起重机工作机构主要由哪些部分组成?

(2)起升机构如何实现重物上升?

(3)重物下降过程中,如何防止其超速?

在工程中所用的起重机械,根据其构造和性能的不同,一般可分为轻小型起重设备、桥式类型起重机械和臂架类型起重机三大类。轻小型起重设备如:千斤顶、葫芦、卷扬机等。桥架类型起重机械如梁式起重机、龙门起重机等。臂架类型起重机如固定式回转起重机、塔式起重机、汽车起重机、轮胎、履带起重机等。本章以汽车起重机和履带起重机为主,对其液压系统进行分析。

7.1　汽车起重机械常用液压回路

(Basic Hydraulic Circuits of Truck Crane)

汽车起重机常用液压回路有:起升、伸缩、变幅、回转、支脚及转向等机构的液压回路。这里介绍一些简单而典型的液压回路。

7.1.1　起升机构液压回路(Hydraulic Circuits of Lifting Mechanism)

汽车起重机需要用起升机构,即卷筒—吊索机构实现垂直起升和下放重物。液压起升机构用液压马达通过减速器驱动卷筒,图7-3是一种最简单的起升机构液压回路。当换向阀3处于右位时,通过液压马达2、减速器6和卷筒7提升重物G,实现吊重上升。而换向阀处于左位时下放重物G,实现负重下降,这时平衡阀4起平稳作用。当换向阀处于中位时,回路实现承重静止。由于液压马达内部泄漏比较大,即使平衡阀的闭锁性能很好,但卷筒—吊索机构仍难以支撑重物G。如要实现承重静止,可以设置常闭式制动器,依靠制动液压缸8来实现。在换向阀右位(吊重上升)和左位(负重下降)时,液压泵1压出液体同时作用在制动液压缸下腔,将活塞顶起,压缩上腔弹簧,使制动器闸瓦拉开,这样液压马达不受制动。换向阀处于中位时,泵卸荷,出口压力接近零压,制动液压缸活塞被弹簧压下,闸瓦制动液压马达,使其停转,重物G就静止于空中。

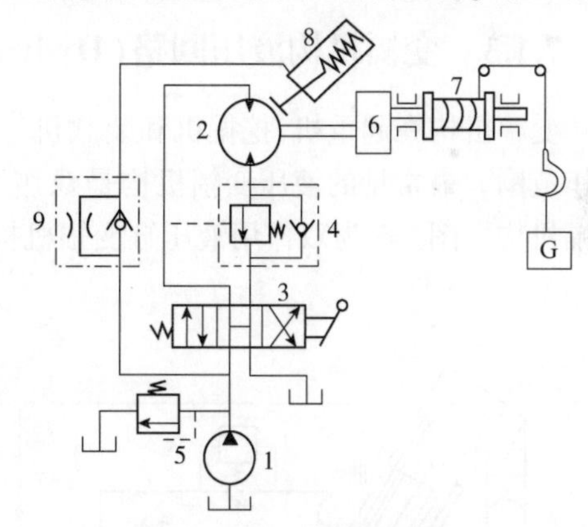

图7-3　起升机构液压回路

1-液压泵;2-液压马达;3-换向阀;4-平衡阀;5-缓冲阀;6-减速器;7-卷筒;8-制动液压缸;9-单向节流阀

7.1.2　伸缩臂机构液压回路(Hydraulic Circuits of Telescope Boom)

伸缩臂机构是一种多级式起重臂伸出与缩回的机构。图7-4为伸缩臂机构液压回路。臂架有三节,Ⅰ是第1节臂,或称基臂;Ⅱ是第2节臂;Ⅲ是第3节臂;后一节臂可依靠液压缸相对前一节臂伸缩。3 节臂只要两个液压缸：液压缸 6 的活塞与基臂 I 铰接，而其缸体铰接于第 2 节臂Ⅱ，缸体运动使Ⅱ相对于Ⅰ伸缩；缸 7 的缸体与第 2 节臂Ⅱ铰接，而其活塞铰接于第 3 节臂Ⅲ，活塞运动使Ⅲ相对于Ⅱ伸缩。

第 2 和第 3 节臂是顺序动作的，对回路的控制操作如下：

(1)手动换向阀 2 左位，电磁阀 3 也左位，使液压缸 6 上腔压入液体，缸体运动将第 2 节臂Ⅱ相对于基臂Ⅰ伸出，第 3 节臂Ⅲ则顺势被Ⅱ托起，但与Ⅱ无相对运动，此时实现举重上升。

(2)手动换向阀仍左位，但电磁阀 3 换右位，液压缸 6 因无液体压入而停止运动，臂Ⅱ对臂Ⅰ也停止伸出，而液压缸 7 下腔压入液体，活塞运动使Ⅲ相对于Ⅱ伸出，继续举重上升。连同上一步，可将伸缩臂总长增至最大，将重物举升至最高位。

(3)手动换向阀换为右位，电磁阀仍为右位，液压缸 7 上腔压入液体，活塞运动使Ⅲ相对于 11 缩回，为负重下降，故此时需平衡阀 5 作用。

(4)手动换向阀仍右位，电磁阀换左位，液压缸 6 下腔压入液体，缸体运动使Ⅱ相对于Ⅰ缩回，亦为负重下降，需平衡阀 4 作用。

如不按上述次序操作，可以实现多种不同的伸缩顺序，但不可能出现两个液压缸同时动作。

伸缩臂机构可以通过不同的方法，即不采用电磁阀而用顺序阀、液压缸面积差动、机械结构等办法实现多个液压缸的顺序动作，还可以采用同步措施实现液压缸的同时动作。

7.1.3 变幅机构液压回路(Hydraulic Circuits of Luffing Mechanism)

变幅机构在起重机、挖掘机和装载机等工程机械中，用于改变臂架的位置，增加主机的工作范围。最常见的液压变幅机构是双作用液压缸变幅机构，也有采用液压马达和柱塞缸变幅机构。图 7-5 为双作用液压缸变幅机构液压回路。

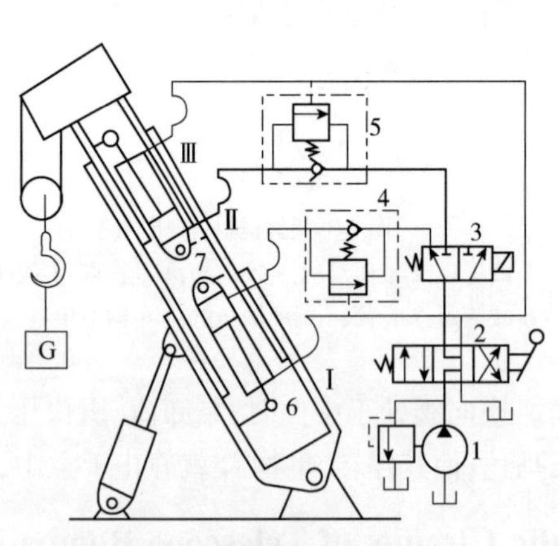

图 7-4 伸缩臂机构液压回路

1-液压泵；2-手动换向阀；3-电磁阀；4、5-平衡阀；6、7-液压缸

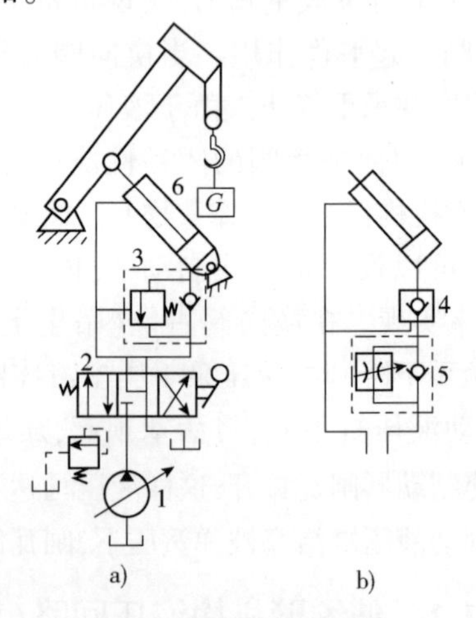

图 7-5 变幅机构液压回路

1-液压泵；2-手动换向阀；3-平衡阀；4-液控单向阀；5-单向节流阀；6-液压缸

液压缸 6 承受重物 G 及臂架重量之和的分力作用,因此,在一般情况下应采用平衡阀 3 来达到负重匀速下降的要求,如图 7-5a)所示。但在一些对负重下降速度要求不高的场合,可以采用液控单向阀 4 串联单向节流阀 5 来代替平衡阀,如图 7-5b)所示。其中液控单向阀 4 的作用有:一是在承重静止时锁紧液压缸 6;二是在负重下降时对泵形成一定压力打开控制口,使液压缸下腔排出液体而下降。液控单向阀 4 没有平衡阀使液压缸匀速下降的功能,这种功能由单向节流阀 5 来实现。但由于单向节流阀形成足够压力的动态过程时间较长,所以实际上液压缸在相当长时间内加速下降,然后才实现匀速,这一点就不如平衡阀性能好。

7.1.4 回转机构液压回路(Hydraulic Circuits of Slewing Mechanism)

为了使起重机的工作机构能够灵活机动地在更大范围内作业,就需要整个作业架做旋转运动。回转机构即可实现这种目的。回转机构的液压回路如图 7-6 所示。液压马达 5 通过小齿轮与大齿轮的啮合,驱动作业架回转。整个作业架的转动惯量特别大,当手动换向阀 2 由上位或下位转换为中位时,A、B 口关闭,液压马达停止转动。但液压马达承受的巨大惯性力矩使转动部分继续前冲一定角度,压缩排出管道的液体,使管道压力迅速升高。同时,压入管道液源已断,但液压马达前冲使管道中液体膨胀,引起压力迅速降低,甚至产生真空。这两种压力变化如果很激烈,将造成管道或液压马达损坏。因此,必须设置一对缓冲阀 3、4。当手动换向阀的 B 口连接管道为排出管道时,缓冲阀 4 如同安全阀那样,在压力突升到一定值时放出管道中液体,又进入与 A 口连接的压入管道,补充被液压马达吸入的液体,使压力停止下降,或减缓下降速度。所以对回转机构液压回路来说,缓冲补油是非常重要的。

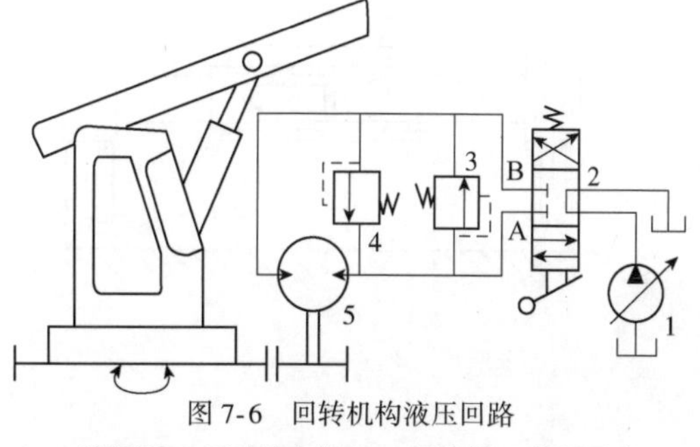

图 7-6 回转机构液压回路

1-液压泵;2-手动换向阀;3、4-缓冲阀;5-液压马达

7.1.5 支腿机构液压回路(Hydraulic Circuits of Leg Mechanism)

对轮胎式工程机械来说,为了扩大作业面积和增加整体稳定性,需要在车架上向轮胎外侧伸出支腿,将整体支撑起来。支腿有蛙式、H 式、X 式和辐射式等。这里仅以 H 式支腿的一种液压回路为例,说明支腿机构液压回路的一些特点。

H 式支腿由四组液压缸组成,每组包括一个水平液压缸和一个垂直液压缸。图 7-7a)中,水平液压缸 1 将支腿推出,垂直液压缸 2 将车架顶起,使轮胎悬空,这样作业架整体就在支腿机构的支撑下进行作业。

图 7-7b)是支腿机构的液压回路图。手动换向阀 2 控制 4 个水平液压缸 5 的伸缩。在水平液压缸动作时,支腿机构尚未起作用,轮胎未离开地面,负载阻力不大,而且只要伸到适当位置即可,所以水平液压缸的控制很简单。手动换向阀 3 控制 4 个垂直液压缸 6 的升降。六位六通转阀可分别控制 4 个垂直液压缸,以便在地面不平时,调节垂直液压缸处于不同升程,而保持作业架水平。转阀在工位时,同时控制四个液压缸;在Ⅱ、Ⅲ、Ⅳ、Ⅴ位时,分别控制液压缸 6a、6b、6c、6d;而在Ⅵ位时,4 个液压缸都无液体进出,这时支腿将车架支撑在理想

的作业位置。4 个双向液压锁 7 各控制一个垂直液压缸，当支腿支撑车架静止时，垂直液压缸上腔液体承受重力负载，为了避免车架沉降，故需要用连通上腔的液控单向阀起锁紧作用，防止俗称的“软腿”现象；当轮胎支撑车架时，垂直液压缸下腔液体承受支腿本身的重量，为了避免支腿降到地面，防止俗称的“掉腿”现象，故需要用连通下腔的液控单向阀起锁紧作用。

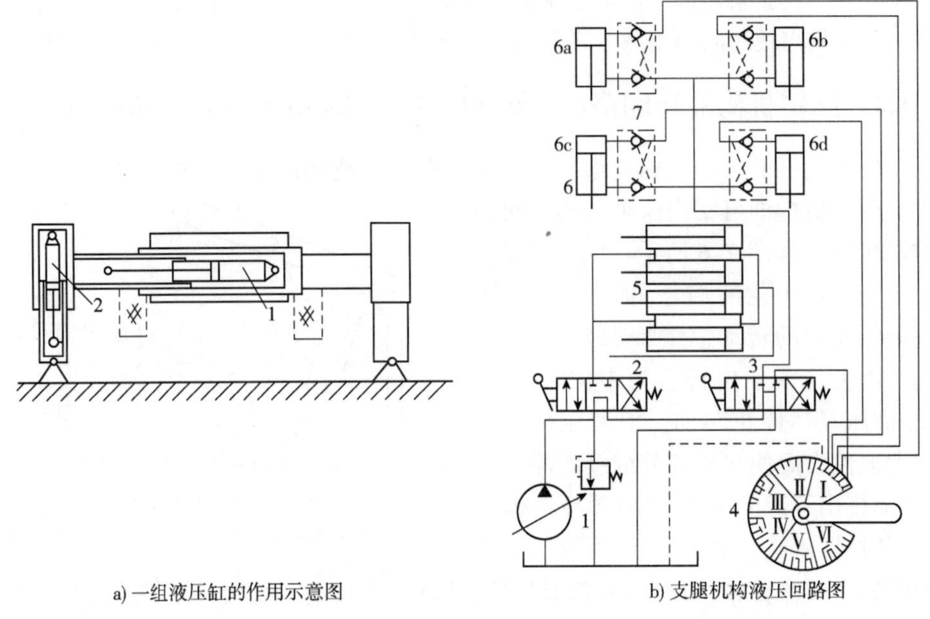

a) 一组液压缸的作用示意图　　b) 支腿机构液压回路图

图 7-7　支腿机构

1-液压泵；2、3-手动换向阀；4-六位六通转阀；5-水平液压缸；6-垂直液压缸；7-双向液压锁

7.1.6　转向机构液压回路(hydraulic circuits of steering mechanism)

工程机械在行走和作业过程中，需要改变整个车体的运动方向，即转向。对偏转车轮型车辆来说，驾驶员操纵转向盘，通过转向机构使车轮转一角度。而对铰接车架型车辆来说，使起导向作用的那部分车架旋转一角度，就可以引导整车改变方向。现以偏转车轮型为例分析液压转向原理。

转向机构有人力直接驱动和功率放大(动力转向)两种方式。人力直接驱动方式结构简单，但只适用于轻型车辆。工程机械转向时，导向部分受到很大的转向阻力矩，要求转向机构产生很大的驱动力矩，同时还要有足够的转动速度，这是人力无法满足的。因此必须应用功率放大方式。液压功率放大方式转向功率大，重量轻，操纵轻便而平稳。

图 7-8 所示为转向机构液压系统，驾驶员操作转向盘 1，假定顺时针转动 α 角，最终车轮转过相应的 β 角，整车就被准确转向到所希望的行驶方向。在液压转向机构中，调节阀 2 的阀芯 2a 与转向盘连接并随其顺时针转过 α。由于阀体 2b 没有转动，调节阀 2 就由中位变至上位通路，即 P 口与 C 口相通，泵的高压液体压入液压马达 3 的 3C 腔，而液压马达 3D 腔排出的液体通过调节阀 2 的 D 口流向 B 口。由于液压马达的输出轴上几乎没有阻力矩，所以 B 口压力与 C 口压力很相近。B 路液体送入液压缸 4a 的有杆腔和 4b 的无杆腔，使 4a 杆拉

动而4b杆推动杠杆机构8，从而使车轮顺时针转动β角。同时，液压缸4a和4b排出的液体汇集在一起，通过调节阀2的A口，经O口流回主油箱。

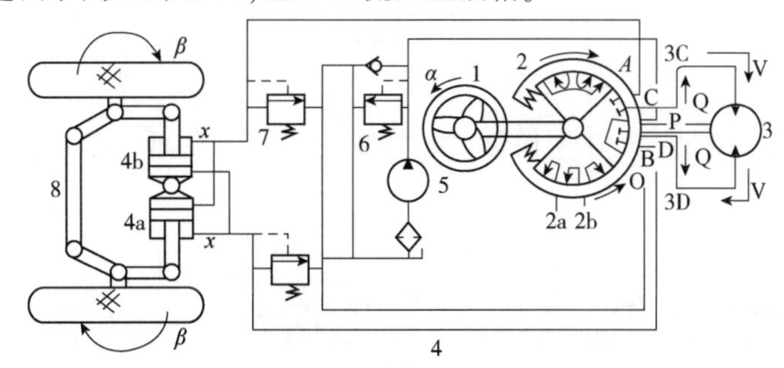

图7-8 转向机构液压系统

1-转向盘；2-调节阀；3-液压马达；4-液压缸；5-液压泵；6、7-缓冲阀；8-杠杆机构

由于转向机构还具有一种能实现位置反馈的功能，即液压马达的输出轴与调节阀2的阀体2b连接在一起，当调节阀开始进入上位时，液压马达的输出轴就开始转动，拖动阀体跟踪阀芯顺时针旋转，于是就有关闭阀口C、D、A、B的趋势，也就是使调节阀恢复中位的倾向。但由于驾驶员还未将转向盘拨足α角，所以转向盘和阀芯继续旋转，而阀体总是稍稍落后地跟踪着阀芯，所以调节阀不会回到中位。一旦转向盘和阀芯在α角上停下来，阀体终究会被拖到使调节阀实现中位的位置上。这时，液压马达和液压缸停止运动，而车轮恰恰达到驾驶员所希望的β偏转角。

通过以上分析可知，驾驶员只要用很小的力量，轻轻拨动调节阀的阀芯，就可使液压缸产生很大的功率，使车轮转向，这就是液压功率放大的作用。当驾驶员操作转向盘逆时针转动，使调节阀由中位变至下位通路，与上述情况类似，车轮将转向相反方向。当发动机熄火，液压泵5停止压出液体时，可人力驱动液压转向机构。

其原理如下：在实际装置中，转向盘1的轴与液压马达3都在一根轴线上，但在一般情况下二者不相连。在发动机和泵正常工作时，驾驶员拨动转向盘，液压马达即以液压原理跟踪调节阀2的转动，所以转向盘和液压马达之间的没有角度差即稳态时或者很小即动态时。当发动机熄火而泵停止工作时，液压控制系统不起作用，驾驶员拨动转向盘，液压马达不再跟踪，二者角度差就不断增大，当转向盘转到大于某角度θ以后，转向盘轴就可通过键销，以机械方式强行带动液压马达3旋转（图7-8中未示出），使它以人力驱动的"泵"的特点工作，将液体压入4a和4b缸的同一腔，同时两个缸的另一腔排液，驱动杠杆机构8实现转向，称为人力转向。这是一种应急措施。

7.2 中小型汽车起重机液压系统

(Hydraulic Systems of Small-Medium Truck Crane)

7.2.1 Q2-8型汽车起重机液压系统（Hydraulic System of Q2-8 Truck Crane）

Q2-8型汽车起重机液压系统的工作原理如图7-9所示。

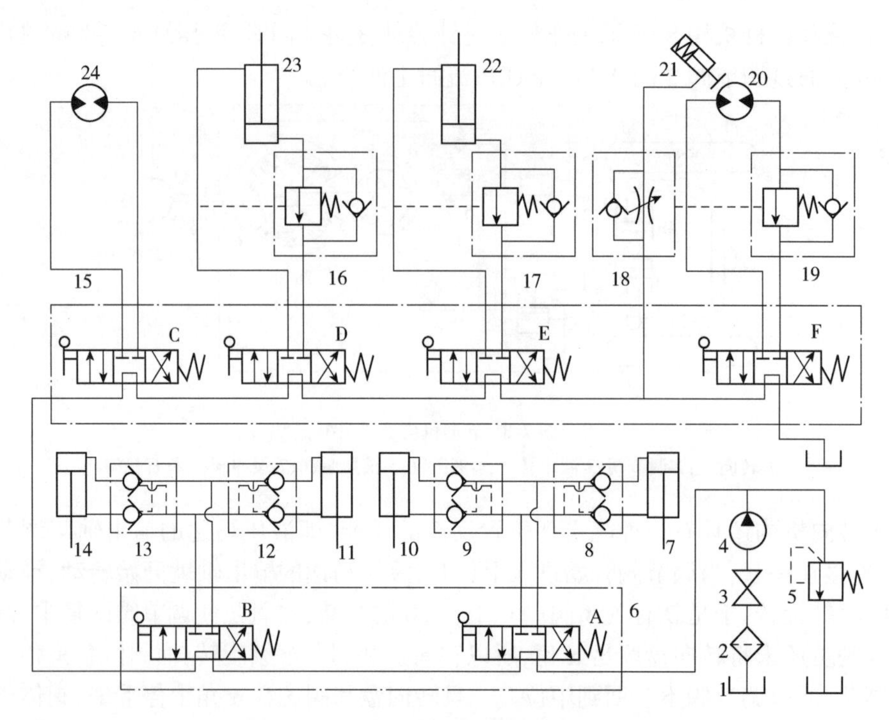

图 7-9 Q2-8 型汽车起重机液压系统工作原理

1-油箱;2-过滤器;3-开关;4-液压泵;5-安全阀;6、15-多路换向阀组;7、10、11、14-支腿液压缸;8、9、12、13-液压锁;16、17、19-平衡阀;18-单向节流阀;20-起升液压马达;21-制动缸;22-变幅液压缸;23-伸缩液压缸;24-回转液压马达

该系统为开式、单泵、定量、串联系统,液压泵的工作压力为 21MPa,排量为 40mL,额定转速为 1500r/min。支腿收放机构油路中设置的双向液压锁能够保证在起重作业和行驶过程中支腿可靠锁紧。伸缩机构、变幅机构和起升机构中设置的起重机专用平衡阀能够满足下降限速和定位锁紧的要求,安全阀对系统起到防过载保护作用。多路换向阀组 6 控制前后支腿收放机构完成收放动作,多路换向阀组 15 的每一联换向阀分别控制回转机构、吊臂伸缩机构、变幅机构和起升机构完成相应的动作。工作机构的多路阀每一联均为三位四通换向阀,由于采用的是串联连接,各工作机构既能单独动作,也能够完成轻载复合动作,如起升和回转动作的同时进行、前后支腿收放动作的同时进行等。

(1)支腿收放机构回路

由于汽车轮胎支撑能力有限,在起重作业时必须放下支腿使汽车轮胎悬空。汽车行驶时则必须收起支腿。小型起重机一般采用蛙式支腿,每个支腿配有一个液压缸,前两个支腿用二位四通手动换向阀 A 控制收放,后两个支腿用二位四通手动换向阀 B 控制。每个液压缸都配有一个双向液压锁,它可以保证支腿可靠的锁紧,防止在起重作业过程中发生“软腿”现象。液压锁除了锁紧作用外还具有安全保护作用,当该回路中软管爆裂或者支腿液压缸存在内漏(只要没有外漏)时,支腿仍然可以保持不变。另外,在起重作业中为了防止出现对支腿的误操作,支腿的手动换向阀一般都不布置在驾驶室内。当同时操作 A、B 两个换向阀支起支腿时,由于 A 阀控制的支腿液压缸进入的油液流量与 13 阀控制的支腿液压缸进入的流量总是不一致,所以前后支腿的动作快慢并不一致,要进行分别调整,反之亦然。其目的就是为了在起重作业中防止出现对支腿的误操作。

(2)回转机构回路

回转机构回路采用液压马达通过减速器驱动回转支撑转动,由于回转支撑的回转速度较低(1~3r/min),转动惯性力较小,没有设置制动回路,通过换向节流阀调速回路实现在停止之前先行减速的方法,进一步降低回转支撑的回转速度,最后达到停止回转。

(3)起升机构回路

起升机构是汽车起重机的主要执行机构,它是由一个低速大扭矩马达带动的卷扬机。起升机构速度调节主要是通过调节发动机的油门来实现,当进行安装作业时,可利用换向阀节流调速回路来得到比较低的升降速度。在马达的回油路中设置了外控平衡阀,用以限制重物的下降速度。由于液压马达中采用了间隙密封,无法用平衡阀锁紧,为此设置了常闭式制动器,制动器的控制油压与起升油路联动,只有起升马达工作时制动器才能松闸,保证了起升作业的安全。马达制动器油路中的单向节流阀是为了满足制动迅速、松闸平缓的要求设置的。

(4)变幅机构回路

汽车起重机的变幅依靠调节吊臂的仰俯角度来实现,变幅液压缸的伸缩可以改变吊臂的仰俯角度。操作换向阀E就可以控制变幅液压缸的伸缩量,改变起重机的作业幅度。为了防止吊臂在自重作用下下落,变幅机构的回油路中设置了起重机专用平衡阀,它不仅起到了限速作用和锁紧作用,还具有安全保护作用。

(5)吊臂伸缩机构回路

吊臂伸缩机构回路是为了驱动吊臂的伸缩,伸缩液压缸23的伸缩可以改变伸缩臂套的伸出量,在伸缩机构油路中设置的起重机专用平衡阀的作用与变幅机构回路中的相同。

Q2-8型汽车起重机液压系统的特点主要表现在以下几个方面:

①Q2-8型汽车起重机属于小型起重机,液压马达所驱动的部件惯性较小,所以没有设置缓冲补油回路,同时采用的换向阀节流调速回路也使得系统的结构简单,造价低。

②采用单泵供油、各执行元件串联连接的方式,换向阀串联组合,各机构的动作既可独立进行,降低了造价;又可在轻载作业时,实现起升和回转复合动作,以提高工作效率。

③采用三位四通手动换向阀,不仅可以灵活方便地控制换向动作,还可通过手柄操纵来控制流量,以实现节流调速。在起升工作中,将此节流调速方法与控制发动机转速的方法结合使用,可以实现各工作部件微速动作。

④系统中采用了平衡回路、锁紧回路和制动回路,能保证起重机工作可靠,操作安全。

⑤各换向阀处于中位时系统即卸荷,能减少功率损耗,适于起重机间歇性工作。

7.2.2 QY16型汽车起重机液压系统(Hydraulic System of QY16 Truck Crane)

图7-10所示为国产QY16型汽车式起重机液压系统。该起重机最大起升高度为19m,起重量为16t。液压系统属开式、多泵定量系统。液压系统由支腿、回转、伸缩、变幅及起升液压回路组成,支腿换向阀3、4、5、6为并联油路,但与换向阀2组成串并联油路。变幅换向阀15与伸缩换向阀14为并联油路。三联泵中,泵Ⅰ主要给支腿回路和回转回路供油;泵Ⅱ主要给伸缩缸变幅回路供油;泵Ⅲ主要给起升回路供油。有关这5个基本回路情况简要介绍如下:

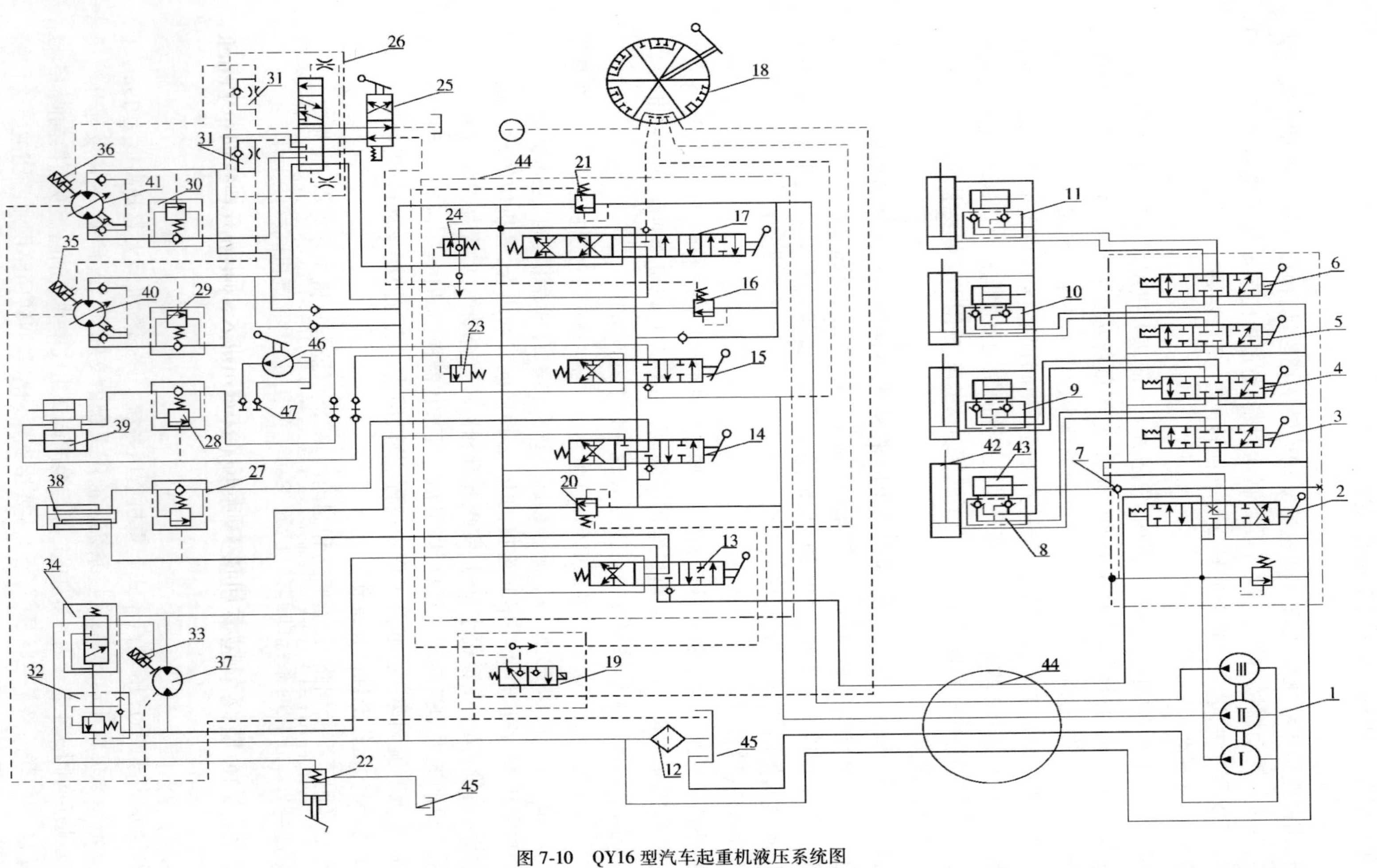

图 7-10　QY16 型汽车起重机液压系统图

1-液压三联泵；2～6、13～15、17-手动换向阀；7、48-单向阀；8～11-液压锁；12-滤油器；16、49-溢流阀；18-五位五通转阀；19-二位三通电磁阀组；20、21-远控溢流阀；22-脚踏缸；23-过载阀；24-补油阀；25-手动选择阀；26-液动二位十通阀；27～30-平衡阀；31-单向节流阀；32-过载阀组；33、35、36-制动缸；34-液动二位三通松闸阀；37-回转马达；38-伸缩缸；39-变幅缸；40、41-主、副起升马达；42、43-水平、垂直支腿缸；44-回转接头；45-油箱；46-应急泵；47-快速接头

(1)支腿液压回路

由泵Ⅰ来油后,若阀2处中位,液压油可供回转回路。回转回路不工作时,液压油直接返回油箱。阀3、4、5、6不工作,仅阀2处左、右位时,各支腿液压缸42和43也不能动作。只有当阀2处于左、右位及阀3、阀4、阀5、阀6也同时或单独动作时,支腿水平液压缸和垂直液压缸才能单独伸出或缩回。

(2)回转液压回路

阀2处中位,操纵换向阀13,泵Ⅰ来油即可使回转马达37运转。在进压力油的同时,配合脚踏缸27的动作,通过梭阀32、二位三通制动阀34可实现液压马达制动闸33的及时松闸。

(3)伸缩液压回路

由泵Ⅱ供油,压力油经三位六通手动换向阀14右或左位、平衡阀27即可使伸缩缸38伸出或缩回。

伸缩缸液压油压力由远控溢流阀20、二位三通电磁阀19进行控制。当油路压力超过调定值时,安装在进油路上的压力继电器会使电磁阀19通电,从而实现压力油卸荷之目的。

(4)变幅液压回路

变幅液压回路由泵Ⅱ、换向阀15、远控溢流阀20、过载阀23、平衡阀28及变幅液压缸39等组成。

此回路还设置有应急手动液压泵46,当泵Ⅱ因故不能供油时,利用应急泵46及快速接头47的设置可以保证动臂实现应急下降。

(5)起升液压回路

起升液压回路由泵Ⅲ、泵Ⅱ、五位六通手动换向阀17、远控溢流阀21、过渡补油阀24、选择阀25、二位十通液动阀26、单向节流阀31、平衡阀29、30、制动缸35、36及液压马达40、41等组成。操纵阀17不同位工作,可使起升液压马达处于正、反转;阀25的不同位,是选择主、副起升机构用,单向节流阀31用于缓慢松闸、快速上闸之目的。阀24在下降工况时,过速下降将起进油路的补油之用;阀21与阀组19组成远控溢流卸荷之用;利用溢流阀16远控口,向阀26、31提供液控操作用油及向制动缸提供操作用油;阀18为五位五通转阀,操作在不同位,就能观察不同回路进油路的液压油的压力值;泵Ⅱ、泵Ⅲ在变幅缸不工作时,通过阀15中位及单向阀7可合流供油。

与QY8型汽车起重机液压系统相比不同点是:

①对于支腿收放回路,当下车收放控制阀处于下位时,可用水平缸和竖直缸控制阀分别控制水平缸和竖直缸伸出;当下车收放控制阀处于上位时,可用水平缸和竖直缸控制阀分别控制水平缸和竖直缸收回。

②因上车工作惯性力大,制动换向时对油路的压力冲击也大,所以需在回转油路中设置双向缓冲装置。

③离合器操纵阀可控制卷筒与卷扬马达动力的结合与分离。

④自由落钩电磁球阀通电时,可使马达制动缸松开制动,实现空钩的快速自由落钩。同时,自由落钩制动踏板可使自由落钩速度降下来。

⑤两个调整为21MPa的先导式溢流阀的作用是保证安全压力,其卸荷由二位四通电磁换向阀实现。

⑥系统还设置了冷却、精滤装置。

7.3 大中型汽车起重机液压系统

(Hydraulic Systems of Medium-Large Truck Crane)

7.3.1 QY20B 型汽车起重机液压系统(Hydraulic System of QY20B Truck Crane)

QY20B 型液压汽车起重机为动臂式全回转液压起重机,图 7-11 为其液压系统原理图。全部液压系统由三联齿轮泵 1 供油。其中,泵 1.1 向支腿、回转回路和离合器缸 25 供油,泵 1.2 向起升回路供油,泵 1.3 向变幅回路供油或与泵 1.2 合流实现快速起升与下降。通过操纵阀控制支腿、回转、伸缩、变幅、起升等各执行机构动作。回转由 ZBD40 型轴向柱塞马达 16 驱动,三级伸缩主臂由一级液压缸、一级钢丝绳实现同步伸缩,起升机构由斜轴式轴向柱塞马达驱动主、副两个卷扬卷筒。另外设有液压控制的常闭式制动器、常开式离合器,配合操纵可以实现主、副卷扬分别单独作业或同时作业,可实现自由下放。

(1)支腿液压回路

支腿操纵阀 4 由溢流阀 4.1、选择阀 4.2、水平缸换向阀 4.3、垂直缸换向阀 4.4 组成。溢流阀 4.1 控制着泵 1.1 和支腿液压系统的最大工作压力,其调定压力为 16MPa。当选择阀 4.2被置于上位时,泵 1.1 排出的油经管 27、阀 4.2、4.3 至水平缸 6。当 4.3 置于上位时,压力油进入缸 6 的无杆腔,四个并联的水平缸伸出;反之,水平缸缩回。当 4.4 置于上位时,压力油经转阀 5、液压锁 8,分别进入四个垂直缸 7 的无杆腔,支腿伸出;反之,压力油经管 28 等,分别进入四个垂直缸 7 的有杆腔,支腿缩回。转阀 5 为四个独立的两位开关阀,当需要单独调整四个垂直缸 7 中某一缸的伸出长度时,将相应的开关阀置于连通位置,其余三阀关闭,再扳动阀 4.4 即可。垂直缸上的液压锁 8 是为了保证在起重时支腿在负载作用下不会缩回。此外,若油管破裂,此缸的活塞杆也不会突然缩回,可防止发生翻车事故。当行驶或停放时,支腿也不会在重力作用下自动下降。

(2)回转液压回路

当选择阀 4.2 置于下位时,泵 1.1 排出的油经管 27、阀 4.2、中心回转接头 2 通至上车,外控顺序阀 10 的调压范围是 5~9MPa。当控制压力小于 5MPa 时,顺序阀打不开,液压油经管 29、组合阀 11 给蓄能器 12 充液。当蓄能器的压力达到 9MPa 时,液压油经控制油管 30 打开顺序阀,泵 1.1 排出的油供给回转机构。

14.2 为三位六通换向阀,当其阀芯处于中位时,来自泵 1.1 的油经回油管和过滤器 9 回油箱 3。当其阀芯置于上位或下位时,液压油驱动马达 16 回转。14.1 为回转回路溢流阀,其调定压力为 17.5MPa。

(3)伸缩臂液压回路

伸缩臂回路的液压油由泵 1.3 经中心回转接头 2、管 31 至伸缩臂换向阀 14.4。在阀14.4与缸 17 之间有平衡阀 18,其作用有二:其一是使伸缩缸以相应于泵 1.3 供油的速度缩回,而防止此缸在外负荷作用下超速缩回;其二是当阀 18 和阀 14.4 间的管路破裂时,防止液压缸 17 和伸缩臂突然缩回。

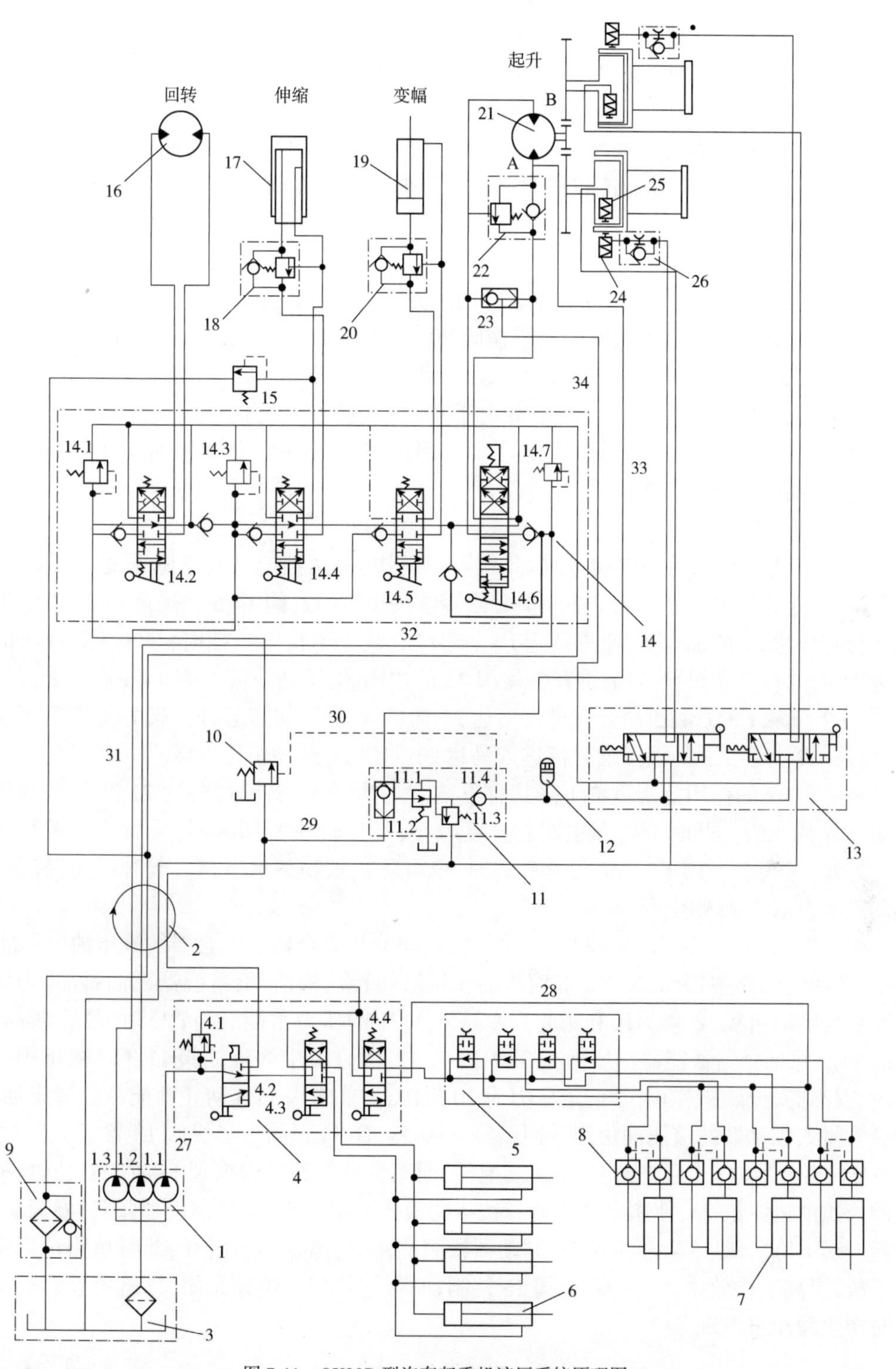

图 7-11　QY20B 型汽车起重机液压系统原理图

1-三联齿轮泵;2-中心回转接头;3-油箱;4-支腿操纵阀;5-转阀;6-支腿水平缸;7-支腿垂直缸;8-液压锁;9-回油精过滤器;10-顺序阀;11-组合阀;12-蓄能器;13-操纵阀;14-多路换向阀;15-溢流阀;16-回转马达;17-伸缩臂缸;18、20、22-平衡阀;19-变幅缸;21-起升马达;23-梭阀;24-制动器缸;25-离合器缸;26-单向阻尼阀;27~34-管道

阀 14.4 置于中位时,泵 1.3 的油通至变幅换向阀 14.5;置于下位时,压力油经阀 18 中的单向阀进入液压缸 17 的无杆腔,吊臂伸出;置于上位时,液压油进入液压缸 17 的有杆腔,同时,液压油经控制油路将平衡阀的主阀芯推开,该缸的无杆腔通回油,吊臂缩回。如果吊臂在外负荷作用下,以超过供油速度缩回时,进油腔的压力降低,控制管路中的压力相应降低,阀 18 的主阀芯开度变小,缸缩回速度被控制。伸缩臂回路中溢流阀 15 的调定压力为 17MPa。

(4)变幅液压回路

变幅回路也由泵 1.3 供油,与伸缩臂回路并联,既可单独动作,也可同时动作。变幅缸 19 和三位六通换向阀 14.5 之间装有平衡阀 20。当阀 14.5 置于上位时,液压油经阀 20 中的单向阀进入变幅缸 19 的无杆腔,吊臂仰起;置于下位时,液压油进入缸 19 有杆腔,同时将平衡阀的主阀芯推开,吊臂落下。当吊臂由于重力超速下滑时,供油腔与控制油路中压力降低,平衡阀主阀芯开度变小,吊臂下落速度得到控制。阀 14.3 是变幅回路和伸缩臂回路的溢流阀,其调定压力为 20MPa。

(5)起升液压回路

阀 14.6 为五位六通换向阀,操纵此阀可得到快、慢两挡起升或下降速度。当阀 14.6 置于上位第一挡时,泵 1.2 的液压油经中心回转接头 2、管 32、阀 14.6 和平衡阀 22 中的单向阀进入起升马达 21 的油口 A,使重物起升。阀 14.6 置于下位第一挡时,泵 1.2 的液压油进入马达 21 的油口 B,同时控制油推开平衡阀 22 的主阀芯,重物下降。阀 14.6 置于上位第二挡时,泵 1.2 与泵 1.3 的液压油合流进入马达 21 油口 A,重物快速起升。阀 14.6 置于下位第二挡时,泵 1.2 与泵 1.3 的液压油合流进入马达 21 油口 B,重物快速下降。

平衡阀 22 的作用是当重物下降其自重欲使马达增速旋转时,马达 21 油口 B 的压力低于油口 A 的压力。此时平衡阀主阀芯开度减小,马达转速受到限制,从而防止重物超速下降。另外,当阀 22 与 14.6 之间管路破裂时,也可防止重物突然下落。起升回路溢流阀 14.7 的调定压力值为 21MPa。

两个操纵阀 13 分别用来控制主、副起升制动器与离合器。离合器的液压油由蓄能器 12 供给,在回转油路中提到,泵 1.1 的液压油在供给回转机构前,给蓄能器充油蓄能,为保证离合器结合绝对可靠,蓄能器还利用起升回路管 33 中的压力蓄能。当管 33 中压力较高时,减压阀 11.2 保证供给蓄能器的压力在 9.5MPa 左右,组合阀中的溢流阀 11.3 在减压阀一旦失效时会起到安全防护作用,其调定压力为 10.5MPa。单向阀 11.4 防止蓄能器的液压油倒流。开启常闭式制动器的液压油由起升回路经梭阀 23、管 34 供给。操纵阀 13 置于中位时,制动器缸 24、离合器缸 25 都通回油,制动器抱住,而离合器脱开。操纵阀 13 置于右位时,通蓄能器的液压油进入缸 25,使离合器接合,管 34 的液压油进入缸 24 使制动器张开,卷筒旋转,重物起升或下降。阀 13 置于左位时,制动器松闸的同时,离合器也脱开,此时重物可以实现自由下放,提高工作效率。单向阻尼阀 26 使制动器延时张开,迅速紧闭,以避免卷筒启动或停止时产生溜车下滑现象。

7.3.2 QY65 型汽车起重机液压系统(Hydraulic System of QY65 Truck Crane)

图 7-12 所示为国产 QY65 汽车起重机液压系统原理图。

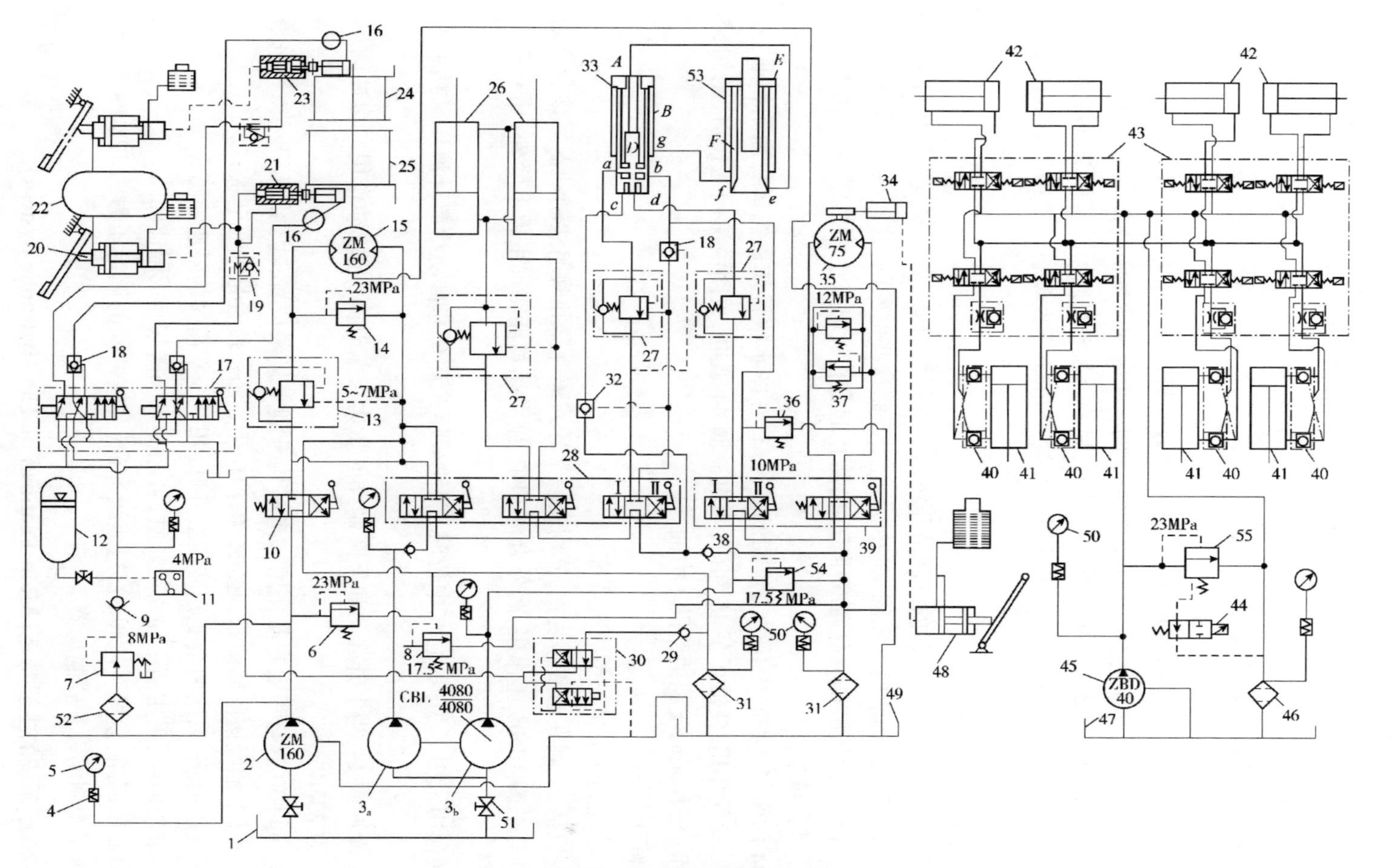

图 7-12 QY65 起重机液压系统原理图

1-液压油箱;2-轴向柱塞泵;3-双联齿轮泵;4-减摆器;5-压力表;6、8、14、36、54、55-溢流阀;7-减压阀;9-单向阀;10-换向阀;11-压力继电器;12-蓄能器;13、27-平衡阀;15-轴向柱塞马达;16-旋转接头;17-离合器操纵阀;18、32-液控单向阀;19-单向节流阀;20-制动器助力液压缸;21-制动器液压缸;22-储气筒;23-制动液压缸;24-副卷扬;25-主卷扬;26-变幅液压缸;28-三联换向器;29、38-背压阀;30-电液换向阀;31-滤油器;33-第一节伸缩臂液压缸;34-回转制动器液压缸;35-回转液压马达;37-缓冲阀;39-两联换向器;40-双向液压锁;41-垂直支腿液压缸;42-水平支腿液压缸;43、44-电磁换向阀;45-支腿油路液压泵;46、52-滤油器;47、49-液压油箱;48-手动泵;50-压力表;51-截止阀;53-第二节伸缩臂液压缸

QY65汽车起重机是全回转,有多节伸缩臂的液压汽车起重机。使用13m长主臂的最大起重量为65t,使用副臂的最大起重量为50t。

7.3.2.1 液压系统工作原理(Working Principle of Hydraulic System)

QY65汽车起重机是多泵多回路液压系统(图7-12),可以实现各机构单独动作或联合动作,互不干扰,而且各液压泵功率分配合理。

该起重机液压系统分上车液压系统和下车液压系统。

上车液压系统使用一个轴向柱塞液压泵和一个双联齿轮泵由上车发动机驱动。轴向柱塞液压泵2向起升液压马达15供油,双联齿轮泵3的一个泵向变幅液压缸和第一节伸缩臂液压缸供油,并能通过合流阀向起升液压马达供油,另一个齿轮泵向第二节伸缩臂液压缸53和回转液压马达35供油。下车使用一个轴向柱塞泵45由下车发动机驱动向支腿液压系统供油。

(1)下车液压系统

下车液压系统是单泵开式并联的支腿液压系统。支腿为H型,各支腿垂直液压缸41和水平液压缸42之间通过相应的电磁阀43并联,适当控制这些电磁阀,这些液压缸可以同时或单独动作。各垂直液压缸都有双向液压锁40,防止起重作业时发生“软腿”现象和非起重作业时发生“掉腿”现象。

电磁阀44的作用是控制先导式溢流阀的遥控口,在图示位置使遥控口与油箱相通,溢流阀55便起卸荷阀作用,使液压泵45卸荷,当电磁阀44通电,关闭溢流阀遥控口,则阀55起溢流阀作用。液压泵向支腿油路供压力油。

(2)上车液压系统

上车液压系统实际上是三泵液压系统。

起升机构包括主、副卷扬两套装置,分别安装常开式离合器和常闭式制动器。该起升液压回路除了具有平衡阀的限速作用,阀外合流和主、副卷扬均能实现重力下降外,还有三个特点:

①起升换向阀采用K型阀,它在中位时,能使液压泵卸荷并自动给起升液压马达回路补油。

②设置了缓冲阀14,当上升起动和下降制动时压力突然升高,起缓冲作用。缓冲阀14的调定压力值为23MPa。

③电液换向阀30起行程限制器作用。当吊钩升到上极限位置,碰到限位开关时,电液阀通电,使液压泵来油经该阀回油箱,起安全保护作用。图示位置是未通电状态。

变幅机构液压回路,采用两个变幅液压缸并联,用一个平衡阀的限速油路。

伸缩机构液压回路,采用两个伸缩液压缸,各用一个平衡阀组成限速油路。

回转机构液压回路,设置缓冲阀37,组成缓冲油路,缓冲阀的调定压力为12MPa。回转机构设置了液压控制的常开式制动器。

7.3.2.2 液压系统的主要特点(Main Features of The Hydraulic System)

(1)上车液压系统和下车液压系统分开,各自独立,上车设置专用的发动机。其目的是合理利用功率,节省能量,提高发动机的功率利用率。因为上、下车所需要的功率相差悬殊,下车所需功率很大,如果用下车发动机驱动上车系统液压泵是不经济的。同时省去了中心回转接头,并且主油路管路缩短,减少了系统的压力损失和泄漏,从而给装配和维护带来了很大的方便。

(2)主、副卷扬均能实现重力下降,并且利用油气助力装置,打开制动器液压缸,实现重力下降。因为该起重机为大型起重机,制动器的制动力较大,靠一般的脚踏泵来打开制动器是很困难的,因此采用了助力装置。当用脚踏动助力液压缸踏板,使储气筒中气压推动助力液压缸活塞,使制动器松开或减小制动力矩。

(3)制动器液压缸采用阶梯式液压缸,因为当起升液压马达工作时,起升液压马达主油路压力油进入制动器液压缸,使制动器松开。而当重力下降时,油气助力装置的压力油进入制动器液压缸,使制动器松开,此时,起升换向阀处于中位,液压泵卸荷。为了能够分别控制制动器液压缸而互不干扰,因此,制动器液压缸必须采用阶梯式液压缸结构,使操纵方便,安全可靠。

起升机构控制油路设置蓄能器,向离合器液压缸供油,由离合器阀 17 操纵。保证离合器与卷筒间产生足够的结合力矩。

蓄能器 12 由液压泵 2 通过滤油器 52,单向阀 9 和截止阀充油。当蓄能器中油压低于规定值时,压力继电器 11 动作,发出警报,提醒驾驶员向蓄能器充油。

(4)吊臂伸缩液压油路是该起重机液压系统的一个主要特点。

该起重机共四节臂,包括基本臂和三节伸缩臂。其吊臂的伸缩动作是利用单级液压缸 33 和双级液压缸 53 来实现的。液压缸 33 是双作用的,其活塞杆固定在基臂上,缸体与第一节臂相连接。当液压泵 3 向该液压缸供油时,缸体运动带动第一节臂伸缩。活塞杆中间有伸缩油管,该油管固定在缸体上,随着缸体运动,在活塞杆中伸缩,其目的是作为液压缸 53 的油路通道,省去软管连接。

液压缸 53 是双级液压缸,第一级为活塞液压缸是双作用的,活塞杆固定在第一节伸缩臂上,缸体与第二节臂相连接,缸体运动带动第二节臂伸缩。第二级为柱塞缸,是单作用的,柱塞安装在活塞杆中间,并与第三节臂相连接,柱塞在压力油的作用下带动第三节臂伸出。而缩回时是靠吊臂和吊具的重量往回缩。液压缸 53 由液压泵供油 3 供油。吊臂按二、三节臂的顺序伸出,而按三、二顺序缩回。由于两个液压缸分别用两个液压泵供油,并由两个换向阀分别操纵,因此它们可以同时操作,第一、第二节活动臂可以同时伸缩,但该油路不是同步伸缩油路,不能保证同步伸缩。

7.3.2.3 起重机液压系统调速方法(Speed Control of the Crane Hydraulic System)

起重机液压系统必须满足起重机的性能要求。起重机的调速范围较大,微动性能要求较高。因此起重机液压系统必须具有良好的调速性能。目前,基本上采用下列四种调速方法。

(1)油门调速

油门调速,即调节发动机的转速,是起重机采用的主要调速方法之一。油门调速的实质,是通过调节发动机油门的大小来改变发动机的转速,从而改变液压泵的转速,即通过改变液压泵的转速来改变液压泵的输出流量,以达到执行机构的调速要求。

液压泵的输出流量等于排量 q 与角速度 ω,的乘积,即:

$$Q_i = q\omega(\mathrm{m^3/s}) \tag{7-1}$$

式中：q——液压泵的排量（m^3/rad），即旋转一弧度所排出液体的体积；

ω——液压泵的角速度（rad/s）。

如果用转数 n 来表示，则：

$$Q_i = 2\pi qn(m^3/s) \tag{7-2}$$

式中：n——液压泵转速（r/s）。

上述的流量都是液压泵的理论输出流量，而实际输出流量，必须乘以容积效率，即：

$$Q_r = 2\pi qn\eta_0(m^3/s) \tag{7-3}$$

式中：η_0——液压泵的容积效率。

对定量泵来说，排量 q 是一定的，所以只能通过改变转数来改变其输出流量。

油门调速对液压系统来说，没有节流功率损失，减少液压系统发热。但油门调速的调速范围受到限制，特别是由于发动机怠速的限制，难于实现微动调速，必须和其他调速方法进行配合。

（2）换向阀的节流调速

在起重机液压系统中是通过手动换向阀，控制阀杆的位移来改变通流面积的大小进行节流调速，而不是单独设置节流阀进行节流调速。节流调速有节流功率损失，使系统发热严重。因此，换向阀的节流调速必须与油门调速相配合，增加调速范围，特别用于微动调速是比较适宜的。

（3）有级调速

为了提高起升速度，扩大调速范围，当液压系统为双泵或多泵系统时，进行双泵或多泵合流供油，实现有级调速。而液压马达采用双速液压马达，也可实现有级调速。特别应该指出，有级调速的目的主要是扩大调速范围，提高起升速度，而不是为了得到几个等级的速度，因为在没有合流或进行合流时，都要和其他调速方法配合，实现无级调速。同时使液压泵和执行元件匹配合理。

（4）容积调速

利用变量泵或变量马达的调速系统即为容积调速。主要是通过改变液压泵或马达的排量的方法进行调速。如果起升马达采用变量马达的容积调速，一般为开式容积调速系统，即仍然利用换向阀进行换向，液压马达为单向变量马达。

在大型起重机液压系统中，起升液压回路也可以采用独立的闭式容积调速系统，目前，在国外大型起重机的液压系统中已有所见。

7.4 履带式起重机液压系统

(Hydraulic Systems of Crawler Crane)

7.4.1 CC2000 型履带式起重机液压系统（Hydraulic System of CC2000 Crawler Crane）

图 7-13 所示为德国 DEMAG（德马克）CC2000 型 300t 履带式起重机的液压系统。桁架臂结构，最大起吊高度可达 132m，是一种载重量大、提升高度高、机动性好、使用范围广的超重型起重机。

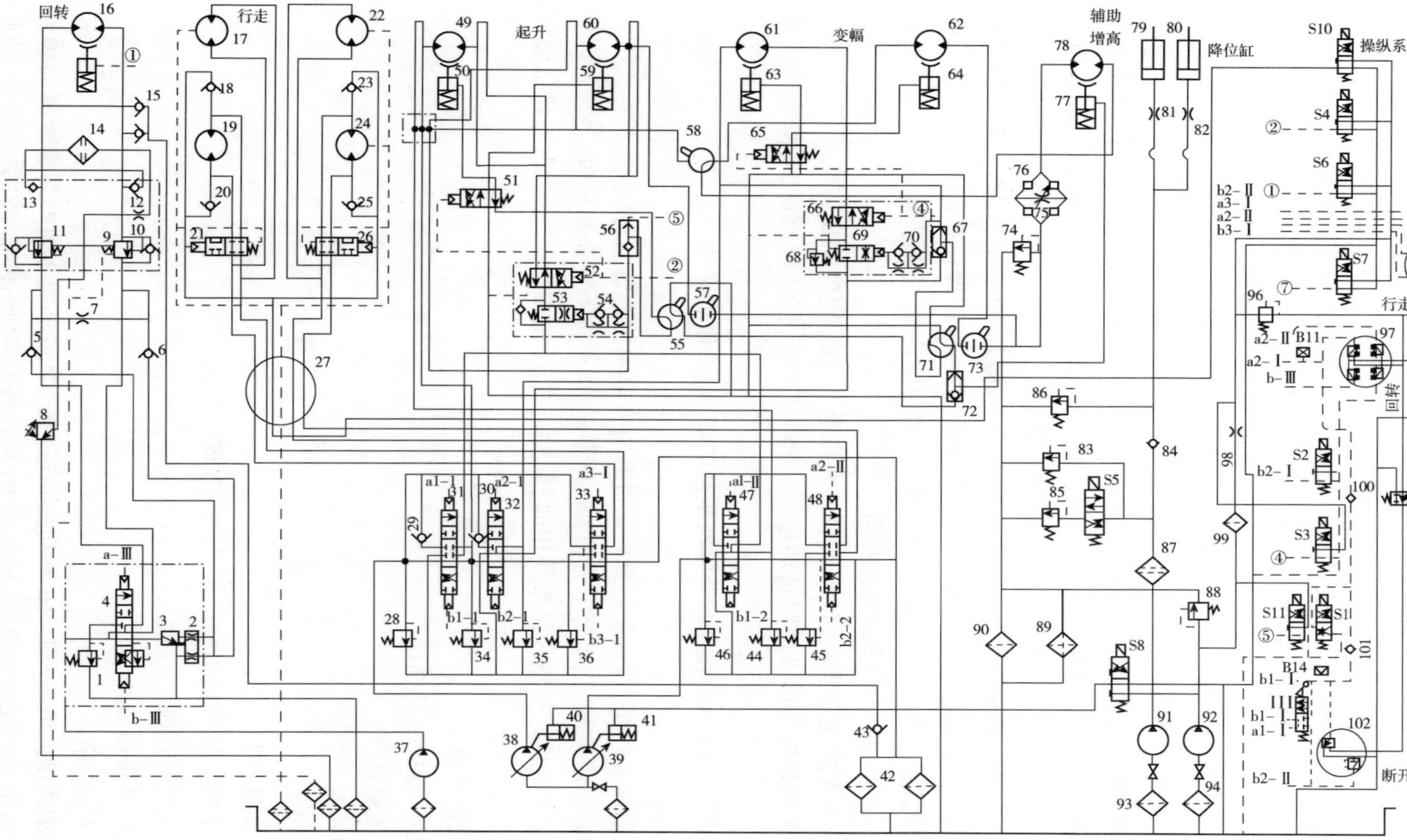

图 7-13 德国德马克 CC2000 型 300t 履带式起重机液压系统

1、2、28、34、35、44、46、83、85、86-溢流阀；6、10、81、82、98-节流阀；3-背压阀；4、31～33、47、48、51、52、65、66-换向阀；5、6、12、13、15、18、20、23、25、29、30、43、70、84、100、101-单向阀；8-脚踏制动阀；9、11、53、69-平衡阀；14、42、89、90、93、94、99-滤油器；16、17、19、22、24、49、60～62、78-液压马达；21、26-高低速转换法；27-回转接头；36、45、74-安全阀；37～39、91、92-液压泵；40、41-恒功率调节器；50、59、63、64、77-制动器；54-单向节流阀组；55、57、58、71、73-转阀；56、67、72-梭阀；68-顺序阀；76-桥式节流阀组；79、80-限位液压缸；87-滤清器；95、97、102-减压阀式先导操纵阀；96-减压阀；S1～S11-电磁阀；B11、B14-压力继电器

该起重机液压系统主要由回转、起升、变幅、辅助卷筒、限位液压缸及系统操纵控制机构等回路组成。多泵开式系统。回转回路由液压泵37供油；右行走、副起升由恒功率变量液压泵39供油；左行走、变幅、主起升由恒功率变量液压泵38供油；限位液压缸回路由液压泵91供油；系统操纵控制机构回路由液压泵92供油；辅助卷筒可由起升、变幅回路供油。恒功率变量液压泵38、39为总功率调节。在起升时，可实现单泵供油或双泵合流供油。在起升、变幅时为一般总功率调节的流量，而在行走时，还可实现大流量同步运行。因此，本系统调速范围较宽，具有无级容积节流调速、无级节流调速（回转回路）、有级调速等多种调速方法。下面对该系统工作原理进行介绍。

（1）系统操纵控制机构回路

本机各回路操纵轻便、灵活，这和有独立的操纵控制机构回路设置有关。在操纵控制机构回路中还设置有安全保护的电液元件，使系统工作安全、可靠。所以，尽管吨位大，吊得高，但驾驶员劳动强度小，这也是本机液压系统的一个特点。

液压泵92的液压油分别输给几个并联的支路油路。通过减压阀式先导操纵阀96、99、112分别控制行走、回转和起升等执行机构的主换向阀，实现液控操作换向和节流调速；通过电磁阀控制各工作装置的制动、行走高低速变换、主副卷扬选择、主副变幅选择、发动机熄火、安全装置和液压泵38、39的功率调节选择等。

减压阀98将减压阀式先导操纵阀96、99、112的工作压力限定为3MPa。

节流阀101的作用是控制操纵回路进油量，并使流量平稳，保证控制可靠，减小液压泵供油量波动的影响。

滤油器103保证节流阀101和各调节阀液压油的清洁、工作可靠。

各电磁阀的作用：

S1——由力矩限制器控制，保证在起重力矩过载时变幅不能落臂，起升卷扬不能提升。

S2——实现变幅上限控制，当主臂上升至85°时停止，当再按一下强制按钮，主臂尚可继续上升至88°。当起重机机臂作塔式吊车使用时，副臂上升到75°时即停止。由仰角位置行程开关控制。

S3——主、副变幅选择。

S4——主、副起升卷扬制动选择。

S5——限位液压缸卸压。

S6——控制回转制动器。

S7——发动机熄火。

S8——总功率变量控制。

S9——实现行走时卷扬机构不能动作，与S8联锁。

S10——行走高、低速控制。

S11——主、副起升卷扬选择。

（2）回转机构液压回路

回转回路由斜轴式轴向液压马达16驱动，由液压泵37限定为21MPa。多盘制动器设置在液压马达和回转装置之间单独供油，回路压力由溢流阀1，制动器是液压释放弹簧上闸。

回转工作时，先释放常闭式阀制动器，用减压阀式先导操纵阀99控制换向阀4换向，从而达到左、右回转的目的。在换向阀4中位时,由于其滑阀机能为“Y”型,液压马达16停止回转。

在给液压马达16供油的同时,从液压泵37输出的压力油有一部分不进入液压马达16,而从两条旁通油路回油箱。两条旁通油路上分别设置有节流阀10、70当回转阻力增大时,液压马达16两边压差增加,这时节流口的压差Δp也随之增加,根据流过节流口的流量公式$Q=KA\Delta pm$可知,从旁通油路流出的流量就相对增多。由于泵的流量不变,所以减少了进入液压马达16的流量,使回转速度有所减慢,从而保证了工作平稳、冲击小、调速性能好。

回转油路中利用脚踏制动阀8和平衡阀9、11配合,对回转系统进行调速和制动。当制动时,踏下脚踏板,压缩弹簧即切断脚踏制动阀8中的回油路,使8前压力升高,控制平衡阀的远控口,使平衡阀关闭,切断回转液压马达的油路,从而利用背压控制液压马达制动。

如果脚踏板弹簧没有完全压缩,即脚踏制动阀8没有关死,只是开口大小有变化,则脚踏制动阀8前油压也相应变化,从而使平衡阀9开口大小也有变化,回油量变化,导致液压马达转速可调,特别是可以进行微动调节。

滤油器14起净化液压油、防止节流阀10被杂质堵塞的作用。平衡阀9、11除起背压制动调速作用外,还具有防止过载、自控卸荷和过载补油等作用。单向阀15是补油阀。

换向阀4在中位时,从泵来的输出压力油经压力为0.5MPa的背压阀3回油箱。背压阀3在回转油路中有三个作用:在不回转的情况下,从液压泵37来油通过溢流阀2卸荷;在要回转时,因始终存在一个0.5MPa的背压,所以减少了换向冲击,使启动平稳;与两个节流口配合,使回转调速和制动平稳。

在该回转机构油路中设置以上这些特殊的控制元件和旁通油路,虽然在能量和功率利用上有一定的损失,但它们保证了回转机构的工作平稳性、可调速性,从而满足了超重型起重机回转机构的特殊性和重点的工况要求。

(3)行走机构液压回路

行走机构的两条履带分别由斜轴式轴向柱塞液压马达17、22驱动,为了充分利用发动机的功率,满足在不同路面的行驶速度与同步性,除有总功率调节的两台液压泵38、39供油保证同步性外,尚有高低速转换阀21、26保证液压马达的高低速度转换。双泵总功率调节工作原理如图7-14所示。

液压泵38、39各有一个调节器,用液压联系,用两泵压力之和来控制调节器,使两泵输出流量始终保持相等,保证液压马达转速一样,从而实现两条履带同步行驶。电磁阀S8的作用是使液压泵92的出口压力作为外控制命令控制两泵斜盘角度,实现行走时大流量,不行走时小流量。

单向阀18、20、23、25是在该液压马达不工作、自成闭式循环回路时供补油用。

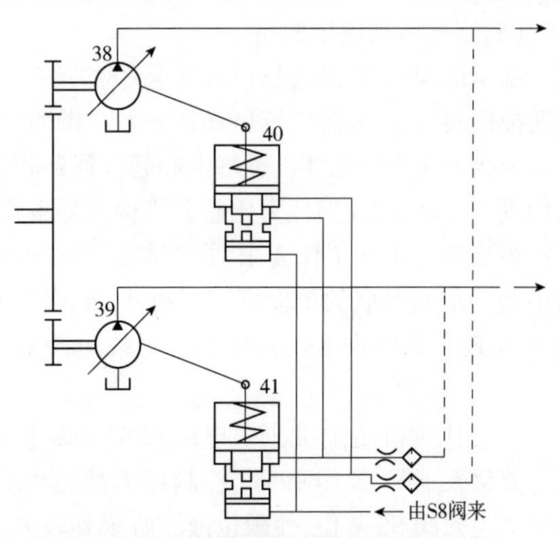

图7-14 双泵总功率调节工作原理

38、39-液压泵;40、41-恒功率调节器

安全阀36、45的作用是限制回路压力。

(4)起升机构液压回路

起升机构的主、副卷筒分别由斜轴式轴向柱塞液压马达49、60驱动,两台联动的液压泵38、39供油。低速升降时仅用液压泵39供油,高速时两泵合流供油。

当需要两泵合流供油时,控制起升高低速开关,使二位四通电磁换向阀S11接通上位,控制压力油同时使三位六通换向阀31、47换至工作位,液压泵38、39合流向主卷扬或副卷扬的驱动液压马达供油。

主、副卷扬的选择通过电磁阀S4的通电与断电来实现,控制油路②可同时使主副卷扬选择换向阀51和主副卷扬制动器选择换向阀52移至相应的阀位实现油路转换。

制动器控制操作用油由S11阀的控制油路⑤供给。

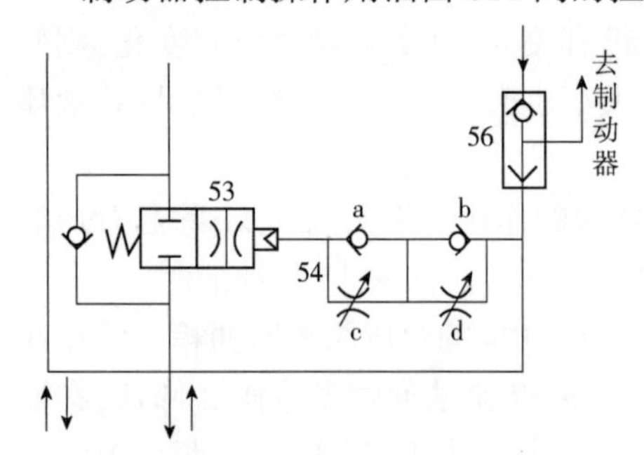

图7-15 起升平衡阀工作原理
53-平衡阀;54-单向节流阀组;56-梭阀

53起平衡作用,其右侧控制油路由两个不等孔径的单向可调节流阀组成,如图7-15所示。

节流孔c小于d孔,即在压力油通过较小的节流孔c时,在下降工况时,由于节流阻力的作用,使平衡阀53缓慢移到右位,接通油路,保证重物下降启动平稳。

当下降超速时,进油压力降低,控制油在平衡阀53弹簧力作用下经单向阀a和较大节流孔d较快流出,使平衡阀53向左位移动速度较快,以便关小或关闭回油通路,使液压马达下降转速受到限制。

该起升回路中为了减小功率损耗和溢流损失,根据工况的不同,采用3种压力保证系统安全。起升时的最高工作压力由溢流阀28、46限定为32MPa;低速下降时,考虑到载荷和自重的因素,工作压力由溢流阀44限定为8MPa;而高速下降时则由溢流阀34限定为7MPa。

(5)变幅机构液压回路

变幅机构的主、副卷扬由液压泵38供油。通过操纵减压阀式先导操纵阀99控制三位六通换向阀32向斜轴式液压马达61、62供油。

变幅油路中的元件设置基本和起升油路相同。所不同的是:变幅机构工作时,臂架和吊重均进行运动,因此惯性力比起升机构升降重物时更大,所以要求工作更加平稳、缓慢。

为了满足上述工作要求,在变幅油路中与平衡阀69并联的顺序阀68代替了起升油路中与平衡阀并联的单向阀。另外主、副变幅制动器释放,都由工作油路压力油通过梭阀67来实现。顺序阀68开闭特性比单向阀好,使臂架变幅上升或下降启动和停止都很平稳。

主、副变幅的选择是通过电磁阀S3控制换向阀66、65进行换位来实现的。

要臂架下降,操作99时,控制压力油达到0.7MPa。常闭式压力继电器B11断开,它所控制的电磁阀S5复位,使限位液压缸得到较大工作压力随臂架下落。

变幅油路采用两种压力保证系统安全,臂架上升最高工作压力由溢流阀28限定为32MPa,臂架下落最高工作压力由溢流阀35限定为8MPa。

(6)辅助卷筒液压回路

该机为重型起重机,起重量范围大,不但起重钢丝绳较粗,而且在不同起重段钢丝绳倍率变更也多,人工缠绕钢丝绳有一定的困难。为了减轻工人劳动强度、减少作业准备时间和提高生产率,特设置了缠绕钢丝绳的辅助卷筒,由液压马达 78 执行操作。

转阀 58 和转阀 57 配合用来选择辅助卷筒液压马达的工作。工作油是从变幅油路或起升油路来。当向起升机构缠绕钢丝绳时,以变幅油路作油源;反之亦然。

转阀 55、71 用来沟通辅助卷筒液压马达制动器控制油路,同时释放供油的液压马达制动液压油,使之上闸。

辅助卷筒工作时需要驱动力不大,油路中工作压力可以比较低,为了减少功率损失和油溢流发热,系统压力由安全阀 74 限定为 15MPa。

桥式节流阀组 75、76 起双向可调节流作用,通过调节 75 来控制液压马达 78 的转速,使辅助卷筒与起升卷扬或变幅钢丝绳卷筒的转速相配合。

(7)限位液压缸液压回路

当臂架上升在大仰角工作时,为了防止后倾事故,用限位液压缸和变幅钢丝绳来固定臂架仰角或限制最大仰起角。同时在接副臂架作塔式起重机使用时,限位液压缸与车架、主臂架构成长角形结构,作为主臂的一个辅助支撑,从而增加臂架根部刚度和稳定性。

限位液压缸由液压泵 91 供油,为单泵单回路。此回路除有臂架限位作用,对臂架产生一定的支撑力外,还兼有冷却系统液压油和净化液压油的作用。

溢流阀 83、85 按工况分别限定系统压力为 13MPa、1.2MPa,单向阀 84 锁止限位液压缸,同时防止液压油倒流向液压泵。

两液压缸油路上都有固定式节流阀 81,起限流和稳流的作用,使液压缸压力变化平稳,防止液压缸伸出或缩回时的压力波动过大,造成支撑力的大幅度变化,导致起重臂的晃动。

当限位液压缸不需要供油时,压力继电器 B11 是常闭的,电磁阀 S5 接通上位工作,使液压泵 91 的油经过滤清器 87 以 1.2MPa 的压力打开溢流阀 85,通过冷却器 89 回油箱。这时,油路对液压油起滤清、冷却的作用。在主臂架下降工况,控制油路压力达到 0.7MPa 时,B11 断开,使 S5 也断电,S5 下位工作,使液压泵 91 来的液压油断流,使得液压油只有通过溢流阀 83 所定的高压力 13MPa 来进行调压溢流。

限位液压缸供油时,溢流阀 82 调定压力为 14.5MPa,确定限位液压缸缩回和正常工作时对臂架的支撑力。本机尚设有力矩限制器、防止过卷绕装置、变幅仰角限位开关等安全装置。

7.4.2 KH100 型履带式多功能起重机液压系统(Hydraulic System of KH100 Multi-Function Crawler Crane)

KH100 型起重机是履带式桁架臂起重机,最大起重量为 30t,它同时还可以改装成塔式起重机、打桩机、挖掘机、拉铲及蛤壳式抓斗,是一种多用途的起重、桩工机械。

KH100 型履带式起重机由 1 台发动机驱动 4 台液压泵,由此 4 台液压泵担负起整个液压系统的供油工作。其中液压泵 1、2 为轴向柱塞变量泵,采用恒功率调节,分别依靠从减压阀式先导操纵阀输来的操纵液压油发出的外控指令、自身泵输出的液压油发出的内控指令、从另一变量泵输出的液压油发出的互控指令和由液压泵 3 输出的液压油发出的补偿指令等进行多种调节。液压泵 3 为齿轮泵,为回转机构油路单独供油。液压泵 4 为定量叶片泵,给控制系统供油。KH100 型履带式起重机液压系统主要由起升、变幅、行走、回转四个工作机构回路和液压泵变量调节及操纵控制回路六个部分组成。变幅、左行走、起升机构由液压泵 2 供油,为串联系统;起升、右行走由液压泵 1 供油,也为串联系统;回转、行走液压马达制动器用油及打桩时用的第三卷扬回路由液压泵 3 供油,组成串并联系统。整个液压系统为开式系统。各个机构均采用减压阀式先导操纵阀操纵液控换向阀达到换向和调速的目的。

液压系统调速方式采用的是容积节流调速,即恒功率变量泵的无级调速和换向阀的节流调速。另外起升通过液压泵 1、液压泵 2 合流还可以实现两级有级调速。KH100 型履带式起重机液压系统如图 7-16 所示。

7.4.2.1 恒功率变量泵调节回路(Variable Pump Adjusting Circuit of Constant Power)

KH100 型履带式起重机的两个变量泵的恒功率调节是依靠两个变量调节阀组自动控制的。这两个阀组分别装在两个变量泵的泵体上。可自控和相互控制,从而改变两变量泵的斜盘角度达到恒功率变量的目的。因为 $N=pQ$,所以功率 N 不变时,流量 Q 的大小是随压力 p 的大小而自动调节的。

下面以图 7-17 所示的一个变量泵 1 为例,来说明变量泵恒功率调节工作原理的。液压泵 2 的调节与其完全一样。

图中符号 A_1、A_2、A_3分别表示由液压泵 1、液压泵 2、液压泵 3 排出的压力油路,D_1代表从减压阀式先导阀来的外控指令压力油路,C_1、C_2分别代表控制斜盘角度变化的控制液压缸的有杆腔和无杆腔;P_1为接受外控 D_1指令的伺服阀,P_2为接受液压泵 2、液压泵 3 及自身泵即液压泵 1 指令的伺服阀,P_3为由减压阀式先导阀组中行走回路来的控制指令,控制其进行接通、关闭用的二位三通液动阀;M、N 则代表与斜盘联动的随动机构;U、V、W 则代表两个伺服阀的右端控制腔。

可见,调节器基本上由指令部分,两个伺服阀 P_1和 P_2、一个二位三通阀 P_3和从动部分斜盘控制液压缸组成。斜盘控制液压缸 C_1腔始终与自身泵—液压泵 1 输出的压力油相接,C_2腔与伺服阀连接,各指令信号对伺服阀 P_1、P_2的综合作用,使接入 C_2腔控制信号油压与 C_1腔自身泵反馈油压信号进行对比,使控制液压缸产生运动,改变液压缸斜盘角度,使液压泵 1 流量随上述指令得到自由调节。

(1)由减压阀式先导操纵阀来外控指令——1D_1指令

D_1指令来到 P_1右端后,推动滑阀阀芯左移,结果 P_1处右位工作时,由于 P_2无指令,P_2处于非工作位——左位,结果 C_2腔也有从 P_2左位、P_1的右位来的液压泵 1 的压力油,又因 C_2腔有效工作面积比 C_1腔大,使斜盘控制液压缸活塞向左移,推动斜盘角度增大,使液压泵 1 输出流量增大;与此同时,随动机构 S_1随着斜盘转角增大而向左移增加,使伺服阀 P_1重新处于中位平衡位置,液压泵 1 流量稳定在与该指令相应的平衡状态下工作;若指令 D_1减小时,液压泵 1 输出流量也减小到与该指令相应的平衡新状态下工作。

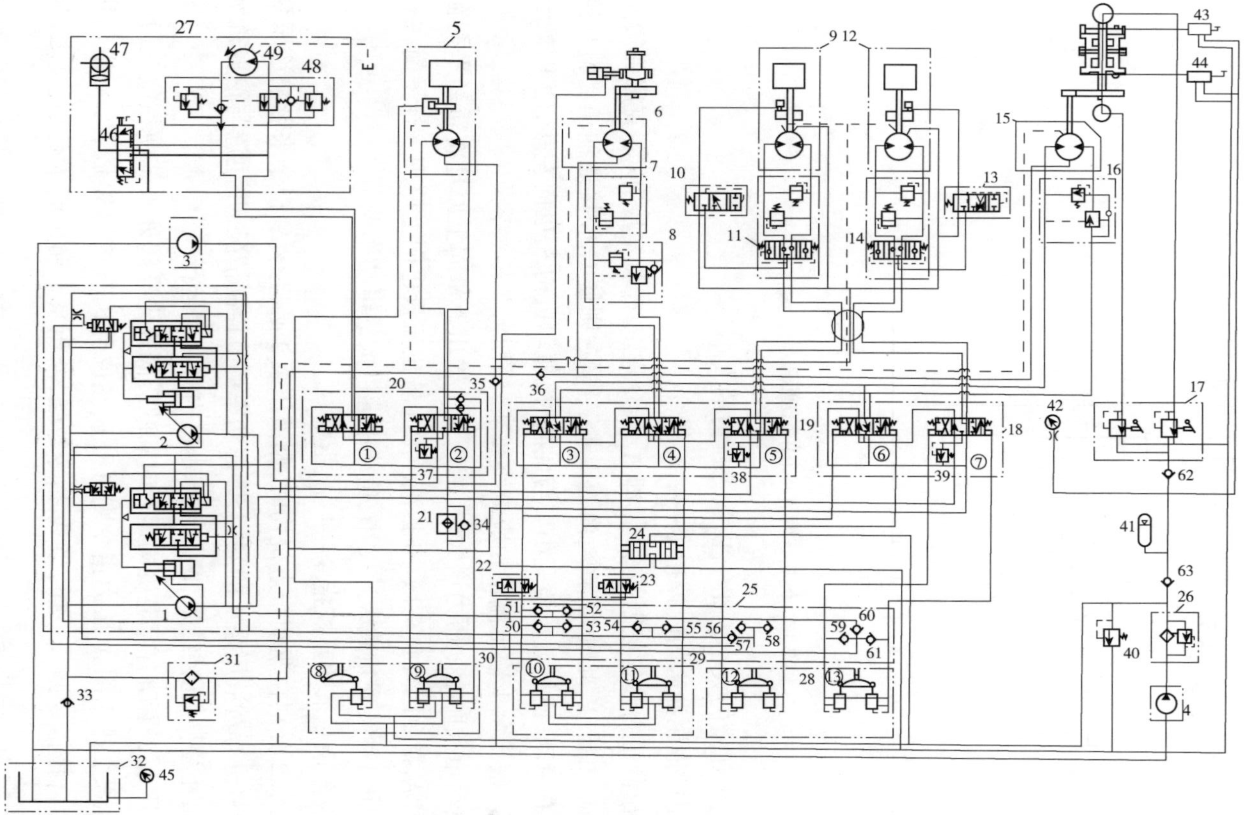

图 7-16　KH100 型履带式起重机液压系统图

1～4-液压泵;5、6、9、12、15、49-液压马达;7-过载补油阀;8、11、14、16、48-平衡阀;10、13-制动器阀;17-离合器操纵阀;18～20-换向阀组;21-冷却器;22、23-电磁阀;24、46-梭阀(三位四通液动阀);25-控制操纵油路;26、31-滤油器;27-制动回路;28～30-先导阀组;32-液压油箱;33、36-背压阀;34、35、50～63-单向阀;37～40-溢流阀;41-蓄能器;42、45-压力表;43、44-液压助力器;47-制动器;①～⑦-换向阀;⑧～⑬-先导阀

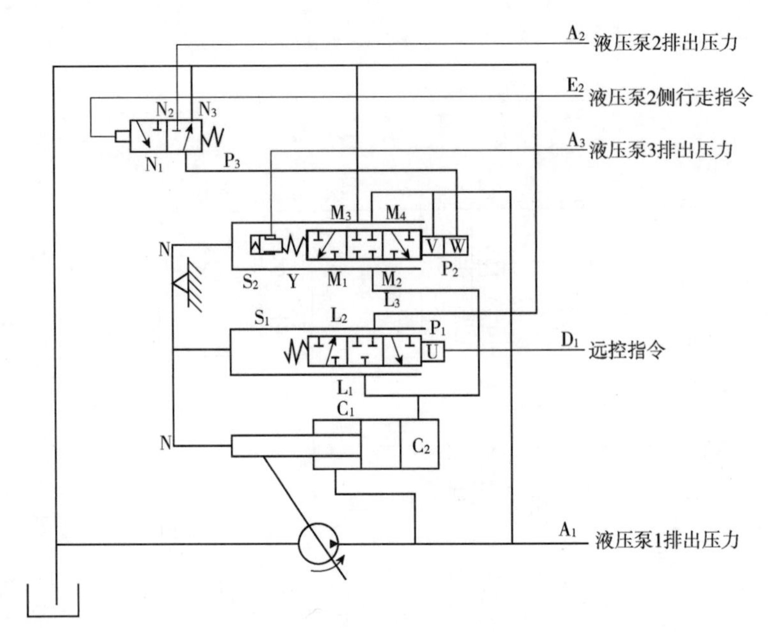

图 7-17 恒功率调节器工作原理图

可见，液压泵 1 输出流量的大小正比于 D_1 指令压力的大小。

(2)由自身泵输出的液压油来的内控指令——A_1 指令

液压泵 1 自身输出的压力油作控制指令时，即 A_1 指令进 P_2 右端 V 腔，阀芯克服弹簧向左移，使阀处右位工作。由于 P_1 此时无指令，尚处于非工作位，则使 C_2 腔接通油箱。斜盘控制液压缸的活塞杆向右运动，使斜盘转角变小。与此同时，随动机构 S_2 也向左移，使 P_2 处于某一平衡位置下工作。液压泵 1 输出流量相应减小在某一值上。

当 A_1 指令因外负荷增大而指令压力增大时，液压泵 1 输出流量同上原理将重新平衡在一个新的减小值上；当 A_1 指令因外负荷减小时，液压泵 1 输出流量也同上原理一样平衡在一个新的增大值上。从而自动实现负载大速度小、负载小速度大的恒功率调节。

(3)由另一变量液压泵 2 来的互控指令——A_2 指令

当液压泵 1、液压泵 2 分别在驱动行走机构时，则液压泵 2 必将有 A_2 指令来影响液压泵 1。这时 A_1 与 A_2 指令将进行对液压泵 1 的互控，即总功率调节控制情况，并注意与挖掘机例子的分功率调节控制的区别。互控结果，两左右行走机构将同速运行。

A_2 指令从操作液压泵 2 驱动右行走机构运行时的减压阀式先导阀处来。使二位三通阀 P_3 处左位工作，从液压泵 2 排出的 A_2 压力指令则可经 P_3 左位至 P_2 右端的 W 腔，与 A_1 指令共同使 P_2 右位工作。和自控指令调节一样，当 A_2 指令越强，液压泵 1 输出流量越小；反之，当 A_2 指令越弱，液压泵 1 输出流量将越大。

(4)由液压泵 3 来的补偿控制指令——A_3 指令

当液压泵 3 工作时，因 A_3 指令使伺服阀 P_2 内的滑动缸的 Y 腔不变进油，其结果使 P_2 阀处右位工作，使液压泵 1、液压泵 2 的输出流量在负载的情况下减小，即使液压泵 1 和液压泵 2 输出功率降低，且液压泵 3 的工作指令越强，上述结果越显著。

由以上分析可知道,当操作左右行走机构运行时,不管左右两边行走阻力如何,由于两变量泵输出流量始终相等,所以保证左右液压马达转速一致,同步运行,而在其他工况时,都为分功率调节。尽管高速起升时,两泵合流供油,两泵输出流量一样,但还不是总功率调节,它只能属分功率调节的一种调节特例。

7.4.2.2 起升回路(Hydraulic Circuits of Lifting Mechanism)

起升回路是由驱动主、副卷筒的液压马达15(径向柱塞式)、平衡阀16、换向阀⑥、换向阀③等组成,此外,还设有卷筒的离合器和制动器油路等。为了满足不同起重负载、速度的要求,起升回路调速主要有:恒功率变量泵与改变换向阀开口的无级容积调速;液压泵1和液压泵2合流的有级调速。

当起升机构不工作时,先导阀⑩关闭,起升控制换向阀③、⑥都处于中位,液压泵1、2来油直接回油箱。

起升开始时,先导阀的手柄向图示左向或右向推压,换向阀⑥、③左端或右端进先导操纵控制油,推动换向阀左或右位工作,起升液压马达做正转即提升或反转即下降。

先导阀手柄具有两个挡位:一挡控制的油压力为0.5~1.25MPa;二挡控制的油压力为1.25~2.5MPa。在控制操纵油路上,还有两组单向阀50、52和51、53。它们开启压力也不同,前者为0,后者为1MPa。这样,可以控制泵组的先后或同时工作的顺序。

当起升开始,先导阀⑩的操纵手柄于左面一挡位置时,起重机为低速起升工况,由于单向阀50先开启,液压泵2先得到外控指令而工作并向换向阀③供油;当先导阀⑩手柄处于左面一挡位置时,起重机为高速起升工况,因为单向阀50、51同时使液压泵1、液压泵2得到外指令而工作,同时向阀⑥、③供油,为合流供油工作,故为高速起升工况。同理,低速下降和快速下降工况也一样,只是先导阀⑩手柄推压在右面的一挡或二挡位置上的不同而已。

液压泵1和液压泵2的供油压力由溢流阀39、38调定为21MPa。

合流供油时,由于换向阀⑥后动作,故在换向阀⑥的进油口设有单向阀,而换向阀③进油口设有单向阀,以防止来自液压泵2回路里的压力油倒灌。

平衡阀16在重物下落时,限制下落速度,防止超速下降。重物下落制动时,进、回油路均被切断,由于运动部位和油液的惯性作用,液压马达右侧油路受到很大的液压冲击,而在左侧油路却出现负压。平衡阀16内的过载阀起缓冲作用,防止液压冲击。油路中出现负压时,还可以通过换向阀⑥的N型滑阀机能进行补油,防止进油路出现真空。

另外,由于液压泵1、液压泵2的油路是闭式回路,所以背压阀33更重要的作用是维持主泵吸入回路有一定的压力,以提高泵的容积效率和自吸能力。回油路中还设有滤油器31,使回油净化。

起升机构的主、副卷扬都装有各自的离合器和制动器。离合器液压缸由控制液压泵4供油,并由离合器操纵阀17控制,以实现自由落钩。

制动器液压缸采用液压助力器43、44可进行液压、机械制动,保证制动性能良好。

回路中设有电磁阀22,当吊钩回绕时,电磁阀22通电,左位工作,先导操作控制油路中断,换向阀③、⑥回中位,液压马达停止工作,限制吊钩最大起升高度。

7.4.2.3 变幅机构液压回路(Hydraulic Circuits of Luffing Mechanism)

变幅机构由一个径向柱塞液压马达驱动变幅卷筒,使桁架臂俯仰而达到变幅的目的。液压泵2负责供油,可实现容积节流无级调整。

变幅液压马达不运转时,液压泵2来油经换向阀中位回油箱。换向阀④属于N型滑阀机能。

臂架起升时,先导阀⑧向左压下,单向阀54打开,控制油路向液压泵2发出工作外控指令,使液压泵2工作输出压力油。换向阀④左位工作,液压泵2来油通往液压马达,使液压马达旋转起重臂仰起。

同理,臂架下落时,只要将手柄向右压下即可。油路中设有液动梭阀24,在先导阀开启的同时,梭阀左/右位工作,使液压泵4来的控制压力油接通制动器液压缸,使制动器打开,液压马达旋转。先导阀回中位,梭阀也失去先导控制压力回中位,制动器液压控制缸压力油回油箱,制动器在弹簧作用下制动,液压马达停止转动。

油路中平衡阀8的作用与起升油路中的作用相同。7起过载补油作用。

控制油路中电磁阀23工作原理与起升机构中电磁阀22相同,限制臂架最大仰角。

7.4.2.4 行走机构液压回路(Hydraulic Circuits of Travelling Mechanism)

本系统分左、右履带行走两部分。行走液压马达为内曲线径向柱塞式低速大矩马达。右行走液压马达12由液压泵2供油,左行走液压马达9由液压泵1供油。左、右行走是对称的,右行走液压马达12由先导阀⑩操作,换向阀⑦控制,左行走液压马达9由先导阀⑩操作,换向阀⑤控制。

下面以右行走机构为例,说明行走液压回路系统工作过程。

当液压马达不工作时,换向阀⑦处于中位,液压马达被锁紧。工作时可将先导阀⑩向左按下,控制油路接通。单向阀59、60打开向液压泵1发出控制指令,使液压泵1工作。在控制油压力作用下,换向阀⑦处于左位工作,使液压泵1来油通往液压马达右油路。此时高压油分成两路:一路使制动缓冲平衡阀14处于右位工作,液压马达旋转;另一路则使制动器阀13打开。当压力油升高到1.9~2.2MPa时,制动器阀处于右位,保持开启压力一定,不受工作油路负荷不同而产生的压力变化的影响。

制动缓冲平衡阀14,同11上部的缓冲补油阀,作用与变幅系统中相同。制动缓冲平衡阀14,当液压马达转速加快时,进油量会减少,压力降低,在回位弹簧作用下,阀芯向中位移动,结果部分切断回油路,从而提高液压马达回油压力,这样限制液压马达的“狂跑”。制动缓冲平衡阀中三位五通阀中的节流阀,其作用是使制动器阀10滞后打开,保证一定的启动力矩,还有使制动器阀10平稳打开的作用。单向阀防止在坡道上行驶时,在启动油压未建立之前油倒流,从而防止滑坡事故的发生。同时中位两个单向阀也有锁闭行走机构的作用。

行走转向时,改变两先导阀手柄的不同开度,即向液压泵1、液压泵2发出的指令不同,从而液压泵1、液压泵2的流量不同,达到转向的目的。

换向阀⑤是 Y 型机能,为液压马达制动时提供补油。

左行走液压马达的操作也同理。

回转机构由径向柱塞液压马达 5 驱动,液压泵 3 供油。系统调定工作压力为 18.5MPa。

为使回转制动良好,本系统除采用液压制动外,还有机械锁定装置,液压缸由先导阀⑧操作,控制液压泵 4 供操作油。液压制动器是盘形制动器。当先导阀⑧手柄压下时,使制动器制动;手柄同中位时,制动器松开。

回转液压马达由先导阀⑨操作、换向阀②控制,其工作原理同其他机构相同。

回转制动时会有一定的液压冲击。换向阀②换到中位,因换向阀②中位是 Y 型机能,所以能起缓冲补油作用。为了加强制动时的真空补油效果,在回路内还设有 2 个单向阀。

7.4.2.5 减压阀式先导阀操纵控制回路(Pilot Valve Operating Control Circuit of Pressure Reducing Valve)

此回路由液压泵 4 供油。其主要功用是负责向手动减压阀式先导阀、起升液压助力器、液压离合器的液压缸、蓄能器、变幅制动液压缸和回转制动液压缸的供油。

控制系统中设有滤清器 26,起净化液压油的作用,保证各调节阀性能稳定,工作可靠。

溢流阀 40 限制控制油路的最高压力。单向阀 63 中保持蓄能器压力和单向供油用。

蓄能器 41 保证制动器、离合器有足够的稳定压力。单向阀 62 防止制动对离合器干扰,保证离合器工作压力。

另外,在系统的回油路上还设置了冷却器 21,因为 KH10 是多功能起重机,当作为挖掘机使用时,其回转工况频繁,所以能量消耗较多,油温升高也较快,所以冷却器设置在回油路上是较合理的。

第三,卷筒液压马达 49 也是由液压泵 3 供油,用换向阀①控制。换向阀①与换向阀②在换向阀组 20 内以串并联方式组合。回路中平衡阀 48 起限速和缓冲补油作用。第三卷筒制动器 47 由梭阀 46 控制,实现制动与松闸。

小 结

本章介绍了典型起重机械的液压系统,重点分析了每个液压系统的组成、工作原理和特点;指出各类起重机械液压系统的功能、复杂程度虽然有所不同,但均有一个共同点,即每个液压系统均是由回路构成的;强调正确理解液压基础知识和基本原理的重要意义在于运用这些知识分析和解决起重机械的实际工程问题;为起重机械液压系统的分析、设计和工程运用打下必要的基础。

习 题

(1)汽车起重机液压系统主要包括哪几个基本回路?各有什么特点?

(2)图 7-9 所示 Q2-8 型汽车起重机的液压系统由哪几个回路组成?如何实现重物的移动?

(3)请分析 QY16 型汽车起重机与 Q2-8 型汽车起重机相比,有何异同点?

(4)请分析 QY65 型汽车起重机液压系统上车/下车液压系统由哪些回路组成?各自能

实现哪些功用？

(5)图7-18所示为浦沅QY16型汽车起重机液压系统图，请分析该液压系统主要包括哪几个回路？能够实现哪些功能？

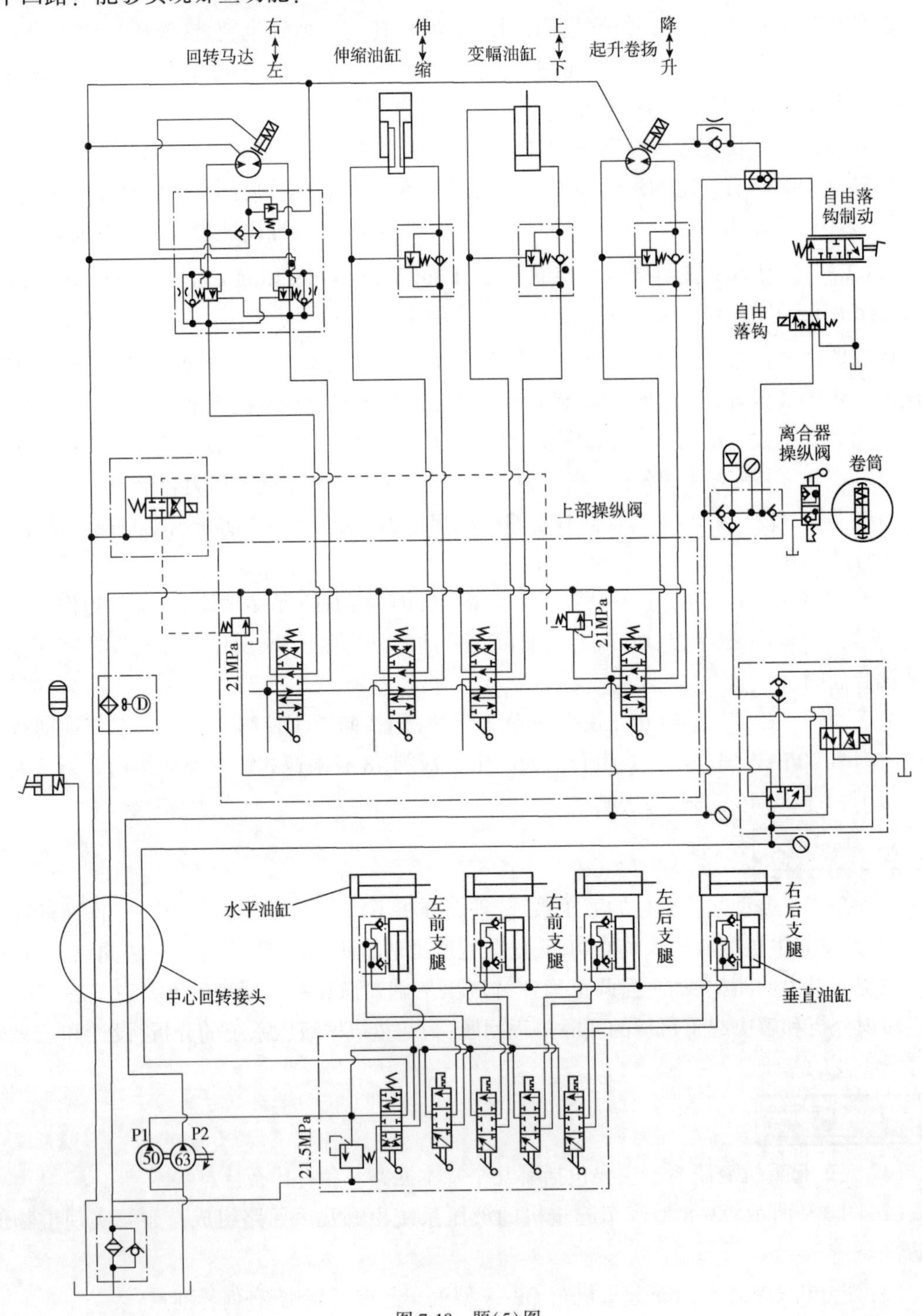

图7-18 题(5)图

第8章 养护机械液压系统

The Hydraulic System of Maintenance Machinery

学习目的和要求

(1)正确理解典型养护机械液压系统的组成、工作原理和特点;

(2)掌握养护机械液压系统中各个基本回路的原理和控制方法;

(3)学会对养护机械液压系统做出综合分析,归纳总结整个液压系统的特点。

学习指南

(1)主要内容:主要讲述常见的养护机械如沥青稀浆封层摊铺机、路面铣刨机、粉料撒布机、清扫车等液压系统的组成、工作原理、特点及其功能。结合液压基本知识和基本原理,分析了养护机械液压系统的基本回路。

(2)重点:正确分析典型养护机械液压系统的工作原理和特点。

(3)难点:掌握根据养护机械的作业工况特点,正确分析及合理设计其液压系统的知识和方法。

(4)关键术语:稀浆封层摊铺机、路面铣刨机、粉料撒布机、清扫车、液压系统。

本章要点

(1)稀浆封层摊铺机是一种制备乳化沥青糊状混合料,并将其均匀地摊铺在路面上的摊铺作业机械。液压系统是稀浆封层机的工作机构的动力传递系统,典型稀浆封层摊铺机的液压系统主要由搅拌液压系统、螺旋布料液压系统、辅助液压系统等组成。

Slurry seal pavers are a kind of machines which prepare emulsified asphalt paste mixture, and then make it evenly paving on the road. Their hydraulic systems are power transmission systems of working mechanisms which are mainly composed of mixing hydraulic circuits, spirally spreading hydraulic circuits, assisting hydraulic circuits and so on.

(2)路面铣刨机是一种利用装满小块铣刀的铣刨鼓旋转对路面进行铣刨的一种高效率的路面修复机械。液压式路面铣刨机结构紧凑、操作轻便、机动灵活。

Pavement milling machines are a kind of high efficient road repair machines which shave road surfaces using rotate milling drums with small milling cutters. Hydraulic pavement milling machines are compact structure, light operation, flexible maneuvering.

(3)粉料撒布机是修筑高等级公路、城市道路、停车场、机场和广场的基层与底基层的专用机械。其液压系统包括液压泵、液压缸、液压马达、液压阀、管道及其接头、液压油箱等。

A powder spreader is a special machine for building high-grade highway, city road, parking lot, airport, and square base and subgrade whose main components are hydraulic pump, all kinds of control valve, connection pipe, and hydraulic oil tanks, etc.

【导入案例】

路面铣刨机工作装置液压系统

路面铣刨机是沥青路面养护施工机械的主要机种之一,主要用于清除公路、城市道路面层病害或沥青路面面层的整体铣刨作业。随着高速公路大修期的到来和公路交通行业以及城市管理部门对现代化养护方式的认识,对路面铣刨机的需求将会逐年增加,并且会以很快的速度增加。路面铣刨机外观如图 8-1 所示。

图 8-1 路面铣刨机外观图

1-皮带输料系统;2-电控系统;3-遮阳棚;4-动力系统;5-机架总成;6-液压系统;
7-铣刨系统;8-洒水系统;9-行走及转向系统

根据铣刨过程中是否需要加热,路面铣刨机可分为冷铣式和热铣式两种。冷铣式路面铣刨机配置功率较大,铣削料粒度均匀,产品宽度已系列化。热铣式路面铣刨机需要增加加热装置,主要用于路面再生作业。按铣削转子的旋转方向,路面铣刨机可分为顺铣式和逆铣式两种。根据铣刨转子的传动方式,路面铣刨机可分为机械链条式、机械皮带式和液压式三类。机械式路面铣刨机工作可靠、维修方便、传动效率高、制造成本低,但其结构复杂、操作不轻便;液压式路面铣刨机结构紧凑、操作轻便、机动灵活。

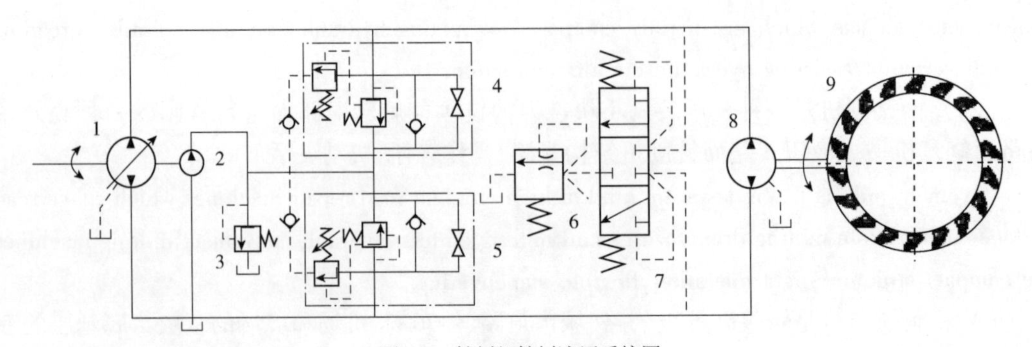

图 8-2 铣刨机铣刨液压系统图

铣刨机铣刨液压系统如图8-2所示。铣刨机的鼓轴由液压马达8驱动,发动机动力通过分动箱驱动其液压泵1,将压力油送往其液压马达8实现转动。铣刨鼓9形似一把圆柱形卧式铣刀,由鼓轴、半圆刀具座瓦和刀具组成。变量泵1的方向由手动换向阀控制,但只允许铣刨鼓与行走轮的旋向相反形成逆铣,这样铣削力大,铣削效果好。液压马达8上设有双向缓冲卸荷装置4、5防止系统过载,变量泵具有随阻力增加而自动减少压力油流量的作用,从而可减小切削速度功能,保证铣刨正常作业。

问 题:

(1)路面铣刨机可以完成哪些工作?

(2)铣刨液压系统如何驱动铣刨鼓进行铣刨?

(3)铣刨作业过程中,如何控制切削速度,保证正常作业?

养护机械是保养维护现有公路的机械,也称之为公路养护机械。公路养护中的大中修及技术改造工程,一般采用筑路机械。而公路的日常小修保养工程,则采用一些特殊的专用机械。所以养护机械是筑路机械与一些特殊专用机械的结合体,因此它的适应性也较为广泛,如表8-1所示。

养护机械的分类 表8-1

分　类	特　点	用　途
路面养护机械	专用性强	主要用于日常保养维修
路面维修机械	专用+通用	主要用于维修
交通工程机械	专用	主要用于高空作业,清障、检测
路边绿化机械	小型、轻便	主要用于公路割草与绿化

公路事业的发展对人民生活和现代化建设起着举足轻重的作用,在一些发达国家,为了发展经济的需要,率先实现了公路业的现代化,世界各国已形成共识。形成了较为完整的公路网,特别是大力修建的高速公路,为通行能力的提高,起着巨大的作用。为了保持公路的良好状况,充分发挥公路设施的功能,世界发达国家每年都拨出巨款用于公路维修养护。如美国每年用于公路养护费达150亿美元。公路养护维修要适应公路运输业的需要,只有实现公路养护的机械化,才能保证运力和通行力的不降低。发达国家在不断加强公路养护部门的物质基础和技术力量的同时,购置了大量的养护机械设备,所用的资金要占养护费的20%以上。

我国的公路业,近期以来已得到了长足的发展,随着我国高等级公路的发展,公路技术等级不断提高,交通量日益增加,对公路养护的要求越来越高。实现养护机械化是公路养护现代化的必由之路,已成为人们的共识。如在安徽已建成50个具有一定规模的机械化养护工区,形成了高效、快捷的养护作业队伍。

国外公路养护机械类型繁多,主要归纳为日常养护机械,大中修机械和再生机械。日常养护机械主要由扫地机、洒水车、排障车、除雪机、剪草机等组成;大中修机械主要由压路机、摊铺机、搅拌机等筑路机械组成;再生机械主要是指旧路面材料回收利用的设备。

近年来国外日常养护机械已走向成熟,质量可靠,并配套形成系列化。现重点放在路面修复的再生利用方面,其目的是降低养护成本。回收利用旧路面材料有两种基本方法:一是将旧料回收到材料加工厂进行处理后,再用于铺筑路面,此法在德国和美国普遍使用;二是就地回收利用,这最适合于大面积翻修作业。国外厂商着重发展大型组合式的就地回收利用路面旧料的机械。这种机械是按照再生工艺,将各种作业机械结合在一起,从原路面的铣削,旧料回收加工,掺拌新料到摊铺、压实成型一次完成。这种大型再生机械有较好的效益,生产效率高,虽然机型大,价格昂贵,还是受到欢迎,在加拿大已广泛使用。

与此同时,美国的CMI公司和德国的维亚特根公司开发的路面整平机、路面加热机和路面稀浆封层机等设备,为维修路面、减轻养护工人的劳动强度、旧材料利用、提高路面维修质量、推动养护技术进步都起到了积极作用。特别是稀浆封层机为消除沥青路面早期病害,防止损坏,提高沥青路面的防水、防滑、平整度,耐磨性能等提供了先进的路面维修方法。

近20多年来,我国交通系统的一些科研单位、生产厂家、公路部门和高等院校研制了许多种养护机械,为我国养护机械的进一步发展打下了基础。他们的主要产品已系列化,诸如清扫车、清洗机、排障车、封层机、路面再生机等。

但是我国公路养护机械仍然较落后,与发达国家相比有很大的差距,还不能适应公路发展的需要,主要表现在以下方面:

(1)重建轻养,观念跟不上,管理跟不上。

(2)机械品种类型不全,现还有一些养护机械处于空白,或没有定型批量生产,制约了养路机械化的实现。特别是组合式路面再生机械、桥涵养护机械等待开发研制。

(3)生产量少,与公路养护的实际需要相差很大,没有形成专业化的批量生产。

(4)技术水平低,在养护机械结构设计、制造工艺、零部件供应、使用管理等方面都存在技术水平低的问题,致使养护机械可靠性差,故障多,效率低,寿命短,成本高,严重影响了养护机械的发展。

随着我国公路等级的提高,交通量的增加,车速的加快,载重量的加大,使得对公路养护的要求越来越高。因此,养护机械与筑路机械一样,必将朝着技术先进,生产效率高的方向发展。就技术先进来讲,养护机械应不断应用机、电、液一体化的高新技术,同时还可引入电脑,高灵敏传感器,红外线,激光等先进技术,使之朝着自动化方向发展;就生产效率来讲,养护机械应朝着多样化、系列化、成套化,大型与小型两极化方向发展。

8.1 乳化沥青稀浆封层摊铺机液压系统

(Hydraulic Systems of Slurry Seal Emulsified Asphalt Paver)

无论沥青路面或水泥路面,由于长时间承受车辆行驶载荷挤压、摩擦作用,路面会不断磨损,另外,由于季节和气候的不断变化,路面还会受到自然气候的侵蚀和破坏,出现局部裂纹、软化、老化、松散、光滑等病害,从而导致路面质量下降、路况不断恶化,直接影响行车速度,降低交通流量,增加油耗,甚至危及行车安全。

应用乳化沥青稀浆混合料对路面进行表面处治,形成一层路面磨耗层和防水层,可预防路面病害,延长路面使用寿命。稀浆封层还可修复早期病害,防止病害扩大。

稀浆封层摊铺机是一种制备乳化沥青糊状混合料,并将其均匀地摊铺在路面上的摊铺作业机械。乳化沥青稀浆是一种由骨料、乳化沥青、填料和水按一定比例拌制而成的具有流动性的混合料。乳化沥青是一种结合料,因而混合料具有乳化沥青的特性,可在常温下配制和摊铺。乳化沥青稀浆混合料从拌制到施工,需经过乳液与骨料的裹覆、破乳、析水和固化等过程,从而形成均匀而坚固的耐磨薄层,其铺层厚度通常为3~10mm。

由于乳化沥青稀浆混合料可在5℃以上气温条件下正常摊铺封层作业,且具有较好的流动性,故在常温下不需任何加温即可制备和填补路面裂缝,并能与旧路面牢固黏结,形成有一定粗糙度的、致密平整的防水防滑耐磨保护层。

乳化沥青稀浆封层技术是一种先进的路面养护技术,节约能源,成本低、不污染环境,社会和经济效益明显,近年在国内外已得到迅速发展。

研究和改进乳化沥青稀浆封层机的拌和工艺,提高拌和机的拌和能力和拌和效率,同时更新摊铺箱结构,提高稀浆混合料的摊铺均匀性,是乳化沥青稀浆封层摊铺机今后发展的方向。

实践证明,应用聚合物改性沥青拌制成聚合物改性稀浆混合料,可以改善沥青的耐候性、耐磨性,提高路面的韧性,最适合高等级公路路面封层和修复填补车辙沟槽、愈合裂缝,防止产生路面推移等病害。改性稀浆封层技术的发展与应用,促进了乳化沥青稀浆封层摊铺机的发展和现代化,有效地提高了路面的养护质量。

8.1.1 稀浆封层摊铺机液压回路(Hydraulic Circuits of Slurry Seal Emulsified Asphalt Paver)

20世纪90年代初期,徐工集团公司引进了德国WEISIG公司20世纪80年代初期技术水平的稀浆封层机;2001年,北方交通公司仿制德国BERINING公司20世纪80年代初期产品S-Hy8000稀浆封层机的PM8进入市场;2002年,西安筑路机械有限公司设计生产的我国第一台具有独立自主知识产权的MS9稀浆封层机进入市场。

稀浆封层的基本原理是:各种原料如水、乳化沥青、添加剂、骨料、矿物细料等能够按一定比例充分搅拌混合,并且在很短的时间内能够摊铺至路面并尽快开放交通。稀浆封层机都由以下几个组成部分:水箱、乳化沥青箱、添加剂罐、骨料仓、矿物细料仓、皮带输送机、搅拌箱和摊铺箱并配有动力系统和控制系统以及行驶系统。

其工作的流程是:骨料通过输送机、矿物细料通过螺旋输料装置进入搅拌箱;水、乳化沥青、添加剂等通过泵或者是压缩空气压入进入搅拌箱,所有原料通过搅拌箱进行充分拌和成为稀浆混合料,拌和时间在4~6s,稀浆混合料流入摊铺箱,摊铺箱在稀浆封层机牵引下把混合料摊铺至待养护路面。其厚度主要取决于骨料的级配和最大骨料粒径,一般情况下为最大骨料粒径的0.8~1.2倍,同时也与使用的石料级配、乳化沥青的品种、添加剂的成分、摊铺装置的结构、稀浆的稠度等因素有关;各种不同工艺的厚度也不同,普通稀浆封层5mm左右、改性稀浆封层9mm左右、改性乳化沥青稀浆封层和微表处1.2~1.5mm、车辙填补20mm左右;施工速度大概在1.6km/h。稀浆封层摊铺机的简单构成如图8-3所示。

8.1.1.1 稀浆封层摊铺机的构成(Structure of Shurry Seal Enulsified Asphalt Paver)

(1)底盘系统

底盘的作用为承载、行走、并且提供一些其他的功能,如气路、热水回路等。主要组成部分:汽车载重底盘(重26~32t)、副车架及连接装置、安全保护设施。

(2)工作发动机及附件

工作发动机要求能够给整机系统提供足够大的动力储备。主要组成部分:发动机、底座及减震装置、飞轮连接及动力输出装置、启动电机和发电机。

(3)电气系统

电器系统的先进与否直接代表了稀浆封层机的技术水平。主要组成部分:主令控制器为按钮或操作开关、CPU处理器或继电器、保险装置、信号和照明灯、电瓶、接线端子和电缆。

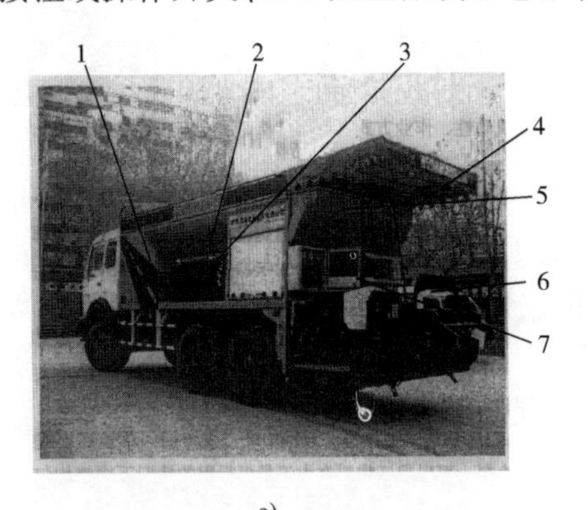

a)

1-乳化沥青箱; 2-滑料仓; 3-液压油箱; 4-矿物细料仓; 5-纤维料仓; 6-搅拌器; 7-操作台

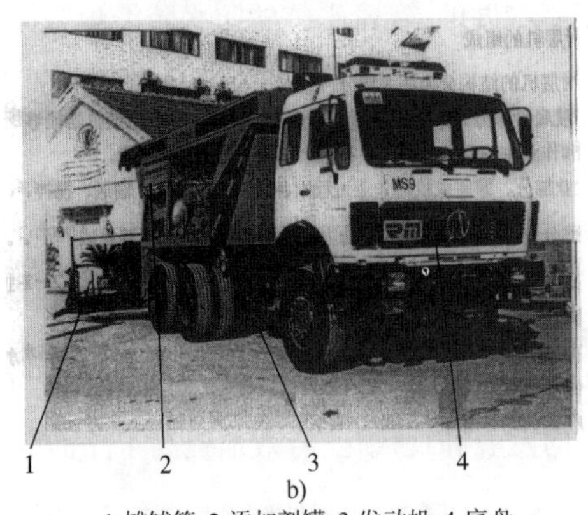

b)

1-摊铺箱; 2-添加剂罐; 3-发动机; 4-底盘

图 8-3 稀浆封层机结构示意图

(4)液压系统

液压系统是每一台稀浆封层机工作机构的动力传递系统,有的稀浆封层机也采用高压气输送液体材料。主要组成部分:液压泵、各类控制阀、连接管路、液压油及油箱、液压油冷却器、工作机构的驱动马达和执行液压缸、进出油滤器等。

(5)乳化沥青系统

乳化沥青系统主要组成部分:乳化沥青箱、过滤器、乳化沥青泵及加热回路、计量装置、三通阀、标定管路、自加载循环管路、搅拌箱进油管路。

(6)水系统

水系统也是稀浆封层机不可缺少的部分,水的用途主要有调节浆的稀稠度、路面喷水、高低压清洗。需要控制进入搅拌箱的水的流量,需要调节清洗用水的压力。水系统的主要组成部分:水箱、过滤器、水泵、手动阀门、控制阀门、计量装置、搅拌箱进水管路、地面喷水装置和管路、低压水清洗装置和管路、乳化沥青管道及搅拌箱清洗管路、高压水泵及清洗装置、自加载管路。

(7)添加剂系统

该系统用来添加一些外加剂,以调节改变乳化沥青的破乳时间,适应外界环境的变化;主要组成部分:添加剂罐、过滤器、泵、调节阀、计量装置、添加管路、标定管路、自加载管路。

(8)皮带输送机

皮带输送机用于稀浆封层机对骨料的输送,主要组成部分:机架及连接装置,上下托辊、驱动滚筒、改向滚筒、张紧装置、环形皮带、减速机等。

(9)骨料仓

骨料仓用来存储级配骨料,要求容积足够大,能满足施工过程的需要,并且,料仓侧壁要有一定的倾斜度如42°~45°,保证料仓中的骨料能够顺利下落到输送机皮带上;料门调节装置用来调节出料量;为了防止骨料的悬空,增加振动破拱装置。主要组成部分:料仓、破拱装置、料门调节装置。

(10)配比系统

该系统保证各原料能够按一定的比例进入搅拌箱,有机械式、液压式、机液复合式。MS9的配比系统工作原理为:液压马达驱动离合器轴,离合器轴带动骨料输送带、乳化沥青泵、添加剂和细料纤维送料器的液压泵;采用两个电控离合器以控制乳化沥青泵、骨料输送带、添加剂和细料纤维送料器的液压泵的启停;所有原料供给以这种方式结合在一起,在操作中无需改变混合物配比就可以改变稀浆产量。

(11)搅拌装置

搅拌装置保证了稀浆混合料的充分混合,要求该系统搅拌轴有足够高的转速,能在4~6s的时间内拌和混合料并且把混合料送入摊铺系统中,搅拌叶片要求用耐磨金属材料制成。该装置是稀浆封层发展过程中变化比较明显的一个地方,最早的搅拌箱是单轴螺旋叶片式,拌和能力差,拌和效率低,只能做慢裂慢凝的稀浆封层;后来发展为双轴搅拌形式,在此基础上出现了双轴搅拌叶片式搅拌箱,拌和能力强,效率也高,满足了改性稀浆封层发展的要求。

(12)泥、纤维、液体染料添加系统

随着稀浆封层技术的发展,为了改善稀浆封层混合料的成浆性和提高改性稀浆封层稀浆的和易性、摊铺层的强度,实现调节破乳时间、摊铺彩色稀浆封层设计了该系统。该系统由料仓、螺旋输料器和计量部分组成。

(13)摊铺箱

摊铺箱是所有稀浆封层机获得优质稀浆封层的一个非常重要的部件,所有原料经整机精确配比拌和成浆后,稀浆混合料最终由摊铺箱完成摊铺。摊铺箱对每一台稀浆封层机来说有两大作用:存储混合料,把混合料均匀地摊铺至养护的路面。从结构形式上可以分为无搅拌轴摊铺箱、双搅拌轴摊铺箱甚至三轴摊铺箱。

稀浆封层机的液压控制系统较为复杂,主要有几个部分:搅拌系统工作回路、螺旋布料器工作回路、添加剂控制回路、辅助系统控制。所以液压控制系统控制这机器的所有动作,因此,液压系统设计的合理与否关系到整机能否按照工作要求正常运转,同时也要尽可能满足多种施工工况的需要。

8.1.1.2 稀浆封层机的液压系统(Hydraulic System of Slurry Seal Emusified Asphalt Paver)

(1)搅拌液压系统

搅拌系统主要完成的工作是:控制搅拌箱水泵马达在进行物料的搅拌时,及时供水和控制皮带输送机的驱动马达输送物料。另外,设计一个高压清洗回路,在工作完毕后,对摊铺箱进行高压清洗,保持摊铺箱清洁。

液压系统驱动主要设计参数是搅拌箱的搅拌速度,按级配要求的供水速度。按照上述功能设计的液压控制原理如图8-4所示。

这部分的动力源是发动机自带的液压泵p1,采用两路互锁的方法用手动换向阀在两个回路即搅拌箱水泵马达工作回路和高压清洗回路之间切换,两者互锁。采用节流阀和溢流阀控制油路流量,溢流阀还起安全保护作用。为使搅拌箱水泵马达M3正常工作,特别采用节流阀控制它的进油口压力。

当三位六通阀位于上位时,来自泵 1 的油液通过换向阀、离合器轴马达 M1、节流阀、搅拌箱水泵马达形成工作回路,高压清洗马达 M2 被单向阀锁住。此时,搅拌箱水泵马达 M3 供水,系统工作。

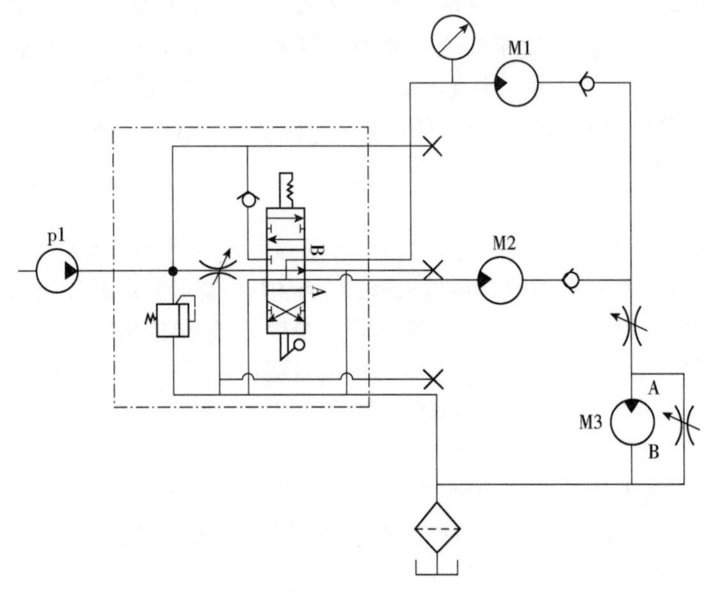

图 8-4　稀浆封层机搅拌液压系统原理图

当三位六通阀位于下位时,泵 1 通过换向阀与高压清洗系统马达 M2 连成回路,同时离合器轴马达 M1 受到单向阀的单向锁紧,此时对系统进行高压清洗。

当三位六通阀位于中位时,系统卸荷,油液回油箱,系统不工作。

(2)螺旋布料液压系统

螺旋布料器液压控制系统是控制摊铺箱工作的回路,主要动作是:双螺旋结构的旋转摊铺运动和旋转伸缩运动。双螺旋的旋转是靠两组旋转方向始终相反的液压马达实现,这使得物料在搅拌箱内呈环形流动状态,得到更好的搅拌。

双螺旋的伸缩运动由四个液压缸实现,关键之处在于伸缩运动是以双螺旋的旋转运动为前提条件的,也就是说:双螺旋液压无机伸缩装置的运动是边旋转边伸缩,要伸缩臂有旋转,但有旋转时未必要伸缩。其工作回路如图 8-5 所示。其中,左右伸缩换向阀完成对螺旋布料器旋转的控制,V5 控制其液压油流量。左右伸缩换向阀完成对液压缸的伸缩控制。这部分的动力仍然是发动机自带的液压马达。

(3)辅助液压系统

辅助系统主要是完成稀浆封层机的一些辅助运动,系统回路液压原理图如图 8-6 所示。图中有六个液压缸,它们分别完成辅助回路要完成的工作如下所述:

①换向阀 V4 用来控制搅拌箱盖板提升液压缸 C1:

当 V4 中位时,液压缸卸荷,C1 不工作;

当 V4 位于上位时,液压缸向外运动,盖板开启;

当 V4 位于下位时,液压缸回收同时盖板闭合;

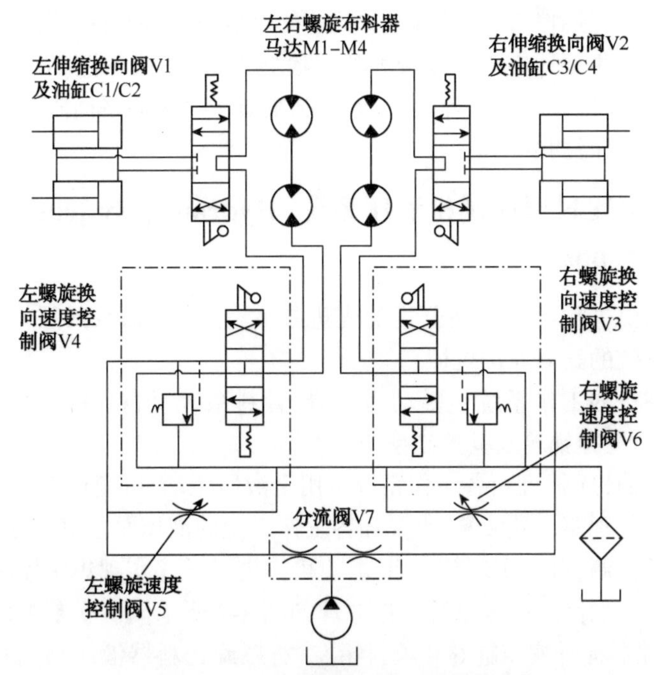

图 8-5 稀浆封层机螺旋布料液压系统原理图

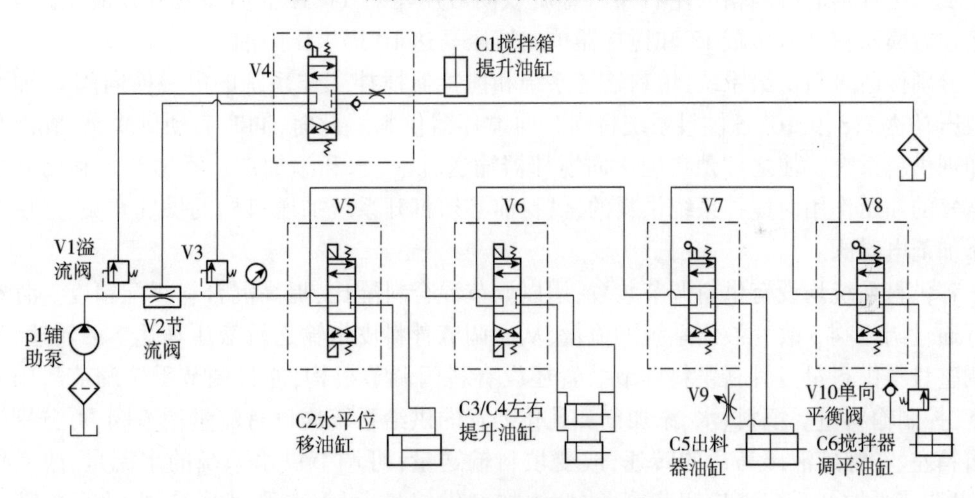

图 8-6 稀浆封层机辅助液压系统原理图

当 V4 组合阀中的节流阀可调节液压缸的流量保证其正常工作。

②水平移位速度控制换向阀 V5 控制水平移位液压缸 C2 的动作：

当 V5 中位时，液压缸卸荷，C2 不工作；

当 V5 位于上位时，液压缸收回向一方移动，摊铺箱此时可以随之移动调整水平位置；

当 V5 位于下位时，液压缸向相反方向移动，摊铺箱亦随之移动。

③以此类推，提升换向阀 V6 控制左右提升液压缸 C3/C4 的工作。此动作使得稀浆封层机行走时摊铺箱抬起离开地面。

④出料器换向阀 V7 控制出料器液压缸 C5 工作。由于出料有严格的控制，所以此回路配有速度调节装置，V9 正是速度控制节流阀，保证按照百分比出料。

⑤换向阀 V8 控制搅拌箱调平液压缸 C6,这样可以及时调整搅拌箱的位置,调节范围为±5°。施工适应性强,主要适应于坡度较大的路段施工,以解决因路面坡度导致搅拌箱不处于水平位置,搅拌时间过长或过短等问题,保证制浆质量。单向平衡阀 V10 在工作过程中确保液压缸平稳工作,适时调节流量。

8.1.2 典型稀浆封层摊铺机液压系统(Hydraulic System of Typical Slurry Seal Emulsified Asphalt Paver)

徐工集团公司引进德国韦西格公司的先进技术,生产的稀浆封层摊铺机,技术性能先进,是一种经济、有效的路面养护机械。

稀浆封层摊铺机的工作系统包括动力装置、骨料系统、填料系统、供水系统、添加剂系统、乳液系统、搅拌器、摊铺箱及其控制系统。

动力装置为柴油机(辅机),各工作系统采用全液压驱动,可实现多泵并联配合作业。

作业柴油机可分别驱动乳液泵、水泵和各工作系统的液压泵。乳液泵、水泵和液压泵均采用电器旋钮开关控制,可以实现单独启动,也可按电子顺序实现集中控制。

稀浆封层摊铺机的液压控制系统工作原理如图 8-7 所示。三联泵 1 可分别向搅拌器双向液压马达 8、搅拌器提升液压缸 6 和填料箱左、右螺旋送料器液压马达 9 提供压力油。双联泵 2 则可分别向摊铺箱的左右布料螺旋双向液压马达 11、摊铺箱左右升降液压缸 12、摊铺箱左右横向移动液压缸 13 和搅拌器单向液压马达 10 提供压力油。

分别接通骨料供给系统、填料输送系统和搅拌器搅拌工作系统的电磁换向阀 3,即可驱动液压马达 7,8,9,10,各供料系统将同时向搅拌器供料。此时,同时启动供水泵、乳液泵和添加剂供料系统。使之按预定配比向搅拌器输送乳液、水和添加剂。添加剂是利用外接压缩空气的加压作用向搅拌系统供料的,供料前必须打开系统加压机构的供气开关,然后再开启添加剂电磁阀。

各供料系统均设有供料调节装置,用以调节混合料配比,提高混合料级配精度。骨料系统可通过调速阀 5 改变液压系统的流量,从而调节骨料皮带输送机液压马达 7 的转速,改变和调整骨料供料量。骨料供料调节装置还设有料门调节机构,通过调节手轮调节料门开启程度,控制输料量。填料、水、添加剂和乳化沥青的供给系统均设有流量调节阀,可分别调节填料箱左、右螺旋液压马达的转速,改变填料输送量;可调节供水系统的水流量,改变供水量;可调节添加剂系统流量调节阀,改变添加剂供给量;可调节乳液流量阀,改变乳液泵转速,控制乳液供给量。

搅拌器液压系统的调速阀 5 可调节搅拌器液压马达的转速和旋向,控制稀浆混合料的输出量。

稀浆封层摊铺机是一种现代化的改性稀浆封层机,既可用于普通稀浆封层,又可用于改性稀浆封层,修补车辙沟槽。

摊铺系统备有矩形路面封层摊铺箱(如图 8-8 所示),V 形车辙修补摊铺箱(如图 8-9 所示)两种结构形式的摊铺装置。

矩形路面封层摊铺箱内设有左、右 4 个螺旋分料器,可以提高稀浆混合料的布料速度和混合料摊铺的均匀性。

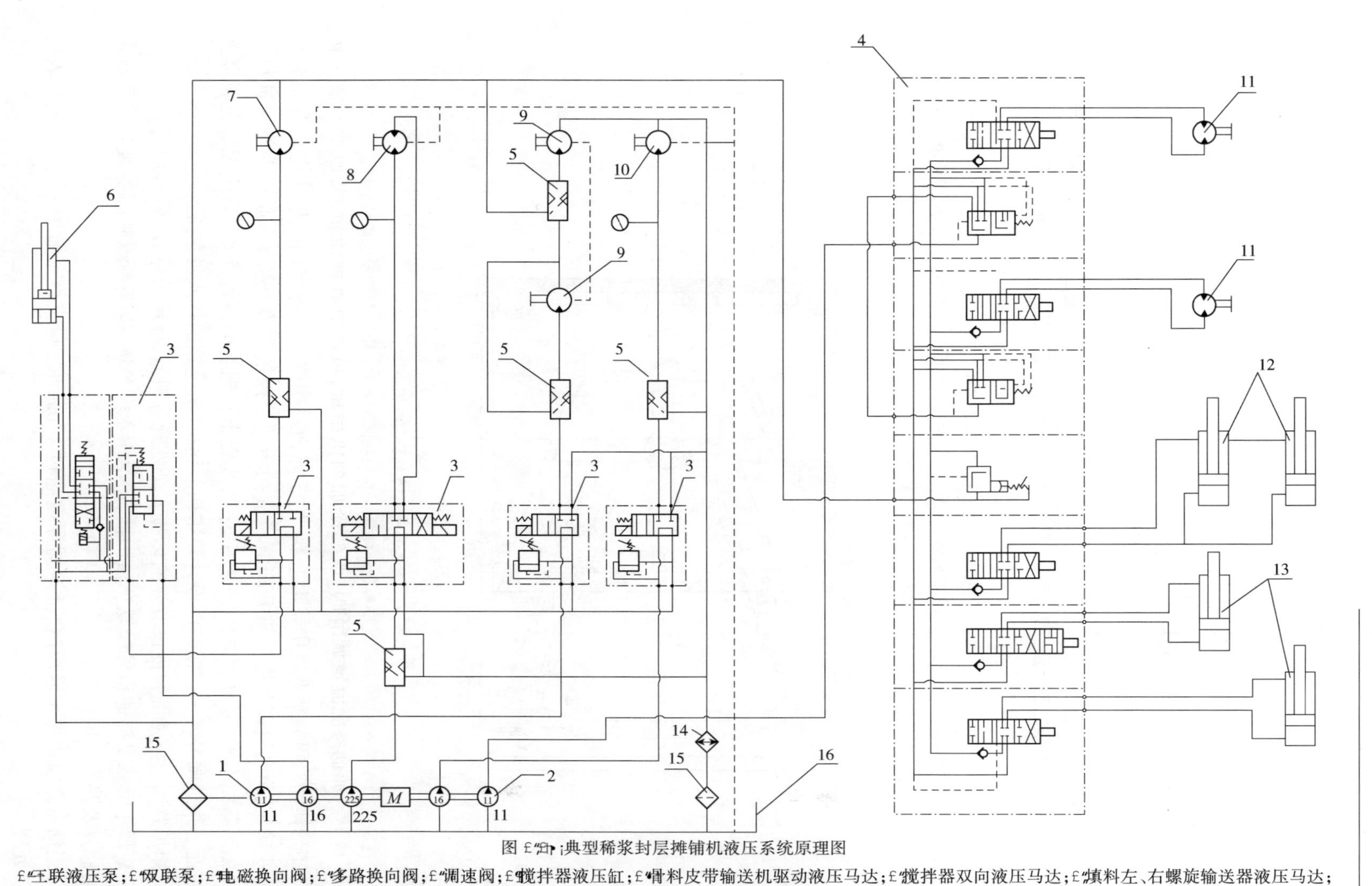

图 [illegible] 典型稀浆封层摊铺机液压系统原理图

1—三联液压泵；2—双联泵；3—电磁换向阀；4—多路换向阀；5—调速阀；6—搅拌器液压缸；7—骨料皮带输送机驱动液压马达；8—搅拌器双向液压马达；9—填料左、右螺旋输送器液压马达；10—搅拌器单向液压马达；11—摊铺箱左、右布料螺旋双向液压马达；12—摊铺箱升降液压缸；13—摊铺箱左、右横向移动液压缸；14—冷却器；15—滤油器；16—油箱

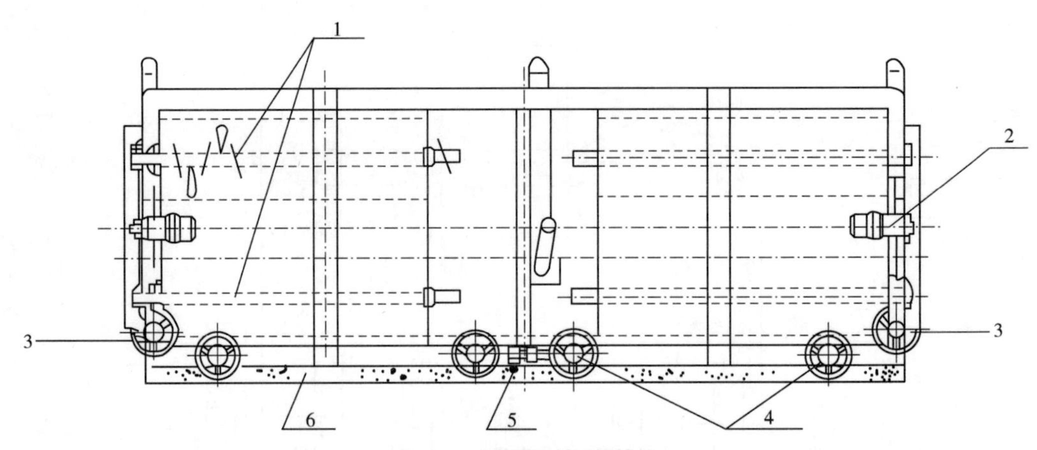

图 8-8 矩形路面封层摊铺箱

1-螺旋分料器;2-分料器液压马达;3-分料器螺旋离地高度调节手轮;4-摊铺厚度微调手轮;5-路拱调节器;6-摊铺箱框架

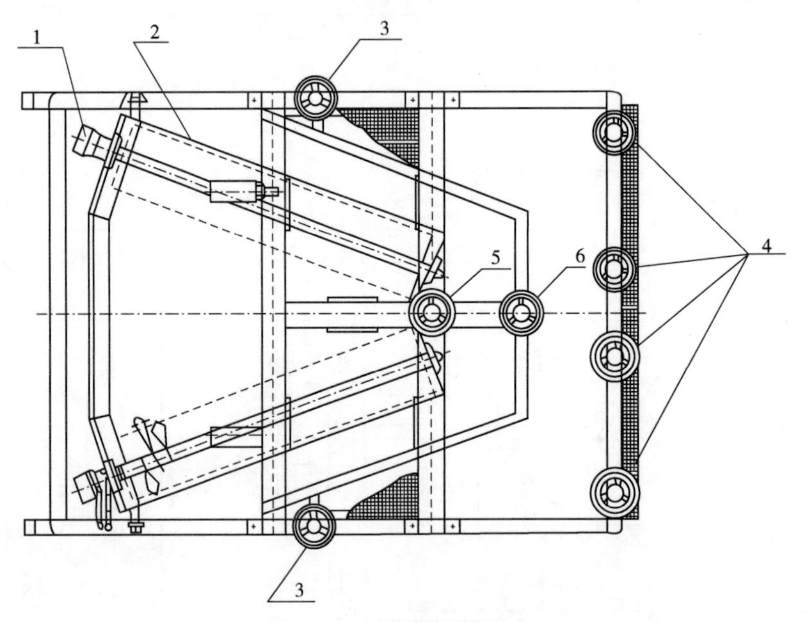

图 8-9 V 形车辙修复摊铺箱

1-V 形分料器液压马达;2-螺旋分料器;3、6-集料框架调节手轮;4-摊铺厚度微调手轮;
5-铺层厚度主要调节手轮

矩形摊铺箱可摊铺普通稀浆混合料,用于路面封层施工。封层的厚度主要由骨料粒径的大小决定,可通过调节摊铺箱升降液压缸初步调整摊铺厚度,然后再通过手轮 4 进行微调。如果路面不平,可通过调节左、右手轮 3,改变布料螺旋的离地高度,防止螺旋分料器碰撞地面。路拱调节器 5 可按路拱设计要求调节路拱,满足路面排水性能要求。

矩形路面封层摊铺箱内设有左右两排 4 个螺旋分料器,摊铺效率高,布料均匀。

V 形车辙修复摊铺箱可修复车辙沟槽,广泛用于停车场、机场跑道和高等级公路车辙沟槽的修复及路面封层。

当沥青路面出现车辙沟槽,且沟槽深度超过 17mm 时,则应将车辙填平,全面进行表面封层处理。

作业时,须将拌制的聚合物改性乳液稀浆混合料输入V形摊铺箱内,封层摊铺机应沿车辙沟槽方向进行摊铺。V形布置的两侧螺旋分料器具有布料收敛性,可将稀浆混合料集中填补在车辙沟槽之中。若沟槽过深,可在沟槽底部先填上粗骨料,然后再摊铺稀浆混合料。如果路面存在油包、裂缝、坑槽等病害,则应预先进行修补处理,然后再作表面封层。改性稀浆封层摊铺厚度具有较大可调性,最大封层厚度可达50mm。

铺层厚度主要由手轮5调节,也可通过集料框架手轮3,6进行调节,最后一排调节手轮9为摊铺箱框架调节手轮,可实现铺层厚度的微调。

改性稀浆封层摊铺机采用双轴强制式搅拌器,其搅拌生产率与多螺旋摊铺器相匹配,作业效率高,封层和养护质量好,所耗用的功率也比普通稀浆封层摊铺机要大得多。

8.2 路面铣刨机液压系统

(Hydraulic Systems of Milling Machines)

路面铣刨机是一种利用装满小块铣刀的滚筒—铣刨鼓旋转对路面进行铣刨的一种高效率的路面修复机械。用它来铣刨需要维修的破损路面,对沥青路面和水泥路面均适用。铣刨后形成整齐、平坦的铣刨面和齐直的铣刨边界,为重新铺设沥青混合料或混凝土创造条件。修复后新老铺层衔接良好、接缝平齐另外还可用于变形沥青路面的平整、路面切槽及混凝土路面拉毛等作业。采用路面铣刨机可以迅速地切除路面的各种病害,并且剥离均匀,不伤基础,易于重新铺筑;切下来的沥青混合料渣可以直接用于路面表层的铺设,如果这些料渣已低于要求,还可以与新的沥青加温拌和后,再重新铺筑高质量的面层。因此,这种路面施工设备不仅效率高,而且节约大量的原材料。

8.2.1 路面铣刨机的类型(Types of Milling Machine)

(1)热铣刨机

铣刨前先用液化气或丙烷气,或红外线燃烧器将路面加热,然后进行铣刨。这种铣刨方式切削阻力小,但消耗能量较大。热铣刨机多用于沥青路面养护及再生作业中。

(2)冷铣刨机

直接在旧路上或需要养护路段面上进行铣刨。冷铣刨机切削的料粒较均匀,适应性广,但切削刀齿磨损较快。冷铣刨机多用于铣削沥青路面隆起的油包及车辙等。是厂拌沥青再生设备的主要辅助机械。本章主要讲述冷铣刨机。

目前,冷铣刨机的发展特点是:为适应各种路面条件下的维修与养护,大中小型冷铣刨机规格齐全,各类机型铣削宽度变化范围为3000~4000mm,铣削深度变化范围为40~250mm。中小型一般为轮式,铣刨装置与后轴同轴线或其后,采用机械传动,料输送带后置为多,铣削深度只与后轮的行车状况有关,结构较简单,而大中型一般为履带全液压式,铣刨装置设在两轴之间。料输送带多为前置,便于操纵,装有自动调平装置及功率自动调节器,使铣削深度保持恒定及发动机处于高效状态。

冷铣刨机的结构如图8-1所示。铣刨机主要由动力系统、机架总成、铣刨系统、洒水系统、输料系统等组成。

8.2.2 铣刨机的液压系统(Hydraulic Systems of Milling Machines)

(1)传动液压系统

一般采用全液压式,其传动路线为发动机—分动箱—液压泵—液压马达—行走轮。其液压系统如图 8-10 所示。

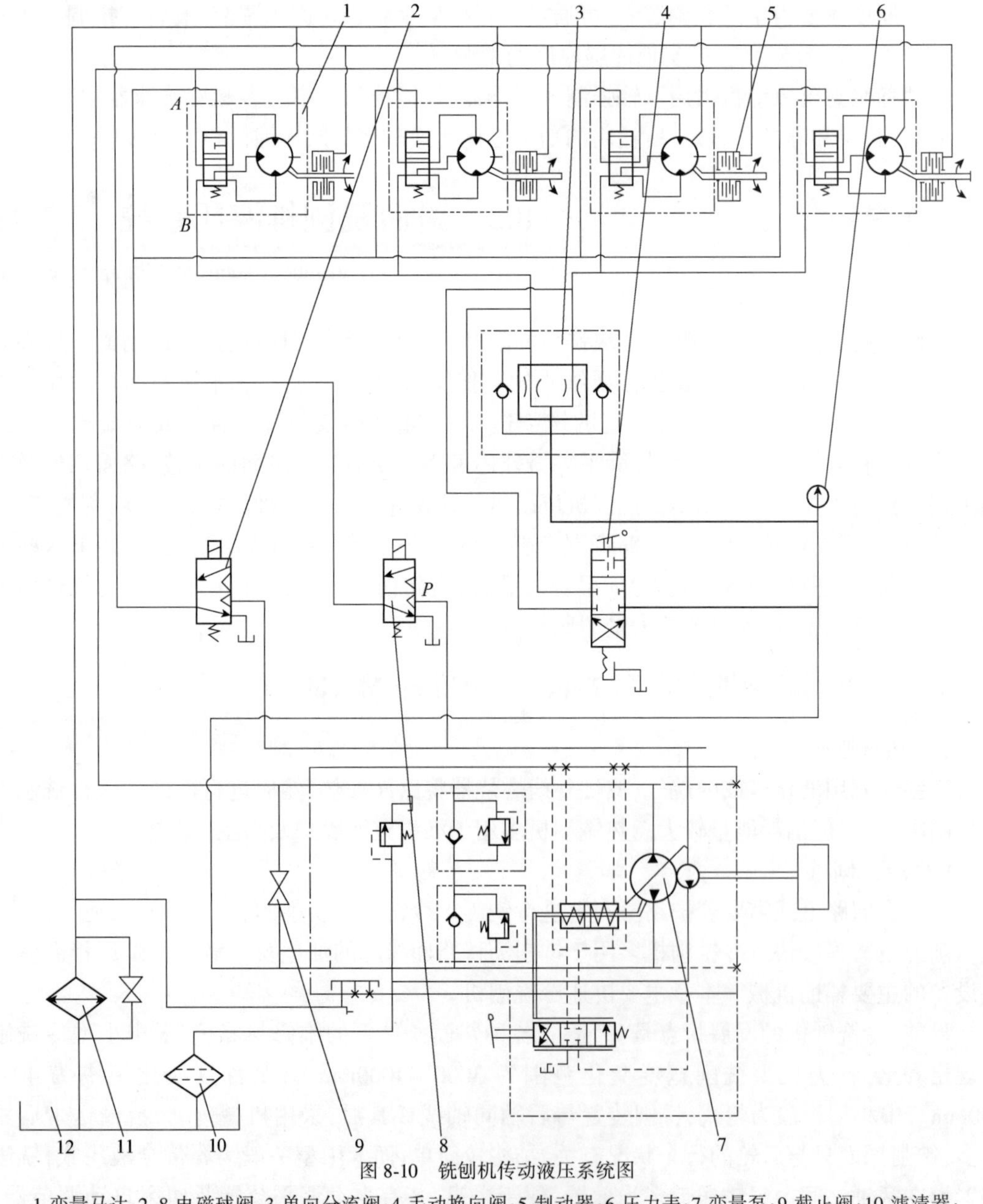

图 8-10 铣刨机传动液压系统图

1-变量马达;2、8-电磁球阀;3-单向分流阀;4-手动换向阀;5-制动器;6-压力表;7-变量泵;9-截止阀;10-滤清器;11-冷却器;12-油箱

变量泵 7 来油经手动换向阀 4、单向分流阀 3 进入行走轮,行走轮可同时实现双桥驱动,也可两轮驱动实现单桥驱动。电磁球阀 2 用于行走轮的液压制动控制,电磁球阀 8 用于变

量马达1的变量控制，它们的控制压力油来于小齿轮泵。变量泵7自带双向缓冲阀及手动换向阀，操纵手动换向阀可改变变量泵斜盘方向，从而改变进入行走轮上液压马达的油流方向，实现整机的前进、后退及停止。由于液压变量泵及变量马达的双变量作用，整机的前进及后退均是无级可调的。

(2)铣刨装置及其液压系统

铣刨装置由铣刨鼓、铣刨装置升降机构、铣刨深度控制装置等组成。

①铣刨鼓液压系统

铣刨鼓形似一把圆柱形卧式铣刀，由鼓轴、半圆刀具座瓦和刀具组成，如图8-11所示。刀具头部镶有硬质合金刀头，刀体圆柱部分打入座瓦上的插孔内，呈拨不出转得动状态，保证刀头磨损均匀、装拆方便。

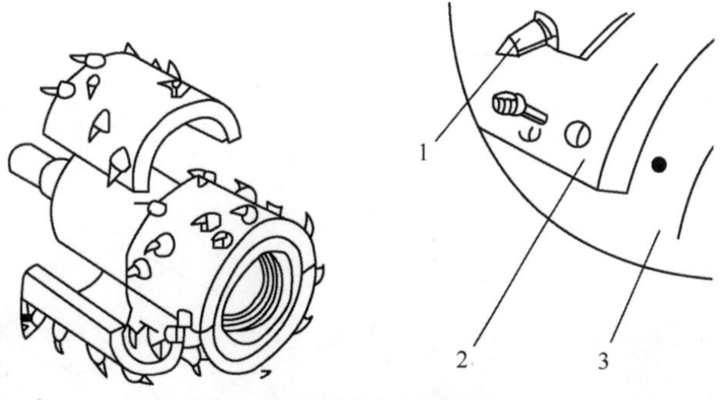

图8-11 铣刨鼓结构示意图

1-刀具；2-座瓦；3-鼓轴

铣刨机的鼓轴由液压马达驱动，发动机动力通过分动箱驱动其液压泵，将压力油送往其液压马达实现转动，其液压系统如图8-12所示。变量泵的方向由手动换向阀控制，但只允许铣刨鼓与行走轮的旋向相反形成逆铣，这样铣削力大，铣削效果好。液压马达上设有双向缓冲卸荷装置防止系统过载，变量泵具有随阻力增加而自动减少压力油流量的作用，从而可减小切削速度功能，保证铣刨正常作业，冷却泵将油箱中的油抽往冷却油池进行循环冷却，确保液压油温不致太高。

铣刨鼓上有数组刀具座瓦，卸下一组或几组，即可调整铣削宽度。铣削鼓上的刀具按左右螺旋线布置，既可使铣削力均匀分布，又能使铣落下的面料向中间集中，便于装运。刀具圆周线间距确保铣刨面平坦整齐，铣落料粒度适中。

刀具的选用是十分重要的，只有配用适合路面材质的切削刀具，才能发挥出机械的最佳效果。5F1300C型铣刨机有三种刀具可供选择。刀具的铣刨能力和焊在端部的碳化钨大小形状有关，粗大的尖端比薄细的尖端具有较大的切割和压入阻力，因此，对路面压实且坚硬的，则选用刀具的尖端要小；路面软而较松散的可选用较粗大的尖端刀具，这样虽会引起较大阻力，但经久耐用。各类型号的刀具，有相同的柄体，即刀具的尖端虽不同，但均可装入同一刀座内，这样更换方便。

②铣刨装置升降机构的液压系统

铣刨装置的升降机构的作用原理为：铣刨装置与车架固接，四个升降液压缸一端与车架固连，另一端分别与四个驱动轮轮架相连，前轮的两个升降液压缸串联，后轮的两个升降液压缸则为并联。液压缸动作液压系统作用原理如图8-13所示。当需升起铣刨装置时，从转向泵来油经多路换向阀下端通道进入升降液压缸的无杆腔，则活塞下移，顶起车架，铣刨装置上移升起，后轮两液压缸的并联动作相当于两点支撑车架，前轮两液压缸的串联动作确保两液压缸1升1降处于同一水平状态为一点支撑车架，使车架处于三点支撑随时随地为一平面状态，确保铣削深度不变。同样，下降时，液压缸有杆腔进油，活塞上移，车架与铣刨装置下降。设置节流阀控制下降速度，液压锁确保铣刨装置处于某一位置。

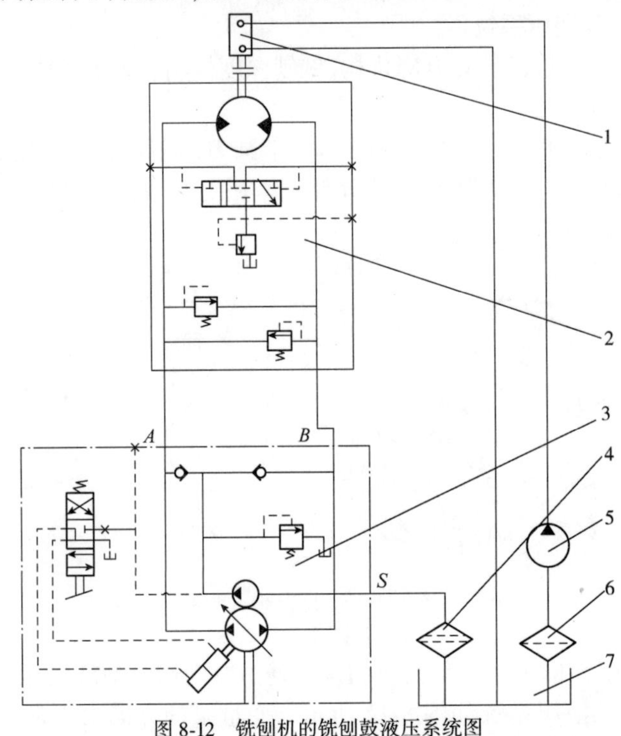

图 8-12　铣刨机的铣刨鼓液压系统图

1-冷却油池；2-液压马达；3-变量泵；4-精滤器；5-冷却液压泵；6-粗滤器；7-油箱

(3)深度自动控制装置

铣刨机装有深度自动控制器，可进行深度自动控制作业，深度自动控制装置如图8-14所示，深度自动控制作业如下：

①将深度自动控制器安装到自动控制器立柱上，将传感触杆放到参考梁上，插上电缆。

②起动铣刨鼓液压马达，均匀下降铣刨鼓，使整个铣刨鼓宽度上都略为接触碰到路面，这就为“0”位。

③使用摇手柄使标尺10归“0”位；并使方形管滑下或滑上直至控制器1上各灯熄灭为止，这时铣刨深度自动控制器上的铣削深度为“0”mm。

④转动左右控制器立柱上摇手柄至需要铣削深度标线。摇手柄旋转1周，铣削深度为4mm深度。

(4)料输送装置及其液压系统

整个料输送装置包括拾料输送带和装车输送带。拾料输送带收集并将经铣刨下来的散料送到装车输送带。输送带的驱动是由变量泵来油使液压马达转动，带动钢丝绳绞盘及其定滑轮组来实现的。输送带的速度可调，由变量泵来实现。装车输送带可左右摆动40°，并可进行高度调节，以便装车，动作实现由水平液压缸和升降液压缸完成。料输送装置液压系统如图8-15所示。

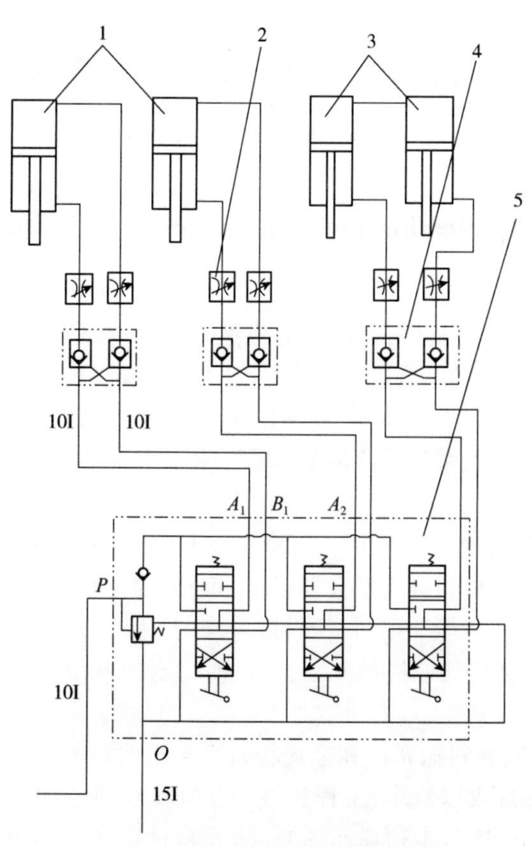

图 8-13 铣刨机的升降液压系统图

1-后轮升降液压缸;2-单向节流阀;3-前轮升降液压缸;4-液压锁;5-多路换向阀

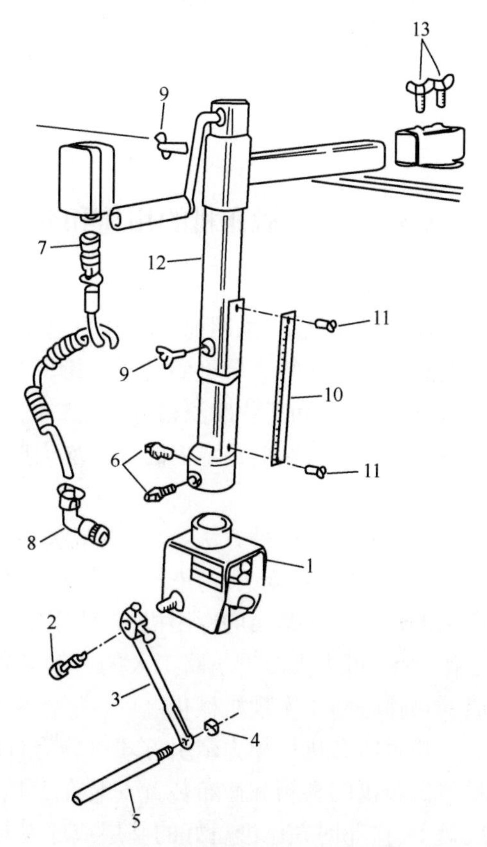

图 8-14 铣刨机深度自动控制装置

1-深度自动控制器;2-平衡块;3-曲臂;4-螺母;5-传感触棒;6、11-螺钉;7-直电插头;8-弯电插头;9、13-异形螺钉;10-标尺;12-调节器

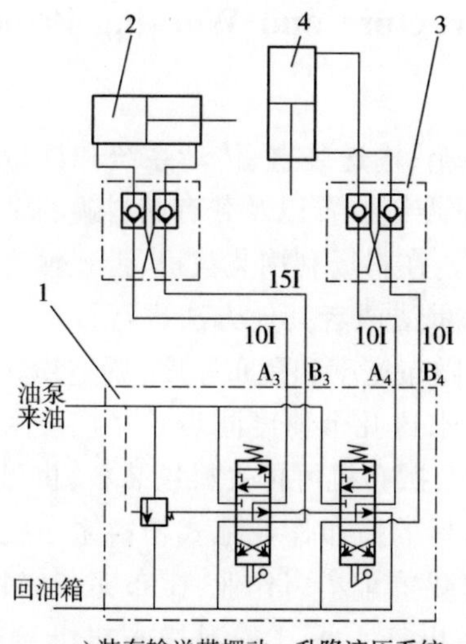

a) 装车输送带摆动、升降液压系统

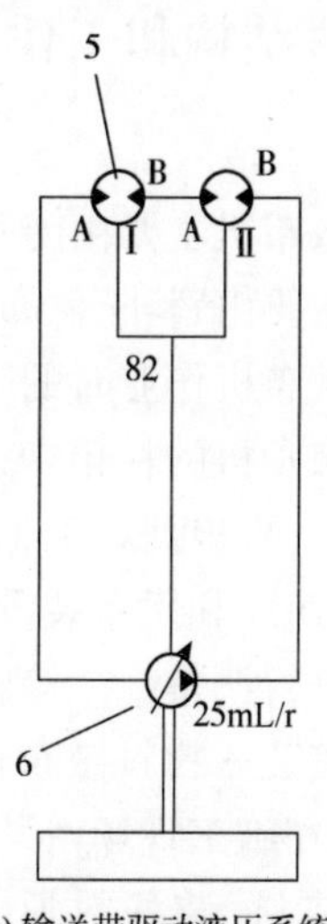

b) 输送带驱动液压系统

图 8-15 料输送装置液压系统

1-多路换向阀;2-升降液压缸;3-液压锁;4-水平液压缸;5-液压马达;6-变量泵

8.3 粉料撒布机液压系统

(Hydraulic Systems of Powder Spreader)

8.3.1 粉料撒布机的用途和分类(Application and Classification of Powder Spreader)

在公路建设中,采用稳定土补强道路基层和底基层,是提高道路整体强度、水稳性和延长道路使用寿命的一项重要措施。粉料是稳定土的结合剂,作为稳定土的组成部分,它通常是指石灰、水泥和工业废渣粉等。粉料撒布是稳定土路拌施工前的一道重要作业,粉料撒布均匀与否将直接影响稳定上的拌和均匀度,从而关系到道路的整体质量和服务能力,乃至整条道路的使用寿命。

粉料撒布有两种方法:人工撒布法和机械撒布法。采用人工撒布粉料,生产效率低、撒布不均匀、劳动强度大、污染严重;粉料撒布机是修筑高等级公路、城市道路、停车场、机场和广场的基层与底基层的专用机械,使用粉料撒布机撒布粉料,粉料撒布均匀,生产效率高,环境污染小,可大大改善筑路工人的劳动条件,它与其他机械配套,还可使稳定土基层和底基层的路拌法施工实现机械化。

粉料撒布机按动力牵引方式可分为自行式粉料撒布机和拖式粉料撒布机两种。自行式粉料撒布机的料箱和撒布装置安装在专用底盘或以汽车、工程机械为基础车经改装而成的底盘上,作业时在已准备好的基层或底基层上,边行走边撒布粉料;拖式粉料撒布机则由装有粉料的载重车牵引行驶,通过气体输送或用机械的方法将粉料输送到拖式粉料撒布机的料斗中,由撒布机自身配置的动力或从牵引车上引来的动力驱动撒布装置在行进中进行撒布。

8.3.2 整机结构和工作原理(Structure and Working Principle of Whole Machine)

自行式粉料撒布机主要由专用底盘、料箱、输送装置、传动系统和计量系统等组成。拖式粉料撒布机则主要由料斗、撒布装置、计量控制装置以及载有储料罐的牵引车组成。

自行式粉料撒布机作业时的工艺流程为:在料场利用装载机、带式输送机或者气力输送装置将粉料装入撒布机的料箱中,并利用称重法或者其他方法进行计量。装好粉料的撒布机运行到施工现场,再根据施工工艺要求的撒布宽度和撒布厚度,调整粉料撒布机的粉料输送速度、设备运行速度和撒布装置速度。要求这几个速度同步。并且在撒布过程中还能根据施工要求随时进行调整。一箱料撒布完后,撒布机可再去料场装料,也可用专门的运料车送料到现场并直接装入粉料撒布机,继续粉料的撒布作业拖式粉料撒布机与自行式粉料撒布机不同,它只能在施工现场由装有粉料的载重车牵引作业,撒布完一箱料后,载重车脱开撒布机再到料场装料,装好料返回工地后,再挂上拖式粉料撒布机继续进行粉料的撒布作业。

8.3.3 各总成结构和工作原理(Structure and Working Principle of Assembly)

CZI5190XFISC 粉料撒布机是我国已经定型的粉料撒布设备,现以该机为例说明其各总成的结构及工作原理。图 8-16 所示为其总体构造示意图。从图上可以看出,该机主要由基础车、副变速箱、螺旋输送装置、撒布装置、底座、传动系统和液压系统组成。

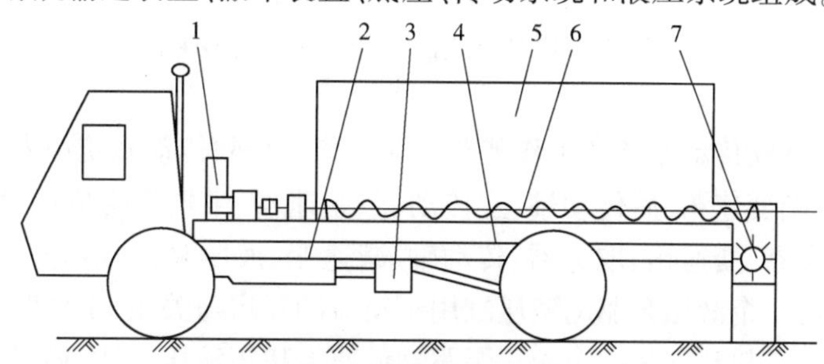

图 8-16 CZI5190XFISC 粉料撒布机构造示意图

1-液压系统;2-基础车;3-传动系统;4-底座;5-料箱;6-螺旋输送装置;7-撒布装置

其主要技术性能参数如表 8-2 所示。

CZIS190XFISC 粉料撒布机主要技术性能参数 表 8-2

允许粉料最大粒度(mm)	25	最大生产率(m^3/min)	5.47
最大撒布宽度(m)	2.3	撒布厚度(mm)	10~80
撒布精度	±10%	工作速度(km/h)	1.467 2.435 3.545 6.267
最高行驶速度(km/h)	74.6	行走方式	轮胎式
发动机最大转矩,转速(N · m,r/min)	748.5/1300	发动机最大功率,转速(kW,r/min)	154.4/2100
底盘形式	红岩 CQ19210/B46/4×2	料箱装载重量(kg)	5000
整机空载重量(kg)	13970	整机满载重量(kg)	19100
整机外形尺寸(mm)	8895×2498×3350		

(1)基础车

选用红岩 CQ19210 型载重车改装成粉料撒布机,可以缩短生产周期,造价低,易被用户接受。但基础车必须性能稳定,质量可靠,具备撒布和运输两方面的功能;并能提供足够的动力,以满足粉料撒布的工作要求。

(2)副变速箱

为了满足粉料撒布的要求,适应粉料撒布时上作阻力的变化,提高行驶的牵引性能,在前传动轴和后传动轴之间设置了副变速箱。在运输状态下,副变速箱不工作,粉料撒布机仍按原车各挡速度行驶。副变速箱有两个挡:一个直接挡,速比为 1:1;另 1 个为前进挡,速比为 7.31:1;齿轮采用常啮合斜齿轮,以减小传动噪声和提高使用寿命;两挡均采用啮合套换挡结构,啮合套与齿轮的轮齿都间隔地缩短一定的距离,啮合时轮齿容易插入齿槽挂上挡。

(3)撒布装置

撒布装置由驱动装置和撒布装置两部分组成驱动装置主要由液压马达、传动轴及链轮等组成。液压马达通过传动轴驱动链轮。撒布装置采用框架结构，主要由链轮、撒料筒、撒布滚轮、插板、清料盖板、橡胶挡板以及变幅挡板等组成。撒布滚轮由液压马达经链轮驱动。通过安装七个不同数目、不同位置的插板，将变幅挡板固定于不同的位置，再通过七根螺旋的离合实现变幅，从而完成非整幅撒布。整幅撒布时卸下变幅挡板，并将七个插板换成插板孔盖即可。撒布滚轮两端由两个调心轴承支承，以适应相距较远的两孔不同心度的要求。由于撒布筒两端的孔径略大于撒布滚轮的直径，撒布滚轮可顺利地从两端拆装；为减小粉料从高处下落时粉尘飞扬，同时保证整机离去角，撒布装置的粉料出口设有挠性橡胶挡板。

(4)传动系统

传动系统分为行驶传动系统和工作装置传动系统。行驶传动系统由发动机、主离合器、变速箱、前传动轴、副变速箱、后传动轴、主传动器、差速器、半轴等构成；工作装置传动系统包括发动机、主离合器、变速箱、取力器、传动轴、减速箱、液压泵、马达等。减速箱的两端与两个液压泵相连接，一个液压泵驱动液压缸用于箱盖的开启与关闭，工作时驱动液压马达带动撒布滚轮转动，撒布粉料。另一个液压泵驱动低速大扭矩液压马达，通过传动箱和牙嵌离合器，带动螺旋输送器向撒布滚筒输送粉料。

(5)液压系统

液压系统包括液压泵、液压缸、液压马达、液压阀、管道及其接头、液压油箱等，其工作原理如图 8-17 所示。

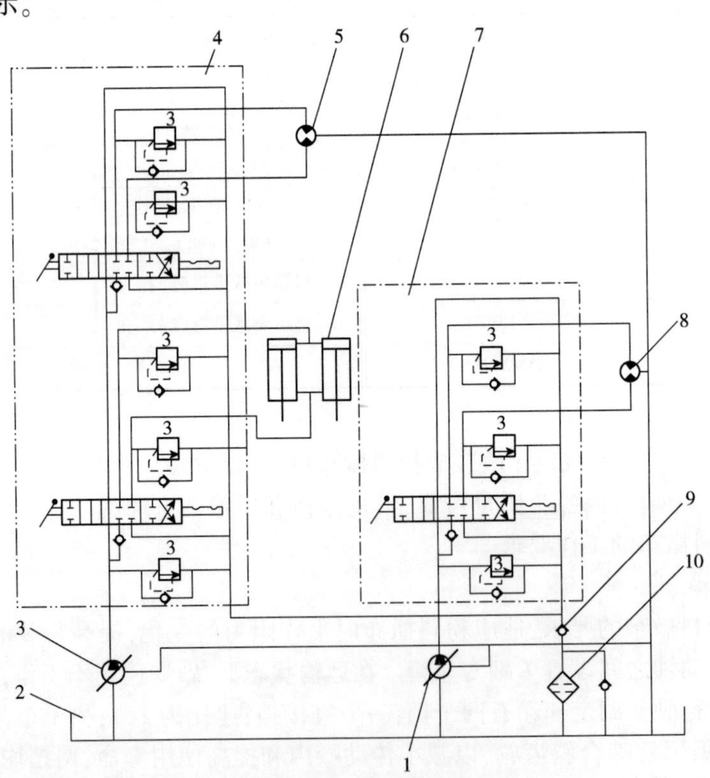

图 8-17　CZI5190XFISC 粉料撒布机液压系统原理图

1-液压泵Ⅰ；2-液压油箱；3-液压泵Ⅱ；4-多路换向阀Ⅱ；5-液压马达Ⅱ；6-料门液压缸；7-多路换向阀Ⅰ；8-液压马达Ⅰ；9-单向阀；10-精滤油器

液压系统采用双泵开式系统，以便于散热。泵Ⅰ和泵Ⅱ均为手动变量柱塞泵。泵Ⅰ驱动马达Ⅰ带动螺旋输送装置转动；泵Ⅱ驱动马达Ⅱ和液压缸带动撒布滚轮转动，以及开启料箱盖和关闭料箱盖。调整泵Ⅰ和泵Ⅱ的流量，可使马达Ⅰ和马达Ⅱ的转速得以调整，由于各液压泵和马达的调整压力由生产厂家在出厂前已按有关要求调整好，因而提高了系统的可靠性。多路换向阀Ⅰ和Ⅱ分别控制泵Ⅰ和泵Ⅱ系统。换向阀在中位时，泵的进油口与回油口相通，泵处在卸荷状态下，为保证马达工作可靠，在回油路中设有背压阀，其调整压力为0.4MPa；为防止加油时杂质和灰尘进入油箱，油箱上装有空气过滤器，在回油路中还装有精滤器。

8.4 清扫车液压系统

(Hydraulic Systems of Sweeper)

目前在国内清扫车市场中，四扫盘清扫车占有率比较大。清扫车工作过程中，若扫盘升降或旋转出现问题，将影响清扫效果。

国内多数品牌的四扫盘清扫车，其扫盘、吸嘴基本上都靠自身质量下降，而上升均为液压驱动。扫盘旋转液压马达采用串联方式。

(1)液压系统工作原理

郑州宇通重工生产的四扫盘清扫车液压系统如图8-18所示。其工作模式分为3种：一是全扫模式，即左前、右前、右后、左后4个扫盘和吸口全部降至地面后，4个液压马达也全部旋转，进行清扫作业；二是右扫模式，即右前、右后、左后扫盘和吸口下降至地面后，右前、右后和左后扫盘马达旋转，进行清扫作业；三是左扫模式，即左前、左后、右后扫盘和吸口下降至地面后，左前、左后和右后扫盘马达旋转，进行清扫作业。

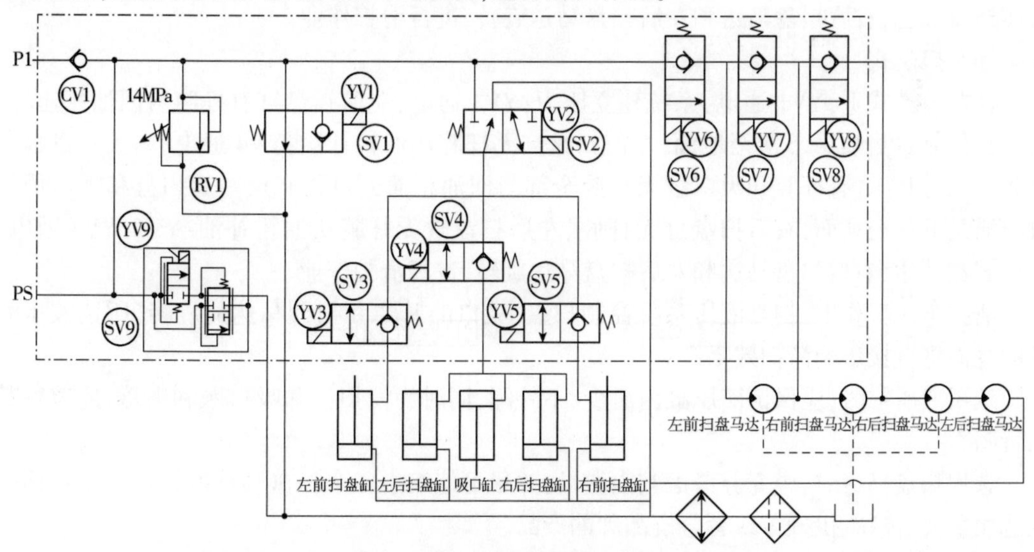

图8-18 四扫盘清扫车液压系统原理图

CV1-单向阀；RV1-主溢流阀；SV1-卸荷电磁阀；SV2-扫盘收起电磁阀；SV3-左前扫盘下落电磁阀；SV4-左、右、后扫盘和吸口下降电磁阀；SV5-右前扫盘下落电磁阀；SV6-全扫模式电磁阀；SV7-右扫模式电磁阀；SV8-左扫模式电磁阀；SV9-电比例流量控制阀扫盘上升、下降和马达旋转控制全部采用 PLC 控制,可以进行程序设定。各动作执行时,各个阀的动作即通电情况如表 8-3 所示。

清扫车动作时各个阀的通电情况表　　表 8-3

动作名称	各阀通电情况	动作名称	各阀通电情况
全扫模式	YV1、YV3、YV4、YVS、YV6、YV9	左扫模式	YV1、YV3、YV4、YV6、YV8、YV9
右扫模式	YV1、YV4、YV5、YV6、YV7、YV9	扫盘收起	YV1、YV2

①全扫模式

在全扫模式下,YV1 通电,系统建立压力;YV3 通电,左前扫盘缸有杆腔与回油相通,左前扫盘依靠自身质量下落至地面,左前扫盘缸无杆腔从油箱补油;YV4 通电,右后扫盘缸有杆腔、左后扫盘缸有杆腔和吸口缸无杆腔全部与回油相通,右后扫盘、左后扫盘和吸口依靠自身质量下落至地面,右后扫盘缸无杆腔、左后扫盘缸无杆腔从油箱补油;YV5 通电,右前扫盘缸有杆腔与回油相通,右前扫盘依靠自身质量下落至地面,右前扫盘缸无杆腔从油箱补油;YV6 通电,左前扫盘马达、右前扫盘马达、右后扫盘马达和左后扫盘马达旋转,进行清扫作业。YV9 通电,根据扫路车实际清扫路面工况,通过调整 SV9 电比例流量控制阀,可以实现马达转速调节,使清扫效果达到最佳。

②右扫模式

在右扫模式下,YV1 通电,系统建立压力;YV4 通电,右后扫盘缸有杆腔、左后扫盘缸有杆腔和吸口缸无杆腔全部与回油相通,右后扫盘、左后扫盘和吸口依靠自身质量下落至地面,右后扫盘缸无杆腔、左后扫盘缸无杆腔从油箱补油;YV5 通电,右前扫盘缸有杆腔与回油相通,右前扫盘依靠自身质量下落至地面,右前扫盘缸无杆腔从油箱补油;YV6、YV7 通电,右前扫盘马达、右后扫盘马达和左后扫盘马达旋转,进行清扫作业。

③左扫模式

在左扫模式下,YV1 通电,系统建立压力;YV3 通电,左前扫盘缸有杆腔与回油相通,左前扫盘依靠自身质量下落至地面,左前扫盘缸无杆腔从油箱补油;YV4 通电,右后扫盘缸有杆腔、左后扫盘缸有杆腔和吸口缸无杆腔全部与回油相通,右后扫盘、左后扫盘和吸口依靠自身质量下落至地面,右后扫盘缸无杆腔、左后扫盘缸无杆腔从油箱补油;YV6,YV8 通电,左前扫盘马达、右后扫盘马达和左后扫盘马达旋转,进行清扫作业。

清扫车在工作中,扫盘液压系统控制扫盘、吸口的升降和扫盘马达的旋转,所选液压元件的性能将直接影响清扫效果。

选用液压缸时,应保证液压缸内泄少、不外漏,同时为使扫盘和吸口顺利下落,应兼顾其运行阻力。

选用扫盘马达时,应充分考虑其内泄量,并尽可能缩小 4 个扫盘马达的转速差。目前一般选用萨奥、怀特、伊顿等或者合资品牌的产品。

阀组是整个液压系统的核心部件,其元件基本上全部为插装件,应优先选用进口品牌。

(2)液压系统的特点

①主要优点

全部液压阀均可选择插装阀,做成集成阀组形式,因此阀组体积很小。液压系统设置了进油单向阀,对液压泵和执行元件有很好的安全保护作用。卸荷电磁换向阀 SV1 常通,可以实现泵的零压启动。在执行元件工作的情况下,液压油流回油箱,系统发热和功率损失较小。扫盘马达采用电比例流量阀实现转速控制,对不同工况具有更为广泛的适应能力,可达到最佳的清扫效果。

②主要缺点

扫盘和吸口结构必须充分考虑运动部位的合理配合间隙和有效润滑,设计与制造难度较大。扫盘马达采用串联方式,成本较高,当一个马达出现故障时,还可能导致整个液压系统不能工作。

通过对四扫盘清扫车的扫盘液压系统分析可知,该系统完全可以满足国内市场对清扫车技术性能的要求,是一种简捷、高效的液压系统解决方案。

小 结

本章介绍了典型养护机械的液压系统,重点分析了每个液压系统的组成、工作原理和特点;指出每个液压系统均是由回路构成的;强调正确理解液压基础知识和基本原理的重要意义在于运用这些知识分析和解决养护机械的实际工程问题;为养护机械液压系统的分析、设计和工程运用打下必要的基础。

习 题

(1)图 8-7 所示稀浆封层摊铺机的液压系统由哪几个回路组成?各有什么特点?

(2)路面铣刨机的主要结构包括哪些?各自的作用如何?

(3)路面铣刨机的铣刨装置由哪几部分组成?其液压系统有何作用?

(4)粉料撒布机的液压系统如何保证施工质量?

(5)清扫车主要有哪几种工作模式?图 8-18 所示液压系统如何实现清扫作业?

第9章 液压系统设计
Design of Hydraulic System

学习目的和要求

(1)正确使用液压系统的一般设计方法;

(2)了解选择设计方案及拟定液压系统原理图的方法;

(3)学会负载分析和负载图、速度循环图的绘制;

(4)正确选用液压系统主要性能参数和液压元件及掌握液压执行元件工况图的绘制;

(5)理解液压系统的性能验算。

学习指南

(1)主要内容:主要讲述液压系统的设计步骤;并通过工程机械实例进一步说明了液压系统的设计与计算程序。

(2)重点:液压系统的设计与计算程序;正确选用液压系统主要性能参数和液压元件及拟定液压系统原理图。

(3)难点:对外负载进行受力分析并绘制出负载图;对外负载进行运动分析并绘制出速度循环图;绘制出液压执行元件的工况图。

(4)关键术语:液压系统设计;液压系统原理图拟定;液压元件选择;工况图;压力损失;强度校核;热平衡计算;可靠性;经济性;先进性。

本章要点

(1)液压系统设计是液压主机设计的重要组成部分,也是对前面各章内容的概括总结和综合运用。本章主要阐述液压系统设计的一般步骤、设计内容和设计计算方法,并通过实例来说明满足一系列要求的液压系统的设计过程。

The design of the hydraulic system is an important part of the whole mechanical design and also a summarizing and comprehensive application of knowledge in previous chapters. The aim of this chapter is to show, through an example, how hydrostatic transmission circuits can be designed to satisfy a given series of requirements.

(2)拟定液压系统原理图是整个设计工作中最主要的步骤,它对系统的性能和经济性具有决定性的影响。其内容包括:液压系统类型的分析与选择;液压回路的分析与选择;液压系统图的拟定。

Determination of the hydraulic system diagram is the most important step in the whole system design.It has a decisive impact on the system performance and economy.Its contents include: analysis and selection of the hydraulic system, analysis and selection of the hydraulic circuits and determination of the hydraulic system diagram.

(3)液压系统初步确定之后,需要对它的主要技术性能进行必要的验算,以便对所选液压元件和液压系统参数作进一步调整。根据液压系统的不同,需要验算的项目也有所不同,但一般都要进行系统压力损失验算和发热温升验算。

After the hydraulic system has been initially determined, it is necessary to check its main technical parameters.By this the selected hydraulic components and the hydraulic system parameters can be further adjusted.The items needed to check are different for different system, but the pressure lose in the system and the temperature rise due to heat generation should usually be covered.

【导入案例】

自卸车及液压缸

车厢配有自动倾卸装置的汽车称为自卸车,又称为翻斗车、工程车。它由汽车底盘、液压举升机构、取力装置和货厢组成。在土木工程中,常用挖掘机、装载机、带式输送机等联合作业,构成装、运、卸生产线,进行土方、砂石、松散物料的装卸运输。装载车厢能自动倾翻一定角度卸料,大大节省卸料时间和劳动力,缩短运输周期,提高生产效率,降低运输成本,并标明装载容积,是工程施工常用的运输机械。图9-1所示为常用自卸车外观图。

自卸车的发动机、底盘及驾驶室的构造和一般载重汽车相同。车厢可以后向倾翻或侧向倾翻,通过操纵系统控制活塞杆运动,以后向倾翻较普遍,推动活塞杆使车厢倾翻。少数双向倾翻。高压油经分配阀、油管进入举升液压缸,车厢前端有驾驶室安全防护板。发动机通过变速器、动力装置驱动液压泵,车厢液压倾翻机构由油箱、液压泵、分配阀、举升液压缸、控制阀和油管等组成。发动机通过变速器、取力装置驱动液压泵,高压油经分配阀、油管进入举升液压缸,推动活塞杆使车厢倾翻。以后向倾翻较普遍,通过操纵系统控制活塞杆运动,可使车厢停止在任何需要的倾斜位置上。车厢利用自身重力和液压控制复位。

自卸车上广泛使用的液压缸如图9-2所示。

图9-1　自卸车外观图

图9-2　自卸车顶升液压缸外观图

要保证自卸车正常可靠地工作,必须根据载荷、结构、工况等实际情况,对自卸车液压系统及液压缸进行正确的设计,并且选择恰当的液压元件、控制元件,在保证可靠性的基础上,还要考虑经济性。

问　题:

(1)对自卸车液压系统的设计,应该考虑哪些因素?

(2)设计自卸车液压缸应考虑哪些因素?

9.1　液压系统设计流程和工况分析

(Design Process and Working Condition Analysis of Hydraulic System)

9.1.1　液压系统设计流程(Process of Hydraulic System Design)

液压系统的设计是整机设计的一部分,除了要满足主机作业循环和力、速度要求外,还应满足结构简单、工作安全可靠、操纵方便、效率高、寿命长、经济性好和使用维修方便等要求,认真贯彻系列化、标准化和通用化的要求。

根据设计人员的经验和拥有相关技术文献的多少以及对所设计的主机了解的程度,液压系统设计步骤是有差异的,各项设计内容要交叉进行,反复调整参数,才能完成主机液压系统的设计任务,液压系统设计一般流程如图9-3所示。

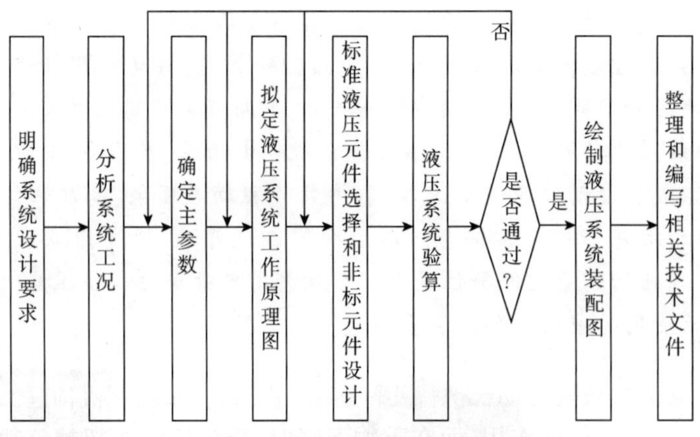

图9-3　液压系统设计一般流程

前面介绍的液压系统是主机的配套部分,设计液压系统首先要明确主机对液压系统提出的要求,并设法予以满足。主机对液压系统的要求有:

(1)主机的作业循环要求

主要指有哪些作业动作要求液压系统来完成,而且这些作业动作在时间上有无重叠和关联,是否要求自动循环等。有些主机要求某些执行元件同步运动,而另一些主机则要求执行元件的动作互锁以确保安全,也可能对防止过载和系统安全可靠方面有较高的要求。主机可能对液压系统提出多种要求,设计者应在了解主机用途、工艺过程和总体布局的基础上对这些要求进行分析,对其中不合理的要求通过协商进行修改,以优化液压系统的设计。

(2)主机的性能要求

主机的性能要求,主要指主机内采用液压系统的执行机构在力和运动方面的要求。各执行机构在各工作阶段所需速度的大小、调速范围、速度平稳性以及完成一个循环的时间等方面,都应有明确的数据。现代化机械要求高精度、高生产力以及高自动化,这不仅要求液压系统具有良好的静态指标,还常对其动态指标提出要求。

(3)液压系统的工作环境

主机工作环境的温度、湿度、污染和振动冲击情况,以及是否有腐蚀和易燃性物质存在等问题均应明确无误。这涉及液压元件和介质的选用。必要时设计中应附加防护措施。

(4)其他要求

如液压装置在重量、外形尺寸方面的限制,以及经济性、能耗方面的要求。

9.1.2 主机工况分析(Operating Condition Analysis of Whole Machine)

液压执行元件必须克服主机工作时的负载并按一定规律运动,即应进行执行元件的运动分析和负载分析。对于动作复杂的主机需绘制速度循环图和负载循环图。简单的系统可不绘制循环图,但需找出其最大负载点和最大速度点,以供选择元件和系统计算使用。

(1)液压缸和液压马达的负载及负载循环图

液压缸的轴向负载可用下式表示:

$$F_g = F_e + F_f + F_i + F_b \tag{9-1}$$

液压马达输出轴上的负载:

$$T_m = T_e + T_f + T_i + T_b \tag{9-2}$$

式中:F_g、T_m——液压缸所受轴向负载力和液压马达轴的负载力矩;

F_e、T_e——液压缸所受轴向静阻力和液压马达轴的静阻力矩;

F_f、T_f——液压缸所受轴向摩擦阻力和液压马达轴的摩擦阻力矩;

F_i、T_i——液压缸所受轴向惯性阻力和液压马达轴的惯性阻力矩;

F_b、T_b——由于系统背压引起液压缸的轴向阻力和马达阻力矩。

执行元件的工作负载与主机的工作性质有关,可能是恒定的,也可能是变化的。可能是阻力负载或正负载,也可能是超越负载或负负载。所谓阻力负载,就是阻止执行元件运动的负载,而超越负载或负负载则是助长执行元件运动的负载。如起升机构起吊重物上升时,液压马达受到的是恒定的正负载作用,而在重物下降时,受到恒定的超越负载—负负载作用。变幅机构液压缸在吊臂仰起时受到变化的正负载作用,而在下降时受到变化的超越负载—负负载作用。

摩擦负载总是正负载,在机构计算中,一般起动过程中的摩擦负载按静摩擦计算,在匀速运动过程中,一般摩擦负载按动摩擦计算。在某些机构中,可以用机械传动效率计入摩擦负载的作用。

惯性负载包括机构运动件及其负载和执行元件自身运动部分质量产生惯性力或力矩,可按机械原理的一般方法计算。某些机构,如起重机的起升机构,可以用工作静负载乘以动力系数的方法计入惯性负载的作用。

背压负载是指液压缸和马达在运转中,回油背压所造成的阻力和阻力矩。在系统方案及液压缸、液压马达结构尚未确定之前，无法计算，在负载计算时可暂不考虑。表 9-1 列出几种常用系统背压值供参考。

背压阻力值　　表 9-1

系统类型	背压阻力(MPa)	系统类型	背压阻力(MPa)
中低系统或轻载节流调速系统	0.2~0.5	采用辅助泵补油的闭式系统	1~1.5
回油路带调速阀或背压阀系统	0.5~1.5	采用多路阀的复杂的中高压系统	1.2~3

液压执行元件的负载在一个工作循环中的各阶段是不同的，为清楚地表达出负载随时间的变化关系，可以用坐标曲线表示。坐标系横轴表示时间，纵轴表示负载，这就是负载循环图。它是确定系统工作压力的基础，也是选择液压元件和拟定系统方案的依据。图 9-4a)表示某起重机起升机构一个工作循环的负载图。其中包括把重物从地面提升到一定高度，停留一段时间再放到地面。图中 $0 \sim t_1$是起动阶段，$t_1 \sim t_2$是匀速提升阶段，$t_2 \sim t_3$是制动阶段，$t_3 \sim t_4$是吊重空中停留阶段，$t_4 \sim t_5$是下降起动阶段，$t_5 \sim t_6$是吊重匀速下降阶段，$t_6 \sim t_7$是吊重下降制动阶段。图中考虑了制动器的作用。

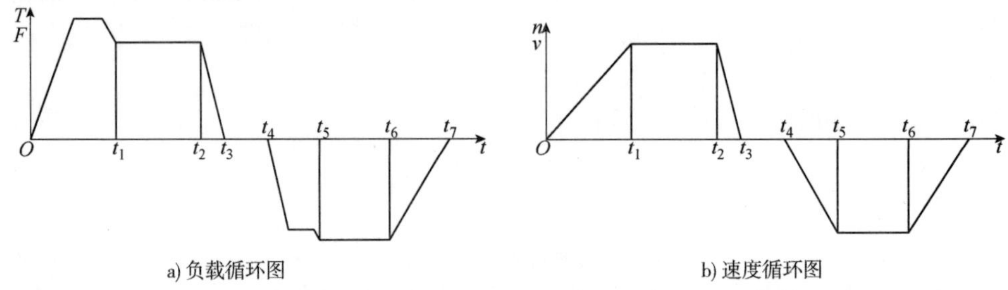

a) 负载循环图　　b) 速度循环图

图 9-4　负载速度循环图

(2)液压缸和液压马达的速度循环图

在以时间为横坐标。液压缸的运动速度或液压马达的转速为纵坐标的直角坐标系中，画出速度随时间变化的曲线，即为速度循环图。它是确定系统流量的基础，也是选择液压元件和拟定系统方案的依据。图 9-4b)是上述起升机构的速度循环图，图中时间的含义与前述相同。

9.2　液压系统主要性能参数确定

(Determining Main Performance Parameters of Hydraulic System)

9.2.1　液压系统工作压力(Working Pressure of Hydraulic System)

系统的工作压力和流量是系统的主参数。系统工作压力是指系统正常工作状态下的最高压力，可根据负载图中最大值来确定。在节流调速系统中，由溢流阀限定。在液压系统设计中，可根据经验或按表 9-2 初选系统工作压力，然后按系统中各回路的串、并联回路关系，并考虑管路的压力损失，估算出液压执行元件的进口压力和回油阻力。再根据负载，计算出液压缸的内径和活塞杆杆径及液压马达的排量。

初选的系统工作压力不等于系统的实际工作压力，要在系统设计完成后，根据元件的负载循环图，按已选定的液压缸两腔有效面积和液压马达的排量，换算并画出其压力循环图，再计入管路系统的各项压力损失，并按系统组成形式，最后得到系统负载压力及其变化规律，确定系统工作压力值。若最后求得的系统压力与初选值差别很大，则需重新选择和计算，甚至要修改设计方案。对于较简单的液压系统，可以不画压力循环图，计算工作也可以简化一些，下面介绍具体设计方法。

按主机类型选择液压执行元件的工作压力 表 9-2

设备类型	机床					农业机械，汽车工业，小型工程机械及辅助机构	工程机械，重型机械，锻压设备液压支架等	船用系统
	磨床	组合机床 齿轮加工机床 牛头刨床，插床	车床 铣床 镗床	研磨机床	拉床 龙门 刨床			
工作压力(MPa)	≤1.2	<6.3	2~4	2~5	<10	10~16	16~32	14~25

(1)液压缸的工作压力 p

双作用单杆式液压缸，大腔进油活塞杆产生推力时，由下式可得：

$$p=\frac{\frac{4F_g}{\pi\eta_m}+(D^2-d^2)p_0}{D^2} \tag{9-3}$$

小腔进油，活塞杆产生拉力时，由下式可得：

$$p=\frac{\frac{4F_g}{\pi\eta_m}+D^2p_0}{D^2-d^2} \tag{9-4}$$

式中：p——液压缸工作压力(Pa)；

F_g——液压缸所受到轴向负载(N)；

p_0——回油背压(Pa)；

D、d——液压缸内径和活塞杆杆径(m)；

η_m——为液压缸的机械效率，一般可取 0.9~0.97。

(2)定量液压马达的工作压力 p

当液压马达排量已知时：

$$p=\frac{2\pi T_m}{V_m\eta_{mm}}+p_0 \tag{9-5}$$

式中：p——液压马达工作压力(Pa)；

T_m——液压马达轴上的负载扭矩(N·m)；

p_0——回油背压(Pa)；

V_m——液压马达的排量(m^3/r)；

η_{mm}——液压马达机械效率，齿轮和柱塞马达可取 0.9~0.95，叶片马达可取 0.8~0.9。

变量液压马达的计算较复杂，这里不作讨论。

当液压缸或液压马达受到负负载，即超越负载作用时，如重力下降，不能按负载计算执行元件的工作压力。此时为控制负载超速运动，通常在回油路上安装限速阀限速，进油压力由限速阀的开启压力决定。

(3)液压系统的工作压力

液压系统的工作压力确定与回路形式有关。串联系统的工作压力是同时工作的各执行元件工作压力之和的峰值加上管路系统的压力损失。并联系统的工作压力则为各并联回路中工作压力要求最高的执行元件的工作压力加上管路系统的压力损失。

9.2.2 液压系统流量(Flow of Hydraulic System)

在液压缸两腔有效面积和液压马达排量一定时,通过系统流量由其速度决定,可按速度循环图进行计算。

(1)双作用单杆液压缸的流量计算

大腔进油活塞杆伸出时的流量 q_D:

$$q_D=\frac{v_D \pi D^2}{4\eta_v} \tag{9-6}$$

小腔进油活塞杆缩回时的流量 q_d:

$$q_d=\frac{v_d \pi (D^2-d^2)}{4\eta_v} \tag{9-7}$$

式中:q_D、q_d——活塞杆伸出和速回时液压缸入口的流量(m^3/s);

v_D、v_d——系统要求活塞杆伸出和缩回速度(m/s);

η_v——液压缸容积效率,用橡胶密封圈时,$\eta_v=1$,用金属活塞环时,$\eta_v=0.98 \sim 0.99$。

(2)液压马达的流量 q_m

$$q_m=\frac{n_m V_m}{\eta_{vm}}(m^3/s) \tag{9-8}$$

式中:q_m——液压马达的入口流量(m^3/s);

n_m——系统要求液压马达的转速(r/s);

V_m——液压马达的排量(m^3/r);

η_{vm}——液压马达的容积效率,因产品不同而异,通常在 0.85~0.96 之间。

(3)液压系统流量

液压系统的流量是指主机在额定工况下系统所需要的最大流量,它等于同时工作非串联液压执行元件流量峰值之和加上管路系统的流量损失。

将液压系统中有关执行元件的工作压力和流量循环图叠加起来,即为系统压力和流量循环图。此图可为拟定系统方案和选择元件提供依据。

9.3 液压系统原理图拟定

(Drawing Schematic Illustration of Operating Principle of Hydraulic System)

液压系统原理图是用液压元件职能符号表示的系统工作原理图。拟定液压系统原理图是整个设计工作中的主要工作,在图中需要表示系统组成和系统工作原理。它对系统的性能以及设计方案的经济,合理性具有决定性影响。拟定液压系统原理图时需综合运用已掌握的知识和经验。通常的方法是根据动作和性能的要求,通过分析,对比分别选择和拟定基本回路,然后将各个基本回路组合成一个完整的液压系统。

9.3.1 执行元件类型确定(Determining the Type of Actuators)

液压系统中的执行元件主要有液压缸和液压马达,要根据主机对工作机构所要求的运动形式,确定采用液压缸或液压马达作为执行元件。主机要求往复运动,则可选用液压缸、叶片马达或液压缸和其他机构的组合形式。主机要求连续旋转运动,则应选用液压马达。表9-3给出一些液压执行元件的应用实例。

液压执行元件的应用实例 表9-3

执行元件类型		适应工况	应用实例
液压缸	双活塞杆	双向运动速度相等的往复运动	制动器,磨床工作台
	单活塞杆	双向运动速度不等的往复运动	工程机械、农业机械、机床、压力机
	柱塞缸	长行程单向运动	工程机械变幅机构、压力机、叉车
	摆动缸(叶片马达)	小于280°的往复摆动	小型工程机械的回转机构、机械手、料斗
液压马达	齿轮式	负载力矩不大,速度平稳性要求不高的旋转运动,适应环境较差的场合	小型工程机械、矿山机械、研磨机
	叶片式	负载力矩不大,速度刚度低,但要求噪声轻低的场合	磨床的头架和回转工作台
	柱塞式	负载力矩较大、速度刚度大,排量可变	工程机械、行走机械、机床
	低速大力矩	负载力矩大、低转速,可省去减速箱	工程机械、行走机械

9.3.2 系统形式确定(Determining the Type of System)

主要指选择开式系统或闭式系统。一般具有较大安装空间的场合都采用开式系统。开式系统可安放较大油箱,以利于通过油箱表面散热。空间较小,不易安放较大油箱,而使用较小油箱的开式系统时,要附加冷却器散热。一般使用液压马达系统,可采用闭式系统。通常节流调速系统,采用开式系统。容积调速系统可采用闭式系统。开式系统和闭式系统的比较,如表9-4所示。

开式系统和闭式系统的比较 表9-4

系统形式	开式	闭式
散热条件	靠油箱表面散热,较方便,但油箱较大	较复杂,需用辅助泵换油冷却
抗污染性	较差,但可采用压力油箱或油箱呼吸器来改善	较好,但油液过滤要求高
系统效率	管路压力损失大,用节流调速时效率低	管路压力损失较小,容积调速时,效率较高
换向制动	要用换向阀换向和制动	可用变量泵换向和制动,省去换向阀
其他	对泵的自吸性能要求高	对泵的自吸性能要求低

9.3.3 系统调速方案选择(Selecting Speed Control Scheme)

液压系统调速方案主要根据调速范围、功率大小、低速稳定性、允许的温升以及投资的多少等因素综合考虑选用。节流调速系统结构简单、投资少、调速范围大、低速稳定性好，但系统效率低、发热大。故在功率不大、温升限制不严的情况下优先考虑。在功率较大的中高压系统中，节流能量损失和系统发热问题较突出，采用容积调速较好。但在某些功率不大的系统中，从发热和节约能量等方面的考虑，也可采用容积调速。如果同时对低速稳定性有较高要求，则可采用容积和节流混合调速方案。

调速方案确定后，泵的形式也可基本确定。而液压系统中换向、卸荷、压力控制等回路都和泵的形式密切有关。例如，采用双向变量泵调速时，泵的斜盘两个方向的变化，可起到换向阀作用，不必再用换向阀进行换向。采用限压式变量泵时，其既可实现压力卸荷也可实现流量卸荷，而定量泵只能采用压力卸荷。一般系统中安全阀是必不可少的，但在采用限压式变量泵时，就不一定需要安全阀等。另外，只有采用容积调速时，才能做成闭式系统，而采用节流调速时必须采用开式系统。总之调速方案是系统设计中的重要环节，必须根据系统特点和要求慎重考虑。

9.3.4　系统控制方式选择(Selecting Control Type of System)

控制方式主要根据主机需要来确定。如果主机只要求手动操作，则系统中要采用手动换向阀。若主机功率较大，要求手动控制，但要操作省力，而且要远控，可采用减压式先导阀控制液动换向阀控制形式。执行元件较多的工程机械和船舶机械，则可采用多路换向阀。若主机要求操纵力更轻的控制，可采用电磁阀和电液阀控制。如果主机要求一定的自动循环，就会涉及采用行程控制、压力控制和时间控制。设计者的任务在于合理地使用各种控制方式，设计出既简单性能更完善的控制系统。

9.3.5　系统中典型阀处理(Handling Typical Valves in the System)

系统除换向阀之外，其他几种阀在系统设计中的处理也很重要，下面对有关阀的压力调定和计算予以阐述。

(1)溢流阀

液压泵出口处的溢流阀有两个作用：一是用于流调速时起稳压作用；二是防止系统过载，起保护系统安全的作用，其调定压力略大于系统的最大工作压力。一般取为系统最大工作压力的1.05~1.1倍。

在系统某些支路上也常用溢流阀限定压力，其调定压力按系统要求确定。例如起重机的起升、变幅、伸缩机构，在执行元件受超越负载作用的时候，进油路上常安装溢流阀，以防止平衡阀突然打开，起动过猛。溢流阀的调定压力约为平衡阀开锁压力的2倍。

(2)缓冲或制动阀

在前述的回转机构中的回转液压马达，在回转运动中突然关闭油路制动时，由于回转负载和机构质量的惯性力矩作用，会在马达的排油路产生很大的冲击压力和过大的加速度，可采用缓冲补油阀来缓冲冲击压力，并起制动作用。回转机构的能量消耗在缓冲阀的节流损失中，使回转机构平稳制动。一般地，缓冲阀的调定压力可取机构起动状态最大工作压力的1.1倍，这样既保证回转机构起动灵敏性，又保证缓冲作用。

(3)平衡阀

平衡阀主要是起防止重力系统下降超速的作用。在重力下降系统中,一般应安装平衡阀。若安装在液压缸回路中,还能起锁紧作用,防止液压缸因泄漏而产生自然沉降。平衡阀的控制压力随负载变化而变化,负载大时控制压力减小。控制压力实质上是一种损耗,造成附加发热,控制压力不能过高,但也不能过低,否则会造成平衡阀的不稳定,形成系统振动,而且易受背压回油影响产生误动作。卷扬机构的平衡阀的控制压力应大于制动器的开启压力,重物下降时,光打开制动器,使重物下降起动平稳,不受制动器的影响。平衡阀以其需要的最大控制压力作为调定压力,在工程机械中,通常取2~3.5MPa。

(4)过载保护阀

为防止机构过载,有时需在机构进油路上安装过载保护阀,其实就是溢流阀。例如单泵串联系统的起重机的起升机构为防止超载,在起升方向的进油路上安装过载保护阀,其调定压力常比满载起动状态的压力大10%左右,以免起动不灵敏。这里是以过载保护阀的开启压力作为阀的调定压力。

(5)背压阀

为使系统工作平稳,防止系统混入气体以及给液压马达或有关装置补油,常在系统总回油路安装背压阀,以使系统总回油路有一定压力(称为背压)。背压压力一般取0.5MPa左右。在有的系统中,背压还作控制油压使用,背压压力可适当提高,以满足控制系统要求。

(6)液压锁

在要求锁紧的系统中,一般要使用液压锁,即液控单向阀。特别在液压缸的系统中,例如液压支腿机构中垂直液压缸,为防止支腿缸在反压力作用下,通过换向阀泄漏,产生缸的沉降,需安装液压锁。液压锁有单向液压锁和双向液压锁两种,单向液压锁起单向锁紧作用,而双向液压锁起双向锁紧作用,可根据锁紧要求选用。选用时,液压锁的开锁压力要选择低一些。若开锁压力超过溢流阀的调定压力,液压锁不能打开,相应液压缸不能动作。

9.3.6 系统设计还应注意的问题(Noticeable Problems)

(1)系统不工作时泵的卸荷

在系统设计中,不管采用并联回路、串联回路还是混合回路,在所有换向阀处于中位,即各执行机构不工作时,泵输出油一定要直接回油箱,处于卸荷状态。具体方法有两种:一种是换向阀中位机能要满足泵卸荷功能;另一种方法是若系统要求换向阀中位机能不能卸荷,可采用泵出口的先导式溢流阀卸荷,来达到系统不工作时泵卸荷要求。具体方法是,使用先导式溢流阀,在其控制口安装两位电磁阀,在系统工作时,电磁阀使溢流阀控制油口阻断,系统以溢流阀调定压力以下的压力工作。系统不工作时电磁阀使溢流阀的控制口通油箱,溢流阀变成卸荷阀,使泵完成卸荷目的。

(2)闭锁压力

闭锁压力是指处于单向或双向闭锁状态下的液压元件所受到的液压力。由于负载变化等原因,闭锁状态下执行元件受到的压力可能比其运动状态的压力大得多。这种现象在起重机上表现最为明显。如起重机的垂直支腿液压缸,在顶起时,垂直支腿液压缸受到的是主机的自重，顶起压力较小，泵的输出压力较小。但在起重机吊重时，垂直支腿液压缸虽停止伸缩，但受力很大，液压缸内压力会达到最大值，这就是垂直液压缸的最大闭锁力。液压缸的强度应按最大闭锁力进行设计计算。

此外，起重机的伸缩和变幅液压缸也存在类似的工况。

9.4 主要液压元件计算与选择

(Calculation and Selection of Main Hydraulic Components)

拟定完液压系统原理图和主要参数确定后，即可进行液压元件的选择和计算。

9.4.1 液压泵选择(Selection of Hydraulic Pump)

(1)液压泵选取

液压泵主要是根据前述的最大工作压力和最大流量选择。对于变量泵还要考虑变量方式和变量范围的要求。此外还需考虑泵的品质、转速、价格、安装方式、转动方向、体积和自重大小以及环境要求等。

①液压泵的最高压力 p_p 就是系统工作压力，由下式决定：

$$p_p = p + \Sigma \Delta p \tag{9-9}$$

式中：p——执行元件最高工作压力，对于串联系统，是由同一泵供油的各执行元件的压力循环图叠加，取其峰值，对于并联回路，则取同时工作执行元件中工作压力最高的压力峰值；

Δp——从泵出口到执行元件进口的管路系统压力损失，这些损失只能在系统设计后，根据元件性能、管路尺寸、管路布置等条件进行计算。初算时，简单系统可取 0.5~1MPa，复杂系统可取 1~1.5MPa。

②液压泵的最大输出流量 q_p 可按下式计算：

$$q_p = k \Sigma q_{\max} \tag{9-10}$$

式中：k——系统的泄漏修正系数，一般取 $k = 1.1 \sim 1.3$，大流量取小值，小流量取大值；

$\Sigma q_{\max}$——液压执行机构所需的最大工作流量。

对于并联回路，取同时工作的执行元件流量总和最大值，可用流量循环图叠加方法求得。对于串联回路，按各机构中所需流量最大值选取。对于工作中需要始终溢流的系统，尚需加上溢流阀的最小溢流量，溢流阀最小溢流量可取其额定流量的 10%。

若系统中采用蓄能器供油时，液压泵最大流量 q_p，由系统一个工作周期 T 中的平均流量来确定：

$$q_p \geqslant \frac{k \Sigma q_i}{T} \tag{9-11}$$

式中：q_i——系统在整个周期中第 i 个阶段内的流量(m^3/s)；

T——一个工作循环时间(s)；

k——系统泄漏的系数，同上。

选择液压泵时，以泵的额定压力和额定流量与上述计算得到的最大工作压力和工作流量相等或略大一点为原则选择,不要选用额定压力和额定流量过大或过小的泵,否则在经济性、重量、传动效率和使用寿命等方面均可能带来损失。液压泵只有在其额定工作压力和额定流量工况下才能很好发挥其性能。

(2)驱动泵的原动机的选择

驱动泵的原动机有电动机和内燃机两种,工程机械流动性很大,常用内燃机驱动。由于内燃机在其工作转速范围内过载能力不强,所以不管液压泵的类型和工作循环压力、流量如何变化,都应按液压泵最大实际工作压力 p_p(MPa)和该压力下的流量 q_p(m^3/s)计算所需的发动机功率 P(kW),一般按工作循环中最高功率点选择 η_t,故有:

$$P=\frac{p_p q_p}{\eta_t} \tag{9-12}$$

式中:P——原动机功率(W);

p_p——泵的工作压力(MPa);

q_p——流量的最大值(m^3/s);

η_t——泵的总效率,其值可查产品样本,一般齿轮泵可取0.60~0.70,叶片泵可取0.60~0.75,柱塞泵可取0.80~0.85。

若用电动机驱动液压泵,驱动泵的电机按驱动功率和泵的转速选择。若在一个循环中泵的功率变化不大,仍可按式(9-12)选择电机。

若用电机驱动泵,泵的工作压力或流量变化较大,又不是恒功率控制,按式(9-12)选择电机功率会偏大,不经济。在这种情况下,可根据电动机允许的发热来选取电动机功率。先算出循环中各阶段所需功率,即:

$$P_1=\frac{p_1 q_1}{\eta_{t1}}$$

$$P_2=\frac{p_2 q_2}{\eta_{t2}}$$

$$\vdots$$

$$\vdots$$

$$P_n=\frac{p_n q_n}{\eta_{tn}}$$

式中:η_{t1}、η_{t2}、η_{tn}——各工作状态下泵的总效率。

则电动机功率为:

$$P=\sqrt{\frac{P_1^2 t_1+P_2^2 t_2+\cdots+P_n^2 t_n}{t_1+t_2+\cdots+t_n}} \tag{9-13}$$

式中:t_1、t_2、…、t_n——各阶段持续的时间,下标为循环中各阶段的序号。

将式(9-12)与式(9-13)的计算结果进行比较。如果最大功率在电动机超载能力范围内,一般为25%,则可按式(9-13)选取电动机。

确定液压泵的原动机时,一定要同时考虑功率和转速两个因素。对电动机,除电动机功率满足泵需求外,电动机的同步转速不要高于泵的额定转速;对内燃机,也不要使泵的实际转速高于其额定转速。

9.4.2 液压马达选择(Selection of Hydraulic Motor)

液压马达主要按液压马达的压力、排量和转速来选择。要注意满足液压马达的最低稳定转速和最高转速的要求。使用压力不能超过液压马达的额定工作压力。当使用变量马达时,要按系统设计方案确定变量形式、变量范围等。除满足上述要求外,还应注意符合主机的工作条件、安装方式和方位、经济性、体积和重量等。

9.4.3 液压缸选择(Selection of Hydraulic Cylinder)

除特殊情况外,一般应选择标准产品,主要是依据工作压力、工作速度、缸内径、活塞杆直径、工作行程、全缩状态时的安装长度、支承方式、安装方位、使用条件和价格等进行选择。

在工程机械中,要特别注意液压缸闭锁状态时的压力。这种状态下,缸中的压力不是液压泵提供的,而是由闭锁状态下外载荷变化引起的,其值可能比系统工作压力大几倍。如工程起重机的垂直支腿液压缸、变幅机构和伸缩机构液压缸等都存在闭锁压力较大的问题。

9.4.4 液压控制元件选择(Selection of Hydraulic Control Components)

液压控制元件主要指各种控制阀。液压系统应尽量选择标准液压控制元件,自行设计的控制元件要减少到最小程度。

选择标准控制元件时,主要根据工作压力和通过流量。在计算阀的实际通过流量时,要注意双泵或多泵合流状态,液压缸差动工况的流量变化,双作用单杆液压缸的流量差异等问题。

所选阀的额定流量应与其实际通过流量接近,不要过大或过小。若控制阀额定流量过小,会增加压力损失并引起油温升高,或因阀内流速过高产生气穴和气蚀现象,引起系统振动和噪声,损坏元件。反之,若额定流量过大,则会增大阀的体积和重量,提高阀价格,有时还会降低灵敏度。一般地,阀的最大实际通过流量不应超过其额定流量的20%。

对压力控制阀的选择还应考虑阀的调节方式、压力调节范围、流量变化范围、所要求的压力灵敏度和平稳性等。

溢流阀有直动式和先导式两种:直动式一般用于小流量场合,但其响应速度快,可用作缓冲阀;先导式溢流阀通流能力大,启闭特性好,适应高压大流量场合。一般系统主溢流阀均使用先导式溢流阀。

先导式溢流阀可通过更换先导阀弹簧,来达到不同压力级要求,但其最低调定压力一般在0.5~1MPa范围。系统使用压力不能超过溢流阀的最高允许压力,否则会造成阀的损坏。

溢流阀的流量应按液压泵的最大流量选取,并应注意其最小稳定流量。一般溢流阀最小稳定流量为额定流量的15%以上。

溢流阀通常并联安装在泵的出口油路上,以保护泵和系统的安全。

换向阀主要是根据通过阀的流量和最高使用工作压力来选择,并应考虑系统对其中位机能的要求。一般流量在190L/min以上时,应考虑使用二通插装阀。190L/min以下时,可采用滑阀式换向阀。70L/min以下,可采用电磁换向阀,以满足自动化要求。否则要采用电液换向阀。

电磁阀的电磁铁有直流和交流两种。直流湿式电磁铁寿命长、可靠性高,应尽量选择直流湿式电磁换向阀。在某些特殊场合,还要选用安全防爆型和耐压防爆型等类电磁阀。

对流量控制阀,应考虑流量调节方式、流量调节范围、流量-压力特性曲线、最小稳定流量、压力和温度的补偿要求,以及对工作介质清洁度要求、阀进口压差的大小及阀的内泄漏要求等。

9.4.5 辅助元件选择(Selection of Hydraulic Accessories)

辅助元件主要有油箱、蓄能器、滤油器、冷却器、加热器、连接件和密封件等。辅助元件对保证液压系统正常工作是非常重要的,不能忽视。

(1)滤油器的选择

滤油器是保持系统工作介质清洁、保护系统各元件安全运行的重要辅助元件。滤油器按压力、流量和滤油精度选择,并考虑其压力损失、体积大小、安装方式、使用寿命和更换维护等因素。工作压力按与其相连的管路工作压力决定,流量按管路最大通过流量决定。滤油精度按所保护元件要求决定。

滤油器安装位置,一般有四种情况:一是安装在泵的吸油口,可保护泵所吸油的清洁度,为保证泵的吸油能力,滤油精度可略低;二是安装在系统总回油路,可保护回油进入油箱的油的清洁度,一般滤油精度较高;三是安装在泵的出油口,以保证进入系统油的清洁度,效果较好,但需使用高压滤油器;四是在进入关键元件之前,安装滤油器,以保证关键元件油的清洁度。

一般液压系统,可在泵吸油口安装一个滤网式粗滤油器,滤除进入泵中油液的较大杂质颗粒。而在系统总回油路上安装一个精滤油器,以保证回油箱的油液具有较高的清洁度。

(2)蓄能器的计算选择

蓄能器在液压系统中主要有蓄能和缓冲两种作用。

①蓄能用蓄能器的计算选择

用以补充液压泵供油不足的蓄能器。根据系统允许的最低工作压力 p_1、最高工作压力 p_2 和有效工作容积 ΔV 来选择,蓄能器的有效容积 ΔV 可按下式计算:

$$\Delta V=k(\Sigma V_i)-(\Sigma q_i)^t \tag{9-14}$$

作为应急能源的蓄能器,其有效容积 ΔV,可按下式计算:

$$\Delta V=k(\Sigma V_i) \tag{9-15}$$

式中:ΔV——有效工作容积(m^3);

ΣV_i——系统最大耗油量时,各执行元件所需的总耗油量(m^3);

Σq_i——各供油泵的流量和(m^3);

k——考虑到元件的泄漏系数,一般取 1.2;

t——系统最大耗油时,液压泵工作时间(s)。

若使用皮囊式蓄能器,其总容积 V_0(m^3),可按下式计算:

$$V_0=\frac{\Delta V}{p_0^{\frac{1}{n}}\left[\left(\frac{1}{p_1}\right)^{\frac{1}{n}}-\left(\frac{1}{p_2}\right)^{\frac{1}{n}}\right]} \tag{9-16}$$

式中:p_0——蓄能器充气压力,$p_0=0.25p_2\sim0.9p_1$(MPa);

n——系数，当排油时间很短即小于 1min 时，按绝热过程计算，取 $n=1.4$，此外，按等温过程计算，取 $n=1$。

②缓冲用蓄能器计算选择

缓冲用蓄能器的选择根据系统最低工作压力、最高允许冲击压力、阀门关闭前管内流量、产生冲击的管长以及阀门关闭持续时间。皮囊式蓄能器的总容积 V_0，可用下面的经验公式计算：

$$V_0=\frac{0.002qp_2(0.0164L-t)}{p_2-p_1} \tag{9-17}$$

式中：p_1——系统最低工作压力（MPa）；

p_2——系统允许最高冲击压力（MPa）；

q——为阀门关闭前管道内流量（m^3/min）；

L——产生冲击的管道长度（m）；

T——阀门由全开到全关时间（s）。

蓄能器的充气压力 p_0 可取等于 p_1。

根据上面计算蓄能器总容积 V_0 选择标准蓄能器，并充相应的充气压力 p_0。

（3）液压油箱的设计

液压油箱兼有储油、散热和沉淀作用，若系统主要靠液压油箱表面积散热，油箱必须有足够的散热面积。当油箱的三边比例为 1:1:1～1:2:3 时，其容积和散热面积之比变化不大，所以只要油箱有足够容积 V 就能满足自然散热要求。初选油箱容积时，可按如下推荐数值选取：

低压系统（$p<2.5$MPa），　$V=(2\sim4)q_p$

中压系统（$p<6.3$MPa），　$V=(5\sim7)q_p$

中高压系统（$p>2.5$MPa），　$V=(6\sim12)q_p$

式中：V——油箱的有效容积（m^3）；

q_p——系统中各液压泵额定流量总和（m^3/min）。

一般液面高度只占油箱高度 80%，还应作散热验算。如不满足要求，应做修改或加冷却器。在移动式机械上，由于主机空间位置的限制，油箱不可能太大，一般应设置冷却器帮助散热。

（4）冷却器选择

液压系统如果依靠自然冷却不能使油温维持在限定的最高温度之内，就需附加冷却器进行强制冷却。

冷却器有水冷和风冷两种。对冷却器的选择主要是根据热交换量来确定其散热面积及所需的冷却介质量。具体可参阅有关手册和样本。一般冷却器安放在系统总回油路的末端，一是压力低，二是有利冷却总回油。

9.5 液压系统性能参数验算

(Performance Parameters Calculation of Hydraulic System)

估算液压系统性能的主要目的是评估设计质量，或从几个方案中评选出较佳设计方案。估算内容一般包括系统压力损失、系统效率、系统发热和温升、液压冲击等。对于要求较高的液压系统，还要进行动态性能验算或计算机仿真。目前对于大多数液压系统，一般只是采用一些简化公式进行近似估算，以便定性地说明情况。

9.5.1 系统压力损失验算(Calculation of Pressure Loss in Hydraulic)

液压系统压力损失包括管道内的沿程损失和局部损失，以及阀类元件的局部损失三项。计算系统压力损失时，可按不同的工作阶段分开计算。回油路上的压力损失可折算到进油路上，某一工作阶段液压系统总的压力损失为：

$$\Sigma\Delta p_l=\Sigma\Delta p_1+\Sigma\Delta p_2\left(\frac{A_d}{A_D}\right) \tag{9-18}$$

式中：$\Sigma\Delta p_2$——系统回油路的总压力损失(MPa)；

A_D、A_d——液压缸进、回油腔面积(m^2)；

$\Sigma\Delta p_1$——系统进油路的总压力损失(MPa)。

系统进油路的总损失，可用下式计算：

$$\Sigma\Delta p_1=\Sigma\Delta p_{11}+\Sigma\Delta p_{12}+\Sigma\Delta p_{1V} \tag{9-19}$$

式中：$\Sigma\Delta p_{11}$——进油路总的沿程损失(MPa)；

$\Sigma\Delta p_{12}$——进油路总的局部损失(MPa)；

$\Sigma\Delta p_{1V}$——系统进油路上阀的总损失(MPa)。

系统进油路上阀和滤油器的损失，可由下式计算：

$$\Sigma\Delta p_{1V}=\Sigma\Delta p_H\left(\frac{q}{q_H}\right)^2 \tag{9-20}$$

式中：$\Sigma\Delta p_H$——阀和滤油器的额定压力损失(MPa)，可从有关样本查到；

q——通过阀和滤油器的实际流量(m^3/min)；

q_H——阀和滤油器的额定流量(m^3/min)。

系统回油路的总压力损失，可用下式计算：

$$\Sigma\Delta p_2=\Sigma\Delta p_{21}+\Sigma\Delta p_{22}+\Sigma\Delta p_{2V} \tag{9-21}$$

式中：$\Sigma\Delta p_{21}$——回油路总的沿程损失(MPa)；

$\Sigma\Delta p_{22}$——回油路总的局部损失(MPa)；

$\Sigma\Delta p_{2V}$——回油路上阀和滤油器的总损失(MPa)，计算方法同进油路。

进油路和回油路的沿程和局部阻力损失，可按下式计算：

$$\begin{aligned}\Delta p_{11}=\Delta p_{21}&=\lambda\rho\frac{l}{d}\times\frac{v^2}{2}\times10^{-6}(\mathrm{MPa})\\ \Delta p_{12}=\Delta p_{22}&=\xi\rho\times\frac{v^2}{2}\times10^{-6}(\mathrm{MPa})\end{aligned} \tag{9-22}$$

式中：λ——沿程阻力系数，可在流体力学中找到计算方法；

ξ——局部阻力系数，可在流体力学中找到计算方法；

ρ——油密度，一般取 $\rho=900kg/m^3$；

l、d——管路长度和内径(m)，由管路布置定；

v——通过管路和局部处流速(m/s)。

由上计算可得出液压泵出口压力 p_p 为：

$$p_p \geqslant p_1 + \Sigma p_1 \tag{9-23}$$

式中：p_1——液压缸或液压马达入口压力（MPa）。

9.5.2 液压系统总效率估算（Overall Efficiency Estimation of Hydraulic System）

液压系统总效率 η 与液压泵的总效率 η_p、回路总效率 η_1 及执行元件总效率 η_m 有关，其关系式如下：

$$\eta = \eta_p \eta_1 \eta_m \tag{9-24}$$

各种形式的液压泵和液压马达的总效率可查阅有关样本和手册，液压缸的总效率可参阅表 9-5 选取。回路总效率可按下式计算：

$$\eta_1 = \frac{\Sigma p_1 q_1}{\Sigma p_p q_p} \tag{9-25}$$

式中：$\Sigma p_1 q_1$——同时动作的液压执行元件的工作压力和输入流量乘积的总和；

$\Sigma p_p q_p$——同时供应的液压泵的出口压力和输出流量乘积的总和。

系统管路总效率 η_1 是由其压力效率 η_{1p} 和容积效率 η_{1v} 的乘积来计算，即：

$$\eta_1 = \eta_{1p} \eta_{1v}$$

$$\eta_{1p} = \frac{p_p - \Delta p_1}{p_p} \tag{9-26}$$

$$\eta_{1v} = \frac{q_p - \Delta q_1}{q_p}$$

式中：p_p——泵的最大工作压力（MPa）；

q_p——泵输出的最大流量（m^3/min）；

Δq_1——除泵和执行元件之外，系统中所有阀类等内泄漏流量，可通过孔口和缝隙流量方法计算。

系统在一个工作循环周期内的平均回路总效率 η_{cb} 由下式计算：

$$\eta_{cb} = \frac{\Sigma \eta_{ci} t_i}{T} \tag{9-27}$$

式中：η_{ci}——各个工作阶段的回路总效率；

t_i——各个工作阶段的持续时间（s）；

T——整个工作循环的周期（s）。

9.5.3 系统热平衡计算（Heat Balance Calculation of Hydraulic System）

（1）系统热平衡

液压系统在工作过程中的功率损失全部转化为热量。这些热量的一部分通过冷却器、油箱、管路等散失到大气中去，另一部分则被液压油和液压元件金属吸收，从而提高了系统油温。金属吸收能量较小，计算中可略去。

液压系统运行时，总要产生压力损失。压力损失主要包括管道沿程和局部压力损失以及阀类元件的局部压力损失三项。压力损失和流量乘积,就是功率损失,并以发热形式表现出来。当发热功率和散热功率平衡,系统油温就稳定在某一最高值。液压系统允许油温与液压油黏温性有关,目前一般允许的正常工作油温是50~80℃,最高允许油温是70~90℃。

(2)系统发热功率计算

系统发热功率计算,有如下几种方法。

①分项计算法

该方法主要考虑泵、执行元件和溢流阀的功率损失。三项分别计算,然后相加而成总功率损失。

液压泵的功率损失 ΔP_p:

$$\Delta P_p = P_p(1-\eta_p) \tag{9-28}$$

式中:P_p——液压泵输入功率(kW);

η_p——液压泵的总效率。

液压执行元件的功率损失 ΔP_m:

$$\Delta P_m = P_m(1-\eta_m) \tag{9-29}$$

式中:P_m——液压执行元件的输入功率(kW);

η_m——液压执行元件的总效率。

溢流阀的功率损失 ΔP_y:

$$\Delta P_y = p_y q_y \tag{9-30}$$

式中:p_y——溢流阀的调定压力(MPa);

q_y——溢流阀的溢流量(m^3/min)。

系统的总发热功率 ΔP 为:

$$\Delta P = \Delta P_p + \Delta P_m + \Delta P_y \tag{9-31}$$

②简化方法

对于系统比较复杂,功率损失环节较多,按上述方法计算较麻烦。系统总发热功率 ΔP 可按下面简化方法进行估算:

$$\Delta P = P_p(1-\eta_p\eta_l\eta_m) = P_p(1-\eta) \tag{9-32}$$

式中:P_p——液压泵输入功率(kW);

η_p——液压泵的总效率;

η_l——液压回路的总效率;

η_m——液压元件的总效率;

η——液压系统的总效率,$\eta=\eta_p\eta_l\eta_m$。

③工作循环计算法

在工程机械中,一个工作循环中的负载大小和方向均可发生很大变化,很难精确计算,而且繁琐。为简化计算,可按下式作宏观计算单位发热量 ΔP(W):

$$\Delta P = \frac{\Sigma P_{pi}t_{pi} - \Sigma P_{zi}t_{zi}}{T} \tag{9-33}$$

式中:P_{pi}、t_{pi}——液压泵在一个工作循环中各阶段的输入功率(W)、时间(s);

P_{zi}、t_{zi}——液压元件在一个工作循环中各阶段的输出功率(W)、时间(s)；

T——一个工作循环的时间(s)。

工程机械的工作循环不是固定的,经常变化很大,计算发热功率 ΔP 时,应当用规范规定的或按统计规律拟定的当量工作循环。

对工程机械液压系统的发热源,除液压泵、液压马达、溢流阀、管路系统的功率损失外,负载下降时,通过平衡阀、缓冲制动阀、单向节流阀等功率损失也很大,在计算发热功率时,应予考虑。

(3)系统的散热功率

液压系统中产生的热量,一部分经冷却表面散发到周围空气中去,另一部分使油温升高。一般可认为系统产生的热量全部由油箱表面散发,故系统散热功率 ΔP_0 可由下式计算:

$$\Delta P_0 = kA(t_1 - t_2) \times 10^{-3}(\mathrm{kW}) \tag{9-34}$$

式中:k——油箱散热系数[$\mathrm{W/(m^2 \cdot ℃)}$],参见表9-5;

A——油箱散热面积($\mathrm{m^2}$);

t_1、t_2——系统中工作介质温度和环境温度(℃)。

油箱散热系数[$\mathrm{W/(m^2 \cdot ℃)}$]　　表9-5

散热条件	散热系数	散热条件	散热系数
通风很差	8~9	风扇冷却	23
通风良好	15~17.5	循环水冷却	110~175

(4)系统温升

当系统的发热功率 ΔP 等于系统的散热功率 ΔP_0 时,系统达到热平衡,系统温升 Δt 为:

$$\Delta t = \frac{\Delta P}{kA} \times 10^3 \tag{9-35}$$

式中:$\Delta t = t_1 - t_2$——温差(℃)。

当油箱周边的尺寸的比例在1:1:1~1:2:3之间,油液高度为油箱高度的80%。且油箱通风良好,油箱的散热面积 $A(\mathrm{m^2})$ 可用下式估算:

$$A = 6.5\sqrt[3]{V^2} \tag{9-36}$$

式中:V——油箱有效容积($\mathrm{m^3}$)。

表9-6给出各种机械允许的温升值,若按上式计算出的系统温升超过表中数值时,需增加油箱散热面积或增设冷却装置。

当系统需设置冷却装置时,冷却器的散热面积 A_c 可按下式计算:

$$A_c = \frac{\Delta P - \Delta P_0}{k_c \Delta t_m} \times 10^3$$

$$\Delta t_m = \frac{t_{j1} + t_{j2}}{2} - \frac{t_{w1} + t_{w2}}{2} \tag{9-37}$$

式中:k_c——冷却器的散热系数[$\mathrm{W/(m^2 \cdot ℃)}$],可查阅有关手册;

Δt_m——平均温升(℃);

t_{j1}、t_{j2}——工作介质进出口温度(℃);

t_{w1}、t_{w2}——冷却水或风的进出口温度(℃)。

各种机械允许的温升值(℃) 表9-6

设备类型	正常工作温度	最高允许温度	油和油箱允许温度
数控机床	30~50	55~70	≤25
一般机床	30~55	55~70	≤30~35
船舶	30~60	80~90	≤35~40
机车车辆	40~60	70~80	
冶金车辆、液压机	40~70	60~90	
工程机械、矿山机械	50~80	70~90	

9.6 技术文件绘编

(Drawing Product Technical Document)

液压系统设计的最后阶段是绘制工作图和编写技术文件。

(1)绘制工作图

液压系统工作图包括:

①液压系统图。图上应注明各元件的规格、型号以及阀的压力调定值,画出执行元件完成的工作循环图,列出相应电磁铁和压力继电器的工作状态表。

②元件集成块装配图。通常用板或块将部分控制元件组合起来,称为集成板或集成块。一般液压件厂可生产各种功能的集成块,设计者只需选取并绘制集成块组合装配图即可。如没有合适的集成块可选用,则需专门设计。

③泵站装配图。泵、驱动泵的电机以及油箱等集和在一起,构成一个独立的液压源,称泵站。小型泵站有标准化产品供选用,但中大型泵站往往需要个别设计。若是空间较小、油箱较小,则需附加冷却器。液压泵由发动机驱动,泵、油箱、换向阀组、冷却器采用分离式布置方案。

④液压缸和其他专用件的装配图。

⑤管路装配图。一般只需绘制示意图说明管路走向,但需注明管道内外径和长度等尺寸、接头规格和装配要求等。

(2)编写技术文件

编写技术文件主要包括设计计算书、系统工作原理图和操作说明书等。设计说明书中还需对系统的某些性能进行必要的验算。验算内容包括压力损失、发热温升、定位或换向精度以及冲击振动等。由于影响因素较多,验算结果与实际情况可能有一定出入,其结果只能作参考,最后还是以实际结果为准。大多数情况下,验算工作可省略。

9.7 液压系统设计示例

(Example of Hydraulic System Design)

9.7.1 明确设计任务和要求(Understanding Design Tasks and Requirements)

设计一台液压起重机的液压系统。主机用途是通用型,适用于建筑、安装、管道铺设、货物装卸等。工作环境要求:风力六级以下,环境温度为-20~30℃,无腐蚀性及易燃易爆气体等。

(1)主要技术参数

最大额定起重量: $Q_g = 120\text{kN}$

满载起升速度: $v = 12\text{m/min}$

回转机构转速: $n_h = 0 \sim 3\text{r/min}$

变幅时间:起臂: $t_{b1} \leqslant 70\text{s}$

落臂: $t_{b2} \leqslant 45\text{s}$

吊臂伸缩时间:伸臂: $t_{s1} \leqslant 90\text{s}$

缩臂: $t_{s2} \leqslant 45\text{s}$

支腿收放时间:放支腿: $t_{z1} \leqslant 50\text{s}$

收支腿: $t_{z2} \leqslant 30\text{s}$

(2)动作要求

①上车回转机构全周连续回转;

②起升机构和回转机构可同时互不干扰地工作;

③支腿在起重机非工作状态收放;

④不要求吊臂在满载条件下伸缩。

(3)技术性能要求

要求工作时动作平稳、调速范围大、低速稳定性好、安全可靠、体积小、自重轻。

根据上述要求,经分析比较确定:除下车采用通用汽车底盘改装外,其余各机构均采用液压系统。

9.7.2 执行元件形式确定(Determining the Type of Actuators)

液压执行元件的形式要根据机构输出动作、经济性以及整机布置等要求确定。一般地,连续回转的机构用液压马达,直线往复运动的机构采用液压缸。有的还可采用液压缸和齿轮齿条以及叶片马达来完成小于280°的往复回转运动。起升机构通常采用液压马达驱动卷筒的传动形式,但当起升高度不高时,亦可采用液压缸通过滑轮组或链轮来实现起升动作要求。液压起重机变幅机构通常采用液压缸,亦可采用液压马达通过钢丝绳卷筒来达到变幅要求。

通过分析,本起重机起升和回转机构采用液压马达。伸缩、变幅和支腿机构采用液压缸。

9.7.3 执行元件负载和速度分析(Analyzing Load and Speed of Actuators)

(1)起升机构液压马达

满载起动状态马达轴最大负载力矩 $T_{q\max}$:

$$T_{q\max} = \frac{\varphi_q (Q_g + q_g) D_{\max}}{2im\eta_1\eta_2} = \frac{1.07 \times (120+1) \times 10^3 \times 0.466}{2 \times 36 \times 6 \times 0.96 \times 0.95} = 153(\text{N} \cdot \text{m})$$

式中:φ_q——起升动力系数,用来计入惯性负载,取 $\varphi_q = 1.07$;

Q_g——最大额定起重量,$Q_g = 120\text{kN}$;

q_g——吊钩组的自重，取 $q_g=1\text{kN}$；

$D_{\max}$——卷筒最外层钢丝绳工作直径，$D_{\max}=0.466\text{m}$；

i——起升机构减速箱传动比，取 $i=36$；

m——起升机构滑轮组倍率，取 $m=6$；

η_1、η_2——滑轮组和减速箱机械效率，取 $\eta_1=0.96$，$\eta_2=0.95$。

满载匀速上升时的马达轴负载力矩 T_q，不计惯性力：

$$T_q=\frac{(Q_g+q_g)D_{\max}}{2im\eta_1\eta_2}=\frac{(120+1)\times10^3\times0.466}{2\times36\times6\times0.96\times0.95}=143(\text{N}\cdot\text{m})$$

满载时起升马达最高转速 $n_{q\max}$：

$$n_{q\max}=\frac{vmi}{\pi D_{\min}}=\frac{12\times6\times36}{0.385\pi}=2144(\text{r/min})$$

式中：$D_{\min}$——卷筒最里层钢丝绳工作直径，$D_{\min}=0.385\text{m}$；

v——起升机构满载起升速度，$v=12\text{m/min}$。

(2)回转机构液压马达

满载起动状态马达轴最大负载力矩 $T_{h\max}$：

$$T_{h\max}=T_e+T_f+T_i=29+21+4=54(\text{N}\cdot\text{m})$$

式中：T_e——负载静阻力矩，经计算 $T_e=29\text{N}\cdot\text{m}$；

T_f——摩擦阻力矩，经计算，$T_f=21\text{N}\cdot\text{m}$；

T_i——为起动惯性阻力矩，经计算得，$T_i=4\text{N}\cdot\text{m}$。

回转机构液压马达最高转速 $n_{h\max}$：

$$n_{h\max}=n_h i=3\times476=1428(\text{r/min})$$

式中：n_h——回转机构转速，$n_h=0\sim3\text{r/min}$；

i——回转机构总传动比，$i=476$。

(3)变幅液压缸

变幅液压缸的负载与主机总体设计尺寸有关，随吊重、臂长、幅度等变化而变化经分析，其最大负载工况为：起重量 $Q_g=120\text{kN}$；工作幅度 $R=3.6\text{m}$；臂长 $L=8.5\text{m}$；仰角 $\alpha=55.5°$时的重物起动状态。此时的变幅缸最大轴向负载 $F_{b\max}$为：

$$F_{b\max}=\frac{\varphi_b F_b}{\eta}=\frac{1.07\times360}{0.98}=393(\text{kN})$$

式中：F_b——吊重、臂及吊钩自重产生变幅缸轴向的静负载，$F_b=360\text{kN}$；

φ_b——与起升机构相同的动力系数，取 $\varphi_b=1.07$；

η——支承销的传动效率，取 $\eta=0.98$。

为计算变幅缸的整体稳定性，还需算出活塞杆全伸状态的最大负载。经分析，在臂长 $L=20.5\text{m}$，工作幅度 $R=4.1\text{m}$，吊重 $Q_g=40\text{kN}$ 时，该负载达到最大值：$F'_{b\max}=150\text{kN}$。变幅缸整体稳定性验算从略。

变幅缸伸出速度 v_{b1}：

$$v_{b1}=\frac{l_b}{t_{b1}}=\frac{2.4}{70}=0.034(\text{m/s})$$

式中：l_b——变幅缸活塞杆行程，经计算，$l_b=2.4\text{m}$；

t_{b1}——设计任务书中给定的伸出时间，$t_{b1}=70\text{s}$。

变幅缸的缩回速度应在液压缸直径尺寸及泵供油量确定后再验算，此值不作为选择液压泵的主要依据。

(4)伸缩臂液压缸

伸缩臂液压缸应按活塞杆伸出时的运动状态和停止不动时的闭锁状态分别计算其负载，前者用以确定系统工作压力，后者用以计算缸的强度和稳定性。为计算强度还要计算出缸活塞杆全伸状态时的最大负载。

按起重机设计任务书要求，该机不要求带满载伸出，因此可按空载状态计算活塞杆伸出过程中的最大负载。待液压缸直径尺寸和工作压力确定后，再验算伸出时可以驱动的负载。经总体分析和计算，可得出如下结果：活塞杆伸出状态最大轴向负载 $F_{s1\max}=31.1\text{kN}$；闭锁状态最大轴向负载 $F_{s2\max}=226\text{kN}$；活塞杆全伸闭锁状态最大轴向负载 $F_{s3\max}=91\text{kN}$。

伸缩缸的伸出速度 v_{s1}：

$$v_{s1}=\frac{l_s}{t_{s1}}=\frac{6}{90}=0.067(\text{m/s})$$

式中：l_s——伸缩缸行程，经总体计算，$l_s=6\text{m}$；

t_{s1}——伸缩缸伸出时间，$t_{s1}=90\text{s}$。

活塞杆缩回速度不作为确定流量主要依据，待液压缸尺寸和泵流量确定后再验算。

(5)支腿液压缸

起重机采用H形支腿，有四个水平缸和四个垂直缸，水平缸用以扩大支承距离，垂直缸用于起重机在非工作状态将底架支起并调平，在闭锁状态承受起重机吊载作业时产生的负载。按起重机支腿计算压力方法计算垂直支腿最大压力，以便计算垂直支腿液压缸的强度。经分析计算得：支起底架时垂直液压缸的负载 $F_{z1\max}=68.2\text{kN}$；闭锁状态的最大负载 $F_{z2\max}=224\text{kN}$。其他计算内容从略。

9.7.4 液压系统主要参数确定(Determining Main Parameters of Hydraulic System)

液压系统主要参数有系统工作压力、液压执行元件的工作压力和流量、液压缸有效面积和液压马达的排量。确定系统主要参数的目的是为拟定系统原理图，选择或设计液压元件提供依据。确定主要参数的依据是执行元件的负载或负载图和速度或速度图，可供选择元件的种类和规格、质量和价格等。

(1)确定系统工作压力

起重机工作负载大，为使系统紧凑、轻便。一般都采用中压或高压系统，根据国内可供元件的条件，确定系统工作压力为21MPa。

(2)确定液压缸内径和液压马达排量

①液压缸内径

(a)变幅缸内径

按起臂工况最大工作负载 $F_{b\max}=393\text{kN}$ 计算，内径 D 为：

$$D=\sqrt{\frac{4F_{b\max}\times10^{-3}}{\pi(p-p_0)\eta_m}-\frac{d^2p_0}{(p-p_0)}}=\sqrt{\frac{4\times393\times10^{-3}}{\pi(20-0.5)\times0.96}-\frac{(0.62D)^2\times0.5}{20-0.5}}=0.162(\mathrm{m})$$

式中：p——变幅缸最大工作压力，按已确定的系统工作压力，考虑管路系统压力损失，取 20MPa；

p_0——回油背压，按一般推荐数据，取 0.5MPa；

η_m——液压缸机械效率，取 0.96；

d——活塞杆直径，按起臂和落臂时间要求，可取缸速比 $\varphi=1.64$，由此可得 $d=0.62D$。

(b)吊臂伸缩液压缸内径

其液压缸内径是按全伸闭锁状态临界力及闭锁状态最大负载和伸缩臂内部空间尺寸等因素确定。计算过程从略。所得结果是 $D=0.11\mathrm{m}$。

(c)垂直支腿液压缸内径

按闭锁状态上车起重力矩最大时产生的最大支腿压力 $F_{z2\max}=224\mathrm{kN}$ 计算。根据缸筒材料机械性能及这个负载不经常产生的特点，可允许闭锁压力 $p=25\mathrm{MPa}$。

则其内径 D 为：

$$D=\sqrt{\frac{4F_{z2\max}}{\pi p}}=\sqrt{\frac{4\times224\times10^{-3}}{25\pi}}=0.106(\mathrm{m})$$

②液压马达排量

(a)起升机构液压马达排量

按满载起动状态最大负载力矩 $T_{q\max}=153\mathrm{N\cdot m}$ 计算起升马达排量 V_m：

$$V_m=\frac{2\pi T_{q\max}}{(p-p_0)\eta_{mm}}=\frac{2\pi\times153\times10^{-6}}{(20-0.5)0.95}=51.9\times10^{-6}(\mathrm{m^3/r})$$

式中：p、p_0——意义和数值同变幅液压缸；

η_{mm}——液压马达机械效率，柱塞马达可取 0.95。

(b)回转机构液压马达排量

按满载负荷起动状态的负载力矩 $T_{h\max}=54\mathrm{N\cdot m}$ 计算，方法和起升马达相同。

结果为：

$$V_m=18.3\times10^{-6}(\mathrm{m^3/r})$$

(3)液压缸和液压马达的工作压力

①液压缸的工作压力

(a)变幅液压缸的工作压力

按起臂工况最大工作负载 $F_{b\max}=393\mathrm{kN}$ 计算最大工作压力 $p_{b\max}$：

$$p_{b\max}=\frac{4F_{q\max}}{\pi D^2\eta_m}+\frac{(D^2-d^2)p_0}{D^2}=\frac{4\times393\times10^{-3}}{0.16^2\times0.96\pi}+\frac{(0.16^2-0.1^2)\times0.5}{0.16^2}=20.6(\mathrm{MPa})$$

式中：d——活塞杆径，$d=0.62D=0.62\times0.16=0.1(\mathrm{m})$。

(b)伸缩液压缸的工作压力

按活塞杆伸出运动状态时的最大负载 $F_{s1\max}=31.1\mathrm{kN}$ 计算所需最大工作压力 $p_{s1\max}$ 为：

$$p_{s1\max}=\frac{4F_{s1\max}}{\pi D^2\eta_m}+\frac{(D^2-d^2)p_0}{D^2}=\frac{4\times31.1\times10^{-3}}{0.11^2\times0.96\pi}+\frac{(0.11^2-0.08^2)\times0.5}{0.11^2}=3.6(\mathrm{MPa})$$

闭锁状态最大闭锁压力 $p_{s2\max}$，按该工况下的最大负载 $F_{s2\max}=226\mathrm{kN}$ 计算：

$$p_{s2\max}=\frac{4F_{s2\max}}{\pi D^2}=\frac{4\times226\times10^{-3}}{0.11^2\pi}=23.8(\mathrm{MPa})$$

(c)垂直支腿液压缸

非工作状态时，起升支腿最大压力 $p_{z1\max}$，按该工况时的最大负载 $F_{z1\max}=68.2\mathrm{kN}$ 计算，可得 $p_{z1\max}=7.2\mathrm{MPa}$。

最大闭锁状态下的最大闭锁压力 $p_{z2\max}$，按最大闭锁状态下最大负载 $F_{z2\max}=68.2\mathrm{kN}$ 计算，可得 $p_{z2\max}=23.6\mathrm{MPa}$。

②液压马达的工作压力

(a)起升液压马达

按满载起动状态的最大负载扭矩 $T_{q\max}=153\mathrm{kN}$ 计算液压马达的最大工作压力 $p_{q\max}$，得：

$$p_{q\max}=\frac{4F_{s2\max}}{\pi D^2}=\frac{4\times226\times10^{-3}}{0.11^2\pi}=23.8(\mathrm{MPa})$$

(b)回转机构液压马达的工作

其计算方法与起升机构液压马达相同，可得 $p_{h\max}=13.6\mathrm{MPa}$。

(4)液压缸和液压马达的流量

①液压缸流量

液压缸流量应按其要求伸缩速度计算，该起重机各液压缸流量可按伸出速度计算。因为采用单泵供油，缩回速度要求不严格。

变幅缸所需流量 q_b：

$$q_b=\frac{\pi D^2 v_{b1}}{4}=\frac{31.4\times0.16^2\times0.034}{4}=0.69\times10^{-3}(\mathrm{m^3/s})=41(\mathrm{L/min})$$

其他液压缸所需流量计算方法相同，所得结果是：

伸缩缸流量： $q_s=0.63\times10^{-3}(\mathrm{m^3/s})=37.8(\mathrm{L/min})$

支腿液压缸流量： $q_z=0.56\times10^{-3}(\mathrm{m^3/s})=33.6(\mathrm{L/min})$

②液压马达流量

液压马达所需工作流量按转速和排量乘积计算。

起升机构液压马达按满载最高转速和相应排量计算：

$$q_q=\frac{n_{q\max}V_m}{\eta_{vm}}=\frac{2143\times51.9\times10^{-6}}{60\times0.96}=1.93\times10^{-3}(\mathrm{m^3/s})=115.9(\mathrm{L/min})$$

式中：η_{vm}——液压马达的容积效率，取0.96。

回转机构液压马达流量：

$$q_h=\frac{n_{b\max}V_m}{\eta_{vm}}=\frac{1428\times18.3\times10^{-6}}{60\times0.92}=0.473\times10^{-3}(\mathrm{m^3/s})=28.4(\mathrm{L/min})$$

9.7.5 液压系统原理图初拟(Drawing Schematic Illustration of Hydraulic System)

液压系统原理图是用液压元件职能符号表示的系统工作原理图,它能清楚地表示出各元件之间的关系、工作原理、操作和控制方式等。

(1)确定系统形式

为使系统简单、便于操作、能满足自然冷却、满足起升和回转机构复合动作要求、扩大调速范围、提高作业效率,确定采用开式串并联混合系统。

回转、伸缩、变幅和支腿机构需要的功率比起升机构小得多,而且没有同时动作的要求,故可共用一个较小的液压泵,采用并联形式。起升机构需要功率较大,而且经常与回转机构同时工作,因此有必要采用一个较大的泵专门为起升机构供油。当起升机构和回转机构复合动作时,两者分别由单独的泵供油,互不干扰地配合工作。当只有起升机构单独工作时,两泵可以并联合流供油给起升机构,扩大调速范围,提高作业效率,充分发挥泵和发动机的功率。

(2)确定操纵方案

根据主机工作需要,各机构均采用手动换向阀操作。

四个水平支腿液压缸,因无同步要求,故采用一个换向阀并联控制,以简化结构、降低造价。四个垂直支腿液压缸,为保证其既能同时动作,又能单独动作以满足调平底架的需要,故采用一个换向阀和一个转阀控制。上车各机构用一个多路换向阀操纵,以达到方便、紧凑之目的。

(3)确定调速方案

起升机构除采用双泵合流、溢流节流阀调速方式外,还采用恒压力变量马达,达到重载慢速、轻载快速的自动变量的调速要求,提高了作业效率,并扩大了调速范围。

其他各机构可借助换向阀过渡状态的节流作用达到调速要求,简单、可靠。

除上述调速方法外,还可通过调节发动机转速,来改变液压泵的供油流量进行调速。

(4)确定限速方案

起升、变幅和伸缩机构都承受重力负载,下降时都会产生超速现象,为防止下降超速,实现动作平稳,按一般方法,在下降超速油路安装平衡阀进行限速。

(5)缓冲和补油方案

所有液压马达回路都要注意缓冲和补油问题。

回转机构转动惯量大,要求起动和制动平稳,起动过程的平稳性由手动换向阀控制。并采用交替逆止阀和单向节流阀延缓制动器的制动过程,使机构制动平稳。

起升机构采用H形中位机能换向阀,回转机构采用Y形中位机能换向阀,使液压马达低压侧与系统回油路相通,靠回油压力补油。

(6)限压和安全方案

起升机构采用差压式溢流阀,并联安装在泵出口,以保护系统安全,系统最高压力由溢流阀调定压力限定,其他机构均采用普通溢流阀安全限压。

(7)锁紧方案

为防止垂直支腿液压缸因泄漏而产生软腿现象,采用双向液压锁,可防止活塞杆在两个方向外力作用下移动。变幅缸和伸缩缸已使用平衡阀,平衡阀也具有锁紧作用,无需再安装其他锁紧阀。起升机构和回转机构液压马达,由于马达自身的泄漏,即使使用锁紧阀类,也不能起锁紧作用,而通常采用常闭式制动器制动锁紧。

(8)制动方案

起升和回转机构液压马达采用常闭式制动器进行制动。变幅和伸缩机构液压缸利用平衡阀的节流作用进行制动。

(9)卸荷方案

系统各工作机构在不工作时,泵应直通油箱卸荷,以节约能量和减轻泵的负担。系统各机构均采用通过换向阀中位使液压泵的油直接回油箱,完成泵的中位卸荷。

完成上述工作后,先画出各机构的基本回路图,再按系统形式要求把各回路图适当联系起来,就构成了完整的系统原理图。

该起重机液压系统原理图如图 9-5 所示。

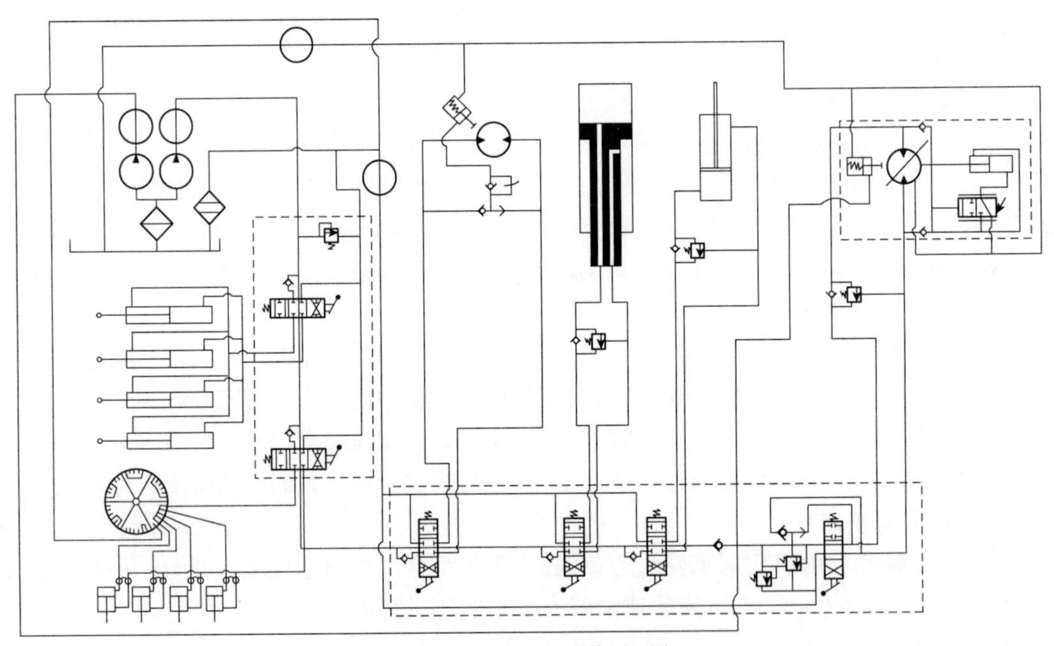

图 9-5 起重机液压系统原理图

9.7.6 液压元件选择和设计(Selection and Design of Hydraulic Components)

(1)液压泵的选择

液压泵的额定压力和流量应满足系统的压力和流量的要求,其外形尺寸、安装方式、转动方向、工作条件等均应符合主机要求。

在该起重机的液压系统中,由小泵供油的机构中,变幅机构液压缸所需的最高工作压力 $p_{b\max}=20.6\text{MPa}$ 和最高流量 $q_b=0.69\times10^{-3}\text{m}^3/\text{s}$(41L/min)。起升机构的液压马达所需的最高工作压力 $p_{q\max}=20.6\text{MPa}$ 和最高流量 $q_q=1.93\times10^{-3}\text{m}^3/\text{s}$(115.8L/min)。

从以上参数分析,可选用 CBF-F50/32 双联齿轮泵,它由两个齿轮泵串联在一起。该泵体积小、重量轻,能适应较恶劣的工作环境和规定的环境温度,而且价格便宜,可适应主机要求。其参数如下：额定工作压力为21.4MPa；小泵排量 $V_{p1}=32\times10^{-6}m^3/r$；大泵排量 $V_{p2}=50\times10^{-6}m^3/r$。

取泵转速 $n_p=1500r/min$，容积效率 $\eta_{vp}=0.95$，可得：小泵流量 $q_{p1}=0.76\times10^{-3}m^3/s$（45.6L/min）；大泵流量 $q_{p2}=1.18\times10^{-3}m^3/s$（71.25L/min）；双泵合流 $q_p=q_{p1}+q_{p2}=1.94\times10^{-3}m^3/s$（116.8L/min）。

和前面计算值比较可知，双联齿轮泵工作压力和流量均满足要求。

(2)液压马达的选择

液压马达按额定工作压力、排量、转速及变量方式和变量范围等选择。其重量、体积、价格、安装方式、对环境的要求等也不能忽视。

①起升机构液压马达的选择

起升液压马达所需工作压力 $p_{qmax}=20MPa$，最大排量 $V_q=51.9\times10^{-6}m^3/r$，工作转速 $n=2143r/min$，要求恒压变量。选择A6V55型恒压变量泵可满足要求。其参数如下：额定工况工作压力为32.5MPa；最大排量为 $55\times10^{-6}m^3/r$；最小排量为 $15.8\times10^{-6}m^3/r$；最高转速为3750r/min。

对比前面计算结果，所选泵满足要求。

②回转机构液压马达选择

回转机构液压马达所需工作压力 $p_{hmax}=13.6MPa$，排量 $V_h=18.3\times10^{-6}m^3/r$，转速 $n=1428r/min$，选择A2F28型斜轴定量马达，其参数如下：额定工作压力为32.5MPa；排量为 $28\times10^{-6}m^3/r$；额定转速为3000r/min。

对比分析，所选液压马达满足要求。

(3)液压缸选择和设计

如有标准液压缸，可选择标准液压缸。但起重机液压缸较特殊，如伸缩液压缸行程很长。如无标准液压缸，则需自行设计。详细过程从略。

(4)控制阀的选择

选择控制阀的主要依据是在满足机能前提下，依据阀的额定压力和流量来选择。但连接方式、体积和重量等也应予以考虑。

①平衡阀的选择

系统中使用平衡阀的机构有起升机构、变幅机构和伸缩机构三个。

起升机构回路使用的平衡阀，除满足工作压力和流量的要求，还应满足吊重下降起动平稳，其控制压力不应低于制动器的开启压力，否则会造成吊重下降时，制动器反复制动，使系统振动。控制压力亦不能过高，否则浪费功率形成附加发热。该起重机选用PHY-G20L型平衡阀可满足要求，其参数如下：额定压力为30MPa；流量为 $2.66\times10^{-3}m^3/s$；控制压力为3.5MPa。

变幅机构和伸缩机构可选用同型号平衡阀，但控制压力可略低一些。

②换向阀的选择

上车液压系统选用QYL-Fl多路换向阀，它由多路换向阀组合成一体，并附有溢流阀和缓冲补油阀，可满足系统要求，其参数如下：额定压力为30MPa；流量为 $2.66\times10^{-3}m^3/s$。下车换向阀和转阀的选择原则同上。

③液压锁的选择

系统中采用液压锁的地方有两处：一是四个垂直支腿液压缸，采用双向液压锁，以保证起重机作业状态不软腿，行驶状态不松腿；二是水平支腿采用单向液压锁即可，有时水平缸也可不安装液压锁。

双向液压锁型号 DDFY-L1045，能满足闭锁要求，其参数如下：额定压力为 50MPa；额定流量为 $0.5\times10^{-3}m^3/s$。

(5)管路选择

系统管路主要包括硬管和软管。一般固定场合使用硬管，有相对移动场合使用软管。管道选择主要按其通过的流量、允许流速和强度选择。下面以硬管为例进行计算选择。

起升机构回路进油路管内径 d：

$$d=\sqrt{\frac{4q_p}{\pi[v]}}=\sqrt{\frac{4\times1.94}{6\pi}}=0.0203(\mathrm{m})$$

式中：q_p——大小泵合流流量，$q_p=1.94m^3/s$；

$[v]$——管道允许流速，$[v]=6m/s$。

管路壁厚 δ：

$$\delta\geqslant\frac{p_{q\max}d}{2[\sigma]}=\frac{20\times10^6\times0.023}{2\times50\times10^6}=0.004(\mathrm{m})$$

式中：$p_{q\max}$——进油管路最大工作压力，$p_{q\max}=20MPa$；

$[\sigma]$——管路许用应力，$[\sigma]=50MPa$。

按无缝钢管标准，选用 $\phi28\times4$ 无缝钢管，内径为 0.02m，壁厚为 0.004m。

总回油路管内径按允许流速 3m/s 选择，泵吸油管内径按允许流速 1~0.5m/s 选择，其选择过程从略。

(6)滤油器选择

滤油器主要根据其通过流量和滤油精度选择。系统采用进、回油双重过滤方式，即在泵吸油口安装过滤精度略低的滤油器，使压力损失较低，以免泵吸油困难。在系统总回油路安装滤油精度较高的滤油器，以保证总回油的清洁度。

进油滤油器选择 XU-B160x100 型滤油器，其参数如下：额定流量为 $2.66\times10^{-3}m^3/s$；压力损失为 0.02MPa；滤油精度为 100um。

回油滤油器选择 XU-A160x30s 型，其参数如下：额定流量为 $2.66\times10^{-3}m^3/s$；压力损失 0.12~0.35MPa；滤油精度为 30um。

(7)油箱有效容积 V

起重机属于移动机械，油箱不能设计得太大，应使用小油箱加冷却器的形式。先按推荐方法确定油箱容积，以后再验算其散热能力以及是否能容纳系统中的全部液压油。其有效容积 V：

$$V=2.5q_p=2.5\times0.123=0.31(\mathrm{m}^3)$$

式中：q_p——双泵流量，$q_p=1.94\times10^{-3}\times60/0.95=0.123(m^3/min)$。

(8)液压油选择

选择 20 号低凝抗磨液压油，50℃时平均黏度为 $20\times10^{-6}m^2/s$，即 20cSt，黏度指数为 100，流动点-25℃，可满足系统中对液压油要求最高的 A6V55 型液压马达的需要。该马达要求液压油的最佳黏度是 $(16\sim25)\times10^{-6}m^2/s$（16~25cSt）。

9.7.7 液压系统性能参数验算(Parameters Calculation of Hydraulic System)

9.7.7.1 管路系统损失和效率(Loss and Efficiency of Pipeline System)

管路系统的损失是指除液压动力元件和执行元件之外的全部管路、阀类元件、滤油器及连接件等产生的压力损失和流量损失。

压力损失 Δp 包括直管的沿程损失 Δp_1(MPa)、连接件的压力损失 Δp_2(MPa),阀类元件及滤油器等的压力损失 Δp_v。可按流体力学有关公式计算:

$$\Delta p_1 = \lambda\rho\ \frac{l}{d}\times\frac{v^2}{2}\times10^{-6}(\mathrm{MPa})$$

$$\Delta p_2 = \zeta\rho\times\frac{v^2}{2}\times10^{-6}(\mathrm{MPa})$$

$$\Delta p_v = \Delta p_H\left(\frac{q}{q_H}\right)^2(\mathrm{MPa})$$

式中:λ——沿程阻力系数,可在流体力学中找到计算方法;

ζ——局部阻力系数,可在流体力学中找到计算方法;

ρ——油密度,一般取 $\rho=900\mathrm{kg/m^3}$;

l、d——管路长度和直径(m),由管路布置定;

v——通过管路和局部处的流速(m/s);

Δp_{H}——阀类元件等在额定流量下的压力损失(MPa),由手册查得;

q、q_H——阀类元件和滤油器等等的实际流量和额定流量($\mathrm{m^3/s}$)。

总压力损失为:

$$\Delta p = \Sigma\Delta p_1 + \Sigma\Delta p_2 + \Sigma\Delta p_V$$

流量损失 Δq_1 是指除液压动力元件和执行元件之外,系统中所有阀类元件和回转接头等内泄漏造成的损失 Δq_i 之和,即:

$$\Delta q_1 = \Sigma\Delta q_i$$

Δq_i 损失可按孔口或缝隙流量计算方法计算,也可按阀类元件在额定压力下的流量损失,并考虑到实际压力与额定压力的比例关系计算。

管路系统的总效率 η_1 是其压力效率 η_{1p} 和容积效率 η_{1v} 的乘积,即:

$$\eta_1 = \eta_{1p}\eta_{1v}$$

$$\eta_{1p} = \frac{p_p - \Delta p_l}{p_p}$$

$$\eta_{1v} = \frac{q_p - \Delta q_l}{q_p}$$

式中:p_p——泵出口最大工作压力,即调定压力(MPa);

q_p——泵出口额定流量($\mathrm{m^3/s}$)。

所设计的起重机液压系统可按两种工况计算管路损失和效率:一是双泵合流供起升机构满载起升工况;二是起升机构和回转机构满载工作的复合工况。

(1)第一种工况

利用前述公式,代入相关参数可得

小泵支路压力损失 $\Delta p_{l1}=1.2\text{MPa}$,其中进油路损失是0.85MPa;

小泵支路流量损失 $\Delta q_{l1}=0.04\times10^{-3}\text{m}^3/\text{s}$。

由前述公式可求得小泵支路的压力效率 $\eta_{lp1}=0.94$,容积效率 $\eta_{lv1}=0.95$,总效率 $\eta_{l1}=0.94\times0.95=0.893$。

大泵支路压力损失 $\Delta p_{l2}=0.95\text{MPa}$,其中进油路损失是0.6MPa;

大泵支路流量损失 $\Delta q_{l2}=0.05\times10^{-3}\text{m}^3/\text{s}$。

由前述公式可求得大泵支路的压力效率 $\eta_{lp2}=0.95$,容积效率 $\eta_{lv2}=0.96$,总效率 $\eta_{l2}=0.95\times0.96=0.912$。

管路系统折算总效率 η_1 为:

$$\begin{aligned}\eta_1&=1-\frac{p_{p1}q_{p1}(1-\eta_{l1})+p_{p2}q_{p2}(1-\eta_{l2})}{p_{p1}q_{p1}+p_{p2}q_{p2}}\\&=1-\frac{21.3\times0.76(1-0.893)+21.5\times1.18(1-0.912)}{21.3\times0.76+21.5\times1.18}\\&=0.9\end{aligned}$$

(2)第二种工况

起升机构和回转机构复合工作工况。代入相关数据可求得:

小泵支路压力损失 $\Delta p_{l1}=1.0\text{MPa}$,其中进油路损失0.6MPa;

小泵支路流量损失 $\Delta q_{l1}=0.025\times10^{-3}\text{m}^3/\text{s}$;

小泵支路压力效率 $\eta_{lp1}=0.95$;

小泵支路容积效率 $\eta_{lv1}=0.97$;

大泵支路的损失和效率同上。

第二种工况管路折算总效率 η_1 为:

$$\begin{aligned}\eta_1&=1-\frac{p_{p1}q_{p1}(1-\eta_{l1})+p_{p2}q_{p2}(1-\eta_{l2})}{p_{p1}q_{p1}+p_{p2}q_{p2}}\\&=1-\frac{21.3\times0.76(1-0.92)+21.5\times1.18(1-0.912)}{21.3\times0.76+21.5\times1.18}\\&=0.91\end{aligned}$$

9.7.7.2 液压系统总效率(Overall Efficiency of Hydraulic System)

液压系统总效率是表示系统优劣的指标之一。它是包括液压动力元件和执行元件在内的整个液压系统的传动效率。

液压系统的总效率和其他传动系统一样,是输出功率与输入功率之比,即:

$$\eta=\frac{\Sigma P_p-\Sigma\Delta P_i}{\Sigma P_p}=\frac{\Sigma P_p\eta_{pi}\eta_{1i}}{\Sigma P_p}$$

$$P_p=p_{pi}q_{pi}\times10^3/\eta_{pi}(\text{kW})$$

$$\Delta P_i=P_i(1-\eta_p\eta_m\eta_1)(\text{kW})$$

式中：ΣP_o——各液压泵输入功率之和(kW)；

ΣP_i——系统功率损失之和(kW)；

p_{pi}——液压泵的工作压力(MPa)；

q_{pi}——液压泵的流量(m^3/s)；

η_p、η_m、η_l——液压泵、液压马达和管路系统总效率。

起重机在双泵合流供起升工况时：

双泵输入功率总和：

$$\Sigma P_p = 21.3\times0.76/0.9+21.5\times1.18/0.9 = 46.2(kW)$$

双泵系统有效利用功率：

$$\Sigma(P_p\eta_{pi}\eta_{mi}\eta_{1i}) = 21.3\times0.76\times0.9\times0.893+21.5\times1.18\times0.9\times0.912 = 33.8(kW)$$

系统总效率：

$$\eta = \frac{33.8}{46.2} = 0.73$$

起升和回转复合动作工况时：

双泵输入功率总和：

$$\Sigma P_p = 14.6\times0.76/0.9+21.5\times1.18/0.9 = 40.5(kW)$$

系统有效利用功率：

$$\Sigma(P_p\eta_{pi}\eta_{mi}\eta_{1i}) = 14.6\times0.76\times0.9\times0.92+21.5\times1.18\times0.9\times0.912 = 30(kW)$$

系统总效率：

$$\eta = \frac{30}{40.5} = 0.74$$

9.7.7.3 系统热平衡验算(Heat Balance Calculation of Hydraulic System)

首先确定热平衡计算的当量工况，以一个工作循环的输入功率和输出功率之差计算单位时间内发热功率，然后按散热能力计算平均油温，其值不能高于液压油的最高允许工作温度。

该起重机液压系统的当量发热工况是：吊重60kN时，从地面全速起升到17m高度，左转180°，整机停止工作1min；然后空钩全速下降到地面，右转180°，整机停止工作1min。

按A6V55恒压变量马达的排量与负载的关系，在液压泵额定工作压力为21MPa时，重物起升17m需要42s时间，空钩下降时，液压马达排量最小，下降17m只需24s，工作压力只供平衡阀控制压力使用，4.5MPa即可。回转180°的时间是10s，小泵工作压力是14.6MPa。卸荷状态液压泵出口压力是1MPa。一个工作循环时间是206s。

一个循环系统的输入功率是：

$$\Sigma P_p = \frac{\Sigma p_{pi}q_{pi}t_i/\eta_{pi}}{T}$$

$$= \frac{\frac{21\times(0.76+1.18)\times10^{-3}\times42}{0.95}+\frac{4.5\times(0.76+1.18)\times10^{-3}}{0.95}+14.6\times0.76\times10^{-3}\times10\times2+\frac{(0.76+1.18)\times10^{-3}\times120}{0.95}}{206}$$

$$= 12.14(kW)$$

一个循环中消耗的功率 P_c 包括重物得到的位能功率 P_{c1} 和机构摩擦及风阻力等损失的功率 P_{c2}。

$$P_{c1}=\frac{60\times17\times10^3}{206}=4.95\times10^3(\mathrm{W})$$

$$P_{c2}=\frac{650\times10^3}{206}=3.16\times10^3(\mathrm{W})$$

单位时间发热功率 ΔP_t：

$$\Delta P_t=\Sigma P_i-P_{c1}-P_{c2}=(12.14-4.95-3.16)\times10^3=4.03\times10^3(\mathrm{W})$$

油箱散热面积 A：

$$A=6.66\sqrt[3]{V^2}=6.66\sqrt[3]{0.3075^2}=3.03(\mathrm{m}^2)$$

热平衡状态的最大温升 Δt_{max}：

$$\Delta t_{max}=\frac{\Delta P_t}{kA}=\frac{4.03\times10^3}{22\times3.03}=60(℃)$$

9.7.7.4 系统技术性能验算(Technology Performance Calculation of Hydraulic System)

在系统设计中是液压元件按系列标准选择或设计的，不可能与实际计算结果完全一致，管路系统的损失与初步设计时的推荐值也有差别。所以，在液压元件选择或设计和管路布置等工作完成后，还要验算系统实际达到的技术性能参数。该机的起升速度和输出扭矩均略有超出，符合设计要求。

小 结

本章详尽阐述了液压系统的设计步骤和方法。液压系统负载图和速度循环图是确定液压系统的性能参数和液压执行元件的主要依据。液压执行元件的工况图是对所选液压基本回路进行方案对比和修改的依据。拟定液压系统原理图是整个液压系统设计的重要内容。通过汽车起重机液压系统设计实例具体地介绍了整个设计和计算过程。

习 题

(1)某液压机如图 9-6 所示，其工作循环为快速下降-压制-快速退回-原位停止。已知①液压缸无杆腔面积 $A_1=100\mathrm{cm}^2$，有杆腔有效工作面积 $A_2=50\mathrm{cm}^2$，移动部件自重 $G=5000\mathrm{N}$；②快速下降时的外负载 $F=1000\mathrm{N}$，速度 $v_1=6\mathrm{m/min}$；③压制时的外负载 $F=50000\mathrm{N}$，速度 $v_2=0.2\mathrm{m/min}$；④快速回程时的外负载 $F=10000\mathrm{N}$，速度 $v_3=12\mathrm{m/min}$。管路压力损失、泄漏损失、液压缸的密封摩擦力以及惯性力均忽略不计。试求：

①液压泵 1 和液压泵 2 的最大工作压力及流量各为多少?

②阀 3,4,6 各起什么作用？其调整压力各为多少?

(2)某液压系统如图 9-7 所示，液压缸直径 $D=70\mathrm{mm}$，活塞杆直径 $d=45\mathrm{mm}$，工作负载 $F=16000\mathrm{N}$，液压缸的效率，$\eta_m=0.95$，不计惯性力和导轨摩擦力。快速运动时速度 $v_1=7\mathrm{m/min}$，工作进给速度 $v_2=53\mathrm{mm/min}$，系统的总压力损失折算到进油路上的压力损失 $\Sigma\Delta p=5\times10^5\mathrm{Pa}$。

①该系统实现快速—工进—快退—原位停止的工作循环时，试绘出电磁铁、行程阀、压力继电器的动作顺序表；

②计算并选择该系统所需元件,并在图上标明元件的型号。

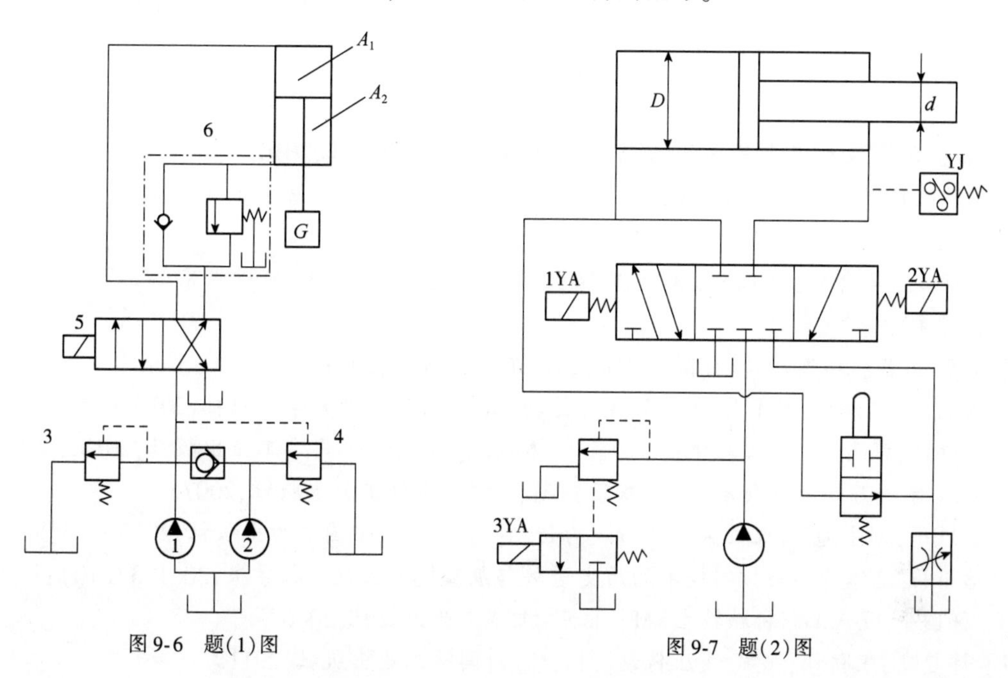

图 9-6 题(1)图

图 9-7 题(2)图

参考文献

[1] 马恩,李素敏.液压与气压传动[M].北京:高等教育出版社,2010.

[2] 中华人民共和国国家标准.GB/T 786.1—2009 流体传动系统及元件图形符号和回路图[S].北京:中国标准出版社,2009.

[3] 颜荣庆,李自光,贺尚红.现代工程机械液压与液力系统[M].北京:人民交通出版社,2001.

[4] 王强.工程机械液压传动[M].北京:国防工业出版社,2013.

[5] 周长城,袁光明,刘军营.液压与液力传动[M].北京:北京大学出版社,2010.

[6] 王晓伟,张青,何芹.工程机械液压和液力系统[M].北京:化学工业出版社,2013.

[7] 陈淑梅.液压与气压传动(英汉双语)[M].北京:机械工业出版社,2007.

[8] 苏欣平,刘士通.工程机械液压与液力传动[M].北京:中国电力出版社,2010.

[9] 路甬祥.流体传动与控制技术的历史进展与展望[J].机械工程学报,2001,37(10):1-9.

[10] 杨国平.现代工程机械技术[M].北京:机械工业出版社,2006.

[11] 许贤良,王传礼,张军.液压传动[M].北京:国防工业出版社,2011.

[12] 李万莉.工程机械液压系统设计[M].上海:同济大学出版社,2011.

[13] 张玉莲.液压和气压传动与控制[M].杭州:浙江大学出版社,2012.

[14] Merle C Potter,David C Wiggert.Mechanics of fluids[M].北京:机械工业出版社,2003.

[15] 王益群,张伟.流体传动与控制技术的综述[J].机械工程学报,2003,39(10):95-99.

[16] 李兵,黄方平.液压与气压传动[M].武汉:华中科技大学出版社,2012.

[17] 马丽英,曹源文,归少雄.工程机械新型转向系统研究[J].筑路机械与施工机械化,2006(11):62-64.

[18] 凤鹏飞,满维龙.液压与气压传动技术[M].北京:电子工业出版社,2012.

[19] 李壮云.液压元件与系统[M].3版.北京:机械工业出版社,2011.

[20] 张利平.液压气压传动与控制[M].西安:西北工业大学出版社,2012.

[21] 周萼秋,邓爱民,李万莉.现代工程机械[M].北京:人民交通出版社,1997.

[22] 马先启,王秀林,李磊.现代工程机械液压传动系统[M].北京:国防工业出版社,2011.

[23] 李丽霞,杨宗强,何敏禄.图解液压技术基础[M].北京:化学工业出版社,2013.

[24] 刘延俊.液压元件及系统的原理、使用与维修[M].北京:化学工业出版社,2010.

[25] 张利平.液压阀(原理、使用与维护)[M].北京:化学工业出版社,2008.

[26] 许贤良,韦文术.液压缸及其设计[M].北京:国防工业出版社,2011.

[27] 曹源文,马丽英,陈鹏鹏.施工设备在路面不中断运行翻修中的组合分析[J].重庆交通大学学报(自然版),2010,29(1):73-75.

[28] 马春成,孙松尧.液压与气压传动[M].东营:中国石油大学出版社,2011.

[29] 戴强民.公路施工机械[M].北京:人民交通出版社,2000.

[30] 路甬祥.液压气动技术手册[M].北京:机械工业出版社,2005.

[31] 李冰,焦生杰.振动压路机与振动压实技术[M].北京:人民交通出版社,2001.
[32] 刘士杰.MS9 改性乳化沥青稀浆封层机研究[D].西安:长安大学,2006.
[33] 姜仁安.公路施工养护机械[M].北京:人民交通出版社,2008.
[34] 龚烈航.液压系统污染控制[M].北京:国防工业出版社,2010.
[35] 高钦和,龙勇,马长林.机电液一体化系统建模与仿真技术[M].北京:电子工业出版社,2012.
[36] 姜继海.液压传动[M].2 版.哈尔滨:哈尔滨工业大学出版社,2004.
[37] Richard C Dorf, Robert H Bishop.现代控制系统(第八版)[M].谢红卫,等译.北京:高等教育出版社,2008.
[38] 边兵兵,张君.液压与气压传动[M].徐州:中国矿业大学出版社,2009.
[39] 朱建公.液压与气压传动[M].成都:西南交通大学出版社,2011.
[40] 王积伟.液压与气压传动习题集[M].北京:机械工业出版社,2008.
[41] 巨永锋.振动压路机压实智能控制与故障智能诊断的研究[D].西安:长安大学,2006.
[42] 刘芳贤.简洁高效的清扫车液压系统[J].工程机械与维修,2011(8):170-171.
[43] 项昌乐,荆崇波,刘辉.液压与液力传动[M].北京:高等教育出版社,2008.
[44] 田晋跃.车辆液压传动与控制技术[M].北京:北京大学出版社,2011.
[45] Namio Irie, Junsuke Kuroki.4WS Technology and the Prospects for Improvement of Vehicle Dynamics[R].SAE Paper901167,1990.
[46] 杨国平.现代工程机械液压与液力实用技术[M].北京:人民交通出版社,2003.
[47] 许贤良,王传礼.液压传动[M].北京:国防工业出版社,2008.
[48] 机械设计手册编委会.机械设计手册:液压传动与控制[M].北京:机械工业出版社,2007.
[49] 唐银启.工程机械液压与液力技术[M].北京:人民交通出版社,2003.
[50] 姜继海,宋锦春,高常识.液压与气压传动[M].2 版.北京:高等教育出版社,2009.
[51] 邵俊鹏.液压系统设计禁忌[M].北京:机械工业出版社,2008.
[52] 袁子荣,吴张永,袁锐波.新型液压元件及系统集成技术[M].北京:机械工业出版社,2011.